探究真谛

上海广播电视论文选
第九辑

上海市广播电视协会 编

文汇出版社

封面题词	龚学平
主　编	林罗华
执行主编	王克耀
编　委 （按姓氏笔画排序）	王克耀　许志伟　张骏德 吴　林　林罗华　赵复铭

完善媒体融合机制
正确引导网络舆论

（代序）

  上海广播电视论文选《探究真谛》第九辑问世了！本辑共收入 62 篇论文。从收入论文的关键词统计，"媒体融合"一词出现频率名列前茅，许多作者围绕如何构建全媒体传播体系、建设好融媒体中心、改善媒体市场运营、开展融合传播业务创新等议题，以马克思主义新闻观为指导，从新闻传播学、文化学、社会学与市场营销学的理论高度，联系工作实际与社会实践，作了有益的思考与探究。

  2014 年 8 月 18 日，中央全面深化改革领导小组第四次会议审议通过了《关于推动传统媒体和新兴媒体融合发展的指导意见》，"媒体融合"这个名词从此开始进入中国政府文件，意味着媒体融合跨入了新的发展阶段。

  《关于推动传统媒体和新兴媒体融合发展的指导意见》强调，推动传统媒体和新兴媒体融合发展，要遵循新闻传播规律和新兴媒体发展规律，强化互联网思维，坚持传统媒体和新兴媒体优势互补、一体发展，坚持先进技术为支撑、内容建设为根本，推动传统媒体和新兴媒体在内容、渠道、平台、经营、管理等方面的深度融合，着力打造一批形态多样、手段先进、具有竞争力的新型主流媒体。

  2018 年 8 月，在全国宣传思想工作会议上，习近平总书记强调：要把握正确舆论导向，提高新闻舆论传播力、引导力、影响力、公信力，巩固壮大主流思想舆论。要加强传播手段和话语方式创新，让党的创新理论"飞入寻常百姓家"。要扎实抓好县级融媒体中心建设，更好引导群众、服务群众。要旗帜鲜明坚持真理，立场坚定批驳谬误。要压实压紧各级党委（党组）责任，做到任务落实不马虎、阵地管理不懈怠、责任追究不含糊。

  2019 年 1 月 25 日，中共中央政治局在人民日报社就全媒体时代和媒体融合发展举行第十二次集体学习。习近平总书记主持学习并发表重要讲话，论述了三个重要问题：深刻认识全媒体时代的挑战和机遇；全面把握媒体融合发展的趋势和规律；推动媒体融合向纵深发展，阐明了我国构建全媒体传播格局的战略思想，指明了我国媒体融合发展的方向与道路。

正是在习近平新时代中国特色社会主义思想指引下，尤其是在习近平新闻思想指导下，上海市16个区融媒体中心在2019年国庆节前全部成立，各自以"新闻＋政务＋服务"为定位推出全新的融媒体产品。而作为主流媒体之一的上海广播电视台则提出了要把全媒体战略上升为台集团深化改革发展的整体战略，并制定《关于加快推进媒体融合向纵深发展三年行动方案》，全力打造BesTV＋流媒体视频平台。

2020年6月30日，习近平总书记主持召开中央全面深化改革委员会第十四次会议，审议通过了《关于加快推进媒体深度融合发展的指导意见》。会议强调，推动媒体融合向纵深发展，要深化体制机制改革，加大全媒体人才培养力度，打造一批具有强大影响力和竞争力的新型主流媒体，加快构建网上网下一体、内宣外宣联动的主流舆论格局，建立以内容建设为根本、先进技术为支撑、创新管理为保障的全媒体传播体系，牢牢占据舆论引导、思想引领、文化传承、服务人民的传播制高点。

认真学习习总书记关于媒体融合的一系列重要讲话，回顾我国从1994年加入互联网以来，新媒体蓬勃发展、传统媒体与新媒体融合发展的历程，我们更加体会到遵循新闻传播规律和新兴媒体发展规律、按照互联网思维去思考与办事的重要意义。

当前，遵循新闻传播规律和新兴媒体发展规律，尤其需要加强对网络舆论治理与监管。

因为，舆论是在特定的时间和空间里，公众对特定的重大新闻事件与社会公共事务，公开表达的基本一致的意见或态度。网络舆论作为舆论的一种，具有舆论产生和发展的一般特征；而与传统舆论相比，网络舆论传播速度更快，受众体验更好，社会动员力更强，更具有竞争力。同时也要看到网络舆论的形成具有自发性、突发性、匿名性、难控性等特点，往往会形成"民意的自由市场"，尤其是网络谣言一旦发酵更容易泛滥成灾。网络舆论的传播既具有"马太效应"，容易"先入为主""先声夺人"，导致大量网民跟风，也具有"雪球效应"，当一个事件或议题产生后，舆论会像滚雪球般地不断衍生、聚合、裂变、扩散，传播速度、影响范围都呈几何级数增长。因此，更需要坚持并加强正确的网络舆论导向。

近年来，随着新媒体蓬勃发展，对新媒体的研究也逐步深化。在互联网信息技术快速发展的今天,新媒体逐步超越传统媒体走向主流;互联网成为舆论主渠道、主阵地、主战场。据中国互联网信息中心(CNNIC)2021年2月发布第47次中国互联网发展状况统计报告显示,截至2020年12月,我国网民规模达到9.89亿,比较2020年3月新增网民8540万,互联网普及率为70.4%。手机网民规模早超过8亿,手机作为网民上网终端的趋势进一步明显。有别于报刊、广播、电视等传统传播形式,网络、移动新媒体等构成了全新的传播体系。

新兴媒体已经深刻地影响和改变着网络的舆论场和舆论生态。在这样的背景下,研究网络舆论引导的策略,有必要从"管制"思维走向"治理"思维,特别是从构建"网络共同体"的高度深入加以剖析,找准新时期加强网络舆论引导的科学路径。

如何加强对网络舆论的正确引导,加强网络治理? 已形成共识:

我国在全面加强政府治理、社会治理的同时,继续加强互联网领域的治理问题,特别是加强法治,加大对网络谣言、特别是政治谣言的打击力度;加强新时代网络舆论引导的策略研究,变被动为主动,牢牢掌握网络舆论的话语权与主动权。

各级政府管理部门,需加大信息公开化的力度,加强网络管理,使"谣言"止于事实真相的公布,保证网络传播坚持正确的舆论导向,坚持传播社会正能量。

而网民则要不断提高法治观念,培养"自律"意识、需变"被动管理"为"积极参与",提高国家主人翁与担当公民社会职责的责任感,共同来过好互联网这一关。

当前我国媒体融合朝着纵深方向发展,在所有权、经营方式、生产方式、表现渠道等多个方面展现出"你中有我,我中有你"的状态。已有学者指出:当前我国传媒的紧迫任务,是从媒体融合到全媒体,而全媒体即是全程媒体、全息媒体、全员媒体、全效媒体,是一个系统工程。

媒体融合发展,关键在人的融合与转型。2016年2月19日,习近平总书记到人民日报社、新华社、中央电视台3家中央新闻单位实地调研,并主持召开党的新闻舆论工作座谈会。会上,他用一席情真意挚的讲话,为广大新闻工作者提供了根本遵循和前进方向。一句"勤学习、多锻炼,努力成为全媒型、专家型人才",让新闻工作者深刻体会到总书记的殷切期望。

新时代全媒型、专家型新闻传播人才,是高标准的全媒体人才,并不是一般意义上的能力提升的人才,包括:他们是德、智、体、美、劳全面发展的合格的新时代社会主义建设者与接班人；他们是牢固树立并践行习近平新时代中国特色社会主义思想、马克思主义新闻观、社会主义核心价值观、新闻法规与职业道德的政治思想上可靠的新闻传播人才；他们是熟练掌握新闻传播规律与新媒体传播规律，熟练运用采访、写作、评论、编辑、摄影摄像、节目策划与制作、播音与主持、新媒体技术的全媒体人才；他们是拿起话筒能主持与播音，打开电脑能写稿与制作节目，扛起机器能摄影摄像，能贴近实际、贴近生活、贴近群众的忠实于党和人民的新闻传播人才。

综上所述，遵循习总书记关于媒体融合的重要讲话精神，坚持导向为魂、移动为先、内容为王、创新为要，推动媒体融合向纵深发展，做大做强主流舆论，使主流媒体更具传播力、引导力、影响力、公信力，我们需要在各方面继续努力奋斗，以不辜负时代的要求、党与人民的期望！

今年是我们党诞生 100 周年，又是国家"十四五"规划的开局之年，全国人民都在认真学习"四史"（中共党史、新中国史、改革开放史、社会主义发展史），我们都有许多成功经验要总结，有许多感悟与理性认识要宣讲。这里限于时间与篇幅，只能长话短说，言短意长，点到为止。

以上是本人近几年联系实践、学习习近平新闻思想的一些感悟体会，与本协会的同志们交流、共享共勉。

是为序。

上海市广播电视协会会长　林罗华

2021 年 6 月

目　录

融　媒　篇

广　播　篇

电 视 篇

综 合 篇

融 媒 篇

媒体融合视野下构建立体式全媒体传播体系路径探析

王建军

提　要： 加快推进媒体深度融合发展，构建全媒体传播体系，是主流广电媒体面临的一项紧迫课题。SMG 确立的转型路径是重点面向移动端，正式启动全媒体战略，全力打造 BesTV＋流媒体平台产品，汇集旗下内容生产、技术开发、延展服务等各方面能力，打通多屏用户体系，形成全新商业模式，促使 BesTV＋成长为富有竞争力的新型互联网内容传播和服务平台，培育同上海"五个中心"建设相匹配，具备强大影响力的全媒体矩阵，形成与上海城市综合实力和国际影响力相适应的文化软实力和国际传播能力。

关键词： 媒体融合　流媒体平台　全媒体战略

加快推进媒体深度融合发展，构建全媒体传播体系，是主流广电媒体面临的一项紧迫课题。党的十八大以来，以习近平同志为核心的党中央多次作出推动传统媒体和新兴媒体融合发展的战略部署。2020 年以来，媒体融合发展更迈入加速攻坚阶段。中共中央办公厅和国务院办公厅印发中央深改委第十四次会议审议通过的《关于加快推进媒体深度融合发展的指导意见》，广电总局制订《关于加快推动广播电视媒体融合纵深发展的意见》。纵观国内传媒界，从中央媒体到地方媒体都正以自我革新的勇气，全力以赴推动媒体融合向纵深发展。

融合发展、谋求破局，SMG 确立的转型路径是重点面向移动端，正式启动全媒体战略，全力打造 BesTV＋流媒体平台产品。汇集旗下内容生产、技术开发、延展服务等各方面能力，打通多屏用户体系，形成全新商业模式，促使 BesTV＋成长为富有竞争力的新型互联网内容传播和服务平台，进入同行业第一阵营。

主力军全面挺进主战场,紧紧围绕构建上海社会主义现代化国际大都市全媒体发展生态的总体目标,培育同上海"五个中心"建设相匹配,具备强大影响力的民生、财经、科技、外宣全媒体矩阵,形成与上海城市综合实力和国际影响力相适应的文化软实力和国际传播能力。

一、为什么选择全媒体战略:不变的资源禀赋和嬗变的产业环境

SMG 推进融合转型不是白手起家,承担主流媒体使命职责、助力"上海文化"品牌建设,SMG 的资源禀赋始终未变。

一是媒体品牌和文化品牌依然醒目。SMG 与旗下东方明珠公司蝉联世界媒体 500 强,SMG 稳居全国前五;SMG 也是联合国可持续发展目标全球媒体契约第 100 名成员;旗下东方明珠公司已连续九年入围中国文化企业 30 强,并蝉联《财富》中国 500 强、中国互联网企业 100 强及中国品牌价值百强。SMG 旗下,有着东方卫视、第一财经、东方广播、东方购物等知名媒体品牌,有着东方明珠塔、梅赛德斯奔驰文化中心等上海地标建筑,也有着小荧星、五星体育、八家文艺院团等渗透于上海市民生活中的文化符号。

二是节目创新力、内容生产力依然强大。2020 年 SMG 共获得各类奖项 290 个,获奖数量较上一年度增长 24.5%。其中,4 件作品获第 30 届中国新闻奖,9 件作品获首届中国广播电视大奖,18 件作品被评为广电总局季度推优获奖项目。《我们在行动(第四季)》《闪亮的名字》《长江之恋》获得第 26 届中国电视文艺"星光奖";《大江大河》获第 32 届中国电视剧飞天奖及第 30 届中国电视金鹰奖;《这就是中国》节目组获中宣部"基层理论宣讲先进集体"称号;8K 电影《这里的黎明静悄悄》获国际先进影像协会"卢米埃尔"奖;3D 全景声京剧电影《贞观盛世》荣获第 33 届中国电影金鸡奖最佳戏曲片奖。

三是传播力、影响力依然显著。2020 年全年,东方卫视 2020 年 CSM 城网收视排名首次进入全国前二,总局大数据黄金时段排名全国第一,收视和排名均创开播以来新高;SMG 电视在上海地区黄金时段收视份额 42.30%,同比增长 0.74%;SMG 广播在上海的收听份额达到 92.51%,同比增长 1.43%。在境外,SMG 设有 7 个记者站点;东方卫视和第一财经在 199 个国家和地区实现落地信号覆盖,可收视用户逾 1 亿;SMG 版权内容覆盖 120 多个国家和地区及 30 多家新媒体的发行渠道。

但 SMG 推进融合转型,也必须正视产业逻辑的变化和在转型探索路上横亘的挑战。

从产业逻辑看,既有的广告商业模式被侵蚀,令传统媒体承受着切肤之痛。

2020 年广告市场规模达 1 万亿,其中互联网广告市场规模 8 500 亿,传统广电媒体的传播力和影响力难以有效转化为营收增量。以 SMG 为例,尽管东方卫视2020 年上半年创下黄金时段增幅近 120％的历史纪录,其广告营收却同比下降 32％。

从融合探索看,视听新媒体进入提速增长新阶段,更增强了 SMG 转型发展的紧迫感。在国际市场,Disney＋、Apple TV＋等流媒体产品相继问世,依托持续、优质的视音频服务,形成一套从在线内容到会员付费、再到线下文娱消费的商业模式闭环。在迪士尼集团受疫情影响,2020 年三季度亏损 47 亿美元的前提下,Disney＋逆势增长,提前 4 年完成付费用户数 6 050 万的目标。在国内市场,中央广播电视总台率先开始打造基于"5G＋4K/8K＋AI"新技术的综合性视听新媒体旗舰"央视频"平台,由湖南广电打造的芒果 TV 奋起直追,已缩小了与"爱优腾"的差距。

反观 SMG 自身,在 2014 年确立了由 BesTV 平台和看看新闻 Knews、阿基米德、第一财经新媒体矩阵构成的"1＋3"新媒体产品格局,虽在各自垂直领域颇有建树,但还缺乏现象级的移动端平台产品。在传统媒体从相"加"阶段迈向相"融"阶段的探索中,还未达到"你就是我、我就是你"的理想境界。

二、SMG 全媒体战略是什么:重构上海模式、实现三项赋能

2020 年 8 月,SMG 正式启动全媒体战略,把 BesTV＋打造为台集团统一、唯一的视频流媒体平台,以一个账号对接多个终端的方式,打通渠道和内容、打通大屏和小屏、打通专网和移动互联网、打通线上和线下,以用户为中心,"内容＋服务"双核驱动打造 5G 时代应用平台。

SMG 自身的禀赋和所处的环境,决定了我们选择的路径既不同于"爱优腾"也有别于芒果 TV。我们的策略,在于发挥自身多产业布局优势,依托国际化都市旺盛的服务消费需求、互联网产业发展的成果,探索主流媒体转型发展的上海模式。BesTV＋中的加号,追求的不是简单叠加,而是通过三种赋能取得的乘积效应。

以用户价值赋能内容,让内容重新回归用户价值。围绕视听文娱这一核心,全新上线的 BesTV＋流媒体产品接入了 B＋商城,B＋教育等多元产品服务矩阵。B＋商城以生活、消费、服务等多元垂直内容种草引流,依托东方购物优秀的供应链能力,吸引用户扫码或一键下单订购,从而实现从内容到消费的"一键通"。B＋教育依托在疫情期间为上海市中小学教育保驾护航的 OPG 空中课堂的丰富课程内容,已形成了融课程直播、名师点播及素质教育于一体的内容服务

体系。未来,BesTV+还将进一步拓展 B+体育、B+财经等全新产品服务板块。

以数据中台赋能服务,以一个统一的互联网平台入口厘清 SMG 既有的各类服务间的逻辑关系。SMG 有丰富的产业门类、广泛的服务领域,但以往涉猎虽广却彼此割裂。为此,启动了以数据中台、智能推荐中台和内容中台为核心的智慧中台运营体系建设,使得在前台开展的视听、购物、教育、财经、体育等各种业务在中台紧密联接,真正实现 SMG 产业版图中不同服务功能的资源共享、权益互通、统分协同、交叉赋能,打通价值创造和价值变现的"最后一公里"。

以开放合作赋能平台,将 BesTV+逐步打造为一个开放、良性、共赢的内容电商社区。SMG 将坚守做平台型媒体的初衷,一方面,通过东方明珠吸引社会资本、资源力量,助力主力舆论占领新型传播阵地;另一方面,向市场型内容团队开放平台、分享利益,倒逼自身内容创制活力。

SMG 全媒体战略的实现路径是四个"打通":

一是打通渠道和内容生产,激活内容制作活力,面向流媒体多渠道形成 SMG 与东方明珠内容的联合创制格局。BesTV+流媒体平台深度捆绑东方卫视这一 SMG 最具价值的平台。为加强协同耦合,东方卫视中心成立融屏原创节目中心和融屏二创部门,推动独立制作人制度、业绩贡献激励、媒体融合机制、内容创新制度、广告创收机制、影视剧管理等六项改革,通过以流媒体为主、频道为辅的创作思路,深入开展存量内容的二次创作。这一合作模式不仅丰富了 BesTV+内容产品矩阵,也对卫视平台的传播力和营销力形成反哺。与此同时,东方卫视、BesTV+平台及 B+商城构成的三位一体的媒体产业链,一条龙式地服务了广告客户,已开始带动卫视平台品牌广告的投放。

变"为频道生产"为"为用户生产",从内部看,一方面将推动存量内容的智能化臻选,令 SMG 超 150 万小时的节目版权库,东方明珠 4 万部以上的电影版权,超 800 部、5 000 余小时的精品纪录片版权的资源价值得以再次释放;另一方面将撬动增量内容的生产逻辑革新,SMG 原有"1+3"新媒体矩阵中的新闻、财经、音频产品将分别以新闻短视频、财经领域大 V、车载应用为切入口嫁接至 BesTV+平台。BesTV+流媒体短视频内容未来也将上线,"以短带长"(用短视频观看带动长视频观看)、"以短带货"(以短视频带动电商销售)的内容模式将不断拓展,流媒体内容生态圈正加速形成。

二是打通大屏和小屏,以 B+统一会员体系打通 SMG 及东方明珠旗下大小屏全量用户资源。B+会员以"B+品质上海文娱生活家"为定位,以统一账号权益、统一用户服务、统一消息推送和统一媒资服务实现全渠道联动下的统一运营,主要包含视频会员、线下文娱会员及购物会员等三大类权益,面向亲子家庭、潮流达人、夕阳亲友和专业人士等四大类人群,提供包含东方卫视明星见面会、东方明珠塔会员套餐折扣、梅奔中心定制包厢、SMG 小荧星精品培训课程试听及第一财经会员联动等服务在内的优质权益体验，围绕 B＋会员体系，整个 SMG 和东方明珠的资源联动格局逐步形成。

三是打通专网和移动，将多元网络渠道分发能力统一汇聚到流媒体平台上，面向 5G 时代构建全媒体娱乐生态。SMG 将紧抓"全国一网"广电整合与广电 5G 协同发展机遇，构建全时段、全场景、多样化内容服务体验。BesTV＋流媒体视频平台现已成为中国广播电视网络有限公司"广电 5G 应用平台（上海试点）"。东方明珠已在闵行等区以高清用户改造为契机，通过有线＋APP 大小屏联动拉新及 B＋商城优惠券赠送等手段，深度开展 BesTV＋移动端落地工作，为其他市区的打通工作积累了宝贵推进经验。

四是打通线上和线下，以 BesTV＋流媒体平台为枢纽，探索线上线下产业联动的全新运营模式。线下产业通过 BesTV＋的平台能力探索在线新经济，为线上的内容与产品进行产业赋能，线上内容产品通过对接产业资源延伸线下服务，实现线上内容与线下产业的相互打通赋能，将 BesTV＋打造成"本地文娱生活入口"。例如，SMG 旗下小荧星培训课程作为优质内容登陆 BesTV 云课堂，而云课堂也能为线下培训进行引流；OPG 空中课堂在线上多渠道播出的同时，也将开展线下才艺培训、STEAM 课程及学科竞赛等多业态综合运营。

三、如何推进 SMG 全媒体战略：内向聚力和外向合力

SMG 全媒体战略能否引领台集团在育新机、开新局中走出一条新路，取决于战略定力，更取决于在未来三年中如何做好内向聚力和外向合力两篇文章。

（一）对内：制度革新、资源集聚、内容打通、人才赋能，为融合转型谋求聚力

全媒体战略，不仅是面向市场的竞争战略，也是 SMG 自身实现转型发展的引领战略。以战略调整撬动组织架构、资源配置、内容生产、人力构建等各方面变革，进而将更多优势资源向互联网主阵地汇聚、向移动端倾斜。

1. 推动制度革新，打破合作樊篱

SMG 将持续深化组织结构性调整，以统一战略推进全方位资源重组。以全媒体战略为引领，进一步加快供给侧改革，进一步瘦身握拳，推进资源要素、组织架构、业务流程等的全面重组，探索可持续发展的内部运营协作模式，实现面向

移动互联网与 5G 时代的全媒体新型能力建设。

2. 淘汰落后产能,完成资源集聚

以互联网思维优化资源配置,首要一步是通过无效供给的"减量",获取 BesTV＋流媒体平台生长所需的"增量"。因而在媒体资源上,以内容供给侧改革完成消肿减负。2019 年初,娱乐频道、星尚频道整合为"都市频道",炫动卡通卫视与哈哈少儿频道整合为"哈哈炫动卫视"。2020 年元旦,纪实频道和艺术人文频道整合为纪实人文频道,东方电影频道和电视剧频道整合为东方影视频道。随后,又将东方新闻资讯广播和东方都市广播合并组建"上海人民广播电台长三角之声广播"。截至目前,SMG 旗下电视频道数量已由改革前的 15 个下降至 12 个,广播频率数量由 13 个下降至 12 个。

3. 聚焦重点板块,带动流程革新

在对接 BesTV＋流媒体平台的过程中,第一财经、东方广播中心等内容生产团队正加速优化生产流程。

第一财经全媒体矩阵以"打造财经领域最有影响力的舆论场"为目标和使命,争取打造千位财经领域有影响力的大 V 加盟,实现原创生产能力翻番,同时,加大机器人写作等人工智能技术的研发力度,大幅提升财经资讯的生产能力;努力使第一财经 APP 成为中国最具影响力、传播能级最高的财经资讯客户端。在此基础上,第一财经将与 BesTV＋全面打通用户、数据,形成整体合力,进一步打造与中国国际地位、上海城市地位相匹配的财经全媒体,加速推动第一财经整体转型与发展。

经国家广电总局批准,服务于长三角一体化发展国家战略的"长三角之声"广播于 2020 年 10 月 28 日正式开播。"长三角之声"采取多家电台联合创意策划、制作播出、融合传播模式,打造权威的长三角一体化发展最新进程和政策发布平台、便利的长三角民生服务平台和精致的长三角品质生活平台。利用 BesTV＋平台的数据服务、规则服务和算法服务能力,以及广播现有融合主平台阿基米德 APP,"长三角之声"产品将深耕网络社区,开发圈层营销,与东方明珠百视通旗下文旅、电商资源一键相连,实现收听收看与网络社交消费的融合。

4. 实施人才新政,打造全媒队伍

实施 SMG 全媒体战略所需的善经营、会管理、懂技术的全媒体人才不是从天而降,而要依靠更灵活进取的人才政策培养选拔。2018 年 7 月,SMG 召开首次人才工作会议,发布《关于进一步加强人才工作的实施意见》,并确定安排年度专项资金2 000万元保障措施落地。2020年,SMG召开第二届人才工作会议,推出《关于支持媒体深度融合发展创新人才管理的若干意见》(简称21条),这是围绕全媒体人才所需制定的迄今为止力度最大、最有针对性的政策。一系列人才新政,令SMG的人才队伍活力迸发。

SMG员工的离职率近年来呈持续下降趋势,低于全市行业平均水平。根据《高校优秀毕业生生活补贴实施细则》,发放优秀毕业生生活补贴,吸引196名双一流大学优质人才加盟,并获上海市青年五四奖章等殊荣。分管理和专业两类排摸出217人的首批核心人才名单,两年来,核心骨干人才数增长4%,评选出SMG领军人才43位。2014年以来先后投入一个亿开展多层次人才培训。组织200多名员工赴英、美、韩、澳等国家学习、培训;针对年轻高潜人才开办"媒体融合创新高级研修班";针对媒体融合转型举办产品经理人、独立制作人培训班;结合"四力"教育,开展台集团"内容生产岗位员工能力培训",近3 000名内容生产岗位员工接受专业、系统培训,并逐步推行持证上岗。

(二)对外:开门强技术、外向引资源,为融合转型寻求合力

SMG今天丰富的业务门类、完整的产业生态,得益于近二十年来在改革中持续加强前瞻布局、推进开放办台。进入媒体融合发展期,SMG更不会"闷头赶路",我们将千方百计统筹各种资源、形成更大合力,为全媒体战略实施争取强力支撑。

1. 开门强技术:自主创新、借力外脑

SMG始终主动对接智慧城市、智慧媒体建设需求,密切跟踪AI、5G/4K/8K、区块链、云计算、大数据等新技术,通过优势技术引进和自主应用研发相结合,力求先进技术为我所用、于我有利。

2019年6月,国家广电总局首个在省级广播电视台设立的智慧媒体制播领域重点实验室在SMG挂牌。受上海市经信委委托,先后完成"智能语音播报、智能剪辑、OCR识别、人脸识别"等基于媒体业务应用场景的十多项关键技术研究实践。在此基础上研发构建的面向媒体内容生产的智能化技术服务中台成功入选"上海市第二批人工智能试点应用场景"。

在东方明珠出资参与组建中国广电网络公司的基础上,BesTV+流媒体平台获准成为中国广电网络公司"广电5G应用平台(上海试点)",面向有线电视用户,广泛开展广电5G应用平台先期业务探索,并在物联网、工业互联网等领域积极开展先行先试。

上海东方传媒技术有限公司(SMT)在承接的国际国内大型赛事转播中不断探索"云技术、融合媒体、沉浸式体验"等新技术手段。SMT 还不断培育成熟旗下小虾米、甜田汐汐等虚拟主播形象,在游戏合作、品牌合作、直播带货、网络综艺等领域崭露头角。

2. 外向引资源:跨界合作、资本运作

纵观国内文化传媒界,至今仍普遍处于较大投入期。对标市场,观照自身,SMG 下一个五年即将进入加大产业投入的周期,着力于创作新的内容产品、开发新的应用技术、构建新的商业模式、拓展新的增长空间。利用自身在内容生产创作和媒体传播覆盖方面优势,对接各种外部资源、尝试建立新的业务增长点。

首先,是利用东方明珠上市公司平台充分对接资本市场。充分利用融资、投资、收购兼并等资本手段,完善直投、基金、财务公司等金融工具,围绕全媒体战略核心,发现有价值的内容、技术等产业资源和资产,开展有效的资本运作,快速补齐构建产业链生态所需要的各种要素和环节。

第二,是对集团其他非上市业务开展市场化改革。通过股权多元化引入外部投资者、激励业务团队、改善治理结构、提高运营效率、拓展业务边界。以数字创意内容技术服务为主业的幻维数码已进入上市孵化流程,计划申报科创板上市。财经数据服务领域的第一财经数据公司、少儿教育培训领域的小荧星公司、线下演出娱乐内容创作及运营领域的尚演公司,均已开始设计股权激励,准备对外融资。

第三,是进一步发挥基金投资作用,助力前沿产业拓展。过去十年,SMG 和东方明珠陆续参与了多只投资基金,总规模超 78 亿元,含主投主控、总规模 13 亿的东方明珠产业基金。为满足互联网转型发展需要,我们近期决定与央视、海通联手发起总规模为 30 亿元的新媒体基金。

四、结 语

继中央媒体融合转型和县级融媒体中心建设取得成效后,省级媒体已成为新一轮媒体深度融合的重心。SMG 需找准未来发展的坐标方位,充分利用新一轮信息技术革命蓬勃发展、新基建(5G、人工智能、工业互联网、物联网等)投入力度持续增大、文化科技深度融合的重要机遇,加快推动媒体深度融合发展,进一步探索增长方式转变,率先实现数字化整体转型,对照国际标准,努力占据舆论引导、思想引领、文化传承、服务人民的传播制高点。

SMG 构建立体式全媒体传播体系的路径就是以"成为中国最具创新活力和

国际影响力的全媒体综合文化产业集团"为愿景目标,牢牢把握广播电视主频道频率的舆论引导力,汇集旗下内容生产、技术开发、延展服务等各方面的能力,加大投入,系统性、体系化地加快推进媒体深度融合发展,加速整体数字化转型。着眼长远,逐步建立以内容建设为根本、先进技术为支撑、创新管理为保障的全媒体传播体系。实视新媒体产品影响力竞争力突破,内容生产方式生产能级突破,商业模式和新兴业态突破。培养一批内容生产、技术运维、媒体管理、产品分发、营销推广等领域的领军人才,形成辐射多个垂直领域的多元传播主体矩阵。

作者简介:

王建军,上海广播电视台、上海文化广播影视集团有限公司党委书记,上海文化广播影视集团有限公司董事长。

广电媒体融合发展产业新路的探索与思考

——以 SMG 布局全媒体战略为例

宋炯明

提　要： 在媒体融合发展的大背景下，广电媒体面临巨大挑战：一方面是党和政府明确要求传统媒体加快推进媒体深度融合发展，一方面是当前多数广电媒体在融合转型过程中遭遇发展困境，以广告为主的商业模式被严重侵蚀，产业发展逻辑亟待变革。笔者以 SMG 全媒体战略为例，重新审视广电媒体融合发展的产业逻辑，谋求基于广电高新视听产业优势基础的不同于平面媒体转型之路的广电融合发展产业新路，为广电媒体的融合发展提供路径参考。

关键词： 广电媒体　媒体深度融合　产业新路

2020 年 7 月，中央全面深化改革委员会审议通过了《关于加快推进媒体深度融合发展的指导意见》，9 月 14 日，中办、国办联合发文下发了该指导意见，国家广电总局也作了具体部署。这意味着接下来广电媒体的融合发展要在重点领域和关键环节以更快的速度取得更大力度的突破。这是时代给予广电媒体的机遇和使命，也是广电媒体在融合发展中自我破局的加速契机。

然而，与此同时，当前多数传统媒体在转型过程中遭遇发展困境。以 SMG 为例，作为全国广电行业产业门类最多、产业规模最大的省级文化传媒集团，近年来 SMG 在收获成绩和口碑的同时，却承受着来自行业深层次问题所带来的压力。2020 年上半年，SMG 电视黄金时段收视率增长了 6%，东方卫视黄金时段增长了 120%，拿下了省级卫视增速第一。可是，在媒体的收视率和传播力创新高的背景下，各频道、频率的高收视收听份额并未转化为营收的增量。这背后是传统媒体以广告为主的商业模式被严重侵蚀。互联网用更短、更高效的变现路径,彻底洗刷了传统媒体曾经占据的市场——过去成熟的、成功的商业模式,被移动互联网彻底颠覆掉了。

笔者认为,传统媒体遭遇的发展困境中,因产业发展逻辑变化所带来的商业变现的痛点远比内容生产的痛点要强烈。重新审视广电媒体融合发展的产业逻辑,谋求基于广电高新视听产业优势基础的不同于平面媒体转型之路的广电融合发展产业新路,是当今广电媒体在融合发展中自我破局的关键。

在此,笔者以 SMG 全媒体战略为例。2020 年,在百年未遇之大疫情和百年未有之大变局相遇之际,SMG 上下经过深思熟虑和反复讨论、论证,并通过"小轮驱动"的探索方式,实施 SMG 全媒体发展战略,举全集团之力,以打造BesTV＋流媒体视频平台产品为 SMG 媒体融合向纵深发展的核心任务,旨在实现全媒体生态能级全面提升。

全媒体战略是 SMG 加快数字化转型、向产业互联网进军的重大布局与实践,突出以下四大着力点:

一、着力解决广电媒体传统业务在转型发展中的诸多痛点难点

作为省级广电改革发展的排头兵,SMG 多年来在媒体融合方面加快布局了"1＋3"(即一个平台＋三个新媒体产品)媒体融合体系,积累了一些经验和优势。其中,BesTV 融媒体平台包括有线、IPTV、OTT、移动端等已积累超过 2 亿的用户数;看看新闻 Knews 是国内重要新闻资讯平台的权威视频内容来源;第一财经 APP 平均月活在中国财经资讯类 APP 中名列前茅;阿基米德也已成为全国广播新媒体应用平台。同时,SMG 以及旗下的东方明珠上市公司在很多垂直产业领域深耕,培育出了一批行业标杆企业。

但是,如果不能适应新的变局,既往的优势就可能成为负担,曾经的经验会变作故步自封的桎梏。有投资机构分析认为,SMG 面临着变现模式单一、业务多样庞杂、资源整合困难、传统业务增长乏力等诸多难点痛点。SMG 布局全媒体战略,搭建 BesTV＋流媒体视频平台,就是直击难点痛点,以四个"打通"策略,即打通渠道和内容生产、打通大屏和小屏、打通专网和移动互联网、打通线上和线下的全渠道文娱生活服务,构建一套内部联动机制和新消费闭环。

这样的打通,将充分挖掘 SMG 多年来积累的精品内容、制作经验,充分利用 SMG 掌握的东方有线、IPTV、OTT 等家庭大屏入口,以及东方明珠塔、梅赛德斯奔驰文化中心等一批优质的实体消费空间,实现大小屏的无缝衔接,实现线

上线下的无缝衔接,把多样化的产业布局转化为多场景的用户转化渠道,以线下赋能线上,补上移动互联网用户拓展的能力短板。

简而言之,以一个统一的互联网平台入口,对 SMG 既有的冗长而分散的产业链进行资源整合与流程优化,促进产业链上各环节的分工协作,实现对产业链生产关系的改造优化和生产力的赋能提升,这是 SMG 全媒体战略的一个基本立足点。

二、着力激活内容创制的力量,让内容重新回到"用户价值思维"

无论是在新闻、综艺、纪录片、影视、形象片创制还是大型活动策划、制作及转播等领域,SMG 都拥有众多的专业人才和资源。在内容供给侧,SMG 拥有超过 150 万小时的强大节目版权库,且内容全品类覆盖;旗下东方明珠累积了 4 万部以上的电影版权;拥有超 800 部、5 000 余小时的精品纪录片版权;等等。但传统广电媒体线性播出方式形成的"以播出为中心"的固有思维,严重滞碍了内容资源价值的充分释放,很多节目是"一播了之",最多再考虑多安排几次重播,播过之后就躺在了库房里。

SMG 全媒体战略旨在通过 PGC 原创+存量二创+增量开发的方式,激活内容创制活力,不允许"爆款内容躺在 SMG 库房里"的现象再继续。

例如,东方卫视已经播出七季的《梦想改造家》,在 BesTV+流媒体视频平台上绝不再是一档卫视节目,而是一个个鲜活、生动可广泛传播的市井故事;东方卫视的头部综艺《极限挑战》,为流媒体用户带来有趣的互动小游戏;而上海本地著名的美食节目《人气美食》,在 BesTV+流媒体视频平台上也变身为"吃货视频指南";还有上海市教委独家授予东方明珠的空中课堂秋季版,BesTV+流媒体视频平台则为学生们、家长们,提供更为丰富的知识学习维度和手段……

SMG 全媒体战略着力推动各内容生产板块与 BesTV+流媒体视频平台的耦合协同,探索以"大屏带动小屏,小屏反哺大屏"的特色模式。以东方卫视为例,东方卫视多档强势和创新综艺 IP 全线登陆 BesTV+流媒体视频平台。创新综艺《完美的夏天》成为东方卫视与 BesTV+流媒体版权合作的首个项目,吸附大量年轻粉丝群体。《追光吧!哥哥》作为 BesTV+流媒体首个投资的东方卫视综艺,前 3 期平均收视高达 2.23,微博热搜已突破 100+,00 后、90 后、80 后三大圈层收视份额集体破 10%。《神奇公司在哪里》《我们的歌 2》等节目均大幅带动 BesTV+流媒体视频平台提升拉新引流数量。据统计,东方卫视为 BesTV+流媒体视频平台提供综艺节目的独播、首播以及衍生原创节目,在两个月内带来近 100 万的用户自然增长。在当前广电媒体创新节目数量日益下降的情况下,东方卫视依然保持强大的创新能量,也得益于这种相互赋能的全媒体生态。

简而言之,通过 BesTV＋流媒体视频平台和传统电视平台的相互赋能,激活内容创新的活力,推动 PGC 专业原创内容生产和存量内容加工,利用丰富的产业资源做增量内容,形成强烈共振效应,打造生机勃勃的全媒体生态,这也是 SMG 全媒体战略的一个基本立足点。

三、着力实现"内容＋服务"双核驱动,打造具有吸引力的服务体系和商业模式

在移动互联网人口红利见顶的当下,单纯依靠内容带来用户增长的逻辑,已很难有大的突破。在提供内容价值的基础上,通过"一个账号、多平台流通",打通会员权益,打造"B＋会员"服务体系和商业模式,从而实现用户增长和留存,这是 SMG 全媒体战略的另一个驱动轮。

SMG 是中国目前产业门类最多、产业规模最大的省级新型主流媒体及综合文化产业集团,包括以东方购物、B＋商城为代表的购物零售;以小荧星、空中课堂为代表的教育培训;以第一财经、一财数据公司为代表的财经服务;以五星体育、百视通、天鹰转播为代表的健康体育;以东方明珠塔、东方绿舟为代表的文化旅游以及以演艺集团、梅赛德斯奔驰文化中心为代表的现场演出等等。

正在构建的"B＋会员"服务体系就是要真正实现对 SMG 产业版本中这些多品类服务的资源共享、权益互通、统分协同、交叉赋能,与在线新经济充分结合,打造全方位的"品质生活"服务体系。比如,2021 年初,SMG 联合上海市教育委员会,在 BesTV＋流媒体视频移动端"百视 TV"APP 上线金色学堂教育专区,并开播了金色学堂电视直播频道,打造全国首个面向 50＋人群的终身教育全媒体学习平台,真正实现大小屏的全面覆盖。"金色学堂"移动端版本一经面世就以其丰富多彩的内容、灵活便捷的操作获得中老年用户的热烈反响,春节期间每天有逾万名"银发族"活跃用户入驻,后续还将完善线下用户社区等产品和服务。

SMG 全媒体战略就是要不断深耕垂直类领域,持续丰富 BesTV＋流媒体视频平台优质内容,通过"内容＋服务"的双核驱动,释放 SMG 在传统媒体业务之外的其他业务能量,打通价值创造和价值变现的"最后一公里"。

四、着力强化"文化＋科技"的深度融合，大力依托并推动高新视听产业的发展

习总书记在 2020 年 9 月 17 日考察湖南长沙马栏山视频文创产业园时指出，文化产业是朝阳产业，大有前途，还强调文化和技术要深入结合，要用好新技术，推动媒体融合和文化产业的新发展。

对于 SMG 全媒体战略而言，仅仅拥有"内容＋服务"的双核驱动还不够，还需要用好新技术，着力强化"文化＋科技"的深度融合。

2019 年 6 月，SMG 获准成立"智慧媒体制播应用国家广播电视总局重点实验室"；2020 年 9 月，BesTV＋平台产品获准成为中国广电网络有限公司"广电 5G 应用平台（上海试点）"。SMG 希望通过打造新一代的流媒体视频平台，强化"文化＋科技"的深度融合，运用 VR、AR、MR 和超高清等高新技术，借助新基建的东风和低时延、强互动、去中心化的 5G 环境，加大高新视听内容的供给，持续探索互动视频、超高清视频等高概念、高规格、高质量的高新大屏视听内容的制播，不断刺激和提升消费者对高新视频产品的需求，从而推动高新视听产业的持续发展。

笔者认为，主流广电媒体绝不能让消费者止于在小屏端满足视听需求。广电媒体的融合发展一定要强化视听生产优势，一定要抬升视听生产价值，一定要携手其他高速发展的视听内容生产、传输及装备产业，才会拥有远大的前景和光明的未来。

正基于此，SMG 积极参与全国广电网络的整合，全力推进新基建 5G 网络平台建设；与中电科成立了合资公司，依托独特的广电频谱资源，和近年来积累的市场运营能力，未来将在智慧城市建设方面加大力度。SMG 还积极建设位于上海闵行区的"东方智媒城"和上海徐汇区的"媒体创智中心"，打造智慧媒体和相关文化创意企业融通发展的产业生态圈。

结　语

毋庸讳言，在互联网视频行业内，"爱优腾"早已确定地位，省级广电媒体中，同样有芒果超媒这样优秀的转型先行者。SMG 此次布局的全媒体战略，不谋求模式颠覆，而是力求解决传统广电媒体在转型中的各种痛点，以四个"打通"策略，即打通渠道和内容生产、打通大屏和小屏、打通专网和移动互联网、打通线上和线下的全渠道文娱生活服务，构建一套内部联动机制和新消费闭环，从而推动

传统广电的整体转型和产业拓展,实现全媒体生态能级全面提升。

2021 年新年伊始,BesTV＋流媒体旗舰产品"百视 TV APP"上线仅四个月,就闯入已经稳定持续了一年的苹果 IOS 应用市场娱乐类排名 TOP10 强排行榜,凭借特色内容服务和机制创新实现了用户自然增长。SMG 全媒体战略中"主力军进入互联网"和"新商业模式探索"重要转型任务初显成效。

SMG 全媒体战略的谋划布局与实践探索,对于广大正在遭受转型阵痛、面临转型困境而无从着力的广电媒体,无疑将具有借鉴和参考价值。

作者简介:

宋炯明,上海广播电视台台长、上海文化广播影视集团有限公司总裁。

融媒体时代"新闻＋政务"运营模式初探

袁 雷 罗 曼

提 要：随着媒体融合加快向纵深发展，主流媒体的运营模式正遵循中央关于探索建立"新闻＋政务服务商务"模式的具体要求，在实践中不断丰富和清晰。其中，主流媒体在探索建立"新闻＋政务"模式方面的进展如何，已取得哪些经验和做法，又面临怎样的问题与挑战，未来有何破解之道，对此，本文将尝试从四个方面进行分析和探讨。

关键词：媒体融合 新闻＋政务 造血机能 主流媒体

随着媒体融合发展加快向纵深推进，主流媒体的运营模式及具体实施路径正在实践中不断丰富和清晰。2020年9月，中共中央办公厅、国务院办公厅印发《关于加快推进媒体深度融合发展的意见》（以下简称《意见》），从重要意义、目标任务、工作原则等多个方面明确了媒体深度融合发展的总体要求，其中，围绕深化主流媒体体制机制改革，表述为"发挥市场机制作用，增强主流媒体的市场竞争意识和能力，探索建立'新闻＋政务服务商务'的运营模式，增强自我造血机能"。简短的一句话，包含着丰富内涵，既指明了主流媒体深度融合发展中必须坚定的改革方向，更勾画出了媒体运营路径改革的具体路线图。

关于主流媒体可探索的商业新模式，《意见》共提供了"＋政务""＋服务""＋商务"三种可行性路径，对此，本文将重点聚焦其中的"＋政务"模式展开分析和探讨，以期为主流媒体未来如何通过放大政务资源核心优势、增强自我造血机能寻求破解之道。

一、探索"新闻＋政务"运营模式的时代背景和现实意义

随着 2020 年"媒体深度融合"被写入国家"十四五"规划,对于主流媒体而言,深度融合已不仅仅是一道紧迫的时代命题,更是国家战略。但在加快推进媒体深度融合发展的进程中,原有盈利模式失效、营收持续下挫、造血机能锐减、失血情况加剧等问题,成为困扰主流媒体融合改革和未来可持续发展的重要因素之一。如何提升主流媒体参与市场竞争的能力和水平,增强自我造血机能? 深化体制机制改革,加速重构融合媒体的运营模式,应该是主流媒体的必然选择。

(一)时代背景

自 2014 年开始,我国的媒体融合已走过 7 年的发展历程并取得重要进展,新闻舆论阵地不断拓展,主流媒体在网络主战场的传播力、影响力不断增强,主流价值影响力版图持续扩大。而另一方面,随着媒介环境发生深刻变化,主流媒体的经营发展也面临着多年来少有的困境。在这一背景下,学界和业界甚至一度出现是否应由国家对主流媒体进行全面"输血"的议论。但必须看到的是,即使国家能"输血"一时,维持媒体的基本运作,但如果没有可持续的资金来源作为支撑,便难以扩大优质内容产能、加强人才培养选拔、引进先进技术和设备、激发媒体活力,最终媒体的核心功能也将逐渐弱化。

由此可见,媒体融合要进一步向深度和广度拓展,就必须找到增强媒体自身造血功能的可行性路径。《意见》中提出:"各级党委和政府要积极支持主流媒体参与电子政务、智慧城市等领域信息化项目建设,开发社会治理大数据,优先发布重大信息、重要政策,共同促进国家治理体系和治理能力现代化",而探索并建立"新闻＋政务"的运营模式及机制,就是其中一条有效的途径。

(二)现实意义

习近平总书记指出,随着互联网特别是移动互联网发展,社会治理模式正从单向管理转向双向互动,从线下转向线上线下融合,从单纯的政府监管向更加注重社会协同治理转变。[1]顺应这一趋势,中国各级政府均积极"上线上网",建设自有新媒体产品,"让信息多跑路,让群众少跑腿"。第 47 次《中国互联网络发展状况统计报告》显示,截至 2020 年 12 月,我国在线政务服务用户规模达 8.43

亿，占网民整体的 85.3%；各级政府共开通政务微博账号 140 837 个，政务头条号 82 958 个，政务抖音号 26 098 个。[2]由此可见，各级政务机构在提升自身信息发布和舆情反应速度、引导百姓通过新媒体了解政策法规、推进网上办事等方面，具有较大的需求和市场合作空间。

因此，探索建立"新闻＋政务"运营模式不仅是主流媒体自身发展的方向之一，也是各级政府对于进一步深化政媒合作的现实需求，是政媒双方的合作共赢。

二、主流媒体"新闻＋政务"运营模式的发展现状

那么，"新闻＋政务"运营模式究竟应如何理解和定义？笔者认为，"新闻＋政务"运营模式的本质是政务部门或机构向主流媒体购买信息传播、智库研究、数据整合等领域的专业服务，形成多元合作模式，其核心是主流媒体围绕主业，深耕信息传播、紧贴市场需求，实现内容、资源和影响力的变现。

目前来看，全国各主流媒体在探索建立"新闻＋政务"运营模式上，已经取得了不少经验和做法。在合作形式上，主要可分为五种类型：

（一）提供平台入口型

将新闻的用户发展为政务服务的用户，在自有新媒体平台上接入政务服务的平台或程序入口，是近两年主流媒体特别是地方主流媒体在推进融合发展中的一个重要选择。

从全国范围内看，湖南、湖北、广东、浙江等地的主流媒体移动客户端，均不同程度实现了政务服务的入口接入功能。报业系中，湖南日报报业集团的"新湖南"客户端，提供本省政务信息发布平台，对入驻的各政府部门单位等收取相应费用，打造了湖南政务部门与广大群众信息交流和政府办事、生活服务的有效平台[3]；广电系中，由湖北广电、长江传媒集团建设运营的"长江云"客户端，接入政府多个政务服务入口，在"鄂汇办"一栏里，既有全省政务平台入口，也有 47 项查询服务，涵盖社会保障、医疗健康、交通出行、公积金等领域。[4]

（二）代运维新媒体账号型

近年来，为政务部门提供新媒体账号的代运维服务，对于主流媒体而言已并

不陌生。由于政务新媒体需要具备大量的原创内容，以及与公众互动、舆情收集和应对等功能，而其自身人、财、物等资源有限，难以保证日常的运维，因此，由主流媒体代为运营及维护政务新媒体，已逐渐发展成为一种较为成熟、且被不少政务部门广泛应用的合作模式。以北京市为例，近年来已涌现出了平安北京、环保北京、发展北京、气象北京、首都园林绿化、安居北京、文明北京、北京东城、北京西城、北京朝阳等一批优秀账号，而率先转型的几家主流媒体，如北京日报、新京报、北京青年报等，均承接了部分北京市政府委办局以及其他企事业单位政务新媒体的运营维护工作。[5]

为地方政府代运维政务新媒体，根据政务部门相关业务领域和需求的不同，设计个性化的内容服务和运营方案并获得相应经济收益，成了主流媒体增强自我造血机能的一个重要突破口。

（三）承办政务活动型

为政务机构的宣传推广活动提供专业服务，是指新闻媒体通过承办政府部门的宣传推广项目，为其提供一整套的相关服务，比如上海广播电视台多年承办或协办电影电视节、世界人工智能大会等，湖北广播电视台承办第六届全国大众创业万众创新活动周项目，广州日报承办 2019 年亚洲美食节项目，安徽新媒体集团承办安徽省政协月度专题协商会"网络议政"工作等。

对政府部门而言，这种方式切实提升了融媒体时代政务活动的宣传推广水平。对主流媒体而言，则既能通过承办活动获取一定的经济效益，同时自身的传播力、影响力也得到了进一步增强。

（四）打造智库产品型

2018 年 3 月 20 日，国家新闻出版广电总局发布《关于加快新闻出版行业智库建设的指导意见》，媒体型智库被正式提上了建设议程。近年来，主流媒体推进智媒转型，为各级政府部门提供智库产品和智囊团服务，发挥出了智库阐释党的理论、解读公共政策、研判社会舆情、引导社会热点、疏导公众情绪的积极作用，也成为"新闻＋政务"的另一种有效路径。其中，既有中央级媒体智库，如新华社旗下的瞭望智库、人民日报旗下的人民智库和光明日报智库研究与发布中心等，也有专业性媒体依托其深耕多年所积累的专家资源和行业数据，搭建起专业性媒体智库和区域性媒体智库，如《南风窗》传媒智库、上海广播电视台第一财经研究院、财新智库等。[6]

这些媒体智库为政府机构提供决策参考、舆情分析、行业观察、定制出版等高端智力服务,成了媒体实现"内容变现""知识赋能"的可行模式。

(五) 合办政务节目型

除共建平台、承办活动、输出智库服务等模式之外,主流媒体也在尝试通过打造具备政务民生服务功能的融媒节目,实现"新闻＋政务"运营模式的新探索。2020 年底,上海广播电视台推出全国首档大型日间融媒联播节目《民生一网通》,通过与上海市大数据中心、上海市城运中心、12345 市民服务热线、人民建议征集办公室等政务部门的深度合作,解码城市运行"一网统管",展现政务服务"一网通办",让高效办成一件事可听可见,并通过搭建各方都能够充分沟通、共同参与治理的新平台,让百姓的急点难点、政府部门的痛点堵点均得到倾听和疏解。

这种"新闻＋政务"运营模式看似较为柔性,但由于能够从舆论引导的角度,服务于政府中心工作和城市建设发展,实现参与城市治理的功能,也受到了政务部门的普遍欢迎。

三、"新闻＋政务"运营模式发展面临的三大挑战

毋庸讳言,上述这些"新闻＋政务"运营模式,虽然通过发挥核心资源优势、服务政务机构、参与社会治理等方式,已进行了诸多有益的实践,也取得了不少成功经验,但仍存在诸多短板和不足之处,需要在未来的深度融合发展中逐步解决。其中,具有普遍性的问题和挑战,主要集中在三个层面:

(一) 模式粗放

当前,"新闻＋政务"运营模式还比较粗放,尚未形成从战略布局到战术推进、从目标考核到精细化管理等一套完善的运营体系,存在着资源集约程度不够、结构优化程度不足的问题,盈利潜力还没能得到充分激发和释放,导致造血能力不足,难以有效反哺媒体主业。

具体而言,哪些是战略业务、哪些是基础业务、哪些是增量业务,当资源在国家、省、市、区或相关政务行业之间出现交叉或重叠情况时,如何进行全局性的统一布局和精细化的服务对接,如何对从事"新闻＋政务"的人员进行专业、有效管

理等等,这些都是现有模式里需要研究改进的地方。

(二)技术滞后

目前,步入 5G 时代的新闻传播格局中,大数据、云计算、物联网、区块链、人工智能等信息技术革命成果正快速进入媒体融合中,然而,在新技术运用上慢人一拍、迟人一步的现象,仍然是传统主流媒体实践"新闻＋政务"运营中普遍面临的卡脖子问题之一。

鉴于种种原因,仍有相当一部分主流媒体的技术运行体系,还停留在基础层面,仅能满足最基本的数据抓取和分析运算功能。此外,也有部分新闻客户端、平台采用的是第三方机构提供的技术支撑,核心技术依赖于外部,因而不可避免地出现核心技术层层转包、核心任务大量外包的现象,在推进"新闻＋政务"自主创新方面,难免受制于人,同时还带来了信息外流的风险。

(三)群众参与性不足

另一个需要重视的问题是,现有"新闻＋政务"运营模式中,群众的互动参与性仍未得到充分重视。中央或地方主流媒体虽然在线上自有平台上嵌入了政务服务入口,但是仍有不少停留在"一刀切"和"大水漫灌"层面,入口的操作不够简便、特色不够鲜明、后续的对接互动工作不够,群众体验感不够好,难以真正起到吸引和沉淀大量用户的作用。

此外,在代运维政务新媒体方面,不少服务项目仍停留在 1.0 版本阶段,同样面临内容产品的精准性和互动性不足的问题,因此,群众的参与积极性不高。

四、推进"新闻＋政务"运营模式发展的几点思考与建议

探索建立"新闻＋政务"运营模式的根本目的是为了做大做强主流思想舆论,让主流媒体牢牢占据舆论引导、思想引领、文化传承、服务人民的传播制高点,这也是主流媒体的核心职责和使命。因此,无论选取哪种具体模式,归根结底是为了激发媒体活力、释放新闻生产力,主流媒体要始终坚持"新闻立台",在坚守舆论引导功能不削弱、确保新闻内容生产主功能不改变的前提下,积极探索多元化的运营模式。

而针对上述"新闻＋政务"运营模式中的问题和不足,笔者认为,或可从内

容、产品、技术、功能等方面,逐一进行有针对性的破解和优化提升,建立起主流媒体具有自身特色和竞争力的"新闻+政务"运营模式。

(一)提升新闻影响力——实现对政务的有效黏性

"新闻+政务"运营模式中,"+政务"是具体路径,其核心应始终落在"新闻"二字上,只有牢牢抓好新闻内容生产,放大时政优势,推进"新闻"在内容、形式、语态等方面的创新乃至涅槃,才能实现新闻资源和新闻影响力的转化和变现。

因此,主流媒体必须要以内容建设为本,在"新闻"的统领下做加法,通过扩大优质内容产能、创新内容表现形式、提升内容传播效果,打造并提升自身主流、权威、具有强大公信力的媒体品牌形象和新闻影响力,形成商业互联网平台或第三方机构难以具备的独家竞争力,来实现对政务机构的有效黏性和强大吸引力,推进政媒之间的深度合作和耦合发展。

(二)增强产品意识——实现精准化对接

探索"新闻+政务"运营模式,必须要重视精准化的问题,强化产品意识、服务能力和服务价值。与政务部门的对接紧密度,决定了"新闻+政务"模式的发展方向,主流媒体应该高度重视需求侧意向,提供"点单"式精准服务,实现从粗放型运营模式向精细型转变。

具体而言,可以从三个层面同步推进:第一是明晰定位,内容乃营销之基,"新闻+政务"首先是精耕新闻,处理好内容生产与经营创收的关系;第二是制定科学的运行机制,实施网格化管理和量化目标任务;第三是在业务布局上实现基础业务、增量业务、战略业务的合理规划,创新自身服务,建立相对完整的产业链。

(三)掌握核心技术——实现技术引领

任何精准化、特色化的运营模式,都需要以先进技术为支撑。主流媒体须始终保持对先进技术的敏感性,加强对政务服务领域有关新技术的前沿性研究和应用,建设平台终端、优化管理手段、打造媒体智库和资源数据库,牢牢把握核心技术的主动权。

近年来,不少主流媒体在探索5G等先进技术运用方面的成功案例,很值得借鉴。比如,济南报业2020年抢抓5G赋能和信息技术产业发展机遇,推出了汇聚"政务云""融媒云""安全云""民生云""智能云""影像云"六大云功能于一体的"大舜云"平台,涵盖政务技术平台、媒体融合、大数据舆情、区块链内容安全服务等。[7]

(四)强化民生功能——打通群众办事最后一公里

随着民生民意越来越受到重视,主流媒体的影响力正在与政务部门的联动中被复制和扩大。为此,"新闻＋政务"运营模式应高度重视民生需求,开发更多百姓生活必需的政务服务功能,通过为群众提供一体化应用和一站式指尖服务,提升公众满意度,挖掘政务合作模式的衍生价值。

比如,可在现有参与政务热线新闻报道的基础上,汇集民生民意的共性需求,开展养老、医疗、教育、志愿服务等民生类项目试点运行,并争取相关政务部门的支持,充分融入城市治理特别是社区治理,打通群众办事最后一公里,形成持续的服务价值。

五、结 语

融媒体时代,探索建立"新闻＋政务"运营模式,是主流媒体加快推进媒体深度融合发展的必由之路。这条路如何行稳致远,具体路径的判断和选择非常关键,这也是本文加以分析探讨的意义所在。相信在未来媒体融合发展的实践中,主流媒体都能够不断在挑战和问题中突破瓶颈、爬坡过坎,根据自身特色和核心优势,探索出一套成熟而多元化的运营机制和强大的自我造血功能,最终实现可持续高质量发展。

参考文献:

[1] 人民网.人民日报:习近平在中共中央政治局第三十六次集体学习时强调:加快推进网络信息技术自主创新 朝着建设网络强国目标不懈努力[R/OL].(2016 - 10 - 11) http://dangjian.people.com.cn/n1/2016/1011/c117092 - 28768107.html.

[2] 凤凰网.中国互联网络发展状况统计报告[R/OL](2021 - 02 - 03)https://tech.ifeng.com/c/83WmyZf9lC9.

[3] 邓志云.地方主流媒体的"新闻＋"服务路径探析[J]. 新媒体研究,2021(2).

[4] 汪艳,乔飞. 融媒体时代,"新闻＋政务服务商务"发展初探[J].新闻前哨,2021(4).

[5] 陈斯. 传统媒体代运维政务新媒体可实现"合作共赢"[J].东西南北.2020,(09).

[6] 微信公众号"传媒融中对".《全国报业大调研(23):转型媒体智库的宁波思考》.https://

mp.weixin.qq.com/s/t7iu0ekZcHJEpw2nwPWRtA.

[7] 马利. 微信公众号"中国记协". 济南日报报业集团：无技术,不融合!.2020 年 12 月 18 日.

作者简介：

袁雷,上海广播电视台副台长、上海文化广播影视集团有限公司副总裁。

罗曼,上海广播电视台融媒体中心总编室副主任。

电视新闻机构媒体融合发展的现状和趋势的研究

陈慧莹　韩　展

提　要： 经过几年的媒体融合转型，大部分的电视媒体已经实现了形式上的新媒体化，但是，相较于原生于网端的新媒体平台，所取得的传播效果却总是不尽人意。原因是大多数电视媒体的新媒体战略逻辑就是渠道扩展与内容推送，其本质还是在新媒体的外壳下通过互联网做电视媒体的业务。播出渠道平台论和用户关系平台论，这是两种不同的新媒体价值观，而新媒体平台本质应该是用户关系平台而非播出渠道平台。联结用户、服务用户的互联网思维是熟悉广播思维的电视新闻媒体人共同的思维盲区，应改变现状才能创新发展。

关键词： 新媒体思维逻辑　用户关系平台　播出渠道平台　创新发展

引　言

近些年来，随着新媒体势力的不断壮大，传统媒体也感受到了愈来愈强的压力。市场占有率、广告营收额和受众影响力也出现了逐年下滑的趋势。有人说2G、3G时代的微博、微信，将纸媒推入了困境；那么4G时代的抖音、快手、爱奇艺、腾讯视频等网络视频平台，把电视媒体挤压得日子难过。如果说十几年前，人们都是通过传统媒体获得资讯，那么现如今，大众获取资讯的主要方式早已经不再是广播电视和报纸杂志了。最近这两年，随着网络直播和视频播放平台的异军突起，网民们的选择又有了新的变化，这里面是否蕴含着传统电视新闻机构的机遇呢？

中国互联网络信息中心（CNNIC）2021年2月3日发布的第47次《中国互联网络发展状况统计报告》显示，截至2020年12月，我国网民规模达9.89亿。其中手机网民规模达9.86亿。网络新闻用户规模达7.43亿，占网民整体的75.1%；手机网络新闻用户规模达7.41亿，占手机网民的75.2%。网络视频（含短视频）用户规模达9.27亿，占网民整体的93.7%；短视频用户规模达8.73亿，占网民整体的88.3%。

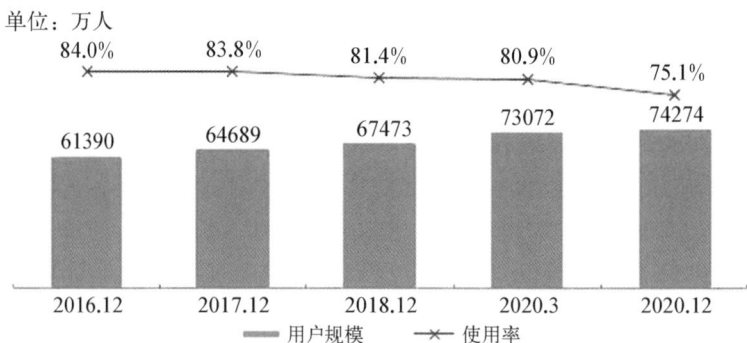

单位：万人

	84.0%	83.8%	81.4%	80.9%	75.1%
	61390	64689	67473	73072	74274
	2016.12	2017.12	2018.12	2020.3	2020.12

用户规模 — 使用率

来源：CNNIC 中国互联网络发展状况统计调查　　　　2020.12

2016.12—2020.12 网络新闻用户规模及使用率

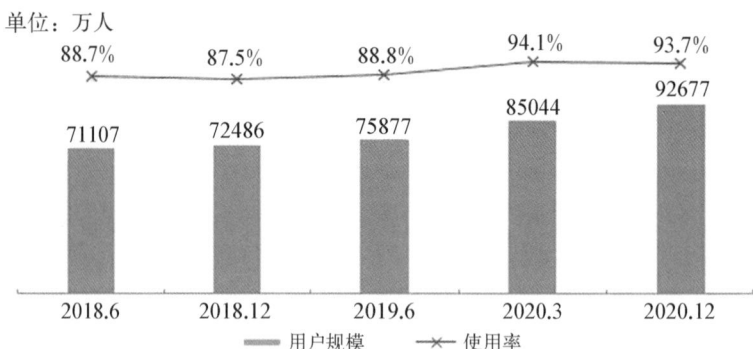

单位：万人

	88.7%	87.5%	88.8%	94.1%	93.7%
	71107	72486	75877	85044	92677
	2018.6	2018.12	2019.6	2020.3	2020.12

用户规模 — 使用率

来源：CNNIC 中国互联网络发展状况统计调查　　　　2020.12

2018.6—2020.12 网络视频（含短视频）用户规模及使用率

从以上的数据我们可以发现，不论是网民、网络新闻用户和网络视频用户规模总数都是呈现逐年上升的。但网络新闻用户的使用率却从2016年12月的84.0%下降到2020年12月的75.1%。可是在这同一时段里面，网络视频用户的使用率却从88.7%提升到93.7%。这一现象说明，在新增的网民中，网络视频用户的数量比网络新闻用户的数量多了近 8 700 万人。这些数据传达出一个信息,越来越多的人更喜欢通过视频来获取资讯,而这其中包括了大量的视频新闻资讯。这对于生存环境日益受挤压的电视新闻行业来说是一个机遇,但要把握住这个机遇首先要做的是抢占移动互联网端的有效传播渠道。

经过几年的媒体融合转型,大部分的电视媒体已经实现了形式上的新媒体化,大都有了自己的新媒体产品或新媒体矩阵。但是,相较于原生于网端的新媒体平台,所取得的传播效果却总是不尽如人意。目前,媒体融合主要是基于传播技术和传播载体的转型,而思维方式、运作模式、产业链条等更多方面的媒体融合还远未完成。

一、电视新闻媒体与互联网原生新媒体平台在移动网络端的用户竞争中处于劣势的原因

1. 平台局限

电视媒体很早就意识到需要打造自己的新媒体平台。但除了中央级媒体利用自身行政或行业影响力形成了足够大的体量外,地方电视媒体打造的平台往往处于中下游水平。由于自身平台不够强大,就开始采用自身平台＋其他新媒体平台推送的方式增加点击率和关注度。比如从开始的微博账号、微信公众号到现在的抖音、快手等知名新媒体平台的视频号,电视媒体不断随着潮流扩展和迁移着自己的新媒体阵地。

刚刚过去的这个春节,因为疫情影响,在"非必要不返乡"的倡议下,很多身处异地的外来人员选择在他乡"就地过年"。上海广播电视台融媒体中心新媒体平台看看新闻联合全国 18 家地方媒体的新媒体平台共同策划了一场名为"云看家乡"的网络移动端视频慢直播项目。从项目结束后出来的在线观看数据显示,点击量排名在前三位的分别是重庆广电第 1 眼快手＋抖音＋视频号:626 万;北京时间直播抖音:500.6 万;看看新闻微博话题:208.2 万。而在各家地方媒体自己的新媒体平台上同步播出所取得的数据普遍只能达到上面这些数据的两到三成。

同样的内容,在自身平台播出的观看率、点击率远远不及在知名新媒体平台上。不管怎么做,好的创意、精彩的内容,对自己平台的帮助总是不明显,总是有一种为他人作嫁衣裳,为竞争对手提供弹药补给的感觉。目前的讽刺之处在于,传统新闻媒体的新闻"产品"在网络移动端传播得越火爆,越被推送、被转发,已经占据优势地位的互联网新媒体平台的用户忠诚度就越高,好的内容正是这些

平台确保用户留存的基础之一。但因为注意力经济的主体聚焦在他们那边,所以数字广告增长的主要受益者也就是这些新媒体平台,并非新闻的第一制作单位,这种类似"马太效应"的现象已经出现。

2. 业态局限

所谓成也萧何,败也萧何。电视新闻媒体向新媒体进军的优势是拥有一支训练有素的专业团队。但劣势同样也是这支经过了数十年传承发展锻造出来的专业团队。因为本来就拥有强大的视频内容创作能力,短视频创作看起来对于电视新闻媒体来说没有任何过渡的难度。但往往电视新闻媒体制作的视频内容在电视端和新媒体端的呈现相差不大。通常会采用"一鸡两吃"的方式,电视成品和新媒体成品通常都由同一批视频素材制作而来。所以,在镜头切换、记者语态上都没有太大的变化。而网民习惯了移动端新媒体平台碎片化、求新、求快的风格。那些标题不太吸引人,或者不能一下子就抓住网民的兴趣点的视频内容,就不太能引起网民的观看和转发。

现在也已经有越来越多的传统电视媒体从业人员尝试用新媒体语言风格制作内容,但这还只是部分,要所有的从业人员都具备这样的能力还需要时间。

3. 理念局限

联结用户、服务用户的互联网思维是熟悉广播思维的电视新闻媒体人共同的思维盲区。如果一个新媒体平台还是基于广播的形式,那么基本上可以肯定是很难成功的。将自己的角色定位为一个完全的内容提供者还是平台运营者,出发点不一样,结果也会不一样。这也是电视新闻媒体自己开发的新媒体平台所取得的传播效果总是不尽如人意的最重要的原因之一。

电视新闻媒体以内容生产为第一要务,而微信、抖音、快手等作为用户平台却几乎不生产任何内容,专注于以用户为中心的联接功能设计,只要网络技术应用服务平台设计得足够贴心、便捷,让用户欲罢不能,便可汇集全网所有内容为己所用。这些新媒体用户平台一旦形成寡头地位,其庞大的用户群不仅作为内容消费主体对内容形成强大吸附力,而且海量用户群同时又会形成新内容源源不断的生产力。可见一个好的平台作用终究大于内容,要做一个真正有竞争力的新媒体首先得是一个基于技术功能的用户服务平台,然后才是内容推送平台。而大多数电视媒体的新媒体战略逻辑,就是渠道扩展与内容推送,其本质还是在新媒体的外壳下通过互联网做电视媒体的业务。播出渠道平台论和用户关系平台论,这是两种不同的新媒体价值观,而新媒体平台本质应该是用户关系平台而非播出渠道平台。

澎湃新闻于 2014 年 7 月 22 日正式上线,是上海报业集团改革后的第一个成果,是全国第一个由传统媒体整体转型的互联网新兴媒体。但它不像其他的媒体机构那样有自己的新媒体中心,他们通过一个互动中心来做所有的内容分发。为了让用户在手机端获得舒适体验,澎湃不断进行迭代,做到每星期有一次小迭代,每月有一次大迭代。在传统媒体转型新媒体的机构媒体中,澎湃现在处于较为上端的位置,原因就在于他们重视用户关系维护这一原则,有着领先于其他传统媒体的理念,这一点从"互动中心"这个名称上就可以感受得到。

二、传统电视新闻机构的媒体融合改革如何才能走出困局

根据极光 iAPP 的数据显示,2020 年,短视频行业渗透率和 MAU(月活跃用户人数)均稳中有升,截至 12 月份,分别为 74.5% 和 7.9 亿;用户规模趋近短视频行业天花板的同时,短视频行业的使用时长占比进一步与即时通信拉大差距,达到 27.3%;短视频当之无愧为 2020 第一流量入口。可以说,现在是电视新闻媒体抓住契机实现真正意义上媒体融合的最佳时间窗口。

1. 改变理念,从根本上把维护用户关系放到与内容生产同等重要的高度上

电视新闻机构应该把自己的新媒体融合平台从事实上的播出渠道平台转变成用户关系平台。在如今这个处处 Wi-Fi、4G、大数据、云计算支持下的移动互联网时代,信息渠道泛滥贬值,碎片化微传播盛行,广播模式开始退潮,传统垄断渠道人气凋零,构建"去中心化"的用户服务平台才是最具有互联网逻辑和新媒体基因的传媒机构的选择。

大部分电视新闻媒体的新媒体业务长期以来也只是借助网络传播内容,并没有去用心经营用户关系。所以实际上,大部分电视新闻机构从来就没有参加过与新媒体平台的正面竞争。在百度、阿里、腾讯、头条、快手这些移动互联网巨头的用户抢夺战中,传统电视新闻媒体一直在做内容。如果有一天新媒体平台完成了移动端势力范围划分,地位相对稳固后再遇到合适的时机大规模进军内容生产时,电视新闻媒体就将面临真正的生死时刻。

2. 革新技术,使用大数据计算收集用户画像资料,提高用户黏性

(1)用户画像的概念

用户画像是指根据用户人口学特征、网络浏览内容、网络社交活动和消费行为等信息而抽象出的一个标签化的用户模型。构建用户画像是新媒体平台的核

心工作,就是要利用存储在服务器上的海量日志和数据库里的大量数据进行分析和挖掘,给平台用户贴上"标签"。而"标签"是能表示用户某一维度特征的数据标识,具有很强的相关性,可以简洁地描述和分类人群。

(2)用户画像的内容

用户画像包含的内容并不完全是固定的。对于新媒体平台来说,用户画像会包含人口属性、行为特征、兴趣特征等,主要包括用户的年龄、性别、所在地域、受教育程度、婚姻、生育和行业职位、活跃度、忠诚度、浏览内容的兴趣特征等。

(3)用户画像的作用

通过用户画像,新媒体平台可以做到对不同特征的用户进行符合其喜好、审美以及特别关注或感兴趣的资讯内容的精准推送,可以进一步准确分析研究出用户下一步可能的需求,并为其推送符合其特点的私人订制内容,进行个性化推荐。

记得二十多年前还在大学的时候,在广播电视概论这门课上,老师就说到过电视未来最终将从广播向窄播发展这个论断。现在的新媒体平台就是通过用户画像这种技术再结合他们独特的算法,实施个性化、针对性的内容推荐,真正做到了窄播。

传统电视媒体一直在谈内容为王,没错,新媒体平台也认可这个概念。但他们用技术和服务做好了平台,让用户习惯了从他们那里获取内容,至于内容是否原创并不重要。这就好比做实业和做商业的区别。电视新闻媒体犹如在做实业,而新媒体平台做的却是商业销售渠道和客户服务维护;传统电视媒体的产品质量做得再好,但大量的消费者已经被牢牢绑在那条销售渠道上了。抛开他们,产品的销量就很难提高。酒香也怕巷子深啊!

新媒体平台通过技术打造了和用户更好沟通交流的渠道,他们了解受众,知道用户每一个人都喜欢什么,就针对性地推送给用户什么。而电视新闻媒体却没有关注这方面。所以,如果电视新闻媒体不能在这方面转变思路,那媒体融合转型最终也只是一句空话。

3. 权威发布主体多样化、差异化,适应不同用户的个性需求

相对于传统主流电视媒体的平台整体影响力,新媒体平台更注重权威(网红)影响力,以往传统电视媒体是通过主播之口发布整个采访编辑部制作的产品内容。在新媒体平台的用户不再只满足于一个发布出口,他们需要有更多的选择。所以,不同风格的主持人、记者,甚至编辑、摄像师,都有可能成为受用户追捧的新网红。

2020年10月17日,在第13届中国金鹰电视艺术节电视论坛上,中国视协

顾问、中国视协网络直播专业委员会会长、原湖南广播电视台台长欧阳常林对电视媒体的发展提出了几点建议："增强主流媒体的市场意识，放低身段进军网上，尽快改变传统媒体单向传播、单一变现的保守模式。整合与盘活线下各种资源，鼓励传统媒体主持人向自媒体转型，大力培养高素质的网红达人，积极打通供应链与客户品牌，开设各种垂类账号，丰富直播产品，深耕网上。"

媒体转型后的新闻媒体机构平台如果能以这些新网红达人为核心建立小组式工作团队，经过审核的机构外人士也可以邀请纳入这种模式，使用这种方法营造平台内的可控自媒体化氛围，加强与平台用户的互动与沟通，这样才能持续提高人气，增加用户对平台的黏性。

4. 坚守主流媒体的新闻操守

以电视新闻媒体的权威专业引导舆论，保持一贯的公信力和正确的导向性，继续执行严格的内容审核制度，坚守专业素养。这是传统媒体的根基和优势。也许微信朋友圈中转发的文章标题更吸引人，也许微博热搜中的消息来得更快，但是新媒体发布平台上的各种"打假"、剧情大反转等现象早已屡见不鲜。因此，一些重大事件发生后，受众虽然会关注新媒体平台发布的内容，但最终还是会到电视新闻这样的官方传统媒体考证消息的真实性。在乱象丛生的新媒体市场，尤其需要守住这条底线，才能做到在新媒体融合转型的过程中既克服了劣势也没有丢掉优势。只有在做用户平台的同时坚持住真实、权威这个底线，才能最终把用户拉回来，形成良性的"马太效应"模式。

三、未来的趋势

2019 年 10 月 31 日，随着三大运营商公布 5G 商用套餐，并于 11 月 1 日正式上线 5G 商用套餐，标志着中国正式进入 5G 商用时代。如果我们回顾 3G 时代，预测 4G 会给我们带来什么的时候，我们会发现，当时的预测也仅限于 4G 的网速有多快，画质有多清晰这些方面，却也完全没有预测到 4G 带来的短视频和直播的到来颠覆了以往人们的认知，成就了抖音和快手这样的现象级应用。

那 5G，利用其特有的高带宽、低延迟的特点，会带来什么呢？比如说随着脑机接口技术的出现，沉浸式虚拟现实直播和用户可选择视角的视频体验模式很可能迎来新的走红机会。有人会问，现在的用户资源已经都被那几家头部新媒体平台占领了，我们现在才开始，还来得及吗？我要说的是，未来有无限可能，新的技术就有可能成就新的现象级平台，但不管技术发展到何种程度，给用户更多的选择、更自由顺畅的沟通渠道、满足他们更多的需求永远是未来现象级平台的必备条件之一。机会总是给有准备的人的,当颠覆性的技术还未来临时先转变理念做起来。起步已经晚了,但只要方向对了,一旦机会来临就能迎头赶上。

时刻注意新技术的发展并能够领先开发出应用模式,时刻掌握用户资源并重视了解其需求,不断给用户提供更好的使用体验和顺畅的沟通表达渠道,不断推出个性鲜明的高人气的平台大 V,并拥有真实、及时、多样、全面的新闻资讯内容。只有做到这一切,才能长久地占据移动互联网络的头部用户资源。这也是每一个希望能成功实现新媒体转型的电视新闻媒体所需要做到的事情。

结　语

综上所述,传统电视新闻机构走深化媒体融合之路,一定要迅速克服平台局限、业态局限、理念局限,特别是确立并实施联结用户、服务用户的互联网思维,学会信息市场营销的各种有效手段,革新技术并科学运用各种数字化技术,并充分发挥传统主流媒体的优势等,才能成功转型,不断创新发展。从内容到平台,将是电视新闻媒体的战略选择,从垂直平台到综合平台,从小平台到大平台,这是个过程不可能一蹴而就,还有很长的路要走。

参考文献:

[1] 中国互联网络信息中心(CNNIC)发布第 47 次《中国互联网络发展状况统计报告》。

[2] 黎斌:《传统媒体应如何重构自己的新媒体平台》,《传媒》2015 年 4 月下。

[3] 赵华:《从直播和短视频看传统媒体的融合突破点》,《视听界》2017 年第 5 期。

[4] 欧阳常林:《价值重构,取长补短　关于媒体融合发展的应变思考》,刊登于《当代电视》2020 年第 12 期。

作者简介:

陈慧莹,上海广播电视台融媒体中心主任记者。

韩展,上海广播电视台融媒体中心国内部编辑。

疫情期间上扬的收视态势如何延续

——兼论主流媒体践行融媒体战略的创新路径

肖林云

提　要：新冠病毒从 2019 年底露头到 2020 年席卷全球，直至 2021 年感染人数超 1 亿，前后持续时间已经一年多。在这场深刻影响全人类命运的疫情里，原本作为传统主流媒体已呈颓势的电视重获观众青睐，收视逆势上扬。纵观疫情发展走势和收视曲线，似可以发现这样一个现象：疫情与收视率呈正相关，也就是疫情越严重（尤其是本土病例出现时），收视率就相对高。本文试以《东方新闻》等为例，探讨其中的原因，并且探寻在全媒体时代，如何掌握传播规律，使电视这个传统主流媒体更好地与新媒体融合，发挥各自所长，服务公众，在重大事件的报道中体现主流媒体的价值。

关键词：主流媒体　公共危机　媒体融合

引　言

新冠疫情时至今日还未结束，目前又发生各种毒株变异。疫情出现后公众对于信息的需求高涨，相比社交媒体、自媒体等新媒体，作为传统主流媒体的电视新闻节目，因信息来源可靠，极具公信力，受到观众的信赖，原本开机率已走低的电视新闻节目，在疫情期间表现出色，收视上扬，一举扭转原本日渐式微的颓势。如何乘势而上，在疫情相对平稳，防控进入常态化后，做好媒体融合的大文章，扬长避短，积极变身为新型主流媒体，值得认真思考并付诸实践。

一、传统主流媒体面对公共危机的责任

新冠疫情是新中国成立以来发生的传播速度最快、感染范围最广、防控难度最大的一次重大突发公共卫生事件。面对如此重大的突发公共危机，在上海，作为传统主流媒体的电视可以说是扛起了时代重任。索福瑞全国59城数据显示，在武汉封城的两个月里，东方卫视新闻类节目人均收看时长为64分钟，居各大省级卫视之首，其中2020年1月23日至2月2日《东方新闻》创下0.58的平均收视，超过2019年同期的2倍多。

1. 危机报道的议程设置

作为东方卫视主新闻栏目，《东方新闻》从武汉出现不明原因肺炎伊始，就对此保持了高度的警觉和新闻敏感性。2019年12月31日版面上就有相关内容出现。进入2020年，《东方新闻》的议程设置也始终关注着疫情走向。1月9日采用大屏解读方式将其作为新闻焦点，不仅报道了不明肺炎的病原体为新型冠状病毒，而且梳理了人类已知的六种冠状病毒的特点，对冠状病毒的知识做了科普，并采访了相关专家，预判了这种新型冠状病毒可能给人类健康带来的危害以及可采取的治疗手段。这在一定程度上消解了公众对这种新病毒的恐惧紧张心理。

然而随着时间推移，疫情日益严重，《东方新闻》对与疫情相关的报道力度也越来越大。1月21日报道了钟南山院士明确新冠病毒会"人传人"，全社会对疫情的关注度之高前所未有！一时间口罩、酒精等防疫物资出现短缺，公众焦虑不安情绪加重。面对这样的态势，包括《东方新闻》在内的上海广播电视台融媒体中心各档新闻开足马力，全方位报道上海和全国各地为防控疫情所采取的措施和所做的各种努力。

1月23日《东方新闻》整个版面突破常规，近一小时的节目报道的几乎都是与疫情相关的内容：从全国新增病例数到武汉开始封城、从上海启动入沪车辆道口检查到药房保障防疫物资供应等等，可以说是公众最想了解的信息，都第一时间全面权威地呈现在屏幕上，以至于次日有观众发微博大赞《东方新闻》，说《东方新闻》老老实实把大家关心的问题，一条一条报道出来，对公众的疑问疑虑也不掩饰不粉饰，这样实事求是反而让人心安，知道在上海，方方面面都在努力，在夜以继日地守护这座城市的安宁。

观众对栏目的肯定也体现在这一时期不断上扬的收视上，1月23日当天的收视率达0.75，观看人数9 864万，创出新高。

2. 收视率上扬的原因

《东方新闻》这一亮眼的收视数据，从表面看似乎与当时的"居家令"有关。原本已经呈现碎片化、移动化的信息传播，重新回到以客厅为固定场景的收看上，使得电视这一传统媒体在疫情突发期间强势回归。但深入分析就能发现，禁足和"居家令"并非收视率上升的主要原因，而是新闻从业者面对公共危机的责任担当，以及传统主流媒体长久以来所形成的公信力、专业水平和权威性所带来的优势，使得公共危机发生时，相比社交媒体和自媒体，传统主流媒体更容易赢得公众的信任。

时隔一年，当2021年1月下旬本土病例在上海重新露头时，《东方新闻》的收视表现再次证明了这一点。

当时牛年新春即将来临，原本控制得很好仅有境外输入病例的上海却又冒出本地病例，一时间风声鹤唳，流言四起，仿佛回到一年前。在这样的关键时刻，电视等主流媒体再一次显示出了"英雄本色"，通过权威信息发布，营造了正确的舆论场。

下图为2021年1月20日至31日《东方新闻》的收视曲线。

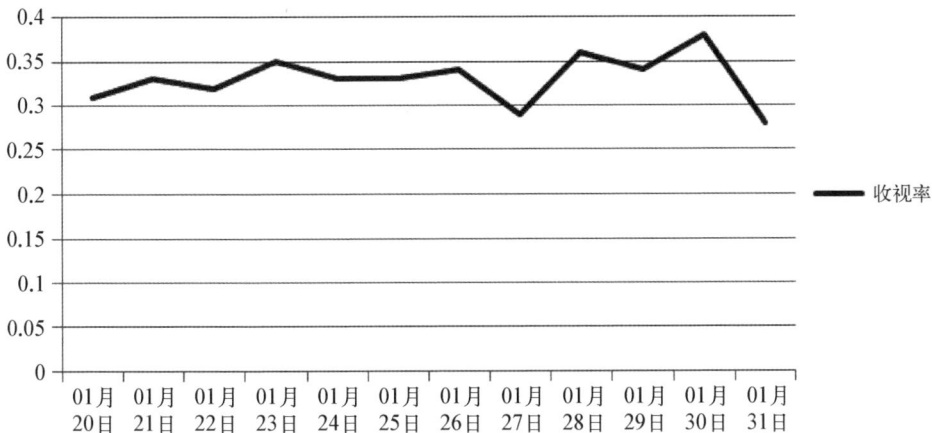

《东方新闻》**2021年1月下旬收视率**
数据来源 CSM 全国 59 城数据

虽然这段时间《东方新闻》平均收视为 0.33，位居全国第 2 名，依然名列前茅，但每天的收视有波动。仔细分析可以发现收视高点基本都与确认新增本土病例的时间相重合。

由此可见，一旦疫情加重尤其是发生本土病例，并且是与观众同处一地的，公众情绪就会紧张，对于相关信息的需求就会有所增加。作为传统主流媒体的

日　　期	收视率	版面涉及内容
1月20日	0.31	上海没有本土病例报告
1月21日	0.33	上海新增3例本土病例,黄浦区部分小区被列为中风险地区
1月22日	0.32	上海新增6例本土病例
1月23日	0.35	上海新增3例本土病例,宝山区有小区成为中风险地区
1月24日	0.33	上海本次疫情总体可控
1月25日	0.33	上海精准化精细化工作织密织牢疫情防控网
1月26日	0.34	上海新增2例本土病例
1月27日	0.29	上海现有16例确诊病例存在流行病学关联
1月28日	0.36	上海复兴中路一小区开始转运居民集中隔离
1月29日	0.34	上海连续两天没有新增本地确诊病例
1月30日	0.38	上海新增2例本土病例,18例本土病例存在关联
1月31日	0.28	全国现有本土确诊病例数量开始下降

电视新闻,如果能及时回应公众关切,给公众权威准确的消息,对于稳固和提高收视率是很有帮助的,而从更高层面来看,面对公共卫生事件,作为政府和公众进行风险沟通的主要渠道,安抚化解公众不安情绪,也是电视传媒作为主流媒体应尽的义务。

依照传播学理论,在公共事务领域,个人的导向需求越高,就越有可能关注携带丰富政治与政府信息的大众媒介议程。有学者调研发现,从媒介信任度来看,在电视、移动新媒体、报纸、广播等媒体排序中,电视发布的信息可信度排在第一位。真可谓是"大事看大屏"。

综上所述,可以说当公共危机突发后,以《东方新闻》等为代表的电视媒体,切中观众关心热点设置议题,及时回应,出色地完成了危机报道中的角色——提供信息、引导舆论、稳定大众情绪,从而推动了公共危机事件的逐步解决。

二、传统主流媒体如何创新融屏

抗疫期间,电视媒体收视率倍增,尤其是2020年初至4月武汉解封前那一段时间,那么当疫情相对缓和、防控进入常态化后,作为传统主流媒体的电视又该如何留住观众,延续上扬的收视态势呢?

虽然有数据显示,2020 年我国电视观众人数多于上网人数,电视大屏收视总时长两倍于网络视频总消费时长,电视大屏观众存量依旧庞大,但随着智能手机等的普及,人们越来越习惯于随时随地通过手机等移动端的小屏,第一时间接收资讯。身为传统主流媒体的电视必须顺应时代变迁跟上时代前进步伐,作为主力军全面挺进媒体融合的主战场,只有不断创新融合,扩大主流价值影响力版图,才能变身为新型主流媒体。

虽然疫情期间电视收视逆势上扬,但要把高收视率转化为融媒体时代的高流量并非易事,需要大力践行融媒体战略,不断探索融媒体创新路径。

1. 转变观念、努力践行

尽管媒体融合已经势不可当,但由于时间精力有限,在日常工作中不管是记者、编辑还是摄像、主播,往往还是会把电视新闻作为主业,在保证各档新闻安全播出之后,才有余力去做新媒体产品。这就在人力、物力等方面都对目前的新闻架构提出了新要求,如何分清主次,分配力量,如何像"千手观音"那样,"主业副业"两手抓,考验着大家的智慧和能力。

可喜的是,在上海广播电视台融媒体中心的日常实践中,越来越多的记者、编辑和摄像、主播都开始树立起拥抱新媒体的意识,对于重大新闻、社会关注度高的消息都能自觉去做新媒体产品,努力在网端的小屏上,也让主流媒体的高质量产品有一席之地。

例如今年 1 月 25 日傍晚,网上有消息称,继几天前上海肿瘤医院在例行核酸检测中发现本土病例后,红房子妇产科医院也发现了可疑的不合格样本,医院的两个院区全都封闭。上海广播电视台融媒体中心记者不仅实地探访,还通宵达旦地蹲守,获得了医院从封闭到解封的第一手资料,除给各档新闻供片外,还第一时间在"看呀 STV"视频号上,通过实况加音乐、字幕的方式,迅速生动地发布了医院解封的好消息。这一视频突破了电视新闻到点才播出的时间局限,以及"你播我看"的单向传播的缺陷,一经发布就获得大量点赞、评论和转发,可以说是传统主流媒体转向新型主流媒体的一次有益实践。

2. 寻找规律、掌握技巧

当前传统主流媒体拥抱新媒体的力度大大增强,这无疑是值得肯定的。但在实际工作中也有一种倾向,似乎"新媒体是个筐,什么都想往里装",但事实上"装什么"和"怎么装"都大有讲究,并非所有题材都适合用新媒体来表现。

今年短视频的发展非常迅猛,照理说,电视传媒在视频生产上是正规军,专业水平高,但如果不对新媒体传播的特点规律加以研究,即使片子拍得相当专业,在新媒体上的表现也未必好。因为有些题材先天基因就不足,硬要做成短视频,通过视频号来表现,结果很可能就是自娱自乐。这就要求传统媒体的从业者必须认真研究新媒体的特点、规律,充分建立起互联网思维,不断培养自己的网感,换一种视角和方式去呈现。

一直以来,传统媒体强调并坚守"内容为王",这固然不错,但在新媒体时代,不仅对于"内容"要有新的理解和判断,如何让"优质内容"更有吸引力,更是要花心思、下功夫研究的课题。因为对于新媒体来说,适合传播的"内容"和传统媒体有很多的不同。对于一些比较严肃、比较硬的时政题材,要用巧思才能在新媒体产品上取得好的传播效果。比如今年两会期间,上海广播电视台融媒体中心卫视编播部的新媒体小分队就精心策划了系列短视频《两会重磅》,以两会上的一段同期声打头,然后再配以相关领域专家对该话题的简短评论,力求短小精悍,抓人眼球,因此《两会重磅》一经推出便收获好评。

显然两会这样的时政内容,如果没有前期深入的策划是很难出彩的,而相比之下有些题材则自带网感,即使前期没有充分的策划,只要有心有互联网思维,哪怕是平时根本上不了新闻版面的内容,甚至是新闻素材的边角料,也能收到不错的传播效果。

去年进博会期间,上海广播电视台融媒体中心记者在直播连线时发生意外,不小心撞倒一瓶价值不菲的洋酒,好在其反应敏捷徒手接住。这一化险为夷的小插曲立即被做成了短视频,还用慢动作和回放等特技将这一过程加以渲染和突出处理,颇有可看性和话题性。因其具有短视频传播的几个特质:有趣、好看、令人愉悦,获得大量转发,无形中也提升了进博会的宣传热度,记者也一不留神成"网红"。

3. 跨界破圈、打造爆款

今年3月20日四川三星堆遗址再惊天下,新发现的6座三星堆文化"祭祀坑"出土重要文物500余件。同一天,四川日报·川观新闻联合三星堆博物馆等单位推出特别策划——堆堆Live《我怎么这么好看》MV。视频中新出土的绝美黄金面具等文物在电子音乐的伴奏下,开口唱起神曲《我怎么这么好看》,结尾还用方言自问自夸。原本深奥、专业性很强的考古事件和考古成果,以这样新潮幽默诙谐的方式亮相,可谓是跨界破圈典范。显然这一视频前期的策划功不可没,不仅找到了一个非常好的古今结合点,而且发布时机精准,踩在了公众对三星堆关注度最高的时间节点上,加上制作精良,这一视频一经推出就成为爆款,仅点赞数就超过10万。

由此可见,传统主流媒体要在新媒体转型之路上有所作为,对一些可以预见的重大新闻事件必须加强前期策划;对一些无法预见的突发新闻,则应紧跟热点及时加工,同时得把专业的东西、深奥的内容,以大众喜闻乐见的方式来表现,只有跨界、破圈、接地气,才不会"曲高和寡",才能取得良好的传播效果。

4. 强化运营、打造品牌

事实上要真正玩转新媒体,仅有前期策划还远远不够,新媒体作品上线后,如何运营也大有讲究。

现在许多传统媒体的网络传播方法往往只会通过最单薄的全员朋友圈转发。有研究指出,如果没有专门的社群班子,没有新媒体运营人才,想要取得理想的传播效果几乎是不可能的事情。内容和运营是相辅相成的,运营出色,事半功倍。反之内容再好,如果运营没有跟上,只会"养在深闺人未识"。而出色的运营应该从前期策划时就参与,这就要求传统媒体在转型新媒体时,从人员架构上也应该有所调整,需要有专业的运营人才充实进来。上海广播电视台融媒体中心今年就新设了"产品线责编",其效果正在持续显现。

如今视频号大有取代微信公众号的架势,上海广播电视台融媒体中心旗下不同栏目、不同部门,很多都推出了各自的视频号。越来越多的记者、编辑、摄像和主持人出现在视频号里,用自己的专业性对新闻做出重构和深入浅出的解读,取得不错的效果。

最新统计数据表明,今年3月上海广播电视台融媒体中心短视频发布数达34 898条,增幅达38.7%,在新媒体总影响力排名榜上列第3位。这固然是可喜现象,但是遍地开花的视频号被用户看到的随机性比较大,也容易让人有"眼花缭乱、目不暇接"的感觉。若想在新媒体时代保持并延续电视鼎盛时期的影响力和传播力,与其多点布局不如集中力量,打造一两个响当当的品牌视频号,培育若干名有网友缘的新媒体记者,使其成为有号召力的"网络大V"。这样或许能像当年打造出的电视新闻名主持名栏目那样,不仅能使用户更有黏度,也有利于扩大电视传媒转型为新媒体的影响力,将疫情期间电视大屏积累的良好收视率转化为网端小屏上的高流量。

结　语

新冠疫情带来的公众对于信息需求的高涨,使得电视这一传统主流媒体"满血复活",但疫情平缓后,大小屏融合成必然趋势,要想在便捷的移动端小屏里,继续作为主流媒体而存在,必须脱胎换骨,拥有互联网的用户思维,培养网感学会新语态,同时加强策划,注重运营,打造品牌。此外,还必须坚持真实性原则,保持长久以来形成的公信力,不忘初心,继续担负起主流媒体的社会责任和传播功能,唯有这样才能在新媒体的版图上不断开疆拓土,打造出属于自己的新天地。

参考文献:

[1] 马克斯韦尔·麦库姆斯《议程设置:大众媒介与舆论》北京大学出版社 2018 年版.

[2] 曾敏祥:《电视逆势上扬,并不意味着传统路径依赖的回归!》 广电独家 2020 - 03 - 14.

[3] 胡瀚中:《疫情结束后,传统媒体如何留住当前积累的"高流量"?》 广电独家 2020 - 03 - 12.

[4]《2021 年传媒市场十大趋势》 CSM 收视中国 2021 - 3 - 9.

[5] CMG 观察《争鸣 | 如何提高传统媒体人的"新媒体情商"? 有 10 个地方值得关注》2021 - 1 - 23.

作者简介:

肖林云,上海广播电视台融媒体中心卫视编播部《东方新闻》主编。

媒体融合时代如何做好时政新闻

张　婧

提　要：媒体融合的出现为时政新闻的转型提供了契机，媒体报道中出现了不少喜闻乐见的时政新闻融媒体作品，时政新闻逐渐出现智能化、视频化的趋势。本文试从融媒体背景下时政新闻作品的创新，进一步分析时政新闻报道该如何抓好媒体融合这一契机，实现新闻转型，以便更好地发挥讲好中国故事、传播中国好声音、凝聚社会意识形态、上情下达的舆情功能。

关键词：媒体融合　时政新闻　新闻转型　舆情功能

引　言

　　时政新闻，或称"时事政治类新闻"，在西方新闻学中称为"硬新闻"，是指：题材严肃，着重于思想性、指导性和知识性的政治、经济、科技新闻。相对于"软新闻"，是指人情味较浓、生动活泼的社会新闻与娱乐新闻。而时政新闻中的重点政治新闻，即指以党政机关为采访领域、以国家方针政策贯彻执行过程和领导层的重要公务活动为报道范围的新闻体裁。[1]因此这是我国传统媒体新闻报道的重要内容。可以说，做好时政新闻报道，是当今媒体融合时代，我国主流媒体进一步弘扬宣传主旋律、发挥新闻传播正能量的重要环节，也是值得研究探讨的课题。

　　而传统媒体与新兴媒体融合发展，是当今世界媒体发展的新趋势。习近平总书记从 2014 年春天起至今多次就媒体融合发展指出："要因势而谋、应势而动、顺势而为，加快推动媒体融合发展，使主流媒体具有强大传播力、引导力、影响力、公信力,形成网上网下同心圆,使全体人民在理想信念、价值理念、道德观念上紧紧团结在一起,让正能量更强劲、主旋律更高昂。"[2]时政新闻是主流媒体的重要内容,而持续巩固壮大主流舆论是中央推进媒体融合、防范化解意识形态领域重大风险的题中之义,因此,时政新闻是媒体融合时代壮大主流舆论的先行军和主力军,加快转型已经迫在眉睫。媒体融合发展为新闻传播提供了崭新的平台、便捷的渠道和更多的表达手段,对时政新闻类信息而言,提升自身吸引力和传播力,增强用户体验度,是近阶段发展的必由之路。

一、形式创新抓住平台特征吸引受众

通俗来讲,时政新闻是党和政府与人民群众联系的桥梁和纽带。具体来讲,例如一个地方政府制定了什么样的战略思想、出台了哪些政策,各级各部门是如何履行职能的,领导干部做了哪些事,地方的经济社会发展情况等等,都与人民群众息息相关。这些事情,党和政府希望让社会大众知晓,社会大众也有获取真实、权威信息的需求,时政新闻的传播恰好满足了政府和受众的双向需求。对于每个媒体来说,时政新闻都是必须占领的重要阵地。

把握并利用媒介特征,增强传播力和影响力,关键是要提高同一份新闻素材在各个媒体平台的影响力,用不同的加工手段对信息进行加工。当前主流新闻媒体都已开启微信公众号,如人民日报、新华社及各地方媒体的官方公众号都具有很强的影响。微信公众平台的运营也有其自身规律,在信息量较为庞大的微信公众平台中,对标题和封面图的雕琢显得至关重要,直接影响新闻素材是否被阅读,而只有当受众进入阅读环节,时政新闻内容本身的功力才能发挥作用。而对于标题和封面的设定也有一定规律,一方面,与一般的审美原则相互呼应,无论标题还是封面图片,有设计感、有文学性、走心的内容,能够带来美的感受和美的震撼,必然更受到读者欢迎。另一方面,要与文章内容巧妙结合,将奇巧构思与正文内容相连接,产生良好的宣传效果。对其他平台来说亦是如此,每一种媒体平台都有其自身的规律,只有掌握规律,充分利用媒体的特征,才能够使媒体融合趋势下的时政新闻宣传更加游刃有余。

在全新的媒介生态背景下,央视《新闻联播》通过借力新媒体平台,以短视频栏目《主播说联播》作为传播载体,实现了内容与渠道的强强联合,在主流媒体的全媒体转型实践方面进行了有效探索。作为《新闻联播》的衍生栏目,《主播说联播》由联播主播轮流上阵,采用一分钟左右的竖屏短视频,发布在微博、微信、抖音、快手等新媒体平台上。《主播说联播》聚焦时下的热点新闻和热门事件,用通俗语言向观众传递主流声音,直击社会热点,直面敏感问题,发表的评论逻辑严谨,一针见血。比如,2019 年 8 月 9 日,针对台湾某专家发出的"大陆人吃不起榨菜"言论,主播欧阳夏丹在《主播说联播》中直言回复道:"这种井底之蛙的心态,真的是让人忍俊不禁。宵夜的时间到了,要不上点儿榨菜?"8 月 11 日,央视主播康辉针对国泰航空在香港问题上的所作所为,在《主播说联播》节目中,送给国泰航空一句"No zuo no die"(意为:不"作"不会死)。《新闻联播》通过打造优质融媒体产品《主播说联播》,实现了传统媒体与新媒体的内容融合,还通过聚焦热点问题、犀利发声的视频内容,拉近了与观众之间的距离,实现了时政新闻传播效果的最大化。[3]

媒体融合时代,要遵循新闻传播规律,适应对象化、差异化、分众化的特点,加强传播方式手段和话语方式创新,把习近平新时代中国特色社会主义思想讲清楚、讲明白,让老百姓听得懂、能领会、可落实。要紧密联系百姓身边发生的变化,联系人们普遍关注的问题,以小见大,寓事于理,让党的创新理论"飞入寻常百姓家"。人们关注官媒的时政新闻,不仅希望可以得到权威的信息,更期待能有多元化的呈现。现在微信平台的关注用户较多,高点击率、转发和评论多的时政新闻,大多是图文并茂、音视频并茂的报道。因为制作精良,传播效果也明显提升。

融媒时代,必然是互动的时代。2020 年除夕夜青浦融媒体中心拍摄的"除夕夜,青浦医疗队 15 名勇士奔赴武汉"短视频中,队员与亲人依依不舍、毅然踏上征途的画面,经微信、微博、快手、抖音发出后,引起了强烈反响。一时间,在全网获得了 9 000 万次播放量。20 天后,青浦区委书记赵惠琴与援鄂医疗队员们隔空对话,书记动容地潸然泪下,父母官对医护人员的牵挂不言而喻,再次引起受众共鸣。这条插入短视频的新闻,单单在"绿色青浦"微信公众号上的阅读量就高达 8 万,众多网友看后留下对医护人员的敬意和对抗击疫情的信心。正能量的互动,为营造"众志成城,抗击疫情"的氛围起到了重要作用。这些都是媒体融合给时政新闻带来的前所未有的新变化、新契机。

由于时政新闻的故事性特征往往不明显,新闻叙事常是平铺直叙,设置冲突、制造悬念则很少出现在严肃新闻中,这也是长期以来时政新闻的瓶颈之一。融媒体时代,悬念才被应用在时政新闻报道中。在时政新闻的融媒体报道中,悬念的设置相对隐性,不易被察觉,且悬念常贯穿于整个新闻报道中。例如,中国政府网在 2019 年全国两会报道中推出的《总理记者会"一字"来提问》、国务院客户端推出的《爱"拼"才会赢:拼出你的 2019 年政府工作报告关键字》H5 融媒体产品,都以寓教于乐的方式引导读者在游戏化互动中探寻新闻线索,获取碎片化新闻报道。《爱"拼"才会赢:拼出你的 2019 年政府工作报告关键字》H5 通过拼写汉字部首,获得政府工作报告的关键字,在读者拼写汉字的同时,抛出悬念——拼写得到的关键字与政府工作报告的哪些信息有关？此时读者会主动联想政府工作报告与该汉字的联系，并通过游戏结果来印证自己的想法。新闻叙事报道的波澜由此产生，有了更强的趣味性、可读性。[4]

二、内容创新提升受众体验度

时政新闻的话语方式与其他新闻有较为显著的差异性。传统时政新闻报道以宣传国家大政方针为主，内容庄重严肃，大多数老百姓不喜欢看，关注度不高，而基于互联网传播的"去中心化"特性，给了时政新闻融合多种话语方式、满足不同媒介需要的可能。因此，新媒体的时政新闻传播在保证原有高质量和权威性的同时，内容要更亲民、语言更"接地气"，才能够吸引更多受众。地方融媒体的时政新闻传播更应当摆脱传统宏大叙事的思维定式，注重把握时代发展变迁中的个体故事，去行政化，朝民生化方向发展，发掘个体人物的喜乐悲欢，凸显新时代劳动者的获得感和成就感，将枯燥的时政新闻做成生动鲜活的人物形象、曲折动人的故事情节，加上可视化数据支撑的新闻短视频。

5G时代，任何人都可以通过手机录制视频、发送信息。时政新闻传播中，也可以加入市民参与的元素，改记者采编制作新闻为市民自己上传。比如，可以征集群众自拍、收集手机视频等多种方式，增强新闻的可看性。《福州新闻》栏目推出的板块《丫霸，福州》正是充分发挥了移动通信技术的作用，让市民参与到时政新闻中来。"丫霸"是福州话"厉害"一词的音译，这个板块直接面向群众征集自拍视频，群众可以通过自拍，讲述自己身边发生的故事，记录福州的发展变化，抒发自己对福州的喜爱与赞美。该板块一经推出后，栏目组就收到了众多市民发来的自拍视频，主题涉及交通治堵、水系治理、园林绿化、步道建设、轨道交通等城市建设的方方面面，不仅内容丰富，而且朴实生动、情真意切。这些视频经过剪辑编辑播出后，取得了良好的社会反响。从整体层面来看，《丫霸，福州》改变了原本呆板的成就性报道，变"海采"类新闻记者街边采访为群众"自拍"，一是让作为采访对象的普通市民不再需要面对陌生的话筒和摄像机，可以自由发挥、真情流露；二是不需要组织记者外出采访，降低了人力和物力成本；三是直接剪辑播出群众由衷而发的语言，更具说服力，活泼的自拍表现方式也更具吸引力，可以实现更好的宣传效果，可以说是一举三得。

三、转变观念向"新闻＋政务＋服务"拓展

新冠肺炎疫情期间，上海多家融媒体中心依托自主客户端上的"我要问政"

功能,建立了同步联动相关单位快速协调解决问题的工作机制。杨浦区根据疫情防控需要,在"杨浦区疫情防控工作问题建议征集平台"上线后,进一步完善工作机制,做到了在平台上反映的小区防控不到位的问题,两小时内即可通知到相关街道并接到反馈。青浦区融媒体中心与区卫健委等相关权威部门紧密联系,及时通报疫情防控信息,强企业复工复产信心。持续在"绿色青浦"微信公众号、移动客户端、微博、抖音等新媒体平台进行疫情动态推送。青浦区融媒体中心与区市场局、区经委、青浦区工业园区合作,精心策划、深度宣传报道探访区内重点企业复工复产、企业楼宇在疫情防护等有关动态,陆续发布《复工了,看看办公楼宇防疫那些事儿》《复工人数从 200 到 500,落户青浦的这家企业如何做到生产防疫两不误》等体验式报道。记者深入办公楼宇、企业实地、居民小区探访复工复产,全面宣传报道企业、村居组织防疫及恢复生产方面好的做法和有益经验,为全区企业有序推进复工复产提供良好示范。依托《青浦新闻》等传统电视新闻栏目,紧扣企业复工复产防疫知识普及需要,及时更新全国、全市、全区最新疫情动态和防护知识,推出《奋力夺取双胜利》抗击疫情主题宣传,提高企业职工自我保护意识。面向企业员工,积极利用"绿色青浦"APP 开展抗"疫"科普宣传。聚焦经济民生领域,为全面恢复生产积极宣传。与区人社局紧密合作,在"绿色青浦"APP 开辟《就业信息》专栏,发布各类招聘咨询文章,大力宣传区内各类企业招聘信息,解决招聘信息不对称、不及时、宣传力度不高的难题。同时,与区市场局紧密合作,开展"中国品牌日"青浦大品牌企业探访报道,先后走访"八喜""上好佳""妮维雅"等在青全国知名企业,让市民直面了解身边食品、日化用品等生产过程,提升市民消费信心和服务宣传重点企业生产,为经济复苏、人民生活恢复常态做好舆论引导。

长江云集团董事长张建红在一期网络传播沙龙中谈道:"融合不能囿于小圈子,要敢于打破媒体本身的局限。我们率先以'新闻+政务+服务'为融合定位,以先进技术为推动力量,建立起具备多媒介资源、全生产要素有效整合的综合平台功能,实现了跨区域跨媒体跨行业的大融合。"在时政新闻报道中适当链接政务部门的服务渠道,于新闻叙事报道而言只是一个小改变,对受众而言则是体验升级的一大步。2015 年 7 月,利用云计算、大数据等技术,湖北率先搭建起省级新媒体云平台。2016 年 2 月,以湖北广电的长江云新媒体平台为基础,统筹全省政务信息数据资源,加快建设覆盖全省、互联互通、运行通畅的长江云移动政务新媒体平台。由此,长江云从面向湖北广电的媒体服务云平台升级为面向全省的"媒体+政务+服务"综合性移动新媒体"航母"平台,全省超过 2 220 家党政机关集体入驻平台。"新闻+"综合服务平台,将媒体从单纯新闻宣传向公共服务领域拓展,从单向传播向多元化互动传播延伸,以综合性、服务型为主打,把县级融媒体中心打造成"新闻＋政务""新闻＋服务""新闻＋电商"的信息服务综合体。

四、关于时政新闻创新的思考

媒介融合还在进一步深入,时政新闻的转型和创新也必须继续,如何进一步发挥新技术、新理念的作用,凝聚传播合力、提升传播效果,这些还有待我们进行更深入的研究。习近平总书记在主持召开党的新闻舆论工作座谈会并发表重要讲话时指出:"随着形势发展,党的新闻舆论工作必须创新理念、内容、体裁、形式、方法、手段、业态、体制、机制,增强针对性和实效性。"做好新闻舆论工作,必须要创新。智能化是媒体未来发展的趋势和方向,必须拥抱技术带来的变革,拥抱人工智能等技术发展应用带来的协同效应,不断开拓投入,引入合作,才能实现向智能融媒体进化。[5]

(一)多角度、多种形式、全方位展现时政报道,让大家对政治和身边的大事有更浓厚的兴趣,培养受众的政治情感。比如,在把握好主流舆论的同时,有给予人民参与政治活动的机会,让大家有一个表达政治情感的平台和途径。同时加强平台与受众的互动,提升大家对时政新闻的好感。比如"两会"新闻中加入记者的 VLOG,吸引年轻受众的目光。比如对重要新闻事件进行整体策划,通过独家或联合发起,进行全媒体、多终端直播,上连央媒、下连市县,形成强大传播力。比如对重要主题和重大活动的报道,采用全媒体联动方式,提高社会关注度和参与度。

(二)加强对新闻从业人员的培养,强化人才队伍建设。融媒体时代的到来,对记者的业务能力提出了更高的要求,熟练运用新媒体技术,通过文字、照片和视频等多维度呈现报道内容,已成为记者必须要掌握的基本技能。因此,要强化对新闻从业人员的培训,同时建立完善相关激励机制,推动记者和编辑更加注重提升自己的政治素养和综合业务能力,能够从会议、领导活动、发布会等等常规活动中,发现新闻亮点,挖掘出更多更有价值的新闻,创造出更新颖、更有效的传播途径,制作出更可读、更有趣的媒体融合新闻作品。

结　语

时政新闻比一般新闻更具生命力、感召力和舆论导向作用。这应是新闻界的共识。

本文只是思考探讨了:在融媒体时代,如何充分发挥融媒体的优势与特长,在形式创新、内容创新与舆情功能拓展(向"新闻＋政务＋服务"拓展)等方面提出了自己的一些想法与建议。

实际上,事在人为。特别是作为中国的时政记者,应遵循毛泽东同志关于"政治家办报"的精神,当好社会活动家。在当前迎接中国共产党一百周年华诞的日子里,更要不断增强"四个意识"(政治意识、大局意识、核心意识、看齐意识),坚定"四个自信"(道路自信、理论自信、制度自信、文化自信),做到"两个维护"(坚决维护习近平总书记党中央的核心、全党的核心地位,坚决维护党中央权威和集中统一领导),不断加强自身的政治修养、作风修养与技能修养,多出优秀新闻作品,无愧于党与人民的期望与伟大时代的要求。

参考文献:

[1] 刘海贵:《中国新闻采访写作教程》,复旦大学出版社 2008 年 3 月版,第 250 页。

[2] 中宣部编写组:《习近平新闻思想讲义》,人民出版社学习出版社 2018 年 6 月版,第 105—106 页。

[3] 秦天碧:《全媒体时代〈新闻联播〉转型发展探究——以〈主播说联播〉为例》,《新媒体研究》2019 年第 5 期。

[4] 刘函欣:《融媒体背景下时政新闻报道的叙事特征及优化策略——以 2019 年全国两会为例》,《视听》2019 年第 7 期。

[5] 赵轶《湖北长江云:"新闻＋政务＋服务"打造"航母"平台》,《网络传播》2018 年第 12 期。

作者简介:

张婧,上海市青浦区融媒体中心采访部主任。

融媒体时代如何打通新闻信息服务"最后一公里"

钱忠群　张　今

提　要： 随着上海各区融媒体已经从"起跑线"出发，如何充分发挥区级融媒体在舆论上的导向作用、旗帜作用、引领作用，成为我们需要认真研究的课题。本文围绕如何将区（县）级融媒体中心向基层延伸，有效巩固拓展主流舆论阵地，打通基层新闻舆论工作到达群众的"最后一公里"，更有效地宣传党的政策主张、反映群众意愿呼声、传播社会主流价值、广泛凝聚社会共识，探究应对之策。

关键词： 融媒体　最后一公里　共享记者　新媒体生态圈

引　言

建设区（县）级融媒体中心，是巩固拓展基层宣传思想阵地，夯实党的意识形态工作根基的重大举措，也是新形势下做好群众工作的一项基础性、战略性工程。本文旨在讨论如何将区（县）级融媒体中心向基层延伸，有效巩固拓展主流舆论阵地，打通基层新闻舆论工作到达群众的"最后一公里"，探索如何更有效地宣传党的政策主张、反映群众意愿呼声、传播社会主流价值、广泛凝聚社会共识。

本文尝试以奉贤区融媒体中心为例，就对当前融媒体的建设发展情况，以及遭遇的难点瓶颈问题，探究应对之策。

一、特色与成效

2021年是奉贤全力推进媒体融合发展的第三个年头。围绕总书记关于"扎实抓好县级融媒体中心建设,更好引导群众、服务群众"[1]的总体要求,奉贤区融媒体中心加快在内容生产、流程管理、人才发展、平台建设等方面的融合步伐,并形成一定特色及初步成果。主要体现在以下几个方面:

第一,实现全媒体流程优化

中心通过加强制度设计,建立每日采编会制度,推出"每周宣传重点""一周采编手记"及"每月采编负面清单",强化三审制度,严守安全底线;通过重构生产流程,优化部门设置,建立适应全媒体生产传播的一体化组织架构,形成集约高效的内容生产体系和传播链条,实现对中心的报、台、网、微、端全媒调度,统筹规划、分合有度,形成"五个手指一个拳头"的传播合力。

第二,实施骨干培养计划

积极培养年轻一代成为融媒体事业建设腾飞的生力军,形成争先创优的工作氛围。通过让在日常工作中脱颖而出的骨干人员担任科级干部,打造强有力的中层干部队伍;通过给年轻干部搭建施展才华、勇挑重担的舞台,加强对年轻干部队伍的培养。目前中心三个党支部,党支部书记均由"80后"中层干部兼任。

第三,推进移动端扩容升级

围绕建设"新闻+政务""新闻+服务""新闻+民生""新闻+文化"以及"新闻+监管"的全媒体综合体目标,目前"美谷奉贤"APP下载量近25万;2020年1月起"上海奉贤"微信平台实行一日三推,2月入驻抖音平台,截至目前抖音粉丝突破10万;完成"上海奉贤""爱看奉贤""奉贤微报"三个微信平台的合并工作,实现区级政务微信平台的整合。

二、问题及分析

随着上海各区融媒体已经从"起跑线"出发,如何充分发挥区级融媒体在舆论上的导向作用、旗帜作用、引领作用,成为我们需要认真研究的课题。但就目前情况来看,作为与基层最近的主流媒体,我们和群众仍然还有"最后一公里"的距离。

第一,区级新媒体影响力不够

一是关于内容与定位方向问题。虽然区级媒体都开通了微博、微信,也开发了客户端,但一些新媒体在内容生产上还存在"做传统媒体的搬运工"[2]的情况。特别是会议类、领导调研类资讯,通常停留在对会议报道、领导讲话、领导调研等流程化的内容提供,缺乏有效信息提炼,往往受众关注度不高;一些历史文化类信息,有的过于曲高和寡,导致受众无法产生共鸣,而有的则过于快餐化和碎片化,无法吸引高知人群。

二是关于互动与服务机制问题。就奉贤新媒体平台建设情况来看,如"上海奉贤"微信、"美谷奉贤"APP等在受众服务方面还存在短板,虽然有"新闻＋服务"的板块,但涉及范围不广,如与人民群众生活关系紧密的医疗、教育、住房、保障等问题,所能提供的咨询服务或办事服务的内容较少;在互动交流方面,方式方法还比较单一,如"上海奉贤"微信对受众在公众号中反映的问题,基本能做到及时回复,但能激发网民参与度的咨询活动等不算多,有待进一步开发。

三是关于平台宣传与推广问题。根据"移动优先"战略,奉贤区融媒体中心在成立之初推出融媒体新产品"美谷奉贤"APP,但就目前情况来看,体制内因工作需要的安装量和注册量相对较高,自发安装注册的总量仍然不高,需要进一步从受众需求和阅读习惯出发,制定适合的推广方式,提升知晓度和影响力。

第二,区级媒体人才建设遭遇瓶颈

一是网络安全人才队伍存在缺口。加强全媒体阵地建设,需要围绕经济社会热点问题,及时开展解疑释惑、理顺情绪、化解矛盾,积极回应群众关切、合理引导社会预期、管控不良炒作等重点工作,因此打造一支政治过硬、工作扎实、业务精干的网络安全人才队伍尤为重要。但目前,由于岗位限制和人手问题,中心相关专业力量还是较为薄弱。

二是新媒体内容生产需要新鲜血液。以奉贤区融媒体中心为例,拥有微博、微信、手机客户端、抖音等多个新媒体平台,需要大量年轻有活力的新生力量充实。但现有采编人员,大多来自原奉贤报社和原奉贤广播电视台,目前仍服务于传统媒体节目的采编和制作任务,可流动到新媒体平台的人员非常有限,制约了新媒体个性化产品的生产与开发。

三是技术类岗位人员配置不足。随着各级宣传部门对安全播出要求的不断提升,中心平台运维部进一步规范日常值班制度、技术保障制度,责任重、任务多,但受编制等影响,目前技术类人才紧缺;摄影人才年龄结构偏向老化的问题也日益突出,新媒体摄影、短视频拍摄等也需要更多创新型人才的支撑。

第三,街镇融媒资源补给不足

一是街镇融媒建设尚在起步阶段。目前奉贤绝大多数街镇都成立了镇级融媒体中心(或相当于镇级融媒体的机构),但其尚为镇属机构,不属于编办认可的事业单位,采编人员有些是社工编制,有些属于事业单位编制,有些是大学生村官,且没有媒体相关从业人员的认证身份(如无记者证),机构建设和人员管理等还在进一步完善中。

二是基层信息员业务水平有限。经过初步排摸,奉贤镇级融媒体目前从业人员大多为80、90后,采取以老带新的方式开展新闻宣传和报道等业务传授,大部分从业人员没有经过系统的业务培训,迫切需求提升自身业务技能水平。同时,尽管全区已经建立了一支由100多位街镇工作人员组成的基层信息员队伍,但大部分信息员的新闻敏感性和采写能力均需要进一步提升。

三是制度建设有待完善。目前街镇融媒体中心基本参照事业单位管理办法,基本无采访专用车,相关工作人员也没有车补,基层信息员稿费较难落实,考核激励制度存在瓶颈,对人才队伍培养、建设、管理等都带来诸多不便,在不同程度上影响了新闻宣传口从业人员的积极性。

三、对策和措施

根据上述的问题和难点,区级融媒体中心要打通新闻舆论工作服务群众"最后一公里"中的瓶颈,关键在于对内"做强",对外"延伸",核心是坚持以人民为中心。结合中共中央办公厅、国务院办公厅印发的《关于加快推进媒体深度融合发展的意见》,积极探索"开门办媒体"强化媒体与受众的连接,以开放平台吸引广大用户参与信息传播,生产出一批有温度、有深度、有情怀的新闻作品,创造出一批内容向上、印记鲜明、用户点赞的融媒体品牌,打造出一支肯吃苦、能战斗、业务精、作风硬的融媒体宣传队伍。具体可以考虑从以下三个方面着手:

第一,加强多元化合作,打通新闻生产壁垒

一是推出"共享记者"机制。携手中央、市级主流媒体,通过人员、技术、项目等多个维度的合作,实现优势互补、资源共享,在媒体改革实践、内容生产创新、人才队伍建设等方面为区级媒体融合发展注入更多新思路、新理念。

二是探索建立区镇联动平台。打破原有体制机制壁垒,实现区级融媒体中心和街镇融媒体中心在新闻生产和传播环节上的一体化运作,通过让中心记者到街镇融媒体中心,开展常态化的"走基层"活动,以及让街镇融媒体中心的宣传干部到区级融媒体中心挂职的方式,实现区镇新闻信息及人才队伍的互联互动。

三是打造宣传干部培训基地。将街镇宣传干部及街镇融媒体分中心人员纳入培训计划,联合组织部门,利用党校基地,依托市委宣传部智库优势,举办新闻宣传专题培训班,不断提高广大新闻工作者的理论素养、道德涵养、美育修养和专业能力。

第二,营造新媒体生态圈,让融媒体"跨界以至无界"

一是推进资源集约。构建形态多样、手段先进、渠道丰富、覆盖广泛、具有竞争力的新型主流媒体矩阵。探索建立"以奖代补"机制,推出奉贤区新媒体矩阵相关考核奖励办法,鼓励自媒体、广告公司等第三方制作团队或大学生创业者,通过自愿参与的方式,开展联动宣传,形成聚合效应。

二是打造外宣高地。结合中国共产党成立100周年和奉贤区撤县建区20周年等重要时间节点,策划传播性强、具有亮点的新媒体产品。建立"全民传播"概念框架,变单向传播为全民现象级传播,从而突破现有媒体自身发展小格局,打造"跨界以至无界"的大格局,在更高层面、以更高站位、更广范围,深入宣传推介"奉贤美、奉贤强"。

三是深耕本土资源。坚持以人民为中心,是新时代坚持和发展中国特色社会主义的根本立场。习近平总书记指出:"人民对美好生活的向往,就是我们的奋斗目标。""要坚持人民主体地位,顺应人民群众对美好生活的向往,不断实现好、维护好、发展好最广大人民根本利益,做到发展为了人民、发展依靠人民、发展成果由人民共享。"[3]我们新闻宣传要更多关注在共建美好家园、共享幸福生活的生动实践,更多聚焦身边平凡生活中的温度和感动,将更多镜头对准群众,将更多版面留给群众,切实反映人民群众实实在在的获得感、幸福感、安全感。

第三,激发人才活力,让人人都有出彩机会

一是通过制度设计调动积极性。实施"赛马场上选千里马"的干部选拔任用机制,科学选人用人,不断深化机构、人事、薪酬等方面的改革,坚持把政治觉悟强、有信仰、有担当、素质过硬、作风优良的中坚力量放在关键环节。

二是通过政策优势吸引人才。以合理的薪酬待遇和事业成就感来吸引和留住人才,围绕区级融媒体机构特点和规律,不断完善绩效考核方案,以打通制度藩篱为目标,建立"首席记者(编辑、主持人)"等级评定制度,加大对量多质优新闻产品生产者的奖励。

三是通过"能力充电"提高素养。建立融媒人才培训行动计划,每年选派骨干记者、编辑、主持人、技术人员等赴中央电视台、解放日报、上海电视台等中央、市级主流媒体及重点新闻专业院校参加脱产带薪培训,帮助广大新闻工作者开拓新视野,掌握新知识,主动适应不断变化的新形势、新要求。

结　语

作为基层主流舆论阵地,区级融媒体中心肩负宣传党中央决策部署、宣传党的创新理论和社会核心价值观、宣传市委市政府中心工作部署和区委区政府主要工作安排的重要职责。因此,我们要从增强意识形态领域主导权和话语权的高度,理解打通新闻舆论工作服务群众"最后一公里"的重要性,坚持以人民为中心的工作导向,坚持贴近群众、服务群众,创新实践党的群众路线,把党的优良传统和新技术新手段结合起来,让区级融媒体更"接地气",更"贴民心",更出色地做好信息服务工作。

参考文献:

[1] 人民日报评论:《扎实抓好县级融媒体中心建设》[N],《人民日报》2018年11月08日。

[2] 刘晖:《持续增强新媒体传播力影响力思考》[J],《科技传播》2018年第17期。

[3] 中共中央文献研究室编:《习近平总书记重要讲话文章选编》[M],中央文献出版社2016年版,第401页。

作者简介:

钱忠群,中共上海市奉贤区委宣传部副部长、网信办主任,区新闻办主任,区融媒体中心党委书记、主任。

张今,上海市奉贤区融媒体中心总编办主任、区新闻工作者协会秘书长。

地方新闻媒体微信公众号如何做好正能量传播？

——以《新闻坊》微信订阅号为例

王郁岑

提　要： 新媒体时代，网络技术的发展和纷繁芜杂、良莠不齐的自媒体的崛起，让传千里的"坏事"信息（传播学上称之为"噪音"）越来越多地充斥进了我们的社交生活。微信作为当下最有影响力的社交媒体之一，是社会事件舆论交锋和民意输出的重要阵地，同样也饱受着这些"负能量消息"（"噪音"）的侵扰。本文以《新闻坊》微信订阅号为例，结合实践中的经验所得，试就地方新闻媒体如何通过微信公众号传播正能量、做好民众的情绪导向予以论述。

关键词： 地方新闻媒体　微信公众号　正能量传播

坚持团结稳定鼓劲、正面宣传为主，是党的新闻舆论工作必须遵循的基本方针。做大做强正面宣传，是巩固壮大主流舆论的重要方面。党的十八大以后，以习近平总书记为核心的党中央高度重视我国新闻事业的发展，习近平总书记指出："我们正在进行具有许多新的历史特点的伟大斗争，面临的挑战和困难前所未有，必须坚持巩固壮大主流思想舆论，弘扬主旋律，传播正能量，激发全社会团结奋进的强大力量。"[1]

在当前全媒体融合的大背景下，地方新闻媒体传播正能量的阵地绝不能再仅限于传统的报纸、电视、广播等，网络阵地已愈发成为新闻舆论的"必争之地"。根据腾讯 2020 年第四季度财报披露，微信及 WeChat（注：海外版微信）合并月活账户数已达到 12.25 亿，这意味着拥有 12 亿以上人群规模的微信平台无疑是舆论传播网络阵地的重中之重。笔者所任职的《新闻坊》微信订阅号作为上海广播电视台融媒体中心《新闻坊》栏目的同名官方微信公众号，在新榜公布的2020年中国微信500强年榜排行中，位列地方电视新闻媒体微信公众号第1名，在全国全门类微信公众号排行中位列第14名。关于地方新闻媒体微信公众号如何在自媒体纷繁芜杂的声音中喊响正能量口号，经过多年的摸索与实践，《新闻坊》微信订阅号总结了一套经验和做法，笔者试就该经验和做法予以论述。

一、地方新闻媒体微信公众号传播正能量面临的困境

传播正能量，是指我们媒体的传播效果达到传播者的预定目标，即产生积极的推动社会进步与经济发展、鼓舞人民斗志与凝聚人心、沟通信息、宣传政策、启迪思想与传授科技知识等正面的作用。而目前一些地方新闻媒体、特别是自媒体，离"传播正能量"的标准还有距离，面临一些困境，主要表现在：

1. 良莠不齐的自媒体的崛起导致"负面"的声音层出不穷

俗话说，"好事不出门，坏事传千里"。在英文传播中也有类似"Bad news has wings（坏新闻长翅膀）"的表述。可见，自古以来，人性中就有"偏爱听坏消息"的本能。究其原因，或许与人的情绪宣泄和实现自我肯定的需求有关。毕竟，"幸福感"是一种相当主观的感受，它以他人为参照物产生影响，而坏消息又常常因背离常规而显得更有戏剧性，更能激发人的传播欲。

20世纪70年代，美国传播学者麦克斯威尔·麦克姆斯（Maxwell McCombs）和唐纳德·肖（Donald Shaw）通过实证研究提出了"议程设置"理论，即传播媒介作为"大事"加以报道的问题，同样也作为大事反映在公众的意识中。传播可能无法决定人们怎么想，却可以影响人们想什么，传播媒介赋予各种议题不同程度的"显著性"，影响着公众瞩目的焦点和对社会环境的认知。近来，有学者沿着"议程设置"的理论脉络和基础，又提出了"情绪设置"的理论，即媒介传播或许不能决定人们想什么，但可以在相当程度上影响他们以什么样的情绪去想，而这种情绪状态，会随后对整个传播链与传播氛围产生作用，影响到舆情的环境与整体生态特质。[2]

笔者以为，后者的理论并非推翻前者，只是针对当下新媒体环境中自媒体大量衍生导致的传播媒介复杂化、从而凸显出的情绪传播特征进行了归纳提炼。在过去，主流媒体垄断了公众传播的渠道，即便人群中出现个别意见领袖，这些个人意见领袖能够影响到的人群范围也十分有限、难成气候，主流媒体的报道依然左右了公众的"想什么"及"以什么样的情绪去想"。但是如今，网络科技的发展打破了主流媒体的渠道垄断，每个人都可以成为独立的传播媒介，每个人也可

以选择自己想要接收的媒介信息。一大批 KOL(Key Opinion Leader,关键意见领袖)崛起,他们可能是个人,也可能是团体、机构,在各自专门的领域拥有号召力、影响力和相当公信力。然而正如前文所提到的,坏消息在信息传播中具有天然优势,这些个体 KOL 或是为了流量热度,或是出于自身的情绪宣泄,在网络上输出了大量的负能量,基于"情绪设置"理论,这些负能量又影响了他们所对应的那一部分公众的情绪并再次向下传播,终成恶性循环。

2021 年 2 月 19 日,微博大 V"辣笔小球"在网上公然贬低、嘲讽卫国戍边的英雄烈士,造成恶劣的社会影响。隔天,"蜡笔小球"被公安机关刑事拘留,并在 3 月 1 日刑法修正案(十一)正式实施的第一天,以涉嫌侵害英雄烈士名誉、荣誉罪被检察机关批准逮捕。这虽然可以视为对网络个体 KOL 传播负能量的一次有效反击,但一时还难以形成遏制或制裁网络负能量的常态。因此,从自媒体 KOL 手中夺回公众的关注度,才是新闻媒体微信公众号眼下最应该着手要做的事情。

2. 地方新闻媒体微信公众号每日的传播信息量被设置了上限

微信作为当下最有影响力的社交媒体之一,是社会事件舆论交锋和民意输出的重要阵地。但是,微信公众号的信息输出却被设置了上限:微信订阅号一天至多推送 3 次、每次至多推送 8 条(新冠疫情后,为能及时公布信息,各地网信办也酌情增加过部分官方新闻媒体微信公众号的推送次数,但是一般一天也不超过 6 次);微信服务号发布次数更少,每月只有 4 次。而有着 12 亿以上人群规模的微信群、朋友圈,却是一天 24 小时无休地在进行信息交互,两者的信息量相距甚大。如果微信公众号只是满足于一次传播,那么无论输出什么,注定都将是石牛入海,激不起一滴涌浪,更毋庸谈引领正能量了。

二、地方新闻媒体微信公众号做好正能量传播的解决之道

1. 以地方新闻媒体机构的权威性为背书,成为地区关键意见领袖

地方新闻媒体微信公众号要扩大正能量报道的传播影响力,首先应该让自己成为地方 KOL。这就要求微信公众号自身能够占据网络信息传播的核心圈层,坚持"原创"和"首发"就是途径之一,发起正能量新闻行动也是有效的方法。

2019 年 3 月 30 日下午,闵行区一起轿车坠河的事故在小部分上海人的圈子里流传,而在下河救人的 5 位彼此素不相识的热心市民中,《新闻坊》微信编辑意外地看到了自己同事的身影,这不但意味着这起见义勇为的好人好事有了获

得更多一手信息的渠道，而且放大这一正能量事件，对媒体塑造自身正能量形象也是大有裨益。编辑马上联系了救人的同事并撰文《3死2伤！沪一家人聚餐停车却扎进河道，救人市民中小坊居然看到了他！》，自此发起了一场全城寻找剩余4位好心人的新闻行动。文章发出后，微信后台不断有人留言提供线索，记者也在第一时间分头进行了采访核实，不过短短半天，所有救人者全部找到。《新闻坊》微信订阅号在第一时间再撰文《新闻坊发动全城热寻，昨天见义勇为跳河救人的5位市民都找到了！模子！》，并在当晚的电视栏目《新闻坊》《新闻报道》《新闻夜线》中被相继报道。原本是一起轿车坠河的不幸事故，最后却成了引爆上海当天热点话题的正能量事件。在微信推文后面的留言里，除了为救人者点赞，不少人还为媒体同仁们竖起了大拇指："你们是直击现场新闻的发布人，又是舍生忘死的救助人。"

由此可见，负能量的事件经过媒体的主动引导，同样可以向正能量转化，这也符合"议程设置"和"情绪设置"理论阐述的规律，关键只在于如何成为那个引导公众"想什么"及"以什么样的情绪去想"的KOL。其实，在成为意见领袖上，新闻媒体是具有天然优势的，新闻媒体机构的记者就是专业的"事件观察者"和"真相调查者"，新闻媒体机构本身又长期承担了党和政府与人民沟通的桥梁，这种长期积累下来的潜移默化的影响，让人们更愿意相信官媒给出的才是真相，也更容易接受官媒引导的情绪。诚然，网上总有一小撮"质疑党"，喜欢和所有权威唱反调，但根据《新闻坊》微信订阅号实践所见，这群人只能算是极少数，大多数人还是对新闻媒体机构持信任的态度。因此，地方新闻媒体微信公众号要成为KOL，除了坚持"原创""首发"，积极开展新闻行动外，还要坚持和强化自己的官方机构身份和立场，让机构身份为自己的权威性背书。

2. 深耕所在地域人群的性格特征，重视"落地"，实现差异化报道

地方新闻媒体微信公众号应审视自己的粉丝构成，做好差异化定位，尽量与央媒及其他地方新闻媒体微信公众号展开错位竞争和错位宣传。新榜数据为微信公众号划分了民生、财富、科技、创业、汽车、楼市、职场、教育、学术、政务、企业、文化、百科、健康、时尚、美食、乐活、旅行、幽默、情感、体娱、美体、文摘这23个赛道。赛道虽多，但地方新闻媒体的微信公众号大多都集中在"民生"这一标签下。而在这一赛道上，还分央媒、地方媒体和自媒体三大块。如果地方新闻媒体微信公众号只想做最及时和最权威的正能量报道，那每天可以无限次推送的央媒微信公众号（如《人民日报》等），绝对会在权威性上和时效性上给地方新闻媒体微信公众号双重"降维"打击，让地方新闻媒体微信公众号在正能量宣传上处于被动地位，甚至可能陷入"炒冷饭"的尴尬。因此，扎根本地、差异化报道正

能量才是地方新闻媒体微信公众号最有效的出路。

以《新闻坊》微信订阅号为例,粉丝构成85%以上来自上海地区,这不仅是由《新闻坊》微信订阅号脱胎于上海本地同名新闻栏目的"出身"决定的,也是微信订阅号在后天的运营中不断坚持本地新闻为主、强化上海本地属性打造出的结果。

方言是一个地区群体最不可忽视的特性之一。在《新闻坊》微信订阅号的实践中,"沪语"元素在上海可谓是老少通吃,老上海人看了亲切,新上海人新鲜之余也更添一份地域归属感。因此,《新闻坊》微信订阅号的正能量报道里经常会穿插使用"沪语"词汇。比如说到称呼,最常用"阿姨爷叔",说到好人好事,多用"模子""结棍""灵光""来塞""嗲"来形容,虽然只是寥寥几个字词,却一下拉近了跟粉丝的距离,增加了报道的粉丝黏性。

除了方言,不同地区的人也有不同的性格特点和爱好倾向。比如北京人爱侃和四川人爱热闹的性格特点,让这两个地区的街头采访往往会"金句频出"。但细究之下又会发现两者的偏好截然不同:北京人对时事政治更感兴趣;而川蜀地区人民则更愿意加入休闲娱乐类的话题讨论中。如果街头采访放到上海,又是截然不同的情形,上海人愿意面对镜头侃侃而谈的几乎凤毛麟角,大大咧咧、打肿脸充胖子跟上海人无关,理智、谨慎、重视效率、关注经济话题、崇尚精英、法律观念强是上海地区人群的特征。在前文中提到过,微信订阅号有着每日推送文章上限24篇的规则,这就注定了它的正能量报道必须是有选择的、必须要能一击即中。因此,从选题开始就要有所拣选,之于《新闻坊》微信订阅号,就是更关注那些上海人关注的、符合上海人性格特点的正能量选题。

比如2019年7月1日起,上海正式实施《上海市生活垃圾管理条例》,上海的垃圾分类从此走入"硬约束"时代。当天,《新闻坊》微信订阅号就着重搜索了与垃圾分类有关的正能量事件,一则小区垃圾清运员将误当垃圾扔掉的黄金饰品完璧归赵的好人好事就此闯入编辑视野。垃圾堆里拾金不昧的好人好事每隔一段时间都有,因为情节较为雷同,缺少网络传播十分看重的故事性和新鲜感,大多都不能登上《新闻坊》微信订阅号的版面。但因为7月1日这天,"垃圾分类"是上海毋庸置疑的头号热点,编辑在撰文中也重新调换了叙事结构,将主角从拾金不昧的垃圾清运员换成了丢失"祖传宝贝""定情信物"的居民,为事件增加了可读性,还特别突出了被误扔饰品的经济价值等细节。最终,这篇定题为《垃圾分类真有大福利!上海爷叔今天居然分出18件"金货",满满一大包!》的推文立住了版面头条的位置,并获得了高点击(一次传播)和高转发(二次传播)。

除了发掘本地正能量事件，外地的正能量报道同样要力求能在"本地"落地。比如2021年1月4日，一则"武汉首座抗疫主题过街天桥亮相"的话题冲上热搜。这座刻满了各地援鄂医疗队队名和人数的天桥，在大多数媒体的转载报道中用的都是诸如《走上这座"网红"天桥，老人哽咽落泪》（源自《央视新闻》微信订阅号）的标题，但《新闻坊》微信订阅号在分析考量后认为，对新产品、新创意不断涌现的上海来说，仅仅提到"网红"还远不能吸引上海粉丝来点击阅读，必须更加突出这一事件跟上海的联系。于是，微信编辑尝试从各媒体的报道中找出天桥上属于上海援鄂医疗队的那一面玻璃，遗憾的是，因为写有上海医疗队的那一块玻璃所处位置的拍摄效果不佳，因此所有媒体报道都没有使用这张照片。但是编辑并不放弃，转而在网络上搜索该天桥的碎片信息，终于在新浪微博上找到了路人拍摄到的上海医疗队的玻璃画面，并将这张照片用在了文章开头，辅以标题《上海：1 649人！》，最终点击之高远超预期。反过来想，如果《央视新闻》微信订阅号用的是《新闻坊》微信订阅号的标题，传播效果恐怕也未必好，这就是受众不同导致的对同一正能量事件的切入角度不同就会带来不同的传播效果。

3. 有意识地聚拢黏性更强的"小众"群体

除了要研究所在地域的大众群体的关注热点和网络阅读习惯，一些黏性高、凝聚力强的小众群体也应受到重视，将他们吸纳成为地方新闻媒体微信公众号宣传正能量的阵地之一。

《新闻坊》微信订阅号曾发布过一篇推文《这两位上海警察在抖音被几十万人围观！他们做了啥?》，这篇推文是根据全国首档全景式警务纪实片《巡逻现场实录2018》中一段巡逻民警车底救猫的片段改编创作而成的，宣传了一线民警在真实日常中的感性、柔情，也让本地和外地网友都感受到了上海这座国际化城市的温度。该篇微信推送后，数小时内阅读量即突破10万次，隔天就被全国多地几十家媒体转发，其中不乏人民日报、新华社、中国警察网等影响力巨大的重量级媒体。而根据新闻坊微信订阅号后台数据统计，该篇推文不仅转载次数多，且地域覆盖广，长尾效应也十分明显，文章推送一周后点击量仍有增长。在数百条留言评论里，喜爱宠物的人占到了大多数，且留言质量也相当高。不少人都表示，自己是在宠物群里看到有人分享这篇文章后特意过来留言点赞的。这让微信编辑组意识到，"宠物发烧友"看似小众，但这个群体内在的凝聚力和行动力却不容小觑。他们不但爱点赞、爱转发，能助力微信推文实现二次传播，而且这个群体的成员特别期望能得到大众认同，特别渴求能让自己的价值观"出圈"，这就促成了微信推文的第三、第四次"长尾"传播。

针对这样的群体,《新闻坊》微信编辑组后续安排了一系列萌宠活动,有意识地将这些人聚拢到《新闻坊》微信群聊中,以后凡是报道有关宠物的正能量推文都会往群里转发一遍,并依靠这个小群体的"转发再转发",实现正能量报道受众面的扩大再扩大。

除了"宠物发烧友",类似的小众群体还有"汉服""盲盒""健身""跑步""球鞋""电影"等等,地方新闻媒体微信公众号可以通过和地方社团合作,建立起直通这些群体内部的通道。

4. 重视文末的留言交互,助力正能量传播从"线上"走到"线下"

如果说"一次传播"是大众传播时代新闻生产和传播的最基本方式,那么在新媒体时代,"二次传播"已经在网络传播中占据越来越重要的地位。"二次传播"中所体现出的网络新闻"交互性强"的这一特点,对推动正能量报道实现多维度传播有着重要意义。在新闻媒体微信公众号里,"交互性"主要是通过网友在推送文章底部进行留言点赞、媒体机构和网友对其他网友留言进行回复实现的。融媒时代的正能量报道不能只狭隘地局限在文章本身,应该把留言互动也吸纳成为正能量报道的一部分。这就要求地方新闻媒体微信公众号在精选文末留言时,不只是把控好留言氛围,甚至可以主动出击,营造积极地讨论环境,将"线上"正能量向"线下"推广。

比如《新闻坊》微信订阅号 2021 年 3 月 5 日推送了一篇名为《"您是我们第29 656 位客人!"上海这家咖啡店绝了,全都是故事……》的文章,介绍了一家为心智障碍青年提供就业岗位的咖啡店,每一位顾客都会在这家店里得到一个专属于他的号码,代表他是第几位光临的客人。文章推送后,有网友在文末留言询问咖啡店的地址,没想到一石激起千层浪,无数网友都来回复告知。微信编辑敏锐地在这波留言"交互"中察觉到了文章的"后劲",不但把交通路线等关键信息设置成了置顶留言,力求能让更多网友看到,而且有意识地将那些能够吸引更多人前去光顾的留言精选出来。比如有网友留言表示,咖啡店旁还有洗车行和面店,都是星星的孩子在服务,可以在等待洗车的空隙喝喝咖啡或者吃碗面;有网友留言说,自己就是第 4 174 位顾客,一年打卡了三四次……在无数已经去过的网友热切回复的推动下,越来越多网友在后台留言表示要去咖啡店现场支持,为这波正能量贡献出自己的一分力量。

地方新闻媒体微信公众号里有着最接地气的选题和内容,在传播正能量的时候一定要清醒地认识到,正能量不该只满足于代表点击量、转发量的一串串数字的增长,利用好推文的每一个部位,包括留言,让正能量真正从"线上"传播到"线下",传播到需要它帮助的人们的身边。

结　语

　　"高举旗帜、引领导向，围绕中心、服务大局，团结人民、鼓舞士气，成风化人、凝心聚力，澄清谬误、明辨是非，联接中外、沟通世界"是我党的新闻舆论工作的职责和使命。[3]随着 5G 等网络技术的飞速崛起，新闻媒体的宣传也应随之润物细无声地渗透到网络的方方面面，把更多年轻的受众争取过来。但是实践中，地方新闻媒体微信公众号断层严重，除了少数几个头部微信公众号站稳了地方网络信息传播的核心圈层外，有相当数量的地方新闻媒体公众号依然不得要领。这或多或少阻滞了舆论宣传由点及面地传播进程，特别是在需要齐心协力弘扬正能量、为党和国家事业鼓劲助威的时候，少数用力、大多数使不上力的情况就会愈发明显。

　　本文结合《新闻坊》微信订阅号的实践经验，就地方新闻媒体微信公众号如何传播好正能量阐述论证了一些切实可行的操作方法。然而新媒体时代，一切都在瞬息万变，传播没有以不变应万变的方法，唯有在实践中不断根据环境和反馈调整方向和策略，才能真正成为网络时代的新闻舆论尖兵。

参考文献：

[1] 习近平.习近平谈治国理政(第 1 卷)[M],外文出版社,2018：155.

[2] 徐翔.从"议程设置"到"情绪设置"：媒介传播"情绪设置"效果与机理[J].暨南大学学报(哲学社会科学版),2018,(03)：82 - 89.

[3] 中宣部编写组.习近平新闻思想讲义[M],人民出版社、学习出版社,2018：45.

作者简介：

王郁岑,上海广播电视台融媒体中心通联新闻部主编。

融媒体时代时政记者的素质转型与价值坚守

庄　毅

提　要： 新时期科学技术的发展，对电视新闻行业产生了极大的促进作用。受到媒体融合趋势的影响，电视新闻行业开始持续转型。而时政记者，作为电视新闻行业中的"主力军"，又因为其工作的特殊性，更应主动投入转型，从而提高时政新闻的质量，更好地担当起党和国家喉舌的作用。本文对当前融媒体时代，时政记者思维意识、工作方法、知识技能储备等方面的转型策略进行了探究，同时也对当下时政记者如何坚守"初心"价值阐述了自己的观点。

关键词： 时政新闻　时政记者　媒体融合　转型

引　言

现阶段媒体技术的发展日新月异，各类新兴媒体层出不穷，这对传统媒体造成了巨大的冲击。面对这种情境，传统媒体要加大变革的力度，以更好地迎接新媒体发展带来的挑战。而新闻记者，尤其是时政记者，作为媒介发展的主要力量，他们也需要从各个方面，主动融入新媒体，增强自身的专业素养，从而保障时政新闻的质量，不断提升媒体的竞争力，这对于传统媒体的转型变革具有极大的意义。

一、融媒体时代时政记者素质转型的必要性

"时政记者"，顾名思义，就是报道与时事政治相关新闻的记者。党和国家的

声音,政府的重大决策,以及攸关民生的方针政策等,都需要时政记者及时传播并解读。在新媒体出现之前,大众接收信息的正规途径,无非是报纸、电台和电视台。尤其对于时政新闻来说,这些官方媒体是唯一的了解渠道。可以说,在传统媒体独揽话语权的年代,报纸、电台、电视台的时政记者是"集万般宠爱于一身",他们作为党和政府的喉舌,传播信息,评点时事,担负道义,引导舆情⋯⋯是无可争辩的无冕之王,有着无可替代的"唯一性"。

不过到了新媒体时代,各种声音都有了各自的"跑道",时政记者也因此不再"一枝独秀",而是面临了众多"抢跑道"的可能。

1. 时政新闻的信息获取渠道不再独有

举例来说,如今,普通群众如果在居住的社区、工作的单位、甚至大街上遇到领导同志正在调研工作,他们完全可能通过手机拍摄照片、通过个人微博微信第一时间发布相关信息。而这在以往,只有时政记者才有可能获得领导人的活动信息。此外对于政府发布的最新政策,各领域或者行业内的资深人士,都可以通过自己的公众号发布自己对政策的讲解。对于某一公共事件,网络大V们的言论有时就能达到几百万甚至千万的关注,从而形成舆论热点。所以时政新闻原先所独有的评点实事、引导舆论等功能,在当下都有可能被"素人"所替代。

2. 时效性不及新媒体

传统媒体在时政新闻制作上要经过系统的采编过程,还要经过一系列的审核才能发布,有时当天的新闻在第二天才能发布,在时效性方面显然不够。相比之下,新媒体报道有着更灵活快速的优势,他们没有了传统媒体的审查以及纪律约束等环节,采集效率更高,受众范围更广,因此哪怕是碎片化的呈现,或者个体化的语境,也能在第一时间用最合适的媒介发布出去,从而引起社会广泛关注。

3. 可读性不及新媒体

长期以来,时政报道因为具有较高的新闻价值而备受关注。但是,时政报道也因为有着严格的报道内容和报道模式,使新闻价值被"隐藏",影响传播效果。举例来说,时政新闻报道内容比较单一,会议报道是最常见的形式,无论从解说词到画面都显得枯燥乏味。不过反观一些自媒体的时政类报道,没有了条条框框的约束,标题往往选取最吸引眼球的部分,新闻内容不求全面完整,只突出一个亮点即可。再加上不少网络语言的使用、特效音响的使用,虽说有时不够严肃,或者解释表达不精准,但对于提起受众的好奇心是极为有用的。

综上所述,时政记者此前无可替代的地位受到了挑战。面对这种困境,加快时政记者素质转型成了必然,通过转型发展可以逐渐与新媒体融合,从而使时政新闻的可读性和权威性相结合。

二、融媒体时代时政记者素质转型的有效策略

针对上述问题,时政记者需要从关键处着手,加快转变思维意识,构建起能应对融媒体转型所需要的知识架构及技术能力储备,从而为采写出符合新时代受众需求的时政新闻,创造有利的条件。

1. 时政记者要具备全媒体意识

实际工作中,有声音认为,时政新闻不需要转型。他们认为,时政新闻服务的只是政府部门和领导干部,因此只要领导满意即可,不需要考虑受众的需求,也不需要考虑传播的效果,但笔者认为其实不然。

时政记者传递的是党和国家的声音,只有用百姓愿意听、听得懂的语言来呈现,用大家喜闻乐见的载体和方式来诉说,才能让这些声音真正达到百姓的心里,才能发挥出时政新闻的作用。而时政记者要成为合格的"二传手",真正起到上下之间的桥梁作用,就要转变思维意识,明白时政新闻到底是给谁看的。

有了这样的认识后,时政记者就需要增强自身的全媒体意识。融媒体时代,媒介融合的力度在不断加深,时政记者要充分理解新媒体信息传播的优势,转变新闻制作与传播的思维方式,借助微博、微信、小视频、H5 等多种途径,打造出适应各种传播平台的、新颖、鲜明、生动的有特色的时政新闻。

2. 时政记者工作方式上要有所突破

时政新闻报道原则性很强,要求高,"清规戒律"多,来不得半点闪失,所以一些时政记者往往因责任重大而忽略了主观能动性的发挥。时政新闻的文稿就等政府部门的统发稿,镜头画面按照传统的四平八稳原则进行组接。这样的新闻自然就是枯燥乏味。

而当今社会,人们思想活动的独立性、选择性、多变性和差异性不断增强,获取信息的渠道越来越多,使受众选择信息的自由度大增、主观性更强。因此时政记者在报道过程中,就要主动打破旧框框,积极创新。

（1）在采访时,改变"等稿子"的惰性思维方式,在现场要注意多观察、多捕捉鲜活的细节,多记录实况,尝试多角度地思考和表现时政活动的主题,多聚焦一些受众关心的热点、难点话题,提炼出最具价值的新闻点。

（2）在新闻制作时，时政记者要改变受众不爱听，也听不懂的刻板语言，努力增强时政新闻报道的生动性、可读性。

例如在时政报道的文风上，可以在表达准确的前提下，多用生活化的口语，少用书面语。多用富有表现力的动词，少用形容词、副词。多用短句，少用加了许多层定语的复合句式。

在标题上，尽可能地改变以往常用的《××会议今在×地举行》《××领导指出：……》等空洞呆板的模式，可以尝试围绕受众关心的信息，使用具有吸引力和冲击力的语言进行概括，以此做标题，短小精悍、言简意赅，更能吸引受众关注。

在镜头语言上，以往的时政新闻画面，讲究镜头的四平八稳，各种景别衔接也有一定的程式。不过这样的模式对于新媒体的传播并不利，常常让受众感觉解说词和镜头两张皮，或者"千片一面"，很难激起观看的兴趣。此时时政记者就可以根据新媒体画面讲究冲击性的特点，在采制新闻画面时，就可以有意识地多拍摄一些推拉摇移镜头，或者采用跟进式的拍摄方法，让受众同步见证事件全过程，使时政新闻画面更有感染力。

笔者举例。例如从去年两会起，上海电视台在常规电视新闻报道的基础上，尝试使用 VLOG 的形式来报道两会。随团记者通过抓取两会现场的生动细节和鲜活实况，结合每天两会的审议内容，采用记者变走边说、夹叙夹议的方式，制作成每条时长在 1 分 30 秒左右的短视频产品。同样是两会报道，和电视新闻相比，VLOG 形式说话方式更"活"，镜头语言更"巧"，结合音乐、特技等一系列包装，将两会报道用时下受众喜闻乐见的新媒体方式进行呈现和传播，最终把上海代表团的履职故事讲得更好、传得更广。

3. 时政记者应加强专业知识及技能储备

（1）当今的互联网时代，技术手段日新月异，为了提高时政记者的全媒体新闻生产力，时政记者应根据新媒体的制作方法来掌握相应的工具和技术，例如熟练掌握使用手机、GO - PRO 等各类拍摄器材，熟悉各种画面剪切软件，学会制作短视频、H5 等。

（2）时政新闻大多定位于高层，加之文本信息量普遍较大，在当前的快阅读时代存在先天性的传播局限，所以，时政记者应注意日益积累丰富的新闻领域知识与其他各个领域的知识，例如金融、教育、卫生、社保等各条线的政策及背景，以便可以在最快的时间内，辨析出官方文件中的信息点，可以有能力把策性较强的官方语言转化成受众看得懂、听得明白的"普通话"，在最短时间内抓住眼球，且保证时政新闻的准确性。

（3）由于各类新闻报道在采制过程中需要接触不同的采访对象，且会出现一些影响新闻采制的偶然事件，为了克服这些偶然事件对报道产生的影响，时政记者最好也能熟练掌握外语、计算机、摄影、驾驶等相关的知识及技能。

4. 时政记者应培养能适应各种传播平台的能力

当下正处于传统媒体向融媒体转型的时期，一些时政记者可能还面临着人员配备、技术支持不到位的情况，此时，时政记者可以尝试根据不同的传播平台特性，通过前期的策划，以及后期制作阶段的不同加工方式，来生产出不同形式的时政新闻。

在此笔者以一则上海电视台报道的新闻为例。

2019年2月18日，上海广播电视台的新闻综合频道《新闻报道》栏目，播出了一条标题为《李强冒雨专题调研生活垃圾分类各环节工作》的新闻，总长度5分27秒，报道了市领导当天先后前往社区、生活垃圾集装转运基地，以及末端处理生活垃圾的生态环保基地调研的全过程。文稿详细充分，画面规范标准，可以说完全达到了一条优质的传统电视时政新闻报道的要求。

而与此同时，一则标题为《丢弃空瓶的正确"姿势" 李强书记为你手动演示》的短视频，在网端引发刷屏效应，获得了很好的社会反响。这则小视频，全长1分23秒，全片开头就运用了一段超长镜头，只见市领导拿起一只废弃矿泉水瓶，然后熟练地拧开瓶盖，压扁，再扔掉，这样的全过程，一下子切入主题，让观众觉得亲切，随后视频再逐步深入展现市领导调研的其他环节。此外整段视频没有一句画外音解说词，而是全部采用市领导调研时对话的实况声和激昂的背景音乐串编而成，短小精悍，但让人印象深刻。

笔者了解到，这则新闻报道和短视频，其实是一组时政记者采访制作的。在前期拍摄采访时，时政记者就有意识地做好了要提供给两个平台的准备，所以拍摄新闻画面时，既兼顾了传统媒体播出需求的"稳"字，又考虑到了新媒体平台的需求，多拍摄了许多动作细节镜头。而在后期制作包装上，除了标题风格完全不同外，新媒体上展现的报道和电视报道相比，镜头的编辑顺序、选用的镜头的风格、时长等都有了很大的变化，很好地适应了不同播出平台的需求。所以笔者认为，在当下，这样的"一鸡两吃"的方式很值得推广，但同时，这也对时政记者事先的策划能力、采访中的临机应变能力，以及制作过程中的创新能力提出了更高的要求。

三、融媒体时代时政记者的价值坚守

虽说前文讨论了许多关于时政记者如何应对新媒体需求而做出的转变，但笔者仍要强调的是,由于时政记者工作标准高,时效性强,责任重大,来不得半点马虎和懈怠,这也决定了,在当下各类新媒体崛起、点击量至上的转型时代,时政记者必须要保持"初心",坚守价值。

1. 保障意识

时政活动具有很强的政治性、政策性和敏感性,反映党委、政府的政治立场、政治主张和政治观点。稍有不慎,就会造成难以弥补的重大影响。因此,时政记者的责任重于泰山,报道什么、不报道什么、什么时候报道、报道的篇幅长短、报道的节奏频率、报道的规格大小等等,这一切都要从全局的利益和长远的发展考虑。时政记者切不能被"收视率至上""点击量至上"的理念所左右,一定要有大局保障意识。

2. 责任意识

作为党与政府的主要发言人,时政记者还担负着对党和国家的重要方针及决策进行广泛宣传的任务。报道的内容能否和党和政府所出台的方针政策相符合,能否为广大人民群众所接受,能否准确反映人民群众对这些政策的真实反馈,这都是时政记者肩负的责任。因此时政记者要做好"把关人",对新闻信息的采集、选择、过滤、分发、制作、审核全程监督控制,既要杜绝导向性、原则性差错,更要对一些数字、文法、用字等低级差错零容忍。

3. 抓住内容核心,避免技术反噬

融媒体时代,各类视频、音频、文字等传播技术手段被广泛应用,但是作为时政记者应时刻提醒自己,所有这些技术手段都应是为内容服务的,切不可盲目追求技术效果,而舍本逐末。

时政新闻的新媒体传播,还是需要实际内容的支撑,仅仅通过包装、小视频、网言网语、背景音乐这样的手法,只是时政新闻新媒体化的简单搬运,缺乏深度挖掘和解读,实际上造成技术冲淡了主体,显得形式大于内容。这样的传播效果必然不理想,要警惕内容被技术反噬。

结 语

面对当今融媒体发展的趋势和潮流,时政记者首先要摆正自身位置,既不是高高在上的领导者,也不是一味迎合的追随者,而是应该根据自身定位,积极谋求转型。此外,时政记者还要清醒认识目前工作面临的瓶颈,积极向优秀的新媒

体人士学习,努力提高自身的新媒体制作技能水平,用专业的新媒体素养来提高全媒体新闻的生产力。

总之,时政记者应主动拥抱新媒体,在严把政治观,舆论导向的前提下,探索出新形势下时政报道的创新之路,这将对时政报道传播的未来产生革命性影响。

参考文献:

[1] 张俊.新媒体时代新闻记者转型分析[J].新闻研究导刊.2018,(10).163,165.

[2] 雷燕桦.新媒体时代记者转型发展的研究[J].西部广播电视.2019,(6).137-138.

[3] 梁金.新媒体时代电视新闻记者转型研究[J].西部广播电视.2017,(19).152-153.

作者简介:

庄毅,上海广播电视台融媒体中心时政摄像。

县级融媒体内容生产转型路径初探

薛 松

提 要： 以互联网思维优化资源配置，积极推进内容供给侧改革，是县级融媒体深化媒体融合的重要命题。主动融入移动传播新场景，结合自身优势特长，着力提升符合受众需求，适应移动端传播、交互式传播、可视化传播特点的优质内容产能，是县级融媒体内容生产转型的可行之策。

关键词： 县级融媒体　媒体融合内容生产

引 言

媒体融合既是一轮由传播技术发展推动的媒体转型，也是一场内容生产供给侧结构性改革。相比中央和省市级主流媒体，身在基层的县级融媒体融合的媒体类型多、差异大，加之受限于人才、技术、资金等要素，在优化资源配置，调整内容生产结构方面，常面临力不从心、事倍功半的困境。能否找到既符合媒体融合发展趋势和规律，又适应基层媒体实际的内容转型路径，是决定深度融合发展中的县级融媒体能否进一步释放生产力、激发活力的关键因素。

一、重点把握新传播场景的三个特点

移动网络技术的发展给媒介生态和传播格局带来了深远而广泛的影响。县级融媒体在探索内容转型路径时，需要重点把握新传播场景的三个特点。

（一）传播平台以移动端为主

根据 CNNIC 公布的第 47 次《中国互联网络发展状况统计报告》，截至 2020 年 12 月，我国网民规模达 9.89 亿，其中手机网民达 9.86 亿，网民使用手机上网比例达 99.7％。以智能手机为主的移动终端已经成为发布和获取信息最主要的平台。"终端随人走、信息围人转"的传播特点从来没有像现在这般明显。县级融媒体要把握移动化趋势，坚持移动优先策略，充分利用移动传播技术，在建好、用好、管好移动传播平台的同时，按照"主力军全面挺进主战场"的要求，把更多的资源向移动互联网主阵地倾斜，集中力量打造适应移动端传播特点和受众需求的优质内容产品。

（二）传播方式以交互式为主

传统媒体的内容生产过程只有专业媒体工作者参与，受众无法及时反馈信息。虽然广播、电视等传统媒体也尝试邀请受众参与节目，或通过电话、短信等尽可能地与受众互动，弥补这一不足，但是受媒介属性的制约，能够采用的互动性策略非常有限，互动效果并不显著。进入 Web2.0 时代后，网络传播在参与性、互动性方面大大增强，移动互联网技术更让传播中的互动随时随地得以发生，受众（用户）参与传播几乎不受限制。交互式的传播方式给传播过程和传播效果带来了深刻的影响。一方面，通过受众（用户）以点赞、评论、弹幕等方式给予的及时（即时）反馈，内容供给侧可以更加清晰地掌握用户的需求，在内容生产和传播过程中随时作出调整更新，提高内容质量，优化传播体验，并反作用于受众（用户），进一步提高他们参与互动的积极性；另一方面，借助受众（用户）的不断分享、转发产生的长尾效应，内容可以实现裂变式传播，传播效果迅速放大。在这样的场景下，县级融媒体需要主动强化传播内容和形式的交互性，在互动中及时满足受众需求，增强用户黏性，激励受众（用户）分享、转发内容，尽可能延长传播链路，提高传播的到达率和实效性。

（三）传播内容以可视化为主

早在 20 世纪中叶的西欧影视文化研究表明，人们获取的信息中 80％以上是通过视觉接收的，可视化内容对受众有着更高的吸引力。视频声画兼备、现场感强，能够让受众获得身临其境的沉浸感，是最重要的可视化内容。但在相当长的一段时期内,受制于生产成本和传输技术,视频特别是高清视频在移动互联网上并非最主流的传播内容。随着移动网络技术的发展和智能手机的普及,视频的生产过程更加便捷、制作成本大幅降低,高速传输也得以实现,接收、观看视频的体验度显著提升,受众对内容的偏好也从图文发展到了视频。今年1月,微信创始人张小龙在微信公开课上说:"从个人表达,以及消费程度来说,时代正在往视频化表达的方向发展","下一个十年,视频化表达会是内容领域的一个主题"。县级融媒体大都拥有电视基因,具备专业的视频制作能力,可以充分发挥自身的优势,针对受众的需求偏好,加大短视频、视频直播等内容产品的供给,形成新的增长点和竞争力。

二、探索出内容转型的四条具体路径

针对以移动端、交互式、可视化为主要特征的新传播场景,立足县级融媒体的实际,嘉定区融媒体中心在实践中初步探索出内容转型的四条具体路径。

(一)提升短视频生产能力

时长从几秒到几分钟不等、适合在移动状态和碎片时间观看的短视频以其独特的全员、全程、全息、全效媒体优势异军突起,已经成为当下主要的传播内容与交互载体。据CNNIC统计,截至2020年12月,我国短视频用户规模达8.73亿,占网民整体的88.3%。与模式化、结构化的电视节目不同,短视频内容丰富、形式灵活,具有短时长、原生态、强互动、低成本等特点,拥有广泛的受众基础和很高的用户黏性。县级融媒体在推进内容生产供给侧结构性改革的过程中,必不可少地需要在短视频领域积极布局、发力,持续生产、输出符合本地受众需求的优质短视频产品,提升内容产品的到达率。

嘉定区融媒体中心主动适应新的传播场景,探索改变传统电视节目的生产模式和产品形态,着力打造适合在移动端传播的系列短视频产品,并积极开拓传播新阵地,以"嘉视频"为品牌,在抖音、快手、微信视频号等短视频头部平台上开设了官方账号,常态化运营。"嘉视频"先后策划推出"探嘉定""在嘉定""说嘉定"等系列产品,并结合用户画像、平台特性,进行差异化运营。"探嘉定"主打探访体验,为本地受众提供"身临其境"的服务信息。今年春节期间推出的《嘉定这一站》系列短视频,以主播实地出镜的形式介绍嘉定各轨交站点周边的区位优势、配套设施和未来规划等信息干货,在抖音平台播放量超过200万。"在嘉定"

主攻共情共鸣,通过记录身边岁时节令的变化、美丽动人的瞬间、有烟火气的场景,引发生活在同座城市中人们的情感共鸣。去年底,寒潮来袭,"在嘉定"在快手上推出的首条短视频《结冰了》,收获了超过 1 600 万播放量,成为爆款。"说嘉定"则重点传播地方历史文化,通过对嘉定电视台品牌栏目《纪录嘉定》节目内容的梳理再加工,变电视存量资源为短视频增量资源,经微信视频号发布、微信朋友圈分享,很快在本地受众中树立了口碑。

(二)开展常态化视频直播

随着移动互联网技术的发展,视频直播的主阵地已经从电视大屏转移到手机小屏。技术门槛的降低,让可以进行视频直播的场景、内容变得越来越丰富。信息、娱乐、购物、陪伴……视频直播可以满足受众多样化的需求,能够即时参与互动也让受众获得了更佳的沉浸式体验。和短视频一样,移动端平台的视频直播正成为新传播场景下县级融媒体优化内容产品结构,引流吸粉,增强用户黏性,提升传播力、影响力不可忽略的利器。

2020 年 7 月,围绕"人民城市人民建,人民城市为人民"的主题,嘉定区融媒体中心推出了"我爱我嘉"民生系列访谈直播,邀请 20 位职能部门和街镇负责人走进直播间,聚焦民生议题,回应市民关切。系列访谈除了在"上海嘉定"客户端进行视频直播,还"借船出海",在腾讯新闻、东方网、看看新闻等移动端平台同步直播。每场直播,主持人从近百条观众留言中,筛选出市民最关心、最迫切、有共性的问题,请嘉宾当场回应、答复。同时,派出记者深入社区、企业、学校、交通枢纽、公共文化场馆等点位,以直播连线形式,采访相关工作的推进情况,倾听现场群众的评价反馈。系列直播在区内获得了较高的关注,累计在线观看人次超过 80 万。每场直播结束后,我们还对直播视频再加工,提炼精彩语录和干货信息,先后剪辑了 60 多条短视频通过抖音号二次传播,累计播放量超过 110 万次。系列直播结束后,由于市民的提问、留言仍络绎不绝,我们还和区相关部门共同在"上海嘉定"客户端开设了"我要问政"专栏,并建立了市民意见建议流转处置机制。主要在移动端平台开展的"我爱我嘉"系列直播,无论是互动性、到达率,还是影响力都大大超过了以往在广播、电视平台上播出的同类节目。

积累了一定经验后,嘉定区融媒体中心开始在"上海嘉定"客户端,以及抖音、快手、微信视频号等移动端平台常态化开展视频直播,从直击上海单体最大的商业综合体——南翔印象城启用,到邀请教育部门相关负责人在线解读小升初政策;从持续开展沪上网红公园嘉定紫藤园云赏花慢直播,到"五五"购物节为本地品牌直播带货……直播的场景从直播间延伸到新闻现场,直播的类型从信息服务拓展到共情陪伴。移动端、交互式、可视化的视频直播不仅为媒体吸聚到了大量用户,也为受众提供了表达意见诉求、进行沟通交流的公共空间,强化了嘉定区融媒体中心作为主流舆论阵地、社区信息枢纽和公共服务平台的作用。

(三)推进广播节目可视化

与报纸、广播、电视等传统媒体刊播内容总量受版面、时长限制不同,移动互联网阵地可以发布海量内容。而要吸引黏住更多受众(用户),满足多样化的需求,恰恰需要大体量、高质量的内容作为支撑。适合新场景下传播特点和受众需求的优质内容产能不足,正是县级融媒体在推进内容生产供给侧改革中普遍面临的困境。由于广播节目制作成本低,县级广播电台基本都开设了丰富的原创栏目、节目。挖掘广播自办节目资源、发挥主持人专业优势,推进广播节目可视化,常态化地开展网络视频直播,策划制作以短视频为主的可视化内容产品,既是广播按照一体发展原则深化媒体融合的重要路径,也是县级融媒体在较短时间内提高优质内容产能的可行之策。

目前,嘉定区融媒体中心的大多数广播自办节目都开展了可视化的探索。如:法治节目《法宝在线》、青少年节目《成长进行时》,依托节目内容分别推出衍生系列短视频,在各移动端平台持续发布;访谈节目《民生热线》《健康有道》则从广播直播间转场视频直播间,内容表现力、受众参与度得到了大幅提高。从直播前一天发布预告短视频,到当天在多个移动端平台同步开展视频直播,到直播结束后提炼亮点干货剪辑若干条短视频在各平台二次传播,逐渐成形的"三步工作法"实现了传播的闭环,确保了传播效果的稳步提升。值得一提的是,与原来广播节目播出效果难以评估不同,广播可视化后,无论是制作短视频,还是开展视频直播,播放、点赞、评论、转发等互动数据都可以直观地反映内容的传播力、影响力,反过来促进主创人员不断提高内容质量。

(四)推动内容供给侧改革

推动内容供给侧改革,除了在内容结构方面,要更加注重网络内容建设,将产能向移动端倾斜,在具体内容生产过程中,也要创新表达方式,增强内容的表现力、感染力。具体可以从三个关键词入手:一是"正能量",以传播正确的价值观为引领,发掘身边的凡人英雄,带着感情和温度讲好生动鲜活的故事,引发受众温暖、震撼、励志、自豪等强烈的正向情感共鸣;二是"微叙事",坚持短、实、新,避免宏大叙事,善于以小见大,用事实和细节说话;三是"强服务",贴近群众生产生活,关心群众所思所盼,回应群众关心关切,重视第一时间发布与受众关联高、影响大的服务信息干货,以高质量的信息服务满足受众需求。

推动内容供给侧改革,还要重视运营服务,做好内容供给的后半篇文章,不断提升传播效果。移动网络时代,社交媒体非常活跃。根据最新的统计数据,每天有 10.9 亿人打开微信,新浪微博日活跃用户(DAU)达到 2.3 亿,抖音和快手两个头部短视频平台的日活跃用户分别超过 6 亿和 3 亿。社交媒体在传播格局和舆论生态中有着举足轻重的影响力。县级融媒体对此不能视而不见,应当在建好自主平台的同时用好社交媒体,"借船出海",构建全方位、立体化的传播格局,扩大传播的覆盖面。同时,借助社交媒体的大数据和智能算法,准确掌握受众(用户)的信息需求和使用习惯,根据受众画像,开展有针对性的传播,实现对目标受众的精准触达,建立与受众之间的紧密联系。

结　语

综上所述,本文探索县级融媒体内容生产转型的可行之策,归纳了提升短视频生产能力、开展常态化视频直播、推进广播节目可视化、推动内容供给侧改革等四个方面,有的方法已行之有效;有的刚有设想,还在尝试之中。总之,县级融媒体内容生产转型之路刚开了个头,还有很长的路要走。

2018 年 8 月在全国宣传思想工作会议上,习近平同志作了有关"提高新闻舆论传播力、引导力、影响力、公信力,巩固壮大主流思想舆论"的重要讲话,并对县级融媒体中心建设指明方向,强调:"要扎实抓好县级融媒体中心建设,更好引导群众、服务群众。"因此,县级融媒体内容生产转型的根本目的,还是要"更好引导群众、服务群众",坚持以人民为中心的理念,为基层群众开展好信息服务工作。我们要继续努力奋斗!

参考文献:

[1] 中国互联网络信息中心,第 47 次《中国互联网络发展状况统计报告》,http://www.cnnic.cn/,2021 年 2 月。

[2] 江海蓉:《解构融媒体时代短视频的发展路径》[J],《新闻传播》,2020 年 7 月。

[3] 郭小雪:《利用社交媒体提升传统媒体传播力与影响力》[J],《新闻研究导刊》,2021 年 1 月。

〔4〕林洁洁:《探析短视频、直播平台的传播价值》〔J〕,《新闻论坛》,2020 年 6 月。

〔5〕张蔚妍:《融媒体时代广播新闻的可视化策略》〔J〕,《中国广播电视学刊》,2020 年 10 月。

〔6〕程星:《融媒体产品的四个维度》〔J〕,《视听》,2019 年 3 月。

作者简介:

薛松,上海市嘉定区融媒体中心副主任、副总编。

区县级融媒体客户端的
"直播模式"探索
——以 2020 年"上海静安"客户端直播活动为例

提　要：2020 年，静安区融媒体中心以习近平同志在全国宣传思想工作会议上的讲话精神为指导，以上海文化品牌为依托，积极发挥"上海静安"客户端平台优势，着力探索"区融＋"直播工作模式，提升了红色文化、江南文化、海派文化的传播效果，接轨了疫情防控常态化背景下市场复工复产的需求。静安区融媒体"直播模式"的融合实践，为上海区级融媒体建设提供可参考的创新路径和发展方向。
关键词："区融＋"直播工作模式　红色文化　江南文化　海派文化

引　言

2018 年 8 月在全国宣传思想工作会议上，习近平同志指出要扎实抓好区县级融媒体中心建设，指出这是构建现代传播体系的一项基础性、带有全局战略性的工作。至 2020 年底，区县级融媒体中心建设中已基本实现全国全覆盖的目标。

"十四五"期间及未来十年，是我国媒体融合关键期。其中，区县级融媒体中心建设，是以习近平同志为核心的党中央着眼于宣传思想工作新形势新要求部署的重大改革任务，是加强和改进基层宣传思想工作、推动区县级媒体转型升级的战略工程，在新型主流媒体传播体系中的作用举足轻重。

　　静安区融媒体中心,是 16 家上海区级融媒体中心的重要成员和创新阵地之一。2019 年 9 月成立以来,中心积极发挥"上海静安"客户端平台优势,积极打通媒体与受众之间信息传播的"最后一公里",在推动媒体深度融合中积极推动产业融合。

　　近年来,客户端直播成了媒体融合工作的重要手段。静安区融媒体中心顺势而为,探索并积极采用"区融＋"直播工作模式,整合市区两级优势资源,2020 年间先后推出 34 场线上直播活动,总人气值超 320 万＋,为客户端平台实现"赋能",贡献 19.5 万＋下载量,有效提升客户端各项运营数据。

一、"直播模式"的特色与做法

　　"直播模式"为"上海静安"客户端进军媒体融合主战场提供了新机遇和新路径。

　　2020 年间,静安区融媒体中心先后与区商务委、团区委、区委组织部、区政协办、区合作交流办、静扶公司、九百集团、开开集团、丰盛里、克勒门文化沙龙等区内 18 家单位(机构)进行合作,主要涵盖"红色文化""海派文化""精准扶贫""直播带货"等主题。这些直播活动,合作模式多样、播出效果各异、覆盖多类人群。通过对这些活动的研究,可以归纳出静安区融媒体中心的特色、做法。

　　截至 2020 年 12 月 31 日,客户端总下载量 52.9 万。其中,全年(1 月 1 日—12 月 31 日)下载量为 44.1 万,"直播"板块贡献了 19.5 万,占 2020 年全年总下载量的 44％,显示出强大引流能力。

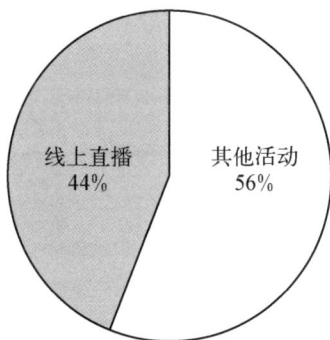

全年下载量贡献度

根据直播内容及类型,可将全年 34 场直播可归集为"直播带货""红色文化""海派文化"三大类别。根据上图可知,"下载量"单项指标上出现两处波峰,分别对应"五四主题团日"和"七一主题党日"直播活动的当日下载数量。对比下图可知,两场直播活动为客户端全年下载量提升起到显著作用。

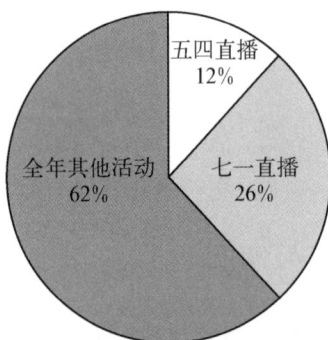

五四、七一直播下载量贡献度

其中,"直播带货"类别包括:"撑老板"系列、"对口帮扶"系列、"云逛街潮我看""上海国际美妆节""丰收节"等直播活动;"红色文化"类别包括:主题党(团)日、We课系列、静安白领配音大赛等直播活动;"海派文化"类别包括:克勒门文化沙龙、"传奇张爱玲""陆小曼袭来"等直播活动;"其他"类别主要包括:生物医药产业精准推介会、政协委员履职培训系列、白领餐厅厨师技能比武大赛等直播活动。

从人气值看,全年所有直播场次,网络总人气值 320 万+,其中"红色文化"类总人气值超 201 万,对全年人气值贡献度最高。

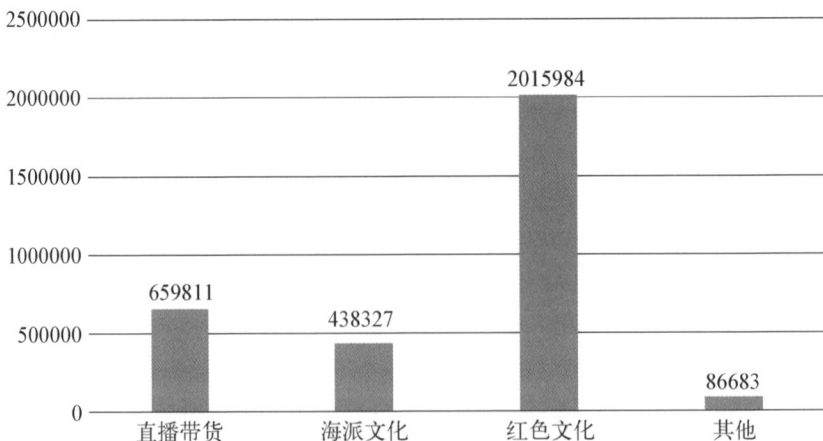

2020 年主要类别直播总人气值情况

从场次数量上看,"直播带货"类场次数最高,全年共推出 13 场,占全年场次的 38%。海派文化场次数最少,共 5 场。

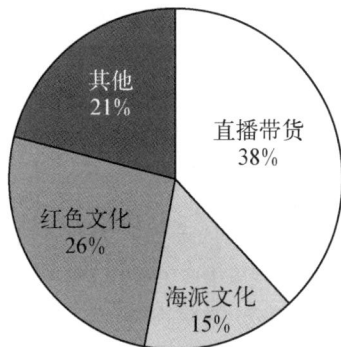

各类别直播数量比较

从下载量上看,"红色文化"板块对下载量贡献度最大,超过 17.4 万次。"直播带货"和"海派文化"带量效果较一般。

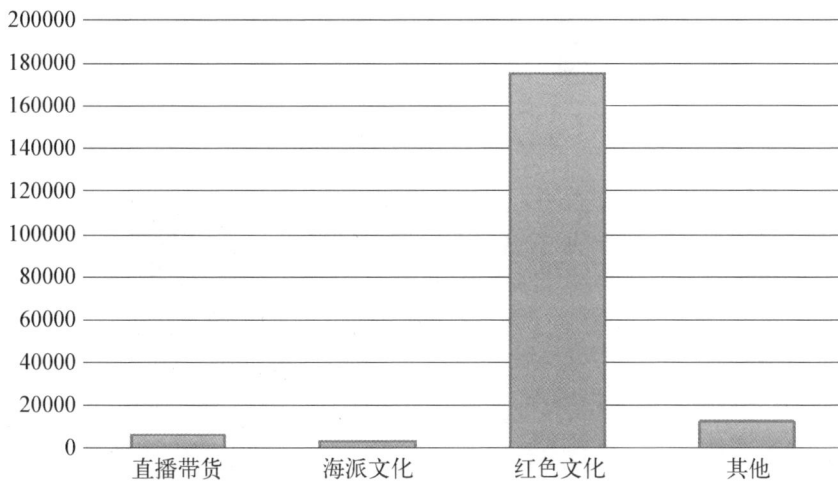

各类别下载量贡献度

从直播间留言互动数据上看,"红色文化"板块表现强劲,优势明显。"直播带货"和"海派文化"表现次之。

从时间分布上来看,2020 年的直播活动主要集中在 4 月至 12 月,平均每月 3.7 场直播。其中 9 月最为密集,单月推出 8 场直播,占全年直播场次的 23%;8 月最少,仅 1 场直播。

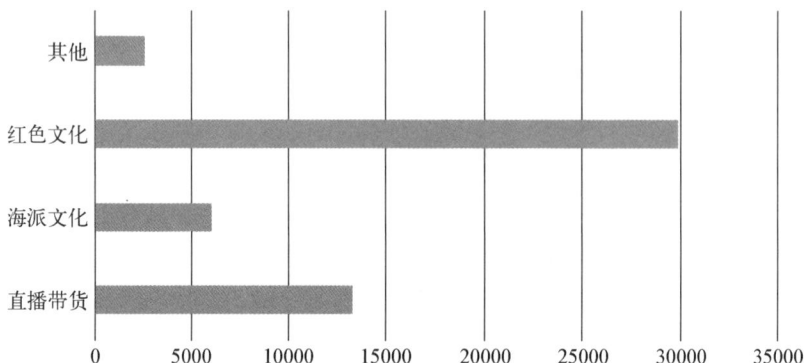

各类别直播间留言数据情况

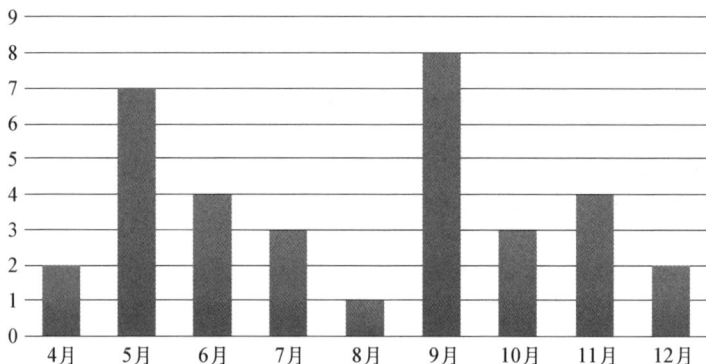

2020 年每月直播场次情况

从各类别在全年分布上看,4月、5月和9月是"直播带货"类选题高峰期,符合复工复产,消费旺季等时段特征。除4月、8月外,"红色文化"类直播均有分布,说明全年该类主题宣传的持续性、连贯性较好。"海派文化"主要集中在8月至12月间,且每月保持1至2场,说明该类资源的稳定性较好,"季节性"不强,适合走长线。

综合分析上述各维度数据,2020年直播活动总体呈现以下四大特点:

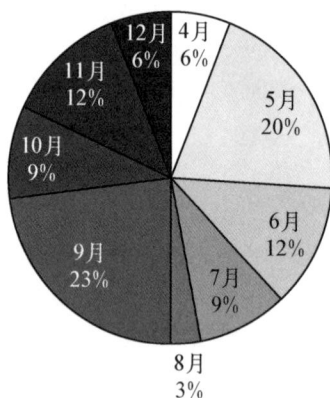

2020 年每月直播占比

(一)"红色文化"类直播:"叫好又叫座",转化率极佳

"红色文化"直播在"下载量""直播间留言"两项指标上,表现抢眼,呈现双

高特征,转化率效果明显优于其他类别。说明该类别直播,人群定位精准,组织发动和参与落实到位,不仅有效推动下载,还能够有力推动"注册用户"转化。

(二)"带货"类直播:频次高、互动性强

"带货"直播全年占比达 38％,频次高场次多,且在"人气值"和"直播间互动"两项指标上,仅次于"红色文化"。可见该类别直播,参与门槛低,普适性高、吸引力大,能够有效促进用户与平台形成交互,贡献"日活量"。

(三)"海派文化"类直播:垂类明确、后劲足

"海派文化"直播全年共推出 5 场,在"人气值"和"直播间互动"两项指标的排名紧跟"带货"类直播。由此可见,该类直播、垂类清晰,对目标人群具有较强吸引力,后劲足。该种直播形式能够有效促进用户与平台形成交互,带动"日活量",提升客户端的内容质量,在目标用户中建立良好口碑。

(四)用户激励成"标配":直播间福利是关键

"带货"和"海派文化"这两类直播中,"直播间"福利成为吸引用户持续关注和积极参与互动的关键点,经过一段时间的"磨合"后,"标配",对平台、合作单位及用户而言,起到了较好的"合作共赢"的效果。

二、"直播模式"的几大实践范本及其效能

深耕本土市场、吸纳基层资源、链接政府与媒介,是区级媒体融合的最大优势。在"上海静安"的直播活动中,不同的内容体现出多元的价值。有的直播为客户端的数据"赋能",有的为直播"合作模式"提供全新的实践范本,有的则为服务全区大局工作探索出了新路径。

案例一:"直播带货"助力全市复工复产

2020 年 4 月 24 日至 25 日,"上海静安"客户端联合区商务委及商业直播机构 CGC,推出"云逛街潮我看静安嗨购站"直播活动,共吸引 39.4 万用户,全网活动话题数据近 1 800 万。该场直播为客户端带来了 2 000＋下载量和 1 000＋注

册用户。

此次直播亮点有二：一是覆盖面"广"。连续两天 12 小时不间断直播，涵盖静安主要商圈内 12 家商场、70 家商铺，凸显静安商业品牌文化。这也是静安区融客户端的首场线上直播，以"逛街＋直播＋整点抽奖"，探索线上线下相融合的新模式。二是传播渠道"新"：区融中心积极利用合作方资源渠道，成功突破了原有的"体制圈"，借助活动承办方、流量明星、网红 KOL 以及 12 家商场及赞助企业微博、微信资源，渗透进全新渠道、覆盖未曾触达的人群，尤其是多位明星和 KOL 的参与起到了关键作用，成功为活动引流，激发了粉丝群体的参与热情，有效扩大了活动的影响力。

案例二：引领青年推动"红色文化"建设

2020 年 5 月 4 日，为纪念五四运动 101 周年，区融媒体中心与区委组织部、团区委，共同开展静安青年纪念五四运动 101 周年主题团日活动暨面对面新时空 We 课第二季第一讲，在"上海静安"客户端进行现场直播活动。

直播亮点有三：一是活动将"升旗仪式""主题党课"与"快闪探店"进行串联，将"纪念活动"和"直播带货"进行融合，既保障了主题活动的"仪式感"，又满足了青年群体的"直播观看习惯"。二是在直播水平和融媒技术运用上，均有了较大提升。本次直播也是区融客户端首次进行三个场景互换直播的方式，较传统手机端单机直播模式，该方式主要考验不同团队间的联合作战能力。三是活动当日，新增下载量达 50 553，新增用户数为 2 280。直播共持续两小时，累计收获近 2.5 万人（次）关注，直播聊天室同时间参与人数最高达 1 万人。该场直播，体现出了区委组织部、团区委在全区党团员群体中的强大号召力，也为今后继续开展类似合作奠定了良好的基础。

案例三：探索"红色直播"教育新模式

2020 年 7 月 1 日，静安区庆祝建党 99 周年主题活动通过"上海静安"客户端进行直播。区融媒体中心在保障主会场直播的同时，还支持全区近 60 个分会场、超过 4 000 个党支部的全体党员、群众及网友同步观看。直播间人气值（包含回看）超 56 万，党员及群众在聊天区内积极签到留言，并交流感想，共收到超过 23 000 条留言，得益于直播前的有效组织与推广，客户端各项运行数据均有大幅度提升，活动周期内（6 月 25 日—7 月 1 日），客户端新增下载量超 11 万，新增注册用户 1.7 万，其中，7 月 1 日当天，新增下载量达近 7 万，新增注册用户超 1 万。注册用户转化率近 15%。

直播亮点：活动将网络直播形式和"主题教育"活动相结合，该场直播首次开创了主会场直播,60多个分会场同时收看,并在手机端边看直播边留言的静安红色直播新模式。同时,本场直播各项数据也创下了全市各区,同类型直播,效果最佳、人气最佳、下载、注册量最高,既扩大了"七一主题"活动的参与度和影响力,又实现了"上海静安"客户端深入全区党员群体的运营目标,起到了合作共赢的效果,也为今后"融媒平台"服务区内重大活动提供了实践样本。

案例四:跨省联动提供"精准扶贫"方案

2020年7月6日,在区新闻办、区合作交流办的大力支持下,"上海静安"客户端直播间飞越大半个中国,在云南文山推出"文静有你网络直播",邀请4位静安输送的援滇干部分享扶贫故事,引入"好货推荐人"为当地的明星产品"带盐"。直播人气值超4.5万,聊天区共收到1373条留言。直播过程中,上海静扶实业有限公司向云南刘源生三七药业有限公司下了一张2万元订单,广南八宝贡米大米销量达158单。为配合直播,"客户端"商城同步上线来自云南文山的特色农特产品,并开设"扶贫产品"专区,与直播间形成联动,鼓励客户端优质用户体验对口帮扶地区农特产品。

直播亮点:一是本场直播是中心首次尝试开展"异地直播",在即主导控台设置在融媒体中心,两位摄像掌控三个机位摄像机,听主控台指挥拍摄的云切割模式。该模式的成功试水,为今后的融媒体中心开展"直播连线"积累了宝贵经验。二是该场直播的运营手段升级,不仅提供"直播间"抽奖,还将"直播间"与"积分商城"两大功能板块进行联动,建立用户行为闭环,该模式可在同类型直播中进行复制和推广。

案例五:深挖本地"海派文化"资源

2020年8月起,中心深挖本地优质海派文化资源,重点提升直播板块的内容品质。同时联动澎湃、新闻晨报—周到、腾讯等合作平台资源,不断扩大平台影响力和内容曝光度,期望通过融媒平台优势,让"阳春白雪"持续破圈,也为平台用户提供更多文化养分。截至11月30日,先后与沪上知名文化沙龙——克勒门、静安区图书馆、千彩书坊等联合推出《传奇张爱玲》《2020说爱玲》《陈薪伊的马卡龙》《陆小曼袭来》共4场文化类访谈节目。播出平台总播放量超100万+。陈薪伊、宋思衡、王勇、淳子、周红、沈昳丽、陈燕华、甘鹏等文化、戏曲、音乐等各界"大咖"先后做客直播间,分享思想干货和精彩表演。

直播亮点:一是可复制性强。客户端与海派文化机构形成"资源互补"关系,由文化机构负责引入高端资源,由客户端负责进行节目包装和网络传播,该合作模式不仅能够凸显静安文化底蕴,还具备可复制性,未来可以与更多文化机构开展类似合作;二是平台联动效果好。以 11 月 20 日的《陆小曼袭来》这场直播为例,客户端收获 8.5 万人的观看,新增下载 1 135 次,新增注册 117 人。而在腾讯视频收获 9.2 万阅读数,澎湃更是达到了 19 万＋的高人气值。三是客群稳定。该类直播吸引的人群虽然狭窄,但相对稳定,忠诚度高,能够有效增加客户端的日活。

案例六:为"招商引资"提供服务保障

11 月 7 日,静安区在第三届进博会现场举行"上海市静安区生物医药产业精准推介会","上海静安"客户端全程直播。中心直播团队兵分两路,分别在进博会现场和融媒体中心两个地点架设直播设备,协同作战,保障推介会顺利直播。该场直播也获得了区委书记于勇和区长王华的充分肯定。

直播亮点主要有二:一是重大场合静安融媒不缺席。本次直播是客户端首次为"招商引资"工作提供服务保障,为今后服务区域经济开拓了新思路。二是"云切割"技术在直播中的二次应用,同时也是融媒体中心首次投入部分自有设备和一线摄像,参与高规格直播工作的一次"实战练兵",也为今后中心独立承接直播任务做好准备。

案例七:在云端感受"老字号"的新魅力

12 月 9 日,客户端与开开集团开展合作,推出"申城之光·龙凤 SHOW"直播。本场直播活动以"申城之光"游船首航为契机,"国潮老字号"龙凤旗袍新品首秀空降黄浦江,让网友在云端感受"老字号"品牌的焕新魅力。活动前,利用客户端首页露出和社群任务互动微直播进行提前预热;直播期间通过增加各个环节,增强主播与网友的互动,总人气值达到了 15 万＋,直播间留言近 1 400 条。

本次直播突破了两大技术难关:一是首次将浦江游船作为"移动直播间",成功实现游船环境下的网络直播。由于现场网络环节较差,直播采用双切台模式,力保直播信号流持续不断;二是本次直播"环节多、不确定性强",需与市领导活动、主体活动形成"错开式"无缝衔接,在现场流程不断变化的情况下,通过前期周密的筹备、现场团队间的密切配合,顺利完成了整场直播。该场直播的成功试水,也为区融客户端推广老字号品牌,服务区属企业,打开了全新的思路。

三、"直播模式"的未来思考和发展路径

2020 年,直播活动在"上海静安"客户端结合自身优势资源,不仅接轨了市场需求,提振了文化传播效果,丰富了区级融媒体"直播模式"的融合实践,在用

户群体中获得较高认可度,培养出了稳定观看习惯的受众群体。

2021年,静安区融媒体中心将继续强化平台使命、盘活区内资源、"升维"精品创作,在"直播模式"的特色和经验上,进一步开拓创新、大胆实践,将更多"模式新、品质高、体验佳"的优质直播节目推送到用户指尖。

第一,强化平台使命,深耕直播特色,实现从内容聚合的"最大变量"到舆论引导的"最大增量"的转变。

2021年是建党百年。党的百年大庆,是党和国家政治生活中的大事。做好建党百年宣传教育,是宣传思想战线必须完成好的重大政治任务,也是对我们工作能力水平的集中检验。

立足百年大党新起点,静安区融媒体中心依托党的诞生地红色资源集聚优势,与区委组织部深度捆绑,深入践行习近平总书记和党中央对上海发展的重要指示要求,让"直播"成为建党百年宣传的"全新利器",在"红色文化""海派文化"等板块中持续发力,引导更多党员群众通过客户端参与到建党百年系列活动中来,打造"直播特色",真正把习近平总书记的殷殷期望化为善作善成的生动实践。

第二,盘活区内资源,颠覆内容分发,实现从广谱性的"全面宣推"到垂直社群的"精准到达"的转变。

2021年,随着组织架构的完善、制作能力的提升、渠道拓展的落地,静安区融媒体中心将努力盘活区内资源,与区内委办局、重要机构、区属企业、老字号品牌等广泛开展合作,主动引入不同类型的直播活动,打造面向不同社群的垂直化直播模式,实现从广谱性的"全面宣推"到垂直社群的"精准到达"的转变。

同时,静安区融媒体中心将通过合作实践,发展出一批"优质合作伙伴",并与之建立长期合作关系;与更多具有影响力的市级、商业直播平台建立合作关系,以资源共享(即直播拉流)方式,拓宽优质内容向外输出的路径,进一步扩大"静安融媒"的品牌影响力,以自身的实践案例和建设经验,为上海区级融媒体中心建设提供了可复制、可推广的范例。

第三,"升维"精品创作,弘扬"海派文化",满足人民群众精神文化生活新期待。

"两千年历史看西安,一千年历史看北京,一百年历史看上海。"文化是城市的生命,城市有了文化就有了生命,海派文化就是上海勃勃生气和活力的源泉。

2021年,静安区融媒体中心将与克勒门、千彩书坊等文化机构建立长期合作关系,邀请各界名人、专家学者,走进客户端直播间,将更多优质直播资源引入客户端,不断推出聚焦"海派文化"的精品文化专题,让弘扬"海派文化"成为客户端的特色标签,更好满足人民群众精神文化生活新期待。

结　语

回望来路,静安区融媒体中心的阔步发展,离不开习近平新时代中国特色社会主义思想的指引,尤其是习近平新闻思想的指导,离不开上海红色文化、江南文化、海派文化的深厚滋养。展望前程,中心将立足初心始发地、聆听时代声音、不断守正创新,推出更多精品直播内容、文化特色活动,为党的百年大庆记载伟业、展示辉煌,大力营造奋进新征程、创造新奇迹、展现新气象的浓厚氛围,把庆祝建党百年激发的精气神转化为推动区级融媒体中心改革发展稳定的强大动力。

而要进一步建设好融媒体中心,继续打造海派文化的品牌栏目,必须牢记党和人民的嘱托,忠诚担当,尽职尽责,努力打造一支政治坚定、业务精湛、作风优良、党和人民放心的新闻队伍!

参考文献:

[1]《习近平出席全国宣传思想工作会议并发表重要讲话》[J],《人民日报》2018 年 8 月 22 日。

[2] 中宣部编写:《习近平新闻思想讲义》[M],人民出版社。学习出版社 2018 年版。

[3] 中共中央文献研究室编:《习近平总书记重要讲话文章选编》[M],中央文献出版社 2016 年版。

作者简介:

朱慧,上海市静安区融媒体中心产品部主任。

政务全媒体矩阵建设实践与发展路径探析

——以上海市闵行区融媒体中心政务全媒体矩阵建设为例

戎长春

提　要：近年来，随着媒体融合深度发展，区县一级媒体融合也不断走向深入，作为媒体深度融合发展的重要一环，全媒体矩阵建设在推动传统电视、广播、报纸、网站等平台发挥宣传影响力上起到了至关重要的作用。与此同时，区县一级融媒体中心作为地区主流媒体，在加速自身发展的同时，也将媒体融合触角延伸至本地区的各类信息传播平台。本文以上海市闵行区融媒体中心推进全媒体矩阵建设探索实践，对区县一级融媒体中心如何引导和规范域内各级媒体平台，特别是政务媒体相互促进，共同发展，形成同频共振进行详细论述，旨在为实现媒体融合，壮大主流思想舆论，凸显主流媒体影响力，提供有价值的借鉴与参考。

关键词：政务　全媒体矩阵　建设主流思想舆论

引　言

2014 年 8 月，中共中央在《关于推动传统媒体和新兴媒体融合发展的指导意见》中明确提出"推动传统媒体和新兴媒体融合发展"的总体与具体要求，并将媒体融合提升到国家战略层面。时间过去六年多，媒体融合进入深水区。根据中央要求和自身发展需要，各级各类媒体纷纷走上媒体融合之路，不少媒体将建成"媒体矩阵"作为转型成功的路径和经验之一。

2019年9月,原闵行报社、闵行区广播电视台、闵行区门户网站管理中心三家区内媒体合并为上海市闵行区融媒体中心。经过近一年的融合与探索,中心媒体融合向纵深发展,初步形成立体化的政务全媒体矩阵。如何发挥媒体矩阵的效力,不能仅仅止步于搭建。"媒体矩阵"使媒体融合有了前提和可能,但是,单纯的矩阵罗列,而没有内在元素的共融以及形成内部共生、运转的媒体机制,那么矩阵只是融合的一个浅层表象。[1]

我国传统媒体主要有报纸、广播、电视三种类别,媒体层级主要有中央、省、市三级,所以李良荣教授曾将我国媒体矩阵概括为3×3模式。[2]目前我国媒体矩阵发生翻天覆地变化,对于区县一级融媒体中心,则又可以分为区、街镇、社区三级宣传体系。各级政务媒体不断涌现,形成了一个复杂的政务全媒体矩阵。

2020年7月,在运行实践和深入调研的基础上,闵行区加强了区内政务全媒体的机制体制建设和运营管理,从运营机制、管理机制、考核要求上完善了建设体系。经过近一年的实践与探索,闵行区全面提高了区内政务全媒体与区级政务全媒体的互动,形成全区传播的同城效应。

一、闵行区政务全媒体矩阵现状

从区级层面看,以区融媒体为中心打造政务全媒体矩阵,包括微信、微博、抖音、APP等。据统计,截至2020年12月,上线1年的闵行区融媒体中心"今日闵行"APP用户下载量157万,排名上海市各区融媒体中心第二。中宣部新闻局和市委宣传部到闵行区融媒体中心调研,"今日闵行"APP作为上海16个区融媒体中心唯一一家客户端,推荐到中宣部参评。至2020年底,"今日闵行"微信公众号用户35.68万,"今日闵行"抖音用户数达12万,最高播放量的抖音突破2 700万。

2020年年初闵行抗疫医疗队返沪,闵行区融媒体中心通过"今日闵行"APP、微信公众号第一次进行24小时全媒体直播,到年底共开展直播活动100多场,初步实现传统媒体与全媒体协同传播,达到同频共振的效果。闵行区新媒体平台建设见下图:

平台建设	2020年底用户数据	2021年计划增长数据
"今日闵行"APP	157万	200万
"今日闵行"微信	35.68万	42万

续表

平台建设	2020 年底用户数据	2021 年计划增长数据
"今日闵行"微博	34.5 万	38 万
"今日闵行"抖音	12 万	20 万

与此同时,在区级融媒体中心全媒体矩阵建设的全面带动下,闵行区级媒体和街镇、委办局的政务全媒体,正在形成政务全媒体矩阵,他们共同构成了多维、动态、富有活力的政务全媒体信息传播阵地。

据统计,2020 年底全区各镇街道(工业区)开设了微信账号 14 个、微博账号14 个;各委办局、人民团体开设了微信、微博账号 70 多个;部分单位还在抖音等全媒体平台上注册开设了账号。

闵行区政务新媒体(街镇)数据综述

微信矩阵总体情况概述

月 份	账号个数	总发文量	总阅读量	总在看数	总点赞数
2020 年 11 月	14	878	1 010 952	8 474	11 484
2020 年 12 月	14	908	1 001 847	8 085	11 379
2021 年 1 月	14	955	1 128 894	9 195	11 785

微博矩阵总体情况概述

月 份	账号个数	总微博量	总获赞量	总转发数	总获评数
2020 年 11 月	14	7 511	6 729	1 806	304
2020 年 12 月	14	15 577	25 570	10 467	6 571
2021 年 1 月	14	18 338	33 169	14 837	9 362

闵行区政务新媒体(委办局)数据综述

微信矩阵总体情况概述

月 份	账号个数	总发文量	总阅读量	总在看数	总点赞数
2020 年 11 月	51	1 934	975 307	11 113	14 095
2020 年 12 月	51	1 986	785 861	10 986	14 614
2021 年 1 月	53	1 903	764 600	8 207	10 715

微博矩阵总体情况概述

月　　份	账号个数	总微博量	总获赞量	总转发数	总获评数
2020 年 11 月	20	1 677	560	153	308
2020 年 12 月	20	1 971	545	214	252
2021 年 1 月	21	1 810	1 559	277	540

闵行区融媒体中心成立以来，全区的各级政务全媒体加速融合，积极布局各类互联网平台，开设账号，借助这些平台传播主流声音，壮大主流舆论，在重要的活动报道和重大主题宣传当中，形成了良好声势，特别是在热点舆情引导和重大舆论应对方面，发挥了极其重要的特殊作用，关注度较高的"爆款"作品不断涌现，有效地引导和改善了全区的互联网舆论生态。

二、闵行区政务全媒体矩阵建设存在的问题

从闵行区融媒体中心实践来看，全媒体政务矩阵建设取得了一定成效，但是还存在一些薄弱环节。

（一）个体发展参差不齐

从数量上来看，全区 58 家委办局，共有微信公众号 73 个，部分单位多至七八个号。例如区卫建委除一个主体账号，还拥有大量的公众号，涉及医院、社区卫生服务中心、疾控、急救等单位。街镇方面，浦江镇公众号较多，有 26 个，马桥镇较少，但也有 3 个。从质量上来看，"闵行教育""闵晓法"等质量较高，影响力较大，但也有不少微信公众号，存在阅读数低、更新不及时、用户数少的情况，这一状况在全市各区普遍存在。

（二）管理还需要完善

有些单位对政务全媒体认识不够全面，管理和指导还有缺位，把开通全媒体账号作为一项应景工程，有的账号的运营管理全部交由第三方机构代为实施，缺乏统一策划安排和全区的互通互动，也缺乏有效的监管。部分单位稿件审核把关不严，仅仅满足于凑足条数，稿件内容比较单一，对内容、质量、关注度、阅读数关注不够。有些单位内容维护不及时，更新不规律，甚至两三个月不更新，舆论

引导和传播信息的作用发挥不出来，达不到沟通引领的效果。

（三）整体的合力还有待于提升

首先是全媒体政务矩阵意识不强，部分单位缺少政务全媒体建设的内生驱动力，街镇委办局对下级单位开设账号的情况掌握、指导、管理不够。区级媒体和街镇、委办局的政务全媒体应形成联动合力。其次是数据不通，各职能部门信息相对封闭，习惯将信息数据视为权力与职能的一部分，无法充分实现共享互通，形成了信息供给和思想的双重壁垒。第三是联动不够，一方面造成市民群众只能通过关注一个个单位的政务全媒体才能查找到需要的信息，另一方面区内的重要信息不能通过有效的矩阵优势延伸开来，难以形成全区"一盘棋"格局。

三、政务全媒体矩阵建设的重点

习近平总书记指出："党的新闻舆论工作必须创新理念、内容、体裁、形式、方法、手段、业态、体制、机制，增强针对性和时效性""要适应分众化、差异化传播趋势，加快构建舆论引导新格局"[3]。按照这一要求，我们要积极打造全媒体时代的"新闻＋政务服务商务"模式，构建立体化的政务全媒体传播格局，推动政务公开平台和载体的健康有序创新发展，实现政府信息与政府公开服务，在全媒体平台上的整体拓展，互联互通、协同联动、数据同源、服务同等，更好地发挥好集群化协同化的矩阵效应。

（一）全面排摸和清理政务全媒体

闵行区将全区政务全媒体进行梳理，对委办局、街镇的政务全媒体摸清家底。与此同时，对社区、居村、企业等全媒体进行排摸，全面了解掌握全区全媒体状况，重点是要把微信微博、商业平台开设的这些政务全媒体的运营和管理的情况梳理清楚。除了体制内的政务全媒体，对社区会上一些知名的自媒体也进行统计排摸。

当前自媒体发展非常迅猛，作为个人或机构发布新闻或观点的网络平台，微博、微信、APP、抖音、快手等均是有影响的自媒体。"自媒体将传统媒介时代潜在的、数量有限的信源及沉默的受众变成了积极的、无限量的传播者。"[4]有些非常知名的个人自媒体开辟了信息传播的新阵地，公共权力对自媒体的管理不能滞后，更不能缺位。

（二）开展政务全媒体规范培训

闵行区融媒体中心启动对政务全媒体进行清理规范的培训工作。

1. 培训。政务全媒体是为了适应互联网发展，加强宣传阵地建设的重要工作，具有重要的意义。市委、市委宣传部，将政务全媒体发展作为宣传思想工作的一个重要阵地。互联网背景下，新闻信息，相关政务信息，都是通过手机移动端来实现交互，加强各单位政务培训极为重要。

2. 规范。在经历了一段时间的野蛮生长后，全媒体出现了一些运营不规范、不到位情况，这也是政务全媒体发展过程当中的必经之路，要客观看待。针对这些问题，需要以文件形式加以规范，以考核形式加以约束。

3. 管理。目前来看，对区域范围内的政务全媒体平台有规范管理的必要，有清理整顿的必要。在自媒体泛滥的时代，全媒体宣传阵地发挥了重要的作用，一定要巩固好新阵地，牢牢抓住话语权。

（三）政务全媒体同频共振

1. 运营好。以目前操作实际来看，主要是考核微信、微博等核心平台，各单位要运营好，及时更新，强调发布数量，重点关注粉丝数量，以及每篇文章的阅读数。

闵行区新型主流政务全媒体平台传播力指数排行榜
（2021年1月街镇）

排名	街 镇	政 务 微 信		政 务 微 博		总 分
		微信文章数	微信总阅读	微博条数	微博转赞评量	
1	华漕镇	62	159 216	1 996	18 497	690.215
2	七宝镇	86	72 136	5 105	12 919	659.621
3	梅陇镇	90	145 566	2 065	1 318	645.296
4	马桥镇	68	129 524	1 027	1 633	637.648
5	莘庄镇	89	103 729	1 337	1 959	634.040
6	莘庄工业区	74	84 223	974	3 956	633.699
7	浦锦街道	94	85 066	294	6 425	633.023

续表

排名	街 镇	政 务 微 信		政 务 微 博		总 分
		微信文章数	微信总阅读	微博条数	微博转赞评量	
8	吴泾镇	40	63 002	985	1 709	608.418
9	浦江镇	67	88 694	762	506	600.836
10	新虹街道	64	34 263	462	4 325	591.880
11	颛桥镇	82	48 271	1 040	380	573.743
12	虹桥镇	49	58 327	1 402	161	570.041
13	古美路街道	43	20 993	871	1 198	556.521
14	江川路街道	47	35 884	18	6	411.255

2. 共振好。通过共振形成一个全媒体矩阵,最重要的是形成供稿渠道。街镇、委办局及时给区级媒体进行供稿,与区级媒体同步进行推送。重点做好转发,抓好关键点,提升地区影响力。

闵行区新型主流政务全媒体平台传播力指数排行榜

(2021年1月委办局)

排名	街 镇	政 务 微 信		政 务 微 博		总 分
		微信文章数	微信总阅读	微博条数	微博转赞评量	
1	区司法局	66	98 256	75	125	619.353
2	区教育局	44	109 858	31	21	613.628
3	团区委	37	71 027	68	8	588.128
4	区总工会	83	51 799	85	27	577.911
5	区生态环境局	81	33 440	142	106	562.962
6	区投资促进中心	52	48 763	0	0	544.866
7	区卫健委	45	24 342	68	47	540.162
8	区经委	76	34 196	0	0	526.028
9	区委组织部	31	27 144	0	0	515.028
10	区法院	14	25 365	0	0	514.602
11	区消防支队	38	11 403	414	221	513.476

续表

排名	街 镇	政 务 微 信		政 务 微 博		总 分
		微信文章数	微信总阅读	微博条数	微博转赞评量	
12	区文明办	105	14 764	51	15	506.741
13	区妇联	33	15 602	52	4	504.747
14	区文旅局	51	17 940	0	0	491.941
15	区应急局	54	11 001	109	2	484.187

3. 管理好。各街镇还有其他基层政务全媒体,比如村居,虽然这些账号还没有纳入考核体系中,但对它们的监督和管理也是非常重要。要做到管理到位、延伸到位。

4. 互动好。要加强对网民、粉丝的互动管理,形成更加高效的互动机制,须通过有效互动加强政务全媒体的服务功能。

四、形成政务全媒体矩阵建设全方位支撑

(一)扩大政务全媒体矩阵外延

政务全媒体矩阵将以区融媒体中心为核心,整合全区各单位的全媒体资源(官方微信、微博、抖音等),通过信息输送、人才流动、良性互动等方式,紧密合作、互惠互融,形成宣传上的同频共振,进一步扩大区域新闻宣传的主流影响力和传播力。

1. 扩大矩阵外延。目前,上海市闵行区融媒体中心政务全媒体矩阵已具雏形,各街镇、委办局的全媒体产品已通过"今日闵行"APP平台集中呈现。未来,将把村居委的全媒体产品纳入矩阵,进一步完善矩阵架构,形成"区—街镇—居村"三级网络,使政务宣传报道的神经末梢真正延伸至基层,将新闻工作做深做透,把地区主流舆论故事讲鲜、讲活。

2. 出台考评标准。闵行区融媒体中心还推出统一的考评指标体系,通过各项指标分数直观体现各基层单位的实际工作情况。考评体系着重原创和转载。鼓励街镇、委办局和各基层单位多出原创,特别是向区融媒体中心输送原创内容及新闻线索;同时鼓励对区级政务全媒体产品,包括微信公众号、政务微博的内容转载、评论等。

（二）上下互动实现双向输送

政务全媒体主要有信息公开、舆情应对、电子政务和社会治理等功能。在政务全媒体建设之处，就要形成区层面与各单位有效的定期沟通机制，使新闻信息能在第一时间得到关注、报道，并使传播效应达到最大化，达到政务全媒体矩阵建设"齐头并进"。

1. 加强互联互通。闵行区各街镇、委办局全媒体由专人负责与区媒保持日常沟通、提供新闻线索、联系采访事宜、报送原创信息等。区级媒体也将根据实际情况对所提供的新闻线索予以筛选、修改和采用。

2. 鼓励共同策划。对于一些大型活动、重要事件、时令热点话题等，鼓励区、镇两级开展专项策划，形成项目小组，共同策划选题、采写报道、制作专题等，并在区、镇两级政务全媒体平台予以推广。对于特别好的作品推荐到市级平台。

（三）注重专业人才培养

人才是支撑政务全媒体矩阵建设的最重要元素。闵行从区级融媒体中心着手，打造专业"策采编发"全媒体人才。对基层单位全媒体人才采取挂职、培训等方式，进一步扩充和淬炼基层新闻工作者队伍。

1. 定期开展培训。建立定期培训机制，区融媒体中心还对所有一线采编人员采取全媒体的方式进行培训和锻炼，促进人才从单一的写作向复合型采编人员转变，适应采、编、设计、整合以及全媒体传播技巧和能力。通过邀请专家开课、采编人员分享经验等方式，对基层信息员进行新闻采编能力的全面培养和提升。

2. 做好挂职锻炼。鼓励各街镇、委办局安排挂职干部到区融媒体中心交流学习，每次挂职 6 个月左右。形成区、镇两级政务宣传工作无缝对接，进一步提升全屋政务全媒体的新闻报道能力和水平。

（四）设立分支机构记者驻点

通过完善基层融媒体建设机制，让融合成全区各级媒体的共同发展趋势。

1. 建立街镇融媒体分中心。倡导各街镇建设自己的融媒体分中心，一方面作为区级融媒体中心的分支机构，一方面可以独立开展基层政务全媒体融合报道，对闵行区的融媒体建设将是有力的补充和完善。截至目前，由闵行区融媒体中心打造的闵行区融媒体七宝镇分中心、梅龙镇分中心、莘庄工业区分中心已经全面启动试点,目前运营平稳,通过综合考评,都取得了较好的成效。除此之外,闵行区融媒体中心还推出了"媒体+",集中闵行区政务融媒体和社会个人自媒体优势力量,共同提升闵行区宣传能级。

2. 探索设立基层工作室。闵行区融媒体中心通过安排记者至各街镇、委办局蹲点,探索设立基层工作室,发挥传帮带作用,为基层输送优质新闻资源,并协助培养一批本地的新闻采编队伍,进一步提高基层单位的政务新闻报道水平。

结　语

作为新型传播媒介,政务全媒体矩阵建设目前还处于探索阶段,从闵行区融媒体中心探索实践来看,依托现有平台,联合各街镇、委办局全面构建区级融媒体矩阵,进一步丰富了媒体传播内涵,扩大了宣传范围,形成共振效应,有效强化了政务全媒体的传播力和影响力。

闵行区融媒体中心政务全媒体矩阵建设探索实践取得了初步成效,然而下阶段区级政务全媒体矩阵建设如何进一步创新发展、优质发展,仍然是一个重大课题。改革无止境,创新发展无止境,探索实践与总结研究也无止境,我们永远在奋斗的路上!

参考文献:

[1] 陈杏兰."媒体矩阵"建设中的三个思维误区[J].传媒,2020(06).

[2] 李良荣.新闻学概论[M].复旦大学出版社,2005.

[3] 中宣部编写组.习近平新闻思想讲义[M].人民出版社、学习出版社,2018(28).

[4] 潘祥辉.组织再造:媒介社会学的中国视角[M].人民出版社,2017.

作者简介:

戎长春,上海市闵行区融媒体中心记者、编辑。

信息传播场域宽广条件下的全媒体内容生产思考

曾雅杰

提　要：推动媒体融合发展、建设全媒体已经成为我国媒体融合发展的一项紧迫课题，随着信息传播场域的日益宽广，媒体在摸索前行的过程中，面临着前所未有的挑战，一些传统传播手法的共识也随着算法的盛行而遭遇困惑。然而，即便是传播场域已经进入了在形式上涵盖文字视频音频的极致宽广时代，媒体依存受众而兴衰存亡的基本规律却从未改变。本文试图通过对"大小屏、两微一端、公抖快视"以及年轻受众云集的B站等场域传播现象的观察与分析，寻找宽场域形态下传播形式上的差异，进而探讨在全媒体形态中，如何以恰当的传播方式，有效激发传播场域多路径效能，最终达成传播功能及影响力的最大实现。

关键词：全媒体　媒体融合　传播场域　算法　策略

在"推动媒体融合发展、建设全媒体成为我们面临的一项紧迫课题"的当下，面对全媒体时代前所未有的宽广场域，如何做到内容产品在个性化、可视化和互动性等多角度的有机结合，并使内容传播得以在最大范畴内形成有效的显性传播，已成为所有媒体必须思考并推出行之有效应对策略的重中之重。这一课题，早已不再囿于一般意义的内容生产或内容传播，而必须是结合一切变量要素进行综合考量的内容生产与内容传播，在这一语境下，笔者认为厘清变量要素，有针对性地进行分门别类的剖析，并提出行之有效的应对策略，应是当前全媒体时代宽广传播场域下，驾驭内容生产与传播的必由之路。

一、新媒体平台内容生产适配模式的流变

经过漫长的成长,媒体的内容生产早已习惯于适应各自不同的载体特征,对于同一事件的报道,报纸、杂志、电视、广播各有各的规制,经久传承、些微流变,直到技术的更迭填埋了几乎所有载体之间的界河,仿佛一夜之间,纸、网、屏的载体区隔就不复存在,微博、微信、APP 客户端(以下简称"两微一端")开始成为受众的主要阅读渠道,传播载体前所未有的融合到来了。面对这样顿时宽阔起来的全媒体传播场域,没有谁是早已准备好了的,无论是"传统的"还是"新"的,面对新的和更新的平台、渠道,所有媒体都在摸索中奋力求存。

1. 新媒体勃兴早期的"以一当十"

在新媒体和自媒体勃兴之初,内容生产的"以一当十"尚处于雏形阶段,实际上可以分为"人员上的以一当十"和"内容上的以一当十"两部分。许多成功自媒体凭借创始人个人的单打独斗,在传播度和影响力方面直接将许多大牌传统媒体甩在身后。而传统媒体一度试图采用的策略是进行小步走式的尝试,以学习自媒体单打独斗的做法,然而,传统媒体的这一尝试,尚未取得值得关注的成就,就在更新的赛道横空出世后渐渐隐遁,与此同时,单打独斗的自媒体也在市场工作的压力下,开始学习传统媒体的公司建制。

(1)人员"以一当十"的过渡性

最先作出人员"以一当十"这一尝试的,是报纸类纸质媒体。记者的稿件被要求在原载体报纸杂志和新载体媒体公众号上同时发表,由于手机阅读的习惯日盛,原已因纸媒阅读逐步衰落而读者寥寥的文章,借由公众号这一手机阅读通道,挽回了一些读者的注意力。然而,因为纸质载体和手机公号属性的天然差异,要实现纸媒管理层设想的"同时发表",势必造成供稿者的工作量叠加。以当时的报纸记者为例,因对新闻的快速响应要求,记者大多被要求遇到重要资讯,先以报社公众号为发布平台,撰写短小精悍的快讯,并最好同时配发适用于公众号发布的新闻图片。受设备性能约束,传统摄影记者在新闻现场将新闻图片快速转换为可供手机发布的图片并回传编辑部难以实现,这就使得记者在采访现场,必须身兼快讯撰写和手机新闻摄影两项任务,且时效压力较之以往在报纸当天截稿时间前完稿高出数倍。

显而易见的是,当天截稿的报纸版面,并不是由快讯堆砌起来的,所以记者在完成新闻现场的快速报道工作后,仍需撰写更为详尽的新闻稿件,以便符合报纸发表的要求。

这一尝试,往往令必须一心多用的记者两头为难,在撰写快讯时,可能过于详尽而耽误了发布时间上的抢先,而在此后撰写新闻稿件时,又或许因为同内容快讯已传遍全网,导致无法假设如初次发稿那样从容铺陈新闻事件的来龙去脉。

此后,广电媒体(如广播、电视)也开始要求记者在供稿原有平台的同时,为伴生的新媒体平台提供同步内容。

无论在操作中遇到过怎样的具体困难,在新兴平台和渠道主要为"两微一端"的当时,这一方法还是堪堪够传统媒体在转型中不至于掉队的,然而,全媒体赛道的时间很快进入了一个前所未有的宽广场域之中,继"大小屏、两微一端"之后,抖音、快手以及 B 站相继杀入赛道,它们的受众定位和依靠算法揽获的巨大流量,使得传播场域的宽广度豁然洞开,传统媒体在巨大流量的诱惑和人力财力的结构性不适之间徘徊,无论如何,传统媒体的管理层终于认识到,依靠一个记者包打全媒体天下的路径再也行不通了。

与此同时,曾经以单打独斗震惊了传统媒体的自媒体,随着传播力和影响力的扩大,业务领域开始爆发式扩张,一些头部公众号开始了公司化的道路。

(2) 内容"以一当十"的消亡

虽然人力上以一当十的做法逐渐被淘汰,但内容上,无论是传统媒体还是新兴自媒体,一度都以为依靠一条稿件内容,可以通吃全平台。这一点,在传统媒体的做法上,体现为同一内容以篇幅有别的稿件,分别刊发于纸媒和两微一端,在考核上,也是将所有流量累积为同一条稿件的流量。而本身在微信公众号领域占取先机的自媒体,随着与平台规则的一些冲突,开始逐步向微博和今日头条分散风险,他们最初的做法也是把公众号上发布的稿件,根据微博和头条的发布要求作出微小调整,一时似乎也畅行无阻。但当抖音、快手以及微信视频号等以视频为表达方式的传播路径火爆起来之后,内容的以一当十终于力有不逮。于是,无论是传统媒体的融合转型,还是新兴自媒体的全场域覆盖,都开始面临同一个迫在眉睫的问题:如何在不同平台获得同一优质内容的传播价值最大化?

毋庸讳言,内容上的以一当十确实有其实用主义优势,例如节约人力等。但是,这样捉襟见肘的创作格局使得内容对平台的适应性几乎为零,用户在不同平台看到的内容并无差异,导致用户的有限时间通常停留在最初养成浏览习惯的平台。微博和头条这样的后起平台,自然需要逐步鼓励有别于微信公众号定位的文字作者脱颖而出。随着推送分发规则的逐步调整,迫使内容生产者开始为它们度身定制。由此,无论是希望继续占领新媒体平台高点的自媒体,还是急于突破传统局限进入新媒体传播的传统主流媒体,内容生产者们开始主动放弃了

"以一当十"的内容生产范式,以越来越大的人员体量,投入到了数量日益庞杂且定位差异日渐分野的新媒体赛道上。

2. 新媒体内容正式进入"大航海"时代

以"大航海"时代来比喻新媒体赛道,主要是基于以下两个相似的特征:

其一,技术上的发展

大航海时代是基于罗盘、造船等航海基础技术飞速发展,而新媒体赛道则基于移动互联网的普及和算法上的各显其能。

就技术发展而言,随着众多平台对核心算法的各显其能,内容生产者的信息传播主动权开始被平台掌控,它们一方面积累了大量的用户阅读偏好数据,一方面又根据这些数据推导出一套适应自身平台定位策略的推荐模式。例如抖音将内容偏好判断结合视频瀑布流的推荐方法,用户通过不断下划屏幕这一极其简单机械的操作,可以海量观看自己偏好的内容,以至于平台上的时间驻留时长之久,连用户自己都不曾察觉。

其二,蓬勃的经济动因

大航海时代的经济动因,是当时西欧商品经济的发展,而在新媒体赛道铺展初期,以惊人的速度成就了一批自媒体人的财富巨额增长,与此同时,传统媒体如广电、报纸,乃至曾经是新兴媒体的网站,都突然遭遇了广告投放的大幅下降,传统媒体仅仅出于经济动因,也有理由火速集结于各新媒体平台,展开一场争夺,更何况传统媒体还大多肩负着很强的社会责任,不可能在任何话语权阵地出现长时间的缺席。

以上述两个要素为背景,跻身新赛道的主流媒体终于认识到,无论是内容生产还是人员配置,"以一当十"的方法已经成为一种业余感很强的方式。很多人,特别是年轻人基本不看主流媒体,大部分信息都从网上获取。主流媒体必须正视这个事实,加大力量投入,尽快掌握这个舆论战场上的主动权。否则被边缘化将不可避免。而主流媒体一旦决心入场参赛,摒弃了对新赛道的"业余"态度,其多年积累的专业队伍和这支队伍的良好业务素养,在舆论新赛道上,很快就开始显现出巨大的优势。

二、新媒体平台内容生产的变与不变

就新闻舆论工作而言,无论其传播的平台和路径发生了怎样的技术变革,但新闻舆论工作本身"事关党和国家前途命运"的重大性从未改变。

这也就要求新媒体平台的内容生产必须兼具职责使命的不变和实践路径的

创新求变。

1. 内容生产服务的目标岿然不变

"做好党的新闻舆论工作,事关旗帜和道路,事关贯彻落实党的理论和路线方针政策,事关顺利推进党和国家各项事业,事关全党全国各族人民凝聚力和向心力,事关党和国家前途命运。"2019 年 2 月 19 日在党的新闻舆论工作座谈会上,习近平总书记连用五个"事关",落脚在"事关党和国家前途命运",以前所未有的高度强调了新闻舆论工作的重要性。

可见,无论主流媒体内容生产最终的发布平台或传播路径发生了怎样的改变,其服务于党和人民的伟大事业是不会改变的。

(1)触达受众须先找到受众

要做好党的新闻舆论工作,首先要吸引到足够多的受众。

革命战争时期,基于革命根据地的贫苦百姓大多不识字的特点,内容生产者把党的号召和政策编成一幕幕的活报剧,写成一段段的快板书,在街头和田间地头为农民们演出,那时,根据地的人民群众就是革命的群众基础,就是新闻舆论要触达的受众群体。

社会主义建设时期,随着技术手段的发展,农村广播站、各地的流动露天电影院,再后来是逐渐普及的广播电视,都成为触达受众的新路径,内容生产者们,就通过播报新闻、开展电台读报、巡回放映电影、制作广播剧等手段,把党的政策和宣传送达到受众的耳朵里和眼睛里。

如今,许多在互联网时代应运而生的平台聚集了大量的受众,内容生产者同样要秉持着"受众在哪里,宣传报道的触角就要伸向哪里"的理念,想方设法找准宣传思想工作的着力点和落脚点,用专业的生产能力创作出受众喜闻乐见的内容,宣传思想工作才能在媒体格局、舆论生态、受众对象、传播技术都在发生深刻变化的现今,继续起到春风化雨润物无声的作用。

(2)宽广场域下的内容生产创新

目前,传统的"两微一端"伴随着抖音、快手等新兴平台的不断开发,已经为内容生产者铺展了一个前所未有的宽广的传播场域。

以广电系省级电视台为例,据 2020 年 12 月初索福瑞融合传播研究部数据,2020 年省级电视台在短视频赛道上开始投入远超以往的人力物力,广电系新闻类短视频传播量大幅提升。由 CSM 对九大短视频平台的监测数据显示,2020 年上半年,31 个省级电视台新闻类短视频传播总量 729 亿,体量远超微博和微信量大平台。仅 2020 年上半年的发布量和传播量已接近 2019 年全年水平。

【图表】

2020 年上半年省级电视台新闻短视频头部号传播量贡献

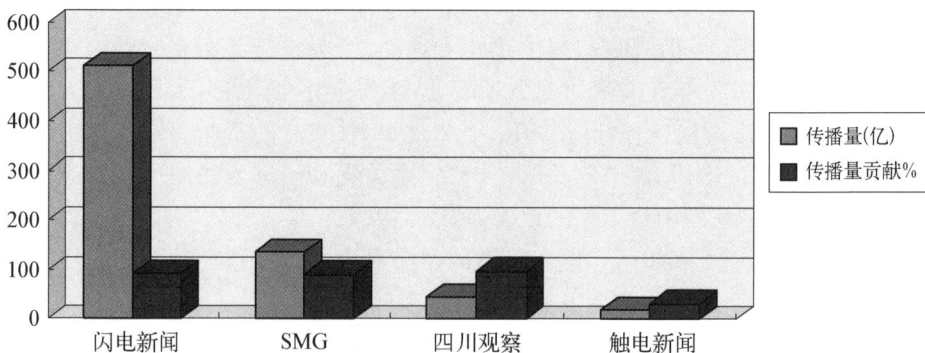

数据来源：CSM 监测数据

全部专业主流媒体云集在新赛道上，看似竞争激烈，实则赛道足够宽广，谁都能有机会在新赛道上"出圈"引发传播爆款，但内容生产也比以往任何时候都更加需要创新。如何成功运用现代传媒新手段新方法，已经成为内容生产者的必修课。融合传播，正是新时代内容生产的必由之路。

对主流媒体而言，深入基层、深入一线、是内容生产的基本功。在深入基层、深入一线的基础上，善于观察、善于思考，并在众多生动素材中，找到反映时代精神、能够引起广泛共鸣的题材。深入发掘好素材的内涵，同时，运用丰富的内容生产形式、多样化的方法和技巧创作出精品力作，是新媒体赛道上的内容生产者必须深入思考和努力实践的。

2. 内容生产的技术手段和思维模式求新求变

就笔者观察到的现有创新形式而言，诸多创新传播手段的新技术和新应用加快了传统媒体和新兴媒体的融合发展。

（1）互联网思维必须无处不在

以上海广播电视台（SMG）为例，在 2020 年举国抗击疫情和全民奋力实现经济复苏的时刻，SMG 充分发挥了省级电视台在传统新闻报道领域的优势，在新媒体赛道大放异彩。SMG 旗下融媒体客户端"看看新闻"始终走在抗击疫情一线报道前列，而旗下第一财经视频团队则开发出了符合其财经定位的"云上会"这一电视直播形式，就经济复苏过程中的政府扶持政策、中小企业需求、金融机构支持路径等进行广泛的线上探讨，并在电视和网端客户端同步直播。与此同时，"云上会"将社交媒体中的社群交流与直播充分结合，扩大了参与话题讨论的受众范围。数十期的直播中,参与节目的嘉宾与受众范围涵盖了政府官员、经济学社会学界学术权威、大量各行各业的中小企业主、金融业领军人物、制造业的优秀企业等,良好的传播率和受众覆盖率还在疫情期间形成了一波意想不到的经营合作热潮,成为当年度 SMG 现象级传播产品。

上述传统媒体和新兴媒体融合发展的成功探索,前提都是遵循新闻传播规律和新兴媒体发展规律,强化互联网思维,坚持传统媒体和新兴媒体优势互补、一体发展。新型主流媒体的打造,是需要以先进技术为支撑、内容建设为根本的,传统媒体和新兴媒体在内容、渠道、平台、经营、管理等方面的深度融合,最终是形成拥有强大实力和传播力、公信力、影响力的新型媒体集团。

(2)内容生产不再孤立存在而须与传播并重

如前所述,受众是宣传报道必须触达的目标,现在,媒体格局、舆论生态、受众对象、传播技术都在发生深刻变化,有优秀的内容生产,如何实现最大化的传播,是内容生产者不得不认真对待的问题。毕竟,这已经不再是酒香无惧巷子深的卖方时代。

这样一来,在内容创作的起点,就应该有意识地考虑后续不同传播的平台特性,以及多元化受众的共性。

新闻舆论工作是党的一项重要工作,是治国理政、定国安邦的大事。怎样做,才能让"传播真理、组织群众、推动工作"这一传统功能得以在新媒体赛道上延续和加强? 目前看来,触达的受众越多,传播真理的力度就越大,组织群众的能力就越强,推动工作的动力就越多。

这就提出了如何适应新生代受众的信息获取习惯,如果吻合新平台受众的审美偏好的问题,内容生产以新应新、以变应变,正是应对这些问题的指针。只有当我们意识到今天宣传思想工作的社会条件已大不一样,我们才能够突破原有的思维定式,打破有些过去认为不可逾越的条条框框,创作出鲜活生动、受众接受度高并愿意自发传播的内容。

结　语

综上所述,当今,内容生产者面对的是需求极致多样化的受众和场域极致宽广的全媒体平台,怎样事半功倍地将优秀的内容触达到更多的受众,是需要我们毫不懈怠时刻思考的问题,也需要我们以高度的敬业随时关注平台和受众特点的变化,充分调动创作手段求新求变的专业能力,才能够在传统媒体和新兴媒体深度融合发展的道路上,占领信息传播制高点,成功解锁"推动媒体融合发展、建设全媒体"的紧迫课题。

参考文献：

[1] 中宣部编写组《习近平新闻思想讲义》[M]，人民出版社学习出版社 2018 年版。

[2]《五年来，习近平对这件事作出许多重要论述》[N]，新华社 2021 - 02 - 19。

[3]《习近平绘就媒体融合发展路线图》[N]，央视新闻 2019 - 1 - 26。

[4] SMG 总编室：2020 省级电视台在短视频赛道上的超车与出圈[N]，《专题研究》2020 -
　　12 - 17。

作者简介：

曾雅杰，上海广播电视台第一财经频道新媒体旗舰中心视频部主编。

"区块链"逻辑在媒体产业融合中的借鉴

——以《中华武魂》联播节目为例

何　佳

提　要：我国传统媒体的转型自 2014 年全面推动媒体融合以来已进入深度融合阶段，媒体生态从初期的样态衍生推演为产业融合。媒介间快速突破界限，从纵向、横向链的发展，逐渐形成多维度链条产业。本文从《中华武魂》联播广播节目出发，探讨传统媒体如何用好在舆论场的传播力和引导力，聚焦风口，以擅长的"内容传播"为杠杆推动媒体间借鉴"区块链"逻辑展开合作，以"传播链"带动产业，形成具有全国效应的"媒体＋产业"裂化，对主流媒体跨界产业融合及合作趋势具有参考意义。

关键词：媒体融合　产业跨界　合作趋势　区块链　武术产业

《中华武魂》联播节目（以下简称《中华武魂》）作为国内首档以"武术"为主题的广播节目，由上海人民广播电台于 2015 年根据中共中央办公厅下发的《关于推动传统媒体和新兴媒体融合发展的指导意见》正式发起。

上海新闻广播、海南新闻广播、山东体育休闲广播、湖北经济之声、上海五星体育广播、安徽合肥交通广播、江苏南京体育广播、广西桂林生活广播、辽宁大连体育广播等 18 个省市的主流广播电台作为《中华武魂》联播单位，通过线上节目"传播链"的打造，吸引和调动当地受众对"武术"的热情，带动线下产业落地，不仅传播了"武术"这一优秀传统文化的主流价值，更突破内容传播壁垒，借鉴"区块链"逻辑探索"媒体＋武术"的产业融合创新路径。

一、"媒体＋产业"跨界融合已成转型普遍路径

早在媒体融合全面启动前，国家新闻出版总署于 2012 年发布《关于加快出版传媒集团改革发展的指导意见》指出："破除地区封锁和行业壁垒，支持出版传媒集团跨媒体、跨行业、跨所有制发展。"互联网时代"万物皆可互联"的思路给媒体融合也提供了创新路径，"媒体＋产业"的模式使传统媒体通过重组业务板块，与媒体以外行业进行合作，形成多元辐射的网状产业链，实现媒体与非媒体产业的跨界融合。[1]

1. 现状："媒体＋产业"多以"产业"引导"传播"。单就行业发展规律和路径来看，传统媒体确已进入"夕阳"区，改革转型的方向也多以朝阳思维来应对夕阳危机，纸媒的去纸质化新媒体运营即来自这一思路。但就市场竞争力来分析，主流媒体除了信息传播功能外，核心作用在于传递主流价值、传承优秀文化、引领舆论导向，"媒体＋产业"模式成为更具生命力的转型路径。

但现有的"媒体＋产业"多以"产业"引导"传播"的形式出现，即以叠带的"朝阳产业"能效来为媒体产业赋能，就其本质是一种市场占据主导的传播行为。

例如地产黄金周期，报业地产成为普遍现象，重庆日报、福建日报报业集团等都曾通过房地产项目一年收入达 10 亿，浙江日报报业集团也曾与绿城集团携手以"媒体＋地产"的模式进军地产市场。

新冠肺炎疫情前，"媒体＋文旅"模式随着文化旅游产业的井喷式爆发多点开花。但据国家文化和旅游部 2021 年 2 月发布的数据，受疫情影响 2020 年度国内旅游人数仅为 28.79 亿人次，较上年下降 52.1%；国内旅游收入仅为 2.23 万亿元，比上年同期下降 61.1%。[2] 文旅产业的重创令此前活跃度较高的"媒体＋文旅"模式出现大规模战略性调整，无论是央视以"小猪佩奇"（主持人朱广权与主播李佳琦）为代表的助力湖北公益带货直播，还是各省市专业垂直类媒体例如旅游专业媒体为星级酒店住宿＋餐厅套餐带货，均开启了"媒体＋直播带货"的新业态。

上述"媒体＋产业"模式普遍存在以下问题：首先受制于叠带产业发展，例如报业地产收益在 2008 年后均出现不同程度下滑；其次未能发挥媒体主导性，"传播"主要为"产业"服务，对主流媒体公信力、权威性存在不同程度消耗；此外部分跨界产业并不相容，例如直播带货本质依靠的是主播私域流量，与主流媒体受众流失严重现状存在悖论，媒体的公益流量与商业流量的转化均无法在短期内得到有效解决。

2. 破局："媒体＋产业"需把控传统媒体聚焦方向。综上所述，传统媒体跨

界产业融合聚焦需把握两大原则：小众且具有风口预测性。

小众意味着市场竞争小、融合成本相对较低。而小众的劣势——影响力不够、关注度不高，则恰恰是传统媒体最擅长补足的短板。发挥媒体话语权，连接核心资源，通过舆论宣传造势，在市场竞争度较低或空白时率先入局，能较好地孵化新产业发展。例如江苏经济报在VR/AR产业还很小众时选择入局，牵头成立江苏省VR产业联盟，走出"媒体＋VR"融合新路径。

风口预测性则是传统媒体避开资本热度的战略选择。产业一旦正当风口，资本热炒，传统媒体就将直面互联网竞争碾压。例如2018年国家体育总局公布《"带动三亿人参与冰雪运动"实施纲要（2018—2022年）》、北京和张家口拿下2022年冬奥会举办权后，在传统体育媒体希望从这个"3亿缺口"中分得一杯羹时，腾讯体育不仅快速整合冬奥会报道资源，更凭借雄厚的资本优势推动民间冰雪运动的发展和冰雪项目O2O服务，迅速占据冰雪产业高地。

3. 聚焦："媒体＋武术"正符合传统媒体业态优势。 党的十九届五中全会提出，要繁荣发展文化事业和文化产业，提高国家文化软实力，推进社会主义文化强国建设。武术作为中国民族传统体育的集大成者和传统文化的优秀代表，代表着国家重要文化软实力，具体包括提振民族自信、增强民族凝聚力的对内价值，作为世界认知中国的窗口的对外传播价值，及充满和谐意蕴的普世价值等。

2019年，国家文化与旅游部、体育总局、广电总局等十四部委联合印发《武术产业发展规划（2019—2025）》，首次明确了"武术产业"的定义："武术产业是以武术运动为载体，以参与体验和教育为主要形式，以促进身心健康和传承中华传统文化为主要目的，向大众提供相关健身休闲产品和服务的一系列经济活动的总称。"具象化来说，武术具有公认的强身健体功效，武术文化是中华优秀传统文化代表，武德教育兼具教化功能，与国学、书法、戏曲等传统艺术文化具有很高的关联性。打造武术文化为特色的文化产品，能够满足市场上体育健康教育、德育美育教育等多种符合需求，是市场空缺的潜力产业。

但在互联网背景下，作为中国文化软实力中重要一环的武术必然也避不开互联网敏锐的嗅觉。2018年，由腾讯出品打造的大型综艺节目《超新星运动会》早已通过流量明星演绎"武术"来吸引大众眼球。但从传播效果来看，这种互联网思维的传播内容，架空了"武术"的内涵性和文化性，并未激起大水花。

从《超新星运动会》的互联网尝试来看，武术产业明显有别于同样具有体育属性的冰雪产业，既不是从零起步，又存在自身发展动力不足等问题，单纯以互联网惯用的"高举高打"战术并不能快速催化产业形成，而需要针对目前武术产业在"传播链"上存在共通语境欠缺、传播力量分散、武术文化抽象、专业人才和中介机构缺乏、普及投入力度不够、民间流派传统思维根深蒂固等障碍，以"武术文化"传播为根基进行全域布局。

当产业面临意识形态严重缺失时,传统媒体在舆论场的传播力和引导力优势将脱颖而出。例如占据综艺半壁江山的选秀类节目,当互联网选秀综艺依然在以资本打投为基础玩法,炒作颜值、话题度时,中央广播电视总台的《上线吧,少年》已转向聚焦 95 后青年,在坚守发扬国风文化的同时,展现优秀青少年对传统艺术的理解和热爱。虽相对低调,却在切实引导青少年坚定文化自信,弘扬优良传统,推动中华民族优秀传统文化创造性转化、创新性发展。同理可证,"武术"作为兼具文化和国家代表属性的特殊载体,"媒体＋武术"是少有的传统媒体可以发挥主事作用、跑赢资本的风口选择,同时对武术的大力传播凸显了传统主流媒体的价值与担当,与媒体的公信力相辅相成。

二、输出主流价值带动产业热点,以"传播链"引导产业布局

传统主流媒介在内容分发市场中,扮演了重要的压舱石的角色。这一角色使得传统媒介在构建信任共识市场中具备先发优势。而私人企业或第三方技术公司则不具备这一信任基础。[3]

1. 以"区块链"逻辑快速搭建"传播链"架构。五年前在《中华武魂》启动时,即便是在主流媒体的报道中"武术"也仅作为小众体育而存在,"武术"的社会和文化价值被严重低估。2014 年,习近平总书记在文艺工作座谈会上指出:"中华优秀传统文化是中华民族的精神命脉,是涵养社会主义核心价值观的重要源泉。"而以"武术"为代表的优秀传统文化,包含了爱国、正义、自强、信义、仁善、德治等观念,正是其"永不褪色的时代价值"。

"武术"从体育属性到文化属性再到为国家服务的战略属性,如此长效的传播路径不可一蹴而就,但如何较快好省地达到舆论覆盖和传播效果,"区块链"逻辑给出了可行性构建思路:行业区块链能否具备稳健性,取决于链上的用户节点,并随着数据规模扩大,马太效应逐渐凸显。传统媒体应该基于自身的信任优势,发挥虹吸效应,快速聚集用户和内容生产型企业上链。[3]现有的《中华武魂》"传播链"上有既有新闻类广播(上海新闻广播、海南新闻广播等);也有经济类广播(湖北经济之声等)、交通类广播(合肥交通广播等)、体育类广播(北京体育广播、上海五星体育广播等)、生活民生类广播(桂林电台生活广播、山东体育休闲广播等)。从"传播链"源头打破"武术"固有的体育属性,最大程度覆盖不同类型、不同年龄、不同地域受众,通过内容传播通盘考虑"产业"布局,高速提升传播效率,深度挖掘传播价值。

2. 以传统媒体聚集合力提升"传播链"势能。"传播链"仅比"传播"多了一

个字,两者却有本质区别。"传播"在传播学中通常是指传播主体本身或主体通过媒介展示或交流信息的过程。[3]"传播链"近期被频繁使用是在医学术语中的"病毒传播链",新冠病毒通过"传播链"彻底改变了人们的生活社交习俗,例如提倡公勺公筷、常戴口罩、就地过年等。可见"传播链"相较于"传播"的影响更为深远,会对事物的发展产生业态影响。

例如"武术"一词的英文曾翻译为"Kung Fu""Martial Arts""Chinese Kung Fu""Chinese Martial Arts"等,在传播表达上更注重"术"及"中国"属性,不利于武术的文化传播属性及战略发展。作为国内唯一一档由传统媒体联手打造的武术类垂直节目,《中华武魂》与国际武术联合会产生紧密连接,用好"传播链"在舆论场的引导力和传播力,在国内外传播场域集体发声,统一"武术"对译英文为更具泛文化含义的"Wushu"。

传统媒体在创作思维和语境表达上具有相通标准,能快速磨合出主流价值认同度,并随"传播链"链式辐射,即便是小众垂直类节目也能在内容传播端常态输出培养受众价值观,用"传播链"提升传播势能,虹吸输出培养武术社群文化。

3. 以"区块链"逻辑开放"传播链"运营规则。区块链按照类型划分包括公有链、私有链和联盟链,媒介融合需要做的是行业公有链。而互联网公司目前主导的区块链多数为私有链或联盟链,尽管存在速度快、安全性高等优势,但依然是组织内部的数据加密,读写权限被少数节点控制,并非区块链"去中心化"的本质。而处于中心节点的企业在核心业务上是不会主动实施公有链的。而这恰恰是传统主流媒介运用区块链技术的发力点之所在。[4]在"传播链"的打造上,《中华武魂》放弃了常见的"中央厨房"形式,采用了"区块链"的去中心化规则。内容创作均由各"传播链"联播单位以集中并均式民主的形式完成。例如《中国武术地图》系列专题《关东武术》《土家族武术》《荆楚武术》《中州武术》等,在采编上各具地方特色,但在传播上又以文化性和故事性为主,不受限制可广泛使用。《武术百家讲坛》《我的武术情缘》等访谈版块也均向"传播链"上各属地武术名家、武术爱好者开放。

落到实操中,"传播链"依然要有实际操作者完成"链口"端内容整合输出。上海人民广播电台作为《中华武魂》发起方承担了这项中转枢纽工作,并在2015年启动联播节目后组建《中华武魂》工作室,保证传播内容稳定输出的同时,开启产业路径探索。当然,上海人民广播电台这项主动投入在于传播主流价值的使命和对未来"产业"价值的看好。2020年两会期间由湖北广播电视台融媒体新闻中心发起的"区块链新闻编辑部"在新闻报道中的成功,也同样印证了"区块链"逻辑在主流媒体"传播链"上起到的积极作用。

三、以"传播链"带动产业融合实践——以《中华武魂》为例

就传统媒体而言无论是广告收入还是节目合作,本质都是以媒体资源变现为唯一盈利模式,想要探索出新路径,最犀利的方式是敢于放弃传统模式,将"赢利点"从线上"传播端"后移至线下"产业端"。以"传播链"带动产业的路径,既能以传统媒体聚合势能孵化全新盈利路径,也可较好地回避因经济发展不平衡等因素造成的各"传播链"单位线上刊例价高低不一等问题。

传播是媒体的本职工作,"传播链"却不只是简单的点对点的传播,而是以资源共享、利益共享、价值共享为目标,深度挖掘传播价值,高速提升传播效率,使传播能迅速产生深远价值。随着"传播链"的良性运转,"传播链"单位间彼此增进了解,为共同产业转型做好准备。产业融合投入成本较"传播链"大幅增长,用好"传播链"单位在当地得天独厚的亲和力、公信力和影响力,并以"传播链"带动产业,分享联盟经济和范围经济,同时分散活动风险和节约成本,实现效益最大化,重塑盈收转化新生态。

1. 探索培育阶段:重在价值洞察。2019 年 7 月 20 日,全国首个青少儿武术公益日活动在上海举办,武术文化产品在亲子市场的社会需求和市场价值得到论证。但通过后续调研发现,武术活动的普及度相较于其他文化教育门类并不高,原因有宣传、知晓度不够普及;当前武术教育类产品形式较单一;武术培训市场良莠不齐,未形成传习体系和良性的市场运转。在市场迫切需求且没有优质品牌时,正是主流媒体率先入局的最佳时机。

2. 战略布局阶段:意在价值共创。2019 年 12 月,《中华武魂》联播代表:上海五星体育广播、南京体育广播、合肥交通广播等共同策划首届长三角"超萌武娃"武术文化传播小使者选拔,线上在"传播链"开辟《超萌武娃》节目专栏跨区域联动宣传,线下则开展亲子活动及落地选拔,一条由媒体内容"传播链"衍生的较为完整的武术文化亲子"产业链"初具雏形。

3. 对接转型阶段:赢在价值传递。2021 年,"超萌武娃"以长三角协作为基础辐射全国,海南新闻广播、大连体育广播等相聚加入,由主流媒体承办的全国十大赛区同步开启,携手探索品牌转化,以"传播链"带动产业实践,初步实现具有全国效应的"媒体+武术"产业转型。

结 语

由线上内容"传播链"带动产业的"媒体+武术"融合路径探索并没有实际运

用到"区块链"技术,而是合理借鉴了"区块链"逻辑和规则中最适合将能效规模化的部分。这种传统媒体自下而上、自发形成的合作不是仅在"链条"上进行的一次简单加法运算,而是通过机制建立和项目合作的全面发力,以"传播链"带动、孵化顺应风口的产业,并在产业方向衍生出更多合作,实现市场和经营的几何性增长。考虑到"武术"可跨语境传播的特性,"媒体+武术"未来更可走出国门,运用国内跨专业媒体共力,形成全球舆论场共振传播,重拳打出"中国合力"。媒体与武术产业的融合之路可行,那么其他小众文化业态也同样可借鉴此条路径闯出一片天。

参考文献:

[1] 韩悦. 媒体融合的动因分析与路径选择[J]. 新媒体研究,2017(9)

[2] 国家文化和旅游部官网数据

[3] 雷鸣. 关于传播定义的再思考[J]. 新闻研究导刊,2014(8)

[4] 喻国明,方可人. 区块链:为媒介融合中传统主流媒介赋能赋权[J]. 媒体融合新观察,2019(6)

作者简介:

何佳,上海人民广播电台《中华武魂》工作室市场部总监。

专业体育公众号内容创作策略浅析

许　勤

提　要：在层出不穷的新媒体传播手段中，微信公众号是媒体的基本标配，它是传统媒体借助于新媒体进行转型发展的主要路径之一，也是媒体融合语境下扩大主流媒体影响力的重要抓手。本文以专业地方媒体五星体育传媒下属自有公众账号五星体育和五星体育互动为研究对象，采用案例分析、数据解读、整体规划等方法进行研究，探寻专业体育公众号的内容创作策略。

关键词：体育微信公众号　专业媒体　内容创作

媒体融合，对传统媒体人来说是一个"痛并快乐着"的词汇。传统媒体在当下社会传播交互领域受到巨大的冲击和挑战，这其中体育领域的传播也经历了大浪淘沙。自微信诞生以来，体育和平台的融合按照自有发展规律不断前行，磨合出新的体育传播方式。

一、微信公众号发展过程概述

媒体微信公众号是媒体在微信公众平台上申请的应用账号，媒体利用账号平台发布信息，进行一对多交互关系的媒体活动。它是传统媒体借助于新媒体进行转型发展的主要路径之一，也是媒体融合语境下体育类专业媒体提升影响力的重要抓手。

微信公众平台诞生于 2012 年，公众号的推出，帮助微信成了国内最大的移动媒体信息分发平台。如今微信月活用户已达 12.13 亿，每天有 3.6 亿用户阅读公众号文章。近 10 年来微信公众平台迅速跨越了多个发展阶段：

2012年8月,微信正式推出微信公众号,公众平台正式向普通用户开放;

2013年8月,微信公众号区分出服务号与订阅号;

此后,公众号着手于原创保护,并通过用户激励措施,保证内容产品质量,也让公众号的入驻量得到了大幅度的提升。因为通过微信公众号可实现与受众在文字、视频、图片、语音等方面全方位的沟通互动,传统媒体尝到甜头,大批量接轨微信公众号平台。

近年来,随着增量市场慢慢变为存量市场,微信公众号进入稳定发展期,但马太效应逐渐显现。据不完全统计,在现有的2 000万微信公众号中,前500强每日PV(page view的缩写,指页面浏览量)占比达到10%~20%,对其余公号造成挤压态势。此外还有数据表明,超过3成的微信公众号已长时间停止更新。

二、专业体育媒体公众号的接纳意愿与用户忠诚度

从传播角度看,体育具有倡导健康生活方式、生活观念,自身备受关注且易与媒体结合等特点。传播学使用与满足理论从受众的心理动机和心理需求角度出发,结合心理学和社会学相关知识,解释了人们使用媒介以得到满足的行为,提出了受众接受媒介的社会原因和心理动机,也印证了体育媒体公众号与其他种类的媒体公号相比,公众接纳意愿较强、用户忠诚度较高的宏观原因。据此,我们发现体育微信公众号的功能主要有体育资讯、体育事件解读、运动指南、体育服务、平台互联互通五大方面。体育微信公众号在传播内容时,以经典的图文、视频形式传递给受众,受众在体育微信公众号上可以根据自身的需求,获取足球、篮球、排球、网球、乒乓球、羽毛球、跑步、瑜伽等多种形式的运动场景内容。体育媒体通过微信公众号平台的传播,解析体育现象,传播体育知识,让受众了解体育讯息,营造全民参与的良好氛围,使广大热爱体育的人群产生共情共鸣。相对而言,公众对体育公号内容的共情共鸣往往更少受到地域、族群、意识形态等的限制。

五星体育传媒有限公司是上海广播电视台、上海文化广播影视集团有限公司(SMG)的控股子公司,是国内省级电视台中第一家实施公司化运营的体育电视传媒机构,是国内具有广泛影响力的专业从事体育媒体运营、数字内容制作、广告业务经营、节目版权营销、赛事信号制作、体育赛事运作、体育活动推广和品牌授权经营等业务的体育数字内容提供商和整体解决方案服务提供商。

五星体育传媒拥有两个下属自有公众账号,分别是"五星体育"以及"五星体育互动"。2014年,以赛事互动功能为基础打造的公众号"五星体育互动"上线,目前粉丝18万,日平均阅读量1.2万+;2015年,以微信电视为核心功能打造的

"五星体育"公众号上线,目前粉丝35万,日平均阅读量2.5万＋。根据《新榜》中国体育微信影响力排行榜的数据显示:"五星体育"公众号保持在榜单前40名;"五星体育互动"公众号在榜单前80名以内,在体育行业领域名列前茅。

三、五星体育公众号内容创作策略

在拥有强大体育资源的背景下,坚持专业性、新闻性、时效性、服务性,坚持受众导向,努力迎合目标人群、提升对用户的内容吸引力,这是专业体育媒体公众号的成功路径。

具体而言,在实践中,怎样的推文可产生好的传播效果? 笔者以五星体育传媒下属自有公众账号五星体育和五星体育互动为研究对象,从实际操作的微观视角来探寻专业体育公众号的创作之路。

(一) 选题

一篇公众号推文的成功80％依托的是选题。而选题最重要的在于一个"选"字。每天体育圈的新闻千千万万,而这其中,又有哪个或者哪些值得我们去费笔墨呢? 而以五星体育下属的两个公众号为例,我们会发现,受众最为关注的选题主要集中在以下几个方面:

1. 选择受众群体多的体育项目

因主要受众群体以上海本地人群为主,因而,在选题设定上,更多的切入口放在上海本土体育俱乐部:上海申花、上海海港、上海男排、上海女排等身上。同时,由于体育项目受众人数的不均衡,足球人口基数较之其他项目,占据约70％的受众,而上海本土又有两支中国最顶尖的职业足球俱乐部。一支拥有深厚的历史底蕴,另一支是本土新贵。均拥有大量的球迷粉丝。基于此,公众号在选题设定上,将更多的目光投注到这两支足球俱乐部。以2020年五星体育微信公众号的数据为例,显示:全年推送中两支足球俱乐部相关的内容占总数的近10％。

2. 选择垂直领域有专业突破口的体育项目

以五星体育公众号为例,2020年F1推送,最高阅读数据为4.3万＋。推送题为:"【两度红旗! 8人退赛!】这里第一次举办F1,就要被载入史册了!"主要内容为2020赛季F1意大利穆杰罗赛道的比赛赛况。由于比赛事故频出,因而备受关注。将 F1 作为公众号选题的方向,是因为经过对五星体育公众号的研究发现,F1 虽然是受众人数不多,但粉丝人群非常垂直,且由于 F1 赛车锦标赛 2004 年落户上海,作为中国唯一的一站赛事,每年来自世界各地的车迷齐聚于此,中国车迷自然不下少数。而对于微信公众号来说,此前,相关垂直领域并没有头部账号。与此同时,上海本地的专业体育频道五星体育早在 20 世纪就开始了 F1 赛车锦标赛的转播工作,著名赛车节目主持人李兵多年参与赛事评论,并主导制作赛车节目。在国内的车迷圈中拥有大量的粉丝拥趸。而为了专业领域的更好呈现,李兵作为伯乐还先后开发了"北极虾""飞哥""维昕""浩然"等一批赛车解说嘉宾。强强组合的搭配,分工明确的解说风格建立,也让受众越来越为之接受。五星体育公众号发现受众特征后将 F1 领域中的讯息作为选题切入点,在经过一年半的用户积累后,用户人群逐渐稳定。

3. 选择小众但有深远影响力的体育项目

2020 年,在新冠疫情的影响下,世界体坛遭遇重创,很多比赛取消或延期。下半年,一些体育赛事终于开始重启。这其中也包括英超联赛。如果单纯地将英超联赛作为选题对象,并不足以为奇,毕竟利物浦的夺冠早已丧失悬念。而五星体育公众号在此时将选题放在了一支英冠球队身上,这支球队叫利兹联。英超每年都有升降级,这又能有多少的话题性。然而这支球队不一样。姑且不谈这是它阔别英超联赛 16 年后再次回归,单就利兹联和曼联两支球队的恩怨情仇就可以追溯到 20 世纪 90 年代。球队之争、球员之争、教练之争,每一个内容都是一本书。而如果要翻开这册书籍的前言,会看到兰开斯特家族和约克家族争夺英国王位的历史;会看到 1455—1485 年的英格兰内战——玫瑰战争。所以,是体育,又绝不仅仅是体育。这次选题的确定,将一场比赛的结果作为突破口,展现了历史、人文、文化、体育等多个维度的内容。选题虽然是小众,但深挖后的内容却足以看出作者的历史底蕴和笔墨功力。一篇推送,了解一段体育故事,了解一段历史对体育领域的深远影响。

4. 选取可以普遍参与的全民健身赛事

近年来,马拉松赛事的发展如火如荼,但这段 42.195 公里的奔跑是一项极限运动,并非人人皆可参与。如果没有一点基础,这几乎是不可能完成的任务,甚至于会危及生命。作为专业的体育微信公众号,将正确的体育知识和运动方法传播给受众,是责无旁贷的事情。因而,这些内容也是公众号的选题方向之一。每年的上马,都是跑步爱好者的盛宴,而为了这一天,大家要进行长时间的锻炼和准备。五星体育公众号针对不同人群和不同目标跑者,传播跑步领域的专业知识,并请专家带来切实可行的训练计划,同时,临近比赛时间节点,也会给予装备、补给、训练计划、饮食、应急对策等更具体的专业指导意见。

(二) 文案

体育公众号的内容撰写不同于常规的公众号,专业性是必须绝对体现的。文案的切入角度和时机也非常重要,文字的表达则更应干净利落,直击要害,有大局有细节,有观点有论据。以下从几个方面具体探讨选择推文角度和文稿撰写的具体方法:

1. 选取重点赛事进行场景式还原

当公众号确定选题后,内容传达的方式多种多样,而针对重点赛事,公众号会选择用直播场景还原的方法,让大家了解事件发展的过程。比如,如遇上海申花进行职业比赛,创作者会将比赛的进程、关键事件、突发状况等内容,按照时间逻辑,概述成文,同时也将比赛中的关键数据信息涵盖其中,在场景还原后,以简单有效的笔触将直播中的关键点分析展开。这样受众在了解结果以外,还能进一步了解造成这一结果的原因,以及之后可以进一步关注的重要事件点。

2. 从即时新闻切入,结合事件发酵展开分析评论,引发公众思考

本年度,足协频出"大招":限制俱乐部"支出帽""中性名"改革、职业联盟筹措、各级联赛准入机制等。这些举措的公布,引发各方议论,作为专业体育媒体,五星体育公众号也紧抓新闻事件,分析改革背后的原因和利弊,并展现各支球队的应对之策。中国足球去泡沫化的过程必然有阵痛,但长痛不如短痛,这也许就是初衷。但即便出发点是好的,结果却未必皆大欢喜。这些分析与解析,我们通过一次次的推送展现给受众,让他们全方位去了解、去看懂事件背后的缘由。

3. 突发重大事件讯息第一时间呈现

新媒体较之传统媒体的一大区别就是跨越了时间和地域的界限,7×24 小时的呈现成为可能。在面对重大突发事件时,首先要评判事件的真实性,其次要评判事件是否达到重大突发的标准。2020 年 1 月 26 日,科比·布莱恩特的直升机事故,无疑属于这一类。北京时间 2020 年 1 月 27 日凌晨,当事件发生时,谁也不知道真假究竟如何。随后,各权威外媒纷纷证实消息的来源可靠。五星体育微信公众号也立即撰写推文,还原事件发生的经过,并引用权威外媒的报道,以此来佐证消息来源可靠。从得知讯息、求证来源到撰写稿件,前后不到半

小时。翌日清早,当很多人从睡梦中醒来,从五星体育公众号获得了权威的讯息。

4. 重大项目重点策划

2020 年因新冠疫情的影响。东京奥运会、欧锦赛纷纷延期,原本的体育大年变成了小年。下半年开始,国内体坛慢慢复苏。当时间来到 11 月,一年一度的中国国际进口博览会步入第三个年头。第三届进博会消费品展区首次设立体育用品及赛事专区。五星体育也借此机会近距离宣传报道进博会。面对重大项目,五星体育提前启动策划,将报道重点放在体育专区的防疫措施、场馆搭建、安全保障、展商期待等前期准备工作;进博会开始后,报道全程关注盛会的进行,记者发回最新鲜的资讯消息、体验报道还特邀进博会展商参与访谈专题,纵论体育与进博的融合发展与创新繁荣。

(三) 标题

顶尖文案大师约翰·法兰西斯·泰伊指出:"我们这一行要的不是原创性,而是将有效的元素重新运用。"这其中的重点在于将能够激发受众兴趣、容易牢记、具有有效说服力的元素组合起来。新媒体传播中有所谓"第一眼效应",在实践中可以发现,以下 4 种标题类型能够抓住受众眼球。

1. 直击痛点式标题

不玩文字游戏,只针对受众的痛点,直接诉诸情绪,引起共鸣,使受众产生兴趣。

例如:【就一个字:凑】落得一地鸡毛　中超闹剧何时能结束

2. 新闻式标题

所谓字少事大,假如有"新闻"可以发布,比如新援揭晓、新赛季揭幕或者重大比赛赛况,一定不要藏在正文中,直接作为标题。

例如:官方:2021 赛季 F1 中国站将延期举行

3. 暗示式标题

这类标题如一把钩子,有可能受众对事情本身并不一定感兴趣,但因为这类标题,会点进去看一眼,停留一会儿,以满足好奇心理。值得一提的是,这类标题必须与所谓"标题党"划清界限,需注意标题和内文的相辅相成。

例如：憾负东京，好消息是他们都回来了！

4. 提问式标题

这类标题常以问号作为结尾，这样做会更具互动性，因为你是面对受众提出了问题，就如同直接和受众对话，而受众在看到提问时，会不自觉地启动思考。

例如：难道，做个"哼 X 维奇"……不好么？

（四）排版

对于体育公众号而言，优质的排版能为内容锦上添花，吸引受众的阅读欲望，延长停留时间。以下就从几个细节来阐明如何做好一个体育公众号的排版。

1. 标题长度

订阅号在文件夹中，能够显示的字数是有限的，因此标题应尽可能让人在订阅号可见范围内看明白其意思。标题字数要尽量控制在 16 个字以内，如果超过就会换行，被文章内容给遮挡住，容易使信息传递不到位。

2. 对齐格式

一篇推文的优质与否不完全取决于内容，与美观、醒目、恰当的排版方式也密切相关，需根据内容灵活掌握。以文字为例，常见的对齐方式有：

居左对齐：首行不缩进；

居中对齐：文风较为活泼，适合功能介绍、排比诗歌等句子短的文章；

两端对齐：最常见的排版方式，视觉上美观舒适。

3. 字号和字体

体育公众号一般情况下采用 15 号字体。字体要注意在已购买版权的字体库中进行选择。

4. 颜色不宜太多

文章中除了图片、GIF，正文全部颜色尽量不要超过三种，颜色太多显得杂乱。另外不要选择饱和度过高的颜色，容易对受众的情绪造成干扰。

5. 图片和视频

板块段落较多时，可以通过插入内容相关图片或 GIF 等来分割，让读者获得额外阅读信息并提升愉悦感。图片清晰,尺寸和风格尽可能统一。无论是图片还是视频都是文字的有效补充,彼此相辅相成,目的都是为了达到更好的传播效果。

6. 头图和底签

公众号头图和底签要是设计不好,会让文章蒙尘,打开率降低,设计图片不仅要符合文章主题,还要注重观众的视觉享受。而底签,则是让观众关注、点赞、转发的重要渠道,应言简意赅、一目了然,并需要用相关话语提示大家做进一步的分享动作。

微信公众号迄今已走过近 10 年,红利时代渐行渐远,马太效应正在显现。但微信公众号基于微信这一最大社交应用建设的流量池,依然在整个微信生态中拥有一席之地,也在传统媒体转型发展的进程中拥有重要地位。专业体育公众号的受众群体虽然并不特别庞大,但拥有绝对的垂直度和忠诚度。作为体育媒体领域的头部公众号,还需在内容创作中不断推陈出新,坚持专业定位,扩大传播效应,努力满足受众需求,在媒体转型融合的过程中迈好坚实步伐。

参考文献:

[1] 郭庆光:《传播学教程》,第 107 页,中国人民大学出版社,1999 年。

作者简介:

许勤,SMG 五星体育传媒有限公司新媒体中心主任。

对现阶段布局短视频的看法和思考

庄荣坤

提　要：短视频行业目前进入成熟期,逐渐成为移动互联网时代迅速发展的又一流量高地。随着平台及产品的不断丰富、优化,短视频的内容制作越来越受到各媒体、自媒体、政务号的重视,纷纷开始布局、发力。在这新一轮的媒体转型过程中,如何才能抓住短视频的风口,破壁出圈? 本文重点以抖音、快手、视频号为例,分析部分账号主体在不同平台间的内容制作差异、爆款原因,以及存在的不足等。

关键词:短视频　平台分析　单条爆款　内容差异

近两年,微信、微博、主流新闻客户端的用户市场趋向稳定,而相比之下,以抖音、快手、视频号为代表的短视频平台迎来红利期,其市场规模不断扩大,用户使用时长不断增加。与传统图文相比,短视频更符合网友碎片化的阅读习惯,获取信息的方式也更轻松便捷,内容也更真实生动。这些优势决定了短视频一定会越来越受到用户青睐。接下来,随着 5G 技术的推广升级、城市数字化转型不断推进、网络直播日益兴起,短视频市场必将进一步扩大。这些变化无疑将对媒体融合转型产生深远的影响。

一、短视频市场现状：抖音快手两分天下,视频号期待破局

中国互联网络信息中心(CNNIC)今年发布的第 47 次《中国互联网络发展状况统计报告》显示,中国网络视频(含短视频)用户规模达 9.27 亿,较 2020 年 3 月增长 7 633 万,占网民整体的 93.7%。其中,短视频用户规模达 8.73 亿,占网民整体的 88.3%。[1]

　　同时,短视频进一步侵占用户时间,人均单日使用时长增幅显著。2020 年10 月发布的《2020 中国网络视听发展研究报告》显示,截至 2020 年 6 月,短视频以人均单日 110 分钟的使用时长超越了即时通信。在网络视听产业中,短视频的市场规模占比最高,达 1 302.4 亿,同比增长 178.8%。[2]

　　在主流的互联网应用短视频市场格局中,抖音、快手稳居行业第一梯队,《2020 中国网络视听发展研究报告》数据显示,抖音短视频、快手活跃用户规模占短视频用户整体的 56.7%。视频号凭借微信的雄厚资源,也有可能打破现有的格局。政务号、新闻机构、自媒体在这三个平台的布局和内容制作也最多。

　　以这三个平台的产品定位来分析,2018 年,抖音经历了一次 slogan 的变更,从原来的"让崇拜从这里开始"更换为"记录美好生活"。但观察其产品和内容制作,仍能发现抖音原来的影子,即打造明星爆款。抖音以潮流音乐、舞蹈、表演等内容形式,搭配超多原创特效、滤镜、场景切换等。快手经历过多次 slogan 的变更,从过去的"有点意思""让世界一起见证你的美妙瞬间""快手,记录世界记录你""看见每一种生活"到如今的"拥抱每一种生活",在内容制作上几乎一脉相承,继续坚持普惠价值观,即每一个用户记录和分享生产、生活的平台,侧重于记录与展示,打造平民爆品,并且逐渐地从"观察者"升级为了现在的"参与者"。视频号的 slogan 是"记录真实生活",更接近于快手的产品定位,倡导每一个主体用自己的方式记录自己的生活,但其产品的核心竞争力仍然是基于微信目前的庞大用户群。

　　还要强调一点,与抖音、快手单独的平台不同的是,视频号是基于微信关系网的"社交推荐"传播方式,这就像是一把"双刃剑",微信的工作属性越强,视频号的传播难度就越大。

二、短视频未来仍将持续稳定发展

　　网友利用碎片时间浏览短视频,并且通过弹幕、评论、分享进行社交互动的方式正在逐渐形成,而相比传统的图文,短视频不仅同样具有轻量化的特点,而且信息量大、表现力强、直观性好。以往限制短视频发展的不利因素正在逐渐消除,可以预见,短视频未来仍将处于持续稳定发展阶段。

　　第一,5G 时代下,网络视频的流畅度会比以前更好,卡顿频繁、缓冲时间过长等弊端必将得到优化,用户的使用感受会越来越好。第二,提速降费会大大降低用户的获取成本。提速降费是国家交给电信运营商的任务。因此,困扰用户的流量、资费问题会逐步解决。第三,在城市数字化转型的大背景下,短视频行业的技术创新将进一步发展,包括推荐机制、用户安全、使用场景等。第四,短视频市场的蓬勃发展会促使更多优质创作主体入场,进一步提升短视频制作水准,促使整个行业生产出更多的优质内容。种种因素都意味着,短视频未来的发展前景十分广阔。

三、短视频成为爆款的几种方式,不同平台之间存在差异

1. 打造个性鲜明的人物 IP

近年来,"薇娅""李佳琦"式的成功模式让我们认识到网红价值的作用,特别是在短视频中,网红的价值比其他平台更加突出。但现实是,且不谈打造顶流 IP,对于很多账号而言,想打造一个让网友记得并有所期待的"网红"都绝非易事。那么打造"网红"之路该如何走?抖音号"温州交警"带给我们一些启示,作为一个服务于地方的交警抖音号却拥有遍布全国 600 多万粉丝,依靠的就是交警队伍中"网红"的吸粉能力。其创作者介绍,"温州交警"抖音号挖掘了警队中网红民警"铁男",一个曾获得过全省健美业余组冠军的普通交警,开通"铁男热线",直接连线群众投诉的车辆车主实行"在线举报、云端打击",视频直播交警执法,展示他硬核的执法方式。一段时期内,只要是有"铁男"露脸的作品,阅读数轻松过千万。"铁男 vlog"还在 2019 年 10 月 27 日成为抖音全网最热视频榜第一名。[3] 作为一个地方交警号而言,这样的成绩实属不易。它的成功也告诉我们,"稀缺性"仍然是网友渴求的资源优势,选择对的人成为代表自己账号的人物 IP,做"独一无二"的自己,是打造短视频账号的成功方式之一。正如那句"好看的皮囊千篇一律,有趣的灵魂万里挑一"。

2. 速度代表态度,永远追求第一落点

视频区别于图文,制作流程略长,可能很多人看来,视频是精细精致的,即便是短视频也应该如此。但是在很多新闻事件发生之时,如饥似渴的网友更在乎的是新闻的速度,而非画面之精致、素材之丰富、配乐之巧妙。这时候,一些粗犷式的做法,哪怕是一篇篇类似 PPT 式的短视频也可成为爆款。以"上海发布"抖音号为例,去年疫情期间的多条短视频播放量上千万。1 月 26 日推送的《即日起,上海省际客运站发送与到达所有班车、省际包车停运》、1 月 24 日推送的《上海启动重大突发公共卫生事件一级响应》这一类短视频均只有简单的图文素材加常用音乐,短视频发布时间几乎和微信同步,做到了权威信息第一时间发布,在短视频领域同样抢抓第一落点。这两条短视频的点赞数据分别有近 30 万和近 20 万。[4] 从工作标准上说,任何一个账号主体都应该以最快的速度、最简短的

话语,来传递最准确的信息,但从工作流程上来说,这需要团队对每一道工序和流程不断进行打磨,需要团队视权威如生命、视服务为基石、视时效为准绳。

3. 快手接地气、抖音有调性

抖音、快手、视频号的用户存在明显的差异。其中,视频号以微信为基础,较易区分。2019 年的数据显示,抖音用户以一二线城市为主,占比达到 52％,快手三四线及以下城市占比更多,占比达到 64％,对比之下,快手的用户群体更加下沉。另外,行业内一直以来都有"北快手,南抖音"的说法,也基本反应其用户构成的差异性。而今年,快手向南部发展的趋势明显。从内容制作上而言,快手接地气、抖音有调性,是一种最直观的感受。以刚刚入驻快手的"上海发布"快手号为例,2 月 23 日,《一次能载 300 人的公交车亮相上海》,580 万播放量,12.6 万点赞,3 月 3 日,《伸手这一拉,也许就是生与死的距离》,680 万播放量,3.3 万点赞,这两篇成为"上海发布"在入驻快手之后的两条爆款,而这两篇内容在抖音平台上的点赞数分别只有 7 000 次和 2 700 次。[5]对比之下可以发现,这和两个平台的定位有关,即"明星爆款"和"平民爆款"的区别。越是接地气的内容,越能引发快手用户的兴趣和评论,越能在快手上获得更多关注;而制作越精良、技术成分、艺术价值越高的内容,在抖音中更有市场。

4. 在视频号中破局,需要让用户果断点赞

微信视频号期待破局,众多账号纷纷布局视频号,也期待与视频号一同破局。然而视频号的传播逻辑就像一把"双刃剑",看似潜力巨大,但推广时常遇到断层。以视频号中最成功的账号之一"一禅小和尚"为例,截至去年底,一禅公众号粉丝 380 万,视频号粉丝突破 200 万,但与其全网的粉丝总量超 9 675 万相比,视频号只占较小的比例。[6]目前,一禅抖音粉丝数有 4 700 万,快手粉丝数1 400万。[7]

一禅负责人衣春颖在对比微信和抖音的用户在内容消费上的差异时说,视频号上用户的决策成本更高,对于一些美女类的、快节奏搞笑的内容,视频号的用户不敢轻易点赞,会考虑是否有损个人形象,而抖音上有可能前三秒他就已经点赞了。所以一禅在视频号上做鸡汤情感,比其他内容更容易获得用户的青睐。衣春颖认为,在视频号上的成功需要你的内容代表转发者的立场,帮他表达他心里面最想说的,又不好直说的。比如,《不刻意维持的关系,才真的舒服》这条,播放量将近 3 亿。内容较能引起共鸣,所覆盖的人群也比较广。[8]

视频号与微信的深度捆绑是每一个创作者都要思考的问题,微信的工作属性越突出,在内容制作上受到的限制就会越多。无论是情感类、新闻类,还是搞

笑类,只有能让用户毫不犹豫地点赞,才是在视频号上形成爆款的必备条件。

尽管成功的方式不同,但从以上几个案例可以得出一些简单的结论,个性和内容的稀缺性、贴近用户诉求、契合平台调性、掌握不同的传播规律等,才可能成为爆款。

四、传统媒体发展短视频的优势与不足

毫无疑问,新闻机构拥有人才、信源、技术、经验等诸多优势,这里不再赘述。其中的广播电视媒体,因为同样是制作音视频类产品,往往被认为获得成功,占据流量是理所当然的事情。然而,事实并非如此。如果执拗于过往的经验,往往会走入误区。

首先,在抖音上有一种说法,"3秒定生死,7秒必转折",所谓"三秒钟"法则,是指短视频要在开始的三秒钟内吸引住观众的注意力,才有可能达到100%"完播",大多数情况下,10～15秒的短视频完播率最好。而传统的电视视频、电视新闻,哪怕是最简单的快讯,也需要30秒左右。被新闻机构更看重的重要新闻奖项的评选要求中,广播电视消息类评选要求是在4分钟以内。这就意味着传统媒体的视频转移到短视频平台上,就要在原来的基础上做大量的筛选截取、重拟标题、重配文案等一系列的工作。从某种意义上而言,这一过程并不是"再加工",而是"重新做"。如果只是做简单的搬运工作,必然达不到很好的传播效果。

其次,运维短视频的成本并不低,从资金、人员、机制、传播等方面来看,都比图文生产要复杂得多。没有一定的保障,很难进入良性发展的循环之中。比如,是否有专职或者其主要工作目标任务为短视频平台的内容生产和运维人员。传统媒体布局短视频需要上升到战略层面,在各方面予以充分的保障、激励。最低程度,短视频需要上升到和"两微一端"同样的战略地位。

再次,短视频创作的鼓励、引导机制目前还不完善。简单来说,除了在各个平台上的播放量之外,并没有一套体系能对于原创短视频内容在全网的传播力、影响力形成一个科学的评价。当然,视频的比对远比图文信息的比对来得更为复杂。但是,如果将短视频视为未来的重要战略布局,那么"指挥棒"和"风向标"是不可缺失的。对于一个单位或者一个行业来说,都是如此。

最后,专业人才仍有缺口。短视频需要专业技能齐全,可以身兼数职的人才,比如:采访、摄影、航拍、剪辑等。应该说,广电媒体中有不少掌握这些短视频基本技能的人,但是距离运维一个原创类新闻短视频账号,数量上仍然有一定差距。

结　语

目前来看,"两微"在新媒体中仍占有举足轻重的地位,但市场和发展趋势相对稳定。短视频则处于快速发展期,在可预见的未来,短视频在技术手段、优质内容、市场规模等方面仍将继续发展。如今,转战短视频或者将短视频加入新媒体矩阵同步发展,这已经成为绝大多数账号主体的共识和策略,也纷纷进行布局。但这种布局更像是一种不得已而为之的应对,还没有上升到战略层面。前不久,快手与上海签约,期待以全方位的合作来推进公司的南部战略,打破"北快手、南抖音"的旧时格局。视频号随着运营体系的成熟,也有越来越多在快手和抖音的"头部"被吸引而来。现在就断定会形成三足鼎立的格局,为时尚早。但是,破局者的跃跃欲试告诉我们,短视频在未来或将经历大的变动。如果能够找到自身在短视频上的发力点,或许可以和破局者一起破局,在短视频上获得更多的回报。

参考文献:

[1] 2021 年 2 月 3 日,中国互联网络信息中心(CNNIC)在京发布的第 47 次《中国互联网络发展状况统计报告》。

[2] 2020 年 10 月 12 日,《2020 中国网络视听发展研究报告》由中国网络视听节目服务协会在成都发布。

[3] 2020 年 9 月 15 日,第二届抖音创作者大会分论坛上,温州交警抖音号制作者现场交流。

[4] 上海发布抖音号公开数据查询。

[5] 上海发布抖音号、快手号公开数据比对。

[6] 大禹网络一禅负责人衣春颖 2020 年 12 月接受新榜专访。

[7] 一禅小和尚抖音号、快手号数据查询。

[8] 大禹网络一禅负责人衣春颖 2020 年 12 月接受新榜专访。

作者简介:
庄荣坤,上海广播电视台东方广播中心总编室副主任。

二次创作短视频乱象浅析

宋 俊

提　要：短视频大行其道的今天，二次创作短视频是其中重要的一部分。通过分析三类主要的二次创作短视频形式，集纳类、看大片类和戏仿类各自在内容上出现的问题和在版权权利中遇到的冲突。分析它们存在的问题，有助于我们查找问题出现的原因，从而找出解决问题的方法，净化短视频创作的环境，加强版权意识，创造更优质的互联网文化空间。

关键词：二次创作短视频　内容监管　版权冲突

一、二次创作短视频是短视频创作的重要部分

随着中国特色社会主义进入新时代，人民群众生活水平和受教育水平的不断提高，以及网络传播技术和社交娱乐渠道的不断发展，整个网络民众群体在精神文化和生活娱乐方面的需求日益增长，网络视频已经成为人们娱乐生活方式的重要形式。根据《中国网络视听发展研究报告》的数据，目前中国网络视频用户已经超过 7 亿，网络视频成为仅次于即时通信的第二大网络应用。在各种网络视频类型中，短视频由于其时间短节奏快、传播便捷、冲击力强等特点，该类型的娱乐形式在出现之后满足了快节奏的生活和相对自由的网络空间下快餐化的消费趋势，迅速得到了大多数网络民众的接受和青睐。而在互联网上铺天盖地的短视频作品中，逐渐出现了大量的二次创作短视频，其主要形式是在原作视频（常常是已经为人熟知或是当下热门的影视剧、网生内容）的基础上，采用重新剪辑拼接、重新配音、"P 图"等方式，对原作的声音和图像进行部分修改，或是简单

集纳，或是截取精华，或是戏谑恶搞，以达到加快视频节奏、扩大视频冲击力、获得更好传播效果的目的。二次创作短视频本身的制作难度不高，且在传播上能够借着"原作"既有的热度或影响力轻易达到较好的效果，因而成为越来越多短视频创作者选择的方向。但也正是因为其创作门槛不高，传播效果好，有不少创作者在商业利益的驱动下一味追求流量，甚至本该为内容建设和管理负责的短视频平台，在与其他平台竞争时也会首先考虑流量的因素，导致目前二次创作短视频领域在内容安全和权利冲突上出现了许多问题和乱象，本文试从笔者实际工作观察到的现象出发，简单加以剖析并探讨解决方案。

二、几种二次创作短视频遇到的内容风险的权利冲突

1. 简单集纳类短视频

在 B 站、抖音等视频平台，常常能看到一些由数个或数十个视频片段通过剪辑拼接在一起的集锦类短视频，如集纳动漫片段的《【前方高能！/全程高燃】100 部动画混剪》《让你百看不厌的名场面》等；如集纳影视剧片段的《【高甜】韩剧中那些与众不同的吻戏盘点》《Angelababy 吻戏合集看到我口渴》等；如集纳特定题材影视剧的《50 多部丧尸片合集》《钢铁侠战斗场景一次看个够》等；还有集纳搞笑片段的如《还真 TM 全是名场面》《人类特倒霉图鉴》等等。这类短视频的制作可以说门槛极低，也几乎没有二次创作的其他内容，只是简单地将相关片段剪接堆砌、串联，在标题上直接标出视频内容的冲击点，再辅以吸引眼球的视频封面，很容易就得以传播并获得大量的流量。此类视频的制作动机一开始可能只是动漫和视频爱好者或者视频制作爱好者在网络上出于社交需要或者传播需要的一种分享行为，但后来部分人往往在利益的驱使下演变成追逐流量的目的。为了获得流量收益的最大化，一方面简化制作流程、降低成本加大产出，甚至出现了利用自动化脚本在其他视频平台上下载热门短视频，然后自动打包组合、自动上传；另一方面，集纳类段视频为了获得更高的点击和流量，在内容和题材上也在不断地进出灰色地带，比如在标题上采用标题党的常用手法，使用博人眼球但格调低俗的词汇，如《小时候看不懂长大后秒懂的影视开车片段》《前方猛男高能！据说没人能坚持 50 秒》。在视频封面上也刻意选用衣着暴露或者性暗示的帧画面，甚至干脆和视频内容无关的低俗图片，以此来达到吸引点击、收割流量的目的。同时，随着此类标题党和"封面党"的大量出现，此类视频内容监管的难度显著提高等问题也随之而来。由于标题和封面与视频内容关系不大，而且视频内容也是多来源的串烧，因而此类集纳类视频中非常容易出现包含有违反管

理部门相关规定,甚至是违法影片内容的情况,使得内容监管的相关管理部门不得不投入更多的资源来对视频内容进行仔细甄别和审查。

这种集纳类的短视频,由于创作成本低廉、传播效果显著,目前已经成为营销号、流量号"养号"的首选,以已经有市场影响力或者有热度的内容为主,以技术手段为辅助,某些公司和个人利用这种方式在各类短视频平台上大量地制造此类流量号,而平台本身也很难逃脱流量至上的陷阱,使得短视频平台的内容质量受到了很大的污染,与我国繁荣发展社会主义文艺、反对机械化生产、快餐式消费等问题的大方向背道而驰。

2. 看大片、看热剧类短视频

在利用动漫、影视素材进行二次创作时,除了简单集纳类之外,另一种针对影片剧情或质量做讲解、评论的"看大片""看热剧"类短视频内容也在网络上受到大量用户的欢迎。此类短视频节目的起源相对较早,甚至可以追溯到互联网普及之前的时代。在信息流动不发达的年代,出现过一些将海外大片缩减、剪辑并加上一些针对剧情和表演的点评如《奥斯卡经典影片赏析》这样的音像制品,甚至电视台也会制作此类节目,比如央视就制作过大受好评的《第十放映室》系列节目。在进入网络视频快速发展的时代后,此类短视频由于内容其能够一定程度满足人们日益增长的网络视频消费需求,同时因其节奏快、内容密的特性也符合当下时代碎片化时间消费的特点,而快速发展成为一种被广泛接受的短视频类型。起初,这类视频生产者们的眼光大多放在海外内容的引进,剪辑的内容以好莱坞的经典大片为主,但由于海外内容的局限和国内消费者需求的多样化,"看大片"逐渐变成"看热剧",尤其是国产影视剧、网络剧等。随着国内长视频平台开始以原创和独家内容来推广会员收费模式,在围绕国产影视剧、综艺节目所进行的二次创作短视频带来的版权利益矛盾和冲突,立刻变得尖锐了起来。有监测数据显示,热门剧集、综艺节目、院线电影成为被二次创作短视频类型侵权的重点对象。一些短视频账号紧盯经典、口碑好、热门或新上线的影视作品,打着浓缩、评论、讲解、"带你观影"等旗号,进行简单粗暴的切条、拼接、剪辑来制作免费的内容,借此吸引大批用户和点击来进行收割流量。2021年4月,中国多家主流网络视频平台、70家影视公司、行业协会共同发布联合声明,集体呼吁短视频平台和公众账号生产运营者尊重原创、保护版权、未经授权不得使用影视作品侵权创作,并将对侵权行为依法追究责任。在这份长长的维权名单里,不仅有爱奇艺、腾讯视频、优酷三大长视频平台,还有盛产热剧的正午阳光、耀客传媒、新丽传媒等知名影视公司。由此可见,短视频平台上的"看大片""看热剧"类二次创作短视频,已经直接触及了原创影视内容生产方的核心利益,使得他们不得不联合起来共同保护自己的版权利益。

这类短视频直接截取原创影视剧内容的痛点、爆点、爽点的做法,将一部影视剧的精华进行百分百的榨取,在最短的时间内放大了戏剧效果,渲染了剧情冲突和视觉冲击,极大地实现了网络用户在快节奏碎片化时间里的追剧自由。现在流行的微博追剧、抖音追剧,爽过就是看过,正是短视频对长视频最大的威胁。当一部完整的影视作品被碎片化,仅保留其中的冲突点和高潮部分,只需要足够多的能唤起共鸣的华章和细节,就能够轻易地吸引流量,原作品的故事完整性、人物的立体性、表演的专业性这些需要大量资金和时间投入的部分,轻易就会被舍弃。

根据 12426 版权监测中心发布的《2020 中国网络短视频版权监测报告》显示,仅 2019 年至 2020 年 10 月间,就累计监测疑似侵权链接 1 602.69 万条,其中,热门电视剧、综艺节目、院线电影是被侵权的"重灾区"。长视频重金打造精品,却委屈"只为他人作嫁衣",短视频蹭着版权的擦边球,不必播种浇水施肥,却直接分食了长出来的果实。这是长短之争,也是流量之争,更是利益之争。

3. 戏仿类短视频

戏仿,是指借用别人的作品进行二次创作,以达到调侃、嘲讽、游戏或是致敬的目的。戏仿原本是一种文学创作上的手法,是一种对被模仿的对象的逼真"模拟",在戏仿类短视频中,这种"模拟"往往表现为将原作重新配音、重新剪辑、甚至重新"P图"。戏仿类视频最有名的应该是 2006 年网友胡戈对当时的院线大片《无极》进行剪辑和重新配音制作出来的嘲弄恶搞类短片——《一个馒头引发的血案》,引发了后续许多网友的争相模仿。然而在此类短视频的二次创作上,如今的创作者们并不局限于所谓的"戏仿",他们制作的戏仿类视频只是将原作的片段作为基础视频素材来使用,而对原作的内涵表达则不再关注,这类短视频一般被称为"鬼畜视频"。鬼畜视频最早起源于日本弹幕视频网站 NICONICO,是一种流行于日本视频网站上的视频二次创作手法,特点是通过剪辑的技术手法,使原作视频中人物呈现出一种动作不断以诡异的频率进行重复的情形。鬼畜视频传入中国后,迅速在亚文化社区氛围浓重的 B 站找到了生根的土壤,并发展出了颠覆经典、解构传统等特性。近些年来,因鬼畜视频所具有的戏剧性、创造性,使其逐渐突破了亚文化的小众圈,开始走向大众视野。

由于鬼畜视频大多选用人们耳熟能详的视频素材进行剪辑和二次创作,其天然的具有消解权威、颠覆经典的特性,从而被赋予了百无禁忌、娱乐至死的特点。在鬼畜视频的创作中,几乎没有什么经典人物不能恶搞,《西游记》里的唐僧、《三国演义》里的诸葛亮、《新白娘子传奇》里的许仙和法海,甚至还有《亮剑》

里的李云龙和楚云飞都无法幸免,甚至一些传统反面人物和"丑角"也会在被鬼畜的过程中受到追捧,例如《帝国毁灭》里的希特勒、假冒大师的马保国等等。在恶搞经典和审丑的过程中,鬼畜视频制作者的无底线创作和视频消费者们无原则地追捧都呈现出一种娱乐化狂欢化的态势,视频原作中所呈现的政治、文化、历史等等属性全部淡化消退,只为娱乐至死而服务。比如鬼畜视频中的诸葛亮不再是一个经典的三国历史人物,而只是会说"我从未见过如此厚颜无耻之人"的丞相;李云龙也不再是一个被成功塑造的八路军将领形象,他在鬼畜里的出场只是为了反复说出"二营长,你他娘的意大利炮呢"这句台词;希特勒也不是一手导演二次世界大战的法西斯头子,《帝国的毁灭》的希特勒出场片段在鬼畜作品里被当成一个愤怒的老人形象来使用,甚至常常被用于表达正面观点、代表正面人物。去年在疫情期间就出现过不少"元首"代表中国人民表达愤怒的二次创作视频,可见鬼畜视频已经完全消解掉了原作人物本身的属性,只留下娱乐式的表达。前不久,鬼畜视频对于假冒传统武术大师的马保国集中、连续、争先恐后的恶搞,成功地将马保国塑造成了一个网红,甚至烧出了圈外,吸引了平面媒体的争相采访,直到《人民日报》发文批评"马保国闹剧,该立刻收场了",这场狂欢性的集体审丑行为才宣告结束。可是,如果这种娱乐致死的文化创作趋势没有得到限制和正向引导,类似的鬼畜马保国也不会是最后一个。

三、内容监管和版权保护需要平台和监管部门的共同努力

短视频在现今网络文化消费中占有如此重要地位自然有其优势:从技术层面看,短视频的兴起是互联网技术支持和视觉文化互相作用的产物;从需求层面上看,短视频的普及迎合了网络用户快节奏碎片化内容消费的需要和流行元素极速更替的趋势;从社交层面上看,短视频赋予了网络用户个性表达模式和社交互动空间;从表现形式上看,短视频特别是二次创作的短视频呈现出的视觉内容在叙事形式上更简单明快直奔主题,在情感上能更快速引起共鸣,其"短"而"视觉化"的形态特征既满足了信息时代高速传播的要求,又契合了当下网络用户寻求社交互动分享的生活方式。视觉媒体已经成为当下互联网非常重要的部分,短视频消费和短视频社交已经成为网络用户特别是年轻群体自我描述、个性表达的重要载体,如同几十年前图片出现在互联网上后就迅速占领了网络的每一个角落一样,短视频如今也成了一种网络通信的基本形势。

笔者前文简单分析了二次创作短视频的三种类型在内容上出现的问题和在版权权利中遇到的冲突。这三种类型是被已有数据验证过的最能吸引流量和点击的二次创作短视频类型,分析它们存在的问题,有助于我们从根源查找问题出

现的原因,从而找出有针对性解决方法,净化短视频创作的环境,创造更优质的互联网文化空间。

集锦类短视频的主要问题是视频生产者最大化的追逐流量,视频内容粗制滥造,甚至出现擦边低俗和违规的内容。由于视频平台的商业化取向,使其在与其他平台竞争时也需要通过流量获取来胜出,所以平台和视频生产者天然地在利益追求上有一致性,而且在操作上,平台的推荐算法也会优先选择此类高点击率的视频内容。所以说,对此类低质视频传播和泛滥,平台并未尽到足够的内容管理和引导责任。平台应该积极响应国家对于高质量社会主义精神文明建设的倡议和要求,认识到内容质量建设才是自身长远发展之道,不应只为了追求短期的流量而缺失自身的内容管理和引导的责任。监管部门也要顺应互联网技术和文化形态的发展趋势,在已经明确问题的领域有针对性的加大投入,加快相应管理规范的制定,加强监测监管的技术手段,持续不断地净化网络视听环境。

"看大片""看热剧"短视频的主要问题是极大地侵害了原创内容生产者的合法权益,打击了原创内容生产者的创作热情,不利于行业的健康发展。保护知识产权、尊重原创、维护原创权益,是影视内容创作的底线,也是优秀文化作品的灵魂。由于互联网环境具有数据庞大和更新速度快的特点,中小企业和个体在遭到侵权时常常面临取证维权难、时间长、成本高等问题,传统的版权证书难以满足千万作者每天亿级短视频原创作品的快速存证确权、维权需求。要破解这个版权保护难题,一方面有关管理部门要切实维护好原创者的权益,严厉打击此类短视频的侵权行为。2021年上半年,国家电影局相关负责人已经表示,国家电影局将认真贯彻落实中央关于全面加强知识产权保护的安排部署,针对当前比较突出的"××分钟看电影"等短视频侵权盗版问题,配合国家版权局继续加大对短视频侵犯电影版权行为的打击力度。另一方面,也要积极探索互联网大数据环境下,如何有效合理地授予他人版权的方法,使得这类短视频能够在保证权利人利益的前提下健康合法的发展。

戏仿类鬼畜类视频的主要问题是没有坚持正确的内容导向,价值观模糊不清,一味地消解经典,消费娱乐,不利于鼓励生产高质量的互联网文化内容。虽然鬼畜视频对原事件者持一定的批判立场,主流机构的监管应及时表明立场,对事件主体进行合理评判,辅以正向的社会舆论和价值观导向,并且时刻观察审丑狂欢的发展态势,及时降温。最后还应对内容监管不力甚至利用审丑对象牟利的平台进行警告和处罚,及时制止扭曲的商业现象。而作为视频发布的平台,应当合理优化推荐算法,并对内容作出适当的引导和监管。即使大众审美的倾向性会导致顶流内容过度娱乐化,平台算法也应当被优化以补偿舆论场的导向,并对违背正向价值观的内容进行适当限制,确保整个平台健康发展的可持续性。

短视频作为一种视觉文化消费品,受到用户需求影响的同时也在不断地影响受众群体的审美观念。短视频在正向引导的前提下能够为大众带来日常生活的审美化,不但提高用户群体的精神文化生活质量,还可以使曾经属于小众和精英群体的美学和艺术转化为社会公共资源。但如何使其不局限在表层审美化,而是在更深层次审美的基础上进行文化表达和创作,是当下短视频消费亟待解决的问题,二次创作短视频尤其需要面对。只有在平台不再向流量低头、切实地负起公共平台的社会责任,政府和监管部门进一步健全完善相关的法律法规,依法依规地做好内容监管和版权保护,全面提高网络环境的版权保护意识,净化网络视听环境并解决权利冲突,才能够为社会主义新文艺的网络内容建设贡献更多有意义、有价值的文化消费产品,并将互联网视听趋势引导向优质正向且可持续发展的方向。

参考文献:

[1] 孟兆平,网络环境中著作权保护体系的重构,北京大学出版社,2016:1-2。

[2] 范明杰,传播学视阈下马保国鬼畜视频狂欢现象分析,今传媒,2021:4。

[3] 朱双庆,论二次创作短视频引发的权利冲突与救济,重庆邮电大学学报,2021:2。

作者简介:

宋俊,上海市广播电视监测中心网络文化科科长。

广　播　篇

论如何增强广播在年轻一代中的影响力

王鼎文

提　要：在如今移动互联网的全媒体时代，传统的媒体格局、传播方式、舆论生态早已发生了翻天覆地的变化，"万物皆媒"的全新时代正向我们走来。新形势下，传统的广播想要获得足够的竞争力，延续自身活力，创新和改革则势在必行。如何满足新一代年轻人的广播需求，如何挖掘新一代年轻人对广播媒介的需求潜力，如何让广播媒介和年轻人共建一条高黏性的听众—媒介纽带，扩大其在年轻一代中的影响力，将是本文探讨的主要内容。本文将从广播内容输出、节目播出时段、如何打造广播主持形象、如何与听众互动等几个方面入手，全面分析广播行业如何进行改革创新，如何走近年轻一代听众群体。

关键词：广播　年轻听众　挑战创新

在全媒体时代，传统媒体广播如何提升竞争力传播力影响力，如何吸引年轻一代的广播听众？这是一个全新的课题。本文试从广播行业现状分析、目标听众定位与深入开展广播创新、创新带来行业效益等方面，解答这一课题。

一、广播行业现状分析

21世纪的某一天，当清晨的第一缕阳光穿过窗户洒进房间时，被唤醒的人们惊讶地发现，世界已在不知不觉中跨入了全媒体的时代。

60年前，公务员或白领人士在吃早餐的同时会读报纸；30年前，时髦的青年男女最爱伴着广播音乐入眠；如今，几乎所有年龄段的人们都习惯了随时随地用移动终端设备,通过自媒体渠道获取各种丰富的信息。时代的车轮滚滚向前,人们获取信息的渠道、方式早就发生了根本性的改变,这也意味了传统媒体已再难继续发挥原有优势,沿用过去的方法去获得存量用户了。对广播行业而言,同样如此。新的媒体时代正向传统媒体下达了挑战书,如果不能及时应战,即便拥有先天优势的传统媒体,或许也只能无奈接受被时代碾压的命运了。

正如毛主席曾对青年学生说:你们是八九点钟的太阳,世界是你们的,也是我们的,但归根结底是你们的。他这段直白而富含哲理的话也充分说明了,未来终归是年轻人的天下,最终还是会掌握在年轻人的手中。对于传统媒体,特别是对广播行业来说,应对时代挑战的核心在于其是否能站立、扩大在年轻一代的影响力中。只要能够抓住时代年轻人的合理需求,迎合他们的正当喜好,广播便能够做到继续保有旺盛的生命力,保持基业长青。

目前,尽管广播行业仍然具有相当数量的忠实听众、一批优秀的从业人员、优越的国家政策支持、充足的资本投入,这些有利的条件为广播行业进行创新提供了有力的基石。另一方面,广播在当前年轻听众影响力方面,整体效力还十分微弱,这也说明了,年轻听众的需求并没有被唤起,广播行业的发展空间仍有无限的可能性。

2019年10月27日,中央人民广播电台中国之声自零点起节目安排如下:千里共良宵、记录中国、昨日新闻重现、养生大讲堂、致富快车、悦动清晨、残疾人之友、品牌之旅、国防时空、新闻和报纸摘要、新闻纵横、新闻和报纸摘要(重播)、新闻进行时、全球华语广播网、新闻进行时、新闻晚高峰、全国新闻联播、新闻晚高峰、第七届世界军人运动会闭幕式、决胜时刻、央广夜新闻。从这份节目表中可以看出,中央人民广播电台中国之声的主要播出内容为新闻资讯类,此类听众的主要群体为较为成熟的人群。

窥一斑而知全豹,从中央人民广播电台中国之声的节目安排中,能够获知我国大部分电台的现状。可以看出,我国大部分广播电台并未将吸引年轻听众作为节目制作的重要考虑因素,而是依然采取之前的策略,选择了以巩固中老年听众,契合此类群体的内容需求为主。

2018年,CSM媒介研究曾经发布一些数据,其中一些信息值得我们关注:数据显示,在2016年至2018年3年间,在家中收听广播的人数比例在锐减,听众收听传统线性直播流广播的人均时长也从2016年上半年的71分钟跌至2018年的59分钟。此外,通过车载电台、移动设备载体收听广播的人数比例则在稳步上升。CSM媒介研究对国内广州、北京、南京等9个市场的广播收听率进行了调查,结果显示,2018年上半年的听众在车上收听广播的时长已经超越家中,而在三年前的同期,这个数字仅为2。未来的日子里,如果这种趋势持续下去,车载收听将会在更多的城市成为广播直播流中的主流。

在年龄分布上,老年人十分倾向于在家中收听广播,而年轻人则更青睐于使用收听车载电台或移动设备等,在其他场所收听广播。

可见,在当下"一部智能手机走天下"的时代,听广播这件事已经不再是非收音机不可,这也充分说明了广播的传播渠道和途径正在发生巨大改变,让听广播这件事变得更加容易和便捷,在这背后,是"其他场所"有望成为广播收听量一个新的增长点,在当下以年轻人为需求导向的今天,如何把控坚持创新此路,有力把握这个新的增长点,是现下传统广播人需要思考的问题。

二、目标听众精准定位深入开展广播创新

创新从来不是一件轻而易举的事,它往往伴随着阵痛,千百次的尝试甚至反反复复的失败。但也正是这样,创新才显得更有价值。对广播行业而言,创新更不能凭借一时的一腔热血和简单的拍拍脑袋。结合广播行业现状,结合当下广播核心受众需求,我们可在以下几个方面进行深层次的考量:选择播出什么内容,如何打造播音员形象,安排哪个播出时段,如何与听众互动,以及是否具有可行性探讨等。

1. 选择播出内容

一般,在广播节目中,音乐类节目更多受 25 岁以下听众欢迎。然而,如今市场上各类移动设备音乐 APP 层出不穷,且大多带有用户互动或商城等多功能,此类载体正在逐步替代音乐广播,这是广播行业的危机,同时也表明了,开发新的、针对年轻听众的广播节目不仅是趋势,更是势在必行。

根据时下年轻人关注的热点,笔者认为,广播电台可以考虑引进两类节目:广播剧和电子竞技赛事解说。

广播剧并非近年才出现的新鲜事物,此处提到的广播剧特指从小说、漫画等改编而来,或由剧团直接原创的由年轻配音演员演绎、针对年轻听众的广播剧,题材多为古风、言情、仙侠等。

中文网络广播剧实际上已经在年轻女性中流行了好几年,多通过听书软件或电台类 APP 发布。在各类 APP 中流传的广播剧因监管较为困难,实际上存在不少问题。例如:打情色擦边球、宣扬伪科学、价值观有偏差等。此时,传统广播电台若能以开放的姿态接受广播剧的入驻,同时加强监管,做出正确的引导,那么对于电台自身来说,可以提高收听率,吸引大批年轻听众,对于听众来说,则可以获得经过精心挑选的健康优质内容,这对不管是电台还是听众,都不

失为一种双赢的举措。

一直以来,体育赛事直播一直是一项深受听众喜爱的固定广播节目。而作为新兴的体育项目,电子竞技已经形成了正规联赛、杯赛,甚至世界赛,受到国家认可,在30岁以下人群中影响力巨大,深具发展潜力。广播电台若在电子竞技赛事的传播推广中缺席,不得不说是一种巨大的遗憾。

首先,广播直播的及时性十分贴合电子竞技爱好者的直播需求。广播媒体相较于其他媒体具备较强的即时性,这对电子竞技比赛而言,优势则更加凸显。我们可以看到,每当有重大赛事时,网友们都会自发地在论坛中开设图文直播贴,通过截图配合文字解说的方式,为无法观看视频直播的同好随时更新赛况。图文直播贴因需要截图和打字,会有较高的时间延迟,往往会比比赛现状慢几十秒至几分钟。广播同样能够向无法观看视频直播的电竞爱好者转达赛况,且完全可以做到零延迟,因此,在这一方面广播的及时性和效果显然比图文直播更具优越性。

因此,广播媒体完全可以利用其先天优势进行赛事的直播报道,以获得更好的现场反馈和赛事的及时跟进,特别是在媒体融合日趋深入的当下,利用广播+新媒体的手段对赛事进行播出,可将广播的即时性最大化开发,形成独具特色的媒体竞争力。

其次,电台直播与电子竞技赛事特征具有高度契合性。年轻群体是电竞节目最大的受众,广播媒体通过打造电竞节目,可以重新吸引这个群体的关注,从而提升自身的媒体竞争力,更好地面对时代发展的挑战。电子竞技赛事往往节奏较快,战术丰富,赛况瞬息万变,紧张而富有激情,而广播相较于其他媒体,更便于听众随时参与,这种交互属性可有效聚集电子竞技爱好者,通过节目连线、采访等多种互动形式吸引电竞爱好者的关注,形成区域性的粉丝社群,在这种氛围的整体带动下,加上通过主持人的语言,电竞爱好者能够很容易地判断出赛况,感受到紧张刺激的赛事带来的热血沸腾感。例如,作为2019英雄联盟职业联赛(LPL)春季赛总决赛的佛山官方宣传媒体,佛山电台花生FM对此次赛事进行了全程的视频直播,依靠强大的媒体传播力对赛事进行曝光和有效传播,截至赛事结束,视频总播放量达到了15.6万;直播过程中同步进行话题投票、评论、为心爱战队打call、送礼物等互动,充分调动粉丝的参与热情,吸引更多电竞爱好者的到来,为赛事积攒了人气。

2. 打造好播音员形象

在如今这个张扬个性的时代,要做好一项面对公众的事业,从业人员的形象已变得越来越重要。拥有一个良好的、有个性的、有魅力的形象常常能够达到事半功倍的效果。广播正是一项面对公众的事业,而广播主持人的形象打造又有其特殊性:一方面,广播主持人不向公众展示外貌,公众只能从声音中想象主持人的形象,这使得广播主持人在公众心目中树立形象具有一定难度;另一方面,广播主持人这个职业又须直接与公众交流,因此形象的树立尤为重要。要做好这项困难而重要的工作,可以从以下几个方面入手:个性化、专业化、偶像化。

从标准化走向个性化。"个性化"是一剂快、准、狠的猛药,是一支直击听众耳膜的箭,运用好"个性化"这个工具,能够迅速在听众心中留下印象,迅速引发关注。广播主持人可从两个方面体现出自身个性。首先是嗓音条件方面,从一定程度上来说,嗓音条件是一种天赋,但通过后天有意识的练习,同样可以打造出有个性的嗓音,广播主持人可以在这方面发挥主观能动性。除此之外,语言风格也是相当能够体现主持人个性的一个方面,在语言上摒弃随意的态度,精心雕琢打磨,才能做到举重若轻,以貌似轻松的语气说出令听众耳目一新的台词。当听众们仅凭嗓音和语言风格就能辨认出一名主持人时,这名主持人在个性化上就也算是成功了。

从"万金油"转变成专业主持。"工匠精神"一词如今经常被媒体提起,在某个领域一心一意地钻研,做到极致,这样的人就被称作匠人。在广播领域,匠人精神同样是应该被提倡的。在如今这个信息化的时代,听众收听广播不再是为了单纯接收讯息,而更多的是想要从中获取精神享受,这就对广播主持人的专业素养提出了极高的要求。在某个专业领域钻研到极致的主持人,或许会比什么领域都能把握,什么领域都不精通的主持人更有价值。

从"螺丝钉"升华为偶像。如今这个时代是一个偶像的时代,在年轻人中,偶像具有巨大的号召力。一名优质的偶像,能够为无数年轻粉丝带来良好的影响。在这个时代,奉献自我、坚守岗位的螺丝钉精神仍是我们要提倡的,但另一方面,"螺丝钉"若能升华为偶像,则更能将影响力扩大成百上千倍。在日本,配音演员被称为"声优",我国不少年轻的动漫爱好者对日本"声优"了如指掌,这表示,"声优"实际上是作为偶像的一种被打造的。广播主持人的偶像化历程或许可以借鉴日本打造"声优"的成功经验。

3. 合理安排播出时段

为 25 岁以下年轻人为目标听众的广播节目,应根据年轻观众的作息规律,安排在相应的时间段播出。

假设目标观众为一名高中学生,他每天 6 点起床,7 点半到学校开始学习,下午 5 点放学,晚上 10 点能够完成作业。那么,以这位勤奋的高中学生为目标听众的节目就可以安排在以下几个时间段:早上 6 点至 7 点半,该学生吃早餐时及上学途中;中午12点至下午1点,午休时间;下午5点至7点,该学生放学途中和晚餐时间;晚间10点至11点,该学生完成作业后至上床睡觉以前。高中学生生活节奏较快,闲暇时间不多,针对他们的广播节目每次播出时间不宜太长。

同样的道理,以刚刚踏入社会的年轻上班族为目标听众的节目,则可以安排在早7点至9点,吃早餐时间及通勤途中;中午12点至下午1点,午休时间;晚间6点至12点,下班以后至入睡以前。其中在晚间6点以后,可安排持续时间较长的节目。

除以上两类听众以外,针对早睡早起的中小学生、闲暇时间较为松散的大学生等,均应在调查了解听众的作息规律后,对播出时间做相应的安排。

4. 增加听众互动形式

我们所处的信息时代常常被诟病为一个冷漠的时代,人与人之间缺乏了必要的交流和连接。事实上,在这个接收信息渠道十分便捷的时代,时代带给我们的应该是人与人之间、甚至与更多的陌生人之间更多的交流机会和认识可能。当每个人交往的人数变多,同时也意味着,与特定的几个人深入交流的时间和精力就减少了。不过,尽管表象上浅社交增多,深社交在逐步减少,但每个人社交的总量是没有变化的。从另一个角度,作为一种群居动物,社交是人们的基本需求,人类永远也离不开社交,这也是令使用者能够与主播、与其他观众实时互动的直播网站在这个年代崛起的原因。广播要吸引年轻观众,增强其互动功能是一种很好的手段,而广播行业在增强互动性方面,确实从未停下过探索的脚步。

让读者参与节目的制作,这或许是最能实现互动的一种方式。例如,电台可在节目播出前通过网络面向社会发布广播剧剧本,在节目中抽取事先报名的听众,由听众参与广播剧的演绎。还可更进一步将这档广播剧节目设置为海选节目,从剧本的选用到演员的诞生,全部通过海选来实现,而海选最终的优胜者将有成为签约写手或专业广播剧演员的机会。

关于电台在线互动,时至今日,随着互联网技术的发展以及媒体环境的改变,原本火热的电台征婚已经淡出了这一领域,而转向了电视媒体。不过,尽管通过广播相亲交友模式属于小众类型,但笔者依然认为其是有一定的生存空间的。尽管伴随着各种相亲交友网站、微信小程序、各种手机APP等网络渠道的出现,相亲交友的路径被不断拓宽。但是,广播电台作为权威媒体的传播平台,广播相亲模式依然可以发挥无可替代的作用,在杂乱无章、鱼龙混杂的相亲交友市场中,开辟出属于自己的一片天地。

5. 小成本实践赋能创新

理论是实践的基础,但在实践之前,理论往往并不能考虑到每一个细节。当创新的实践真正开始时,人们往往会发现付诸行动非常困难,很多预料不到的困难突然出现,而按照计划实施的措施却难以达到设想的效果。设定计划与成功实施计划之间还有很长的路要走,如果过分乐观,孤注一掷,直接投入大量资源去实施没有得到过实践验证的计划,往往会遭遇意想不到的失败。

因此,在投入大量资源之前,小成本地对计划进行一次试验性实践是比较保险和理性的做法。比如期刊在准备创刊时,往往会先出版试刊号,根据试刊得到的市场反馈,对期刊定位进行调整。广播在推出创新型的节目时,也可以采用试播的方式,尤其是互动性较强的节目,比如海选类节目,为避免参与听众人数不足的尴尬,可在试播时放弃互动环节,积累一定人气,正式开播后再展开互动。

6. 平台与主持人双向努力

在新媒体环境影响下,广播平台本身也要拓宽发展思路,摒弃形式单一的发展形式,可以有意识地将视频内容与智能服务平台进行有机结合,整合与搭建电脑与电视屏、手机屏的统一数据平台,以此实现三屏的内容共享、服务共享和跨屏体验,形成移动时间、客厅时间和工作时间的无缝衔接,达到可持续可预期的增值盈利。

除了平台自身的创新,收视率的提升依赖主持人的功底。还在传统媒体时代,从事广播行业的人员基本为播音或主持专业,从业资格为取得相应资质的证书,而且一般一旦固定节目内容,就意味着被打上相对固定的标签,极少出现主持人多个风格的情况。而在当下新媒体环境下的广播行业,从业人员尤其是广播主持的身份则逐步走向专业化,"多面手""跨界"主持成为这一时期的广播特色和典型。根据这个思路,要想获得广播业的发展,提高收听率,就需要广播主持人拥有跨界、多风格的主持能力,这样的广播不但更易受年轻一代的喜欢,也会给节目本身带来别样的独特风格。

7. 不断推出广播创新节目

广播行业一直行进在追求创新的道路上,一些针对25岁以下观众的、互动性和创新性较强的节目已经被推出。

上海交通广播曾设有《作文大点播》节目,让小学初中的孩子现场写作并朗读作文,不少学校把收听该节目作为家庭作业来布置,由此传统的广播深深地扎根在孩子的心田;2019年9月,上海人民广播电台推出了"小小明日之星"选拔赛,鼓励学龄前和小学组的孩子参赛,优胜者将成为上海广播签约小主播。

这些针对小听众推出的广播节目收获了良好的收听率,让我们看到,广播的未来是光明而充满希望的。

三、创新带来行业效益

在广播行业内进行创新,长远目标是为了广播行业未来的繁荣与持久,而大目标的达成需要小目标的逐个实现,对广播行业而言,笔者认为可以从以下这几个角度去努力:增加经济效益、带动行业发展、收获社会效益。

1. 提升收听率,增加经济效益

收听率是衡量广播行业繁荣程度最直接,也是最有效力的指标。通过推出创新型广播节目,我们期望能够吸引大量新听众,尤其是年轻一代的关注度,通过提升收听率,从而增加广告收入,增加经济效益。只有在一定的经济基础上,广播行业才能更有能力和实力去进行各种各样的创新,探索形成一个健康的行业经济生态。

2. 增加优秀年轻人的行业占比

通过提高广播主持人的收入和对广播主持人进行偶像化改造,使这项职业重新成为年轻人向往的职业。广播主持人需要直接与听众沟通,与听众年纪相仿、志趣相近、观念一致的主持人更能够理解听众的想法,更容易理解和洞悉听众的真实需求。因此,若有更多高素质的年轻人愿意进入广播行业,广播行业才能真正摆脱"夕阳产业"的称号,获得可持续的发展。

3. 深挖行业价值收获社会效益

相比经济效益,广播业的行业属性决定了其更会重视社会效益,也就是说向社会传达正确的思想观念也是所有传媒行业必须肩负的责任。广播行业只有获得更大的影响力,吸引更多的年轻听众,它传播传统文化和正确价值观的效率才会更高。从这个角度来说,广播行业推行创新,不仅是为了广播自身的发展,更是为了更好地履行它的社会责任和历史使命。

结　语

本文结合作者的广播工作实践,分析了传统广播现状,作了 25 岁以下广播听众的精准定位与需求分析,重点作了深入开展广播创新、有效提高广播对青年听众影响力的措施研究,包括了选择播出内容、打造好播音员形象、合理安排播出时段、增加听众互动形式、小成本实践赋能创新、平台与主持人双向努力、不断推出广播创新节目等。尤其是对广播播音员,提出加强形象修养的要求:从标准化走向个性化、从"万金油"转变成专业主持、从"螺丝钉"升华为偶像,也要发扬"工匠精神"。这些都是有益的探讨,取得了社会效益与经济效益双丰收。

"传统媒体广播如何提升竞争力、传播力、影响力,如何吸引年轻一代的广播听众"这个课题还在继续进行中。路曼曼其修远兮!笔者将继续探索。

作者简介:
王鼎文,上海广播电视台东方广播中心交通广播主持人。

论融媒体时代下广播如何讲好科技故事

——以上海科创中心建设报道为例

李雪梅

提　要：目前我国的新媒体发展越来越好，所以广播在进行科技报道的过程中就会有更多的改革和技巧。在传播形态、媒介形态以及舆论生态等都在发生巨变的当下，内容仍是广播在讲好"上海科创中心故事"的命脉和核心。新媒体背景下，作为传播媒体的广播，更要遵循传播规律，用好技术手段，讲好科技故事，做新时代的记录者、建设者和讴歌者。对于广播从业者，要顺应发展潮流，以"新闻＋技术"的互联网思维介入科技报道，实现小切口大主题，硬新闻软表达，有效增强公众对上海科创中心建设的认知与支持。

关键词：融媒体时代　广播科技故事　科创中心　改革与技巧

引　言

　　科技创新已被摆在了我国现代化建设全局的核心地位。2014年5月，习近平总书记对上海作出建设具有全球影响力的科技创新中心的重要指示。6年来，围绕这一国家战略，上海全力推进。作为上海主流媒体，上海电台与上海科创中心建设同频共振，承担起不可或缺的舆论引导功能，在科学的传播过程中讲好"中国科技故事"，讲好"上海科创中心故事"，营造良好的创新氛围，使得越来越多的人能够将科技文化、创新精神深入了解，并积极参与实施。

　　习近平总书记曾在人民日报社调研过程中提出要重视媒体融合并且对全媒

体进行建设。广播自身的改进创新成为必然趋势。其中,媒体融合就是广播讲好科技故事很重要的发展方向。融媒体是通过是指利用广播、电视、报纸、网络、新媒体等媒介载体,充分发挥各自优势,进行融合统一发展,又将个性特征进行相互深度交融,在形态意识、表达形态等方面进行创新,打造更优的对内、对外宣传的媒体新形态。这就对广播的发展提出了新的发展方向。

一、"重磅"科技政策、创新成果"轻量化"呈现

为全面落实中央关于上海要加快向具有全球影响力的科技创新中心进军的新要求,上海市委、市政府先后发布一系列鼓励创新的新政策、新举措,如《关于加快建设具有全球影响力的科技创新中心的意见》《关于进一步深化科技体制机制改革增强科技创新中心策源能力的意见》等。政策、制度如果直白表述,都给人一种生硬和枯燥感,对于广播来说,更难以达到良好的传播效果。所以,对这些科创政策的解读势必要下更大功夫。梳理笔者过往报道,认为可以从以下几个方面,讲好科创"硬核"故事。

(一)小切口展现大主题,有效增强受众对重大主题报道的黏度

今年一开年,诞生于上海的 5 只小猴子站上了全世界脑科学领域的舞台中央。中科院神经所科研人员首次实现基因编辑疾病猴"量产克隆",成为继 2017 年中国率先攻克非人灵长类动物克隆世界难题后的又一重大突破。闪亮的成果背后,平均年龄不到 30 岁的这支科研团队……

这是刊播于 2019 年 3 月 25 日上海电台《990 早新闻》由笔者采写的名为《一子落而满盘活改革促上海科创中心建设显成效》的主题报道,反映上海在全面推进具有全球影响力的科技创新中心的建设中,系统推进的全面创新改革试验。该报道荣获当年度"上海科技新闻一等奖"。

全面深化改革的进程在各领域深入推进,近年来,改革涉及范围之广、力度之大,前所未有。而上海在全面推进具有全球影响力的科技创新中心的建设中,系统推进全面创新改革试验。全社会创新活力和潜能进一步得到释放,形成上海打造创新策源地的强大合力。如何展现?报道并没有从宏观面上开篇,而是用"案例切入""用事实说话",将 2019 年全年的改革进展串联起来。

首先从 2019 年一开年诞生于上海的 5 只小猴子开始说起,谈到中科院神经所科研人员首次实现基因编辑疾病猴"量产克隆"重大突破的背后,是一群平均年龄不到 30 岁的科研团队多年努力的结果,而支撑他们展开探索的是宽松包容

的科研环境：成员都没有海外留学经历，也没有各种人才"帽子"，但院所无论在人才评价还是项目支持，始终"唯才是举"，让他们能够心无旁骛，沉下心思。

而后，报道从"创新券"切入，描述上海在小小创新券上的探索实践，使得一张小小的券成了带动各地科技资源共享、企业研发得实惠的"大法宝"。

为了将好的探索和实践成果进一步固化，推进更大更深层次的创新，最后，报道落笔在上海在深化科技体制机制改革上的举措：比如，在科研项目启动之前科研单位就可与科研人员完成确权，变"分粮"为"分地"，再比如，科技服务人才在转化上的权益也将首次被明确等等。行文到最后，报道则用"一子落而满盘活"这句话点题，很有分量！

一个大主题，通过几个非常有代表性的案例加以说明、印证，以轻灵的方式呈现，更加适合广播受众，乃至普通受众对现有改革创新的理解和支持，起到了良好的社会宣传效果，也为上海的科创中心建设营造了良好的氛围。

（二）以受众视角，实现硬成果、软表达，有效提升受众对重大成果的认知度

受众对重大成果的认知度离不开讲科技故事者拥有的受众视角，将身份和讲述的口吻更加地贴近他们，使其更加地感同身受。

2015 年 9 月，笔者参与了长征六号首飞并完成一箭多星任务的现场报道。其间，采写了一篇新媒体稿件：《谢谢你们！我成功了！——火箭家族新成员"六六"发出的第一封"妹儿"》，并刊发于当年 9 月 20 日广播新闻中心公众号《话匣子》。长征六号运载火箭首飞写下了多项历史：首飞箭采用了一箭 20 星状态，首次采用了我国最新研制的高压、大推力、无毒、无污染的补燃循环液氧煤油发动机。而打造长六的幕后团队——上海航天人功不可没。如何将他们的故事通过新媒体的形式讲述给受众？

笔者在采访中，深刻地体会到，长六在航天人的眼里就像是个孩子，于是，通过拟人的手法，让长六以"孩子"的口吻，用第一人称的形式来讲述，陪伴它一路走来的航天人。整篇微信内容，就是长六从太空发来的一封电子邮件，就像是远行的孩子给亲人报的平安信、感谢信一样。于是在长六的"妹儿"中，受众"看"到了火箭总设计师兼总指挥张卫东的泪水，周遇人如何在"一张白纸"上勾画蓝图，丁秀峰如何带领团队排除一个红漆点可能带来的危害，也见到了年轻的航天人如何成长为实力派的……图文并茂，娓娓道来，对航天人的崇敬之情也在这样的亲切温暖中慢慢生成。

采写科技报道时，"受众"视角是放大传播的引擎。北京时间 2019 年 11 月

2日晚上,用于治疗轻度至中度阿尔茨海默病,可改善患者认知功能的新药——甘露特钠胶囊(商品名"九期一",代号 GV-971)获批上市的消息一传出,就刷爆了朋友圈。笔者次日在常规成果报道的基础上,又在公众号话匣子上第一时间刊发《何时能用上?贵吗?能否进医保?关于抗老年痴呆新药"九期一"你想问的,答案都在这里!》,这篇新媒体稿件不仅时效快,而且选取内容更加接地气,"答疑解惑"的内容切中了受众关心点,更有生命力,传播效果更加好,当天点击量和转发量就有不错的表现,点击量突破2万。

以上案例不难发现,在当下,重磅科技政策、创新成果报道通过独特的视角和呈现方式,借助新媒体平台,往往能让优质的原创内容焕发新的传播生机和活力,也让传播手段相对单一的广播媒体将内容优势转化为互联网上的传播优势,将原本晦涩的科技新闻变得更具感染力。

二、科学家、科研人员、创业者等科技"硬核"人物的"暖"表达

一切科技创新活动都是人做出来的。科技人物报道是广播宣传科创中心建设的重要组成,在普及科学知识、弘扬科学精神、传播科学思想等方面都有着不可替代的作用。但要让科技人物在笔端能摆脱以往的"学术化""呆板化",真正"活"起来,让受众爱听爱看,寻找共情点,以接地气的"暖"表达为宜。

李克强总理在2015年政府工作报告上提出"大众创业,万众创新",上海正向建设具有全球影响力的科技创新中心而努力。上海电台自2015年3月31日至5月3日推出《奔跑的创业者——大众创业万众创新》系列报道,充分体现了各个领域的上海创业者的风采。

最初选择采访对象时,团队充分听取了科技、经济、金融等领域建议,从众多创业者案例中梳理出颇具代表性的创业者。每位参与报道的记者充分发挥各自优势,走近创业者们,观察他们的工作状态,体会他们的创业心情,倾听他们的坎坷故事。比如,用认真优雅的态度制作包子的童启华。文中写道:"仅仅是为了'多汁'这个口感,童启华挑选面粉就经过了上千次实验,近乎苛刻的要求让他的包子铺多了些与众不同:生包子重量是100克,60克皮、40克馅料,误差范围不能超过2克。包括鲜肉用剁的还是绞的?青菜选什么品种?从原料采购到包子制作,包括在上海设立中央厨房,建立自己的培训学校,包子铺创业不再是小作坊,而有了更多的技术含量和标准。"创业者"坚守创新初心"而又"坚韧"的品质跃然而出。系列报道播出后,社会反响良好,听众反馈称:创业者,各有各精彩,但都有一个共同品质:认真对待选择,努力实现梦想。

广播在声音传播形式之上叠加新媒体手段,会让人物报道更细致、饱满,传

播更充分。两院院士是科技工作者中的顶尖代表,是"站在山峰摘星辰"的人。如何将这些"高大上"的人物既凸显科技范儿,又不失人情味,上海电台 2021 年 1 月 4 日起推出的《院士之光》系列融媒体报道就做了尝试。

首先从展现平台上,形成一次聚焦院士的"融媒体行动"。除了传播广播端的录音报道外,还结合话匣子和阿基米德平台同步推出新媒体报道,开设专栏;每位院士录制一段给青少年的简短寄语,音频版本在上海新闻广播作为公益宣传片推出,短视频版本制作视频海报,在抖音、微博等社交平台发布。其次在采写中,将上海科创中心建设重点领域与受众兴趣点有机结合,引发共鸣。

在第一阶段推出的系列报道中,"90 后"天文大家叶叔华、"80 后"病毒斗士闻玉梅、"70 后"脑智专家蒲慕明、"40 后"生物化学新锐樊春海等院士一一亮相。他们在科技前沿领域都有哪些最新科研成果,这些成果如何服务社会民生,院士们又为之奋斗的科研历程如何艰辛,都尽量可见。比如,为了帮助人类战胜脑疾病以及研发更强的人工智能,"中国脑科学"领军人物蒲慕明院士 20 多年来带领中国科研团队探秘"内在的宇宙"——大脑奥秘的。期间,他"临危受命"在上海创建神经所,构建出世界上首个非人灵长类自闭症模型,诞生了世界上第一个体细胞克隆猴,筹划"中国脑计划"并发起"全脑介观神经联接图谱"国际大科学计划。这位 70 多岁的科学家仍然"生命不息、奋斗不止",定下目标:在世界脑科学界为中国奠定领跑地位。

广播端的声音＋新媒体端的图文、视频,全媒体平台将丰富的知识性和科普性让深奥的科学技术生动呈现,也绘制出"坚守科研初心勇于创新、爱国奉献"的"院士之光"群像,向受众传播了科学精神,又拉近了受众与科学家的亲近感。

三、讲好科技故事,发挥科学普及的功能

(一)鲜活,来自深入基层、切身体验

在 2016 年召开的"科技三会"上,习近平总书记做出了"科技创新、科学普及是实现创新发展的两翼,要把科学普及放在与科技创新同等重要的位置"的重要论述。对于上海科创中心建设亦是如此。

融媒体时代下广播讲好科技故事,做好科普宣传,要做到既有故事,又不失科学的严谨,向受众传递有品质、有温度的科学,以达到更好的科普效果。

"大国重器"在科创中心建设中的显示度不可忽视。此类选题始终是科创中心报道的一大关注焦点。要想让"大国重器"的报道在普通大众中"知其然,并尽量知其所以然",需要笔者下更大功夫,深入了解,并以受众喜闻乐见的形式

呈现。

2017 年国庆长假期间,公众号"话匣子"结合传统广播报道,推出《大国重器》系列稿件,共有七篇,分别聚焦新型万吨级驱逐舰、复兴号高铁列车、北斗导航及其应用系统、ARJ21 支线客机、洋山四期全自动化码头、天马射电望远镜和天舟一号货运飞船。采访过程中,记者们深入船坞、厂房、实验室一线,与科研、制造、工程人员深入交流,挖掘技术亮点背后的诸多细节和故事。重大装备和工程报道专业性强,在写作中,记者一方面深入浅出,化繁为简,同时通过图文并茂的形式,弥补了广播报道只闻其声,不见其形的固有短板,大量图片和短视频的呈现,直观展现了大国重器的雄姿。同时,记者充分考虑新媒体传播的特点,语言平实活泼,不仅具有很强的可读性,而且能够激发读者情绪的共鸣。

(二) 以热点事件为契机,发挥多平台融合"矩阵",让科普更高效

在媒介融合的大背景下,受众不再依靠单一的平台或介质获取信息,多元平台的交互是传统媒体发展的一大趋势,真正实现一次采集、N 次加工、梯次生成、多元适配、多渠道发布、多终端传播、全媒体覆盖。这也为以热点事件展开全民科普提供了绝佳的支撑。

梳理近几年的科技热点事件,全息投影、嫦娥工程、5G 网络、引力波、首张黑洞照片……几乎都曾掀起全民关注热潮,此时"趁热打铁"邀请科学家、专业人士走到前台,向全民科普往往在提升公民科学素养上起到事半功倍之效。远的不提,就以当前的疫情之下的应急科普,广播就发挥了主流媒体在科普上的功能和责任担当。

由上海人民广播电台与上海市科协联手打造的《FM 十万个为什么》在此次新冠肺炎事件发生时,以"新闻+防疫+科学"的视角及时响应,结合"应急科普"的运用,邀请相关领域科学家与科普专业人士和主持人在电波中对话,兼具可听性和知识性地就新冠肺炎事件解析其背后的科学知识,从而使主流媒体的应急科普从知识性、服务性、科学性等多方面有效引导社会舆论。编辑随后将当天专家科普精华内容整理成 2～3 分钟的短音频,发布在话匣子 APP 上。阿基米德APP 端还会将节目中的音频重新剪辑加工整合成科普知识专辑,以海报形式再次传播。后者发布仅两天,线上专辑浏览量已超 130 万。

通过这一案例可以看出,利用多个科普传播平台,广播在发挥传统媒体优势基础上,起到了资源共享化、宣传更大化的作用,让主流媒体承担社会责任发挥出最大效能。

结　语

在媒体融合发展的实践探索中，做好上海科创中心建设的宣传报道，新时代广播仍大有可为。而"可为"的前提首先是要明确传播模式创新的现实意义，对自身的资源优势进行快速有效整合，走可发展的媒体融合发展之路。其次，要围绕科创中心建设中关注度高的话题稳稳落地发展前进的主题上，心怀全局观，从受众视角出发，做到权威而亲民。第三，结合自身传播优势，更好地应用新媒体优势，做好短音频、短视频的内容沉淀和二次传播。以讲好"上海科创中心故事"为圆点，画出一个传播先进技术、弘扬科学精神的同心圆。

参考文献：

[1] 张亦弛，李胜君. 天津农村广播用新媒体讲好身边故事[J]. 中国广播电视学刊，2018，000(001)：43-44。

[2] 邓凯. "一条路"上的"五个一"——简评大型融媒体广播项目《我家住在解放路》[J]. 新闻战线，2020(2)：43-44。

[3] 张甜. 所有的手段都是为了讲好故事——融媒体时代下数据新闻的新趋势[J]. 新闻实践，2018，000(008)：60-63。

[4] 张文东，王雪纯. 融媒体时代广播有声书发展路径研究——以吉林健康娱乐广播《青雪故事》为例[J]. 传媒，2019，No.314(21)：15-17。

[5] 李莉. 县级融媒体讲好"本地故事"的创新路径——以恩平台《鳌峰视野》栏目为例[J]. 传播力研究，2020(6)。

[6] 龙敏：主流媒体在突发公共事件下"应急科普"的新探索——以上海人民广播电台《FM十万个为什么》新冠肺炎防疫专题节目为例，三思派，2020。

作者简介：
李雪梅，上海广播电视台东方广播中心上海新闻广播采访部记者。

全新网络语境下传统广播破局策略初探

——以上海广播新媒体 IP"魔都电台"的实践为例

汪秋萍

提　要： 2020 年新冠肺炎肆虐，这一特殊情况让本就风云诡谲的商业世界变得更加不可捉摸，办公、社交、娱乐、生活消费等的全面互联网化加速升级，短视频行业和电商直播也迎来了疾风骤雨式的爆发，用户规模不断扩大，市场渗透率陡然增高，广电 MCN 机构也如雨后春笋般蓬勃生长。传统媒体在此大势下如何做好更进一步的融合转型，是否在原本锦上添花式的短视频业务上加大打造力度，是否杀入直播带货红海，内容运营如何抓住新时代的用户？本文主要以上海广播 2020 年打造的新媒体 IP"魔都电台"在多方面的发展实践，分析传统广播在新媒体转型中的机遇与困境，论证全新商业模式的可能性。

关键词： 广播电台新媒体转型　MCN　短视频内容创新私域流量

"魔都电台"是 SMG 旗下上海人民广播电台 2020 年 7 月全新打造的新媒体 IP，定位于"分享美好品质生活"，内容气质"新、潮、酷、炫"，目前以图、文、音、视频等多种方式在微博、公众号、视频号、大众点评、快手、绿洲、小红书、小宇宙等多个平台进行新媒体内容分发，以纯互联网方式向受众展现传统广播仍然保有的活力四射状态，也积极吸纳传统广播正在流失的年轻用户。它的诞生，是上海广播因势而谋、应势而动的产物。

一、"魔都电台"的诞生背景

1. 传统媒体主流业务日渐式微的现实无可回避

上海人民广播事业发展至今已有 70 个年头,目前拥有 13 套调频,拥有极高的收听率和市场份额,曾经风头无两。但随着智能手机的普及、互联网技术的日新月异,短视频的飞速崛起,人们日常接收信息的方式已经完全不同往昔。

第 47 次《中国互联网络发展状况统计报告》显示,截至 2020 年 12 月,我国网民规模达 9.89 亿,较 2020 年 3 月增长 8 540 万,用户规模增长率前三位的应用是:短视频、网络支付、网络购物。而且 40 岁以下网民超过 50%,学生网民最多,占比为 21.0%,使用手机上网比例占 99.7%。

"收听广播"本就不再是人们主流的信息接收和娱乐方式,作为传统媒体的广播不仅可能正在失去现有的听众,以声音收听为主的单一传播模式也已经越来越抓不住新时代年轻用户的心。而在这个后疫情的时代,全新的网络语境下,迈克尔·戈德海伯在 20 世纪提出的"注意力经济"理论却仍旧适用——相对于过剩的信息,只有一种资源是稀缺的,那就是人们的注意力。

用户的眼球和关注点在何处扎堆,资本就朝何方奔涌,这条营销铁律下,传统媒体受众流失带来的广告收入滑坡几乎难以回避。如何挽救颓势,开拓创新,如何再次收割年轻人的注意力成为亟待传媒人探究的问题。

2. 特殊时期"宅经济"崛起催生的"全民直播"

招商证券调研测算,2019 年直播电商总 GMV 约超 3 000 亿元,而 2020 年更是直播带货的爆发年,李佳琦、薇娅为首的"网红"们创下了互联网电商奇迹。虽然直播带货最初是因电商兴起,但疫情下文娱产业的萧条却引起了诸多从业者的跟进,越来越多明星如陈赫、罗永浩、刘涛等也纷纷下场试水,成绩斐然。

疫情下,"宅经济"蓬勃发展,人们的购物习惯从线下实体店大幅转至互联网线上购物,为恢复国民生产,刺激经济消费,传统媒体头部主持人也纷纷入局。2020 年 5 月,湖南卫视著名主持人汪涵直播首秀,超 2 000 万人次参与互动,斩获 1.56 亿销售神话;央视 Boys 撒贝宁、尼格买提、康辉和朱广权组团出道,首秀 3 小时成交额超 5 亿;"中国好舌头"华少紧随其后,直播带货首秀也是取得 5 小时总成交额达 1.7 亿的惊人成绩。

放眼市场,电商直播和短视频一样,正在成为互联网时代大势所趋,疫后各类商家直播诉求迫切,要求也越来越高,同样拥有专业主持人无数的上海广播如何介入短视频市场,又如何在直播红海中找寻自己的站位和切入口,值得思索。

3. 广电系 MCN 布局脚步加快,成效初显

MCN(Multi-channel Network)是一种多频道网络的产品形态,是一种新的网红经济运作模式。这种模式将不同类型和内容的 PGC(指专业生产内容)联合起来,在资本的有力支持下,保障内容的持续输出,从而最终实现商业的稳定变现。

自 2018 年以来,各地广电媒体开始布局 MCN,主营内容多为短视频,现有的广电短视频 MCN 构建方式主要有自主建立、与头部商业平台共建、广电与民营公司合资成立公司等几种形式。例如,长沙广电的中广天择、湖南电视台娱乐频道的 Drama TV、成都广电的云上新视听等都由广电自建,而山东广电与抖音合作共建 Lightning TV,黑龙江广电、济南广电则选择与头部的 MCN 贝壳视频共建自己的 MCN 品牌,浙江广电的布噜文化则是与民营广告公司共同成立的合资公司。

广电系 MCN 战略成效初显,例如湖南娱乐频道目前已摸索出一条"引入达人→产出内容/直播→平台运营→广告/电商推广"的商业变现路径,旗下账号"张丹丹的育儿经"垂类明显,有针对性地分享 2~3 岁婴幼儿教育相关知识,一个半月内就吸引了超过百万的粉丝,3 个月就杀入母婴垂类的头部阵营。

上海广播曾在过去许多年在诸多方面都是业内的探路者、领军者,面对传统媒体主持人纷纷进军电商直播,广大广电同仁开始纷纷打造短视频 MCN 的大势潮流,试水广播 MCN 的可行性于上海广播而言,成了疫情后这个融媒时代的一种使命与召唤。

二、"魔都电台"的 MCN 架构搭建和直播试水

传统媒体实行新媒体转型多年,而如上所述网络语境瞬息万变,2020 年,上海广播除传统业务外的"第二曲线"式探索继续推进。4 月,我们举办内部"创客大赛"激励群智涌现。6 月,与抖音团队共同推出的"东方广播爱 DOU 大赛"也拉开序幕,意在调动更多员工自发地加入个人 IP 短视频号的打造中,激发全员创制活力,为广播 MCN 的构建打下基础。"魔都电台"正是基于此背景下应运而生,作为上海广播 MCN 孵化的重要项目之一于 2020 年 7 月正式立项。

1. "魔都电台"实践 MCN 式架构方法

作为传统主流媒体,上海广播在 70 年的发展过程中积累了专业的内容资源

和深厚的社会资源,在发展 MCN 所需的 KOL(关键意见领袖)方面,也拥有良好的基础——广播本身即拥有大量素质过硬、业务强的主持人,并且头部著名主持人本就拥有相当客观的粉丝群体,是广播 MCN 潜在的优质个人 IP。

而上海广播共有在编主持人约 200 名,疫情下有不少思维灵活、敢于创新的主持人已开始试水互联网直播,在"爱 DOU 大赛"中也充分锻炼了短视频相关能力,大家都已在自发地探索更多互联网化的节目形式。基于这一共同愿望和目标,"魔都电台"通过一对一问卷邀请,以 MCN 机构形态与内部近 30 位主持人、创作者签订了互联网平台商务协议(2020 年第一期),即运行双合同模式:劳动合同+商务协议。"魔都电台"团队架起"沟通的桥梁",助力签约者打造个人新媒体 IP 账号,试水各大平台直播,签约者既可以此形式获取月薪以外的商务通告费用,同时也享受执行团队的服务保障。

2. 以大众点评直播为切入口,"魔都电台"试水直播

"魔都电台"雏形是脱胎于"创客大赛"中的大众点评 APP 直播提案,内容定位"分享美好品质生活",目标着眼于本地经济——上海电台本就拥有服务本地消费群体的良好基因,原"都市调频"1992 年建立,是中国大陆"品质生活类节目"最初的起源。

因此,"魔都电台"搭借直播红利潮,选择以 2020 年 5 月才全新开放"直播"功能的大众点评 APP 为切入口,为平台和商家提供优质专业的宣传推广与直播服务,力求占领该平台直播"蓝海"时期的市场先机。

"魔都电台"在 2020 年 7 月上海广播官方携手美团点评打造的"七七吃货节"当天跑通了第一个商业 MVP(最小化可行产品)。"七七吃货节"采用了全新的 FM 端直播+新媒体号"话匣子"视频直播+"魔都电台"签约主持大众点评 APP 端直播的形式,极大程度地包罗了不同需求不同面向的受众,并且 FM 端与网络直播融合联动实现了同步创收。

随后,"魔都电台"与大众点评 APP 的合作愈发成熟,很快成为全国为数不多入驻点评的 MCN 机构之一。旗下达人平均每月发布 1 240 篇+笔记,月浏览总量近 215+万次,头部主持人(KOL)创下的直播最高纪录 76.9 万人次观看,就初生的大众点评直播而言已是相当亮眼的成绩。

因此,"魔都电台"前期营收也主要源自商家品牌宣传和制作费。我们以广播专业主持人入驻商家直播、短视频制作、红 V 笔记/达人笔记撰写等方式作为盈利点,充分结合传统媒体自身资源与公信力优势,开拓"广播广告+互联网直播"形式,反哺传统广告。

在"魔都电台"初创短短两月间,合作商家已有 FCC 集团孔雀餐厅、百胜集

团肯德基、亦蓁母婴集团、东方滨江大酒店、香格里拉大酒店等诸多优质品牌。同时,"魔都电台"在大众点评的深耕也非常贴合 2020 年上海市政府与美团点评集团签订战略合作框架协议,助力上海新型智慧城市发展的美好愿景。

三、"魔都电台"持续发力内容生产,树立主 IP 品牌

"魔都电台"一方面辅助内部主持人和创作者专注于内容生产,另一方面对接平台、粉丝,进行包装推广,推动变现。与当下流行的植根于网红扶持的 MCN 不同,我们既坚守主流媒体 SMG"传递向上的力量,丰富大众生活"的社会使命,也传递新、潮、酷的年轻态正能量。在具体的生产实践中,"魔都电台"既承担了部分 MCN 的角色,链接主持人(KOL)与商家,本身也以一个独立的全新 IP 进行"拟人化"运作,希望以此为突破点为上海广播的营收做更大增量。

1. 多形式的内容创作及多平台的宣传发布

在内容创作上,"魔都电台"更贴近年轻人的生活方式、表达习惯和娱乐领域,选题集中在如"好物种草""美食打卡""热门展览""国潮风""电竞""剧本杀"等,范围明确为上海本地生活,展现海派都市的独特魅力,差异化、专业化、稀缺性是我们的三张王牌。

在作品形式上,以短视频为主,图、文、声音为辅,多种形式并行。在宣传分发上,也注重"一鸡多吃"与"因地制宜"相结合,全网铺开,在各类新媒体平台均有注册,在微博、公众号、视频号、大众点评、快手、绿洲、小红书等多个平台持续宣发图文、短视频,同样也不放弃广播最擅长的"声音",在播客 APP 小宇宙上注册账号,率先试水,以期他日或有无心插柳的惊喜。

一言以蔽之,"魔都电台"关注年人的喜好,在年轻人的阵地,使用年轻人的语言获得年轻用户的关注,借此扩大声量与影响力。

2. "传播向上的力量",注重自身主 IP 的打造及品牌形象建设

"魔都电台"在内容运营方面还极其注重自身主 IP 的品牌形象维护。虽然目前各大短视频软件都已利用算法模型打压与人工多层审核进行内容审核与推荐,但各种不符合社会主义核心价值观,不符合法律法规和公序良俗的庸俗、低级趣味的内容仍常有出现。

"传播向上的力量"是上海广播一以贯之的宗旨,"魔都电台"从诞生之初即秉承这一价值观,内容在符合主流价值观和舆论宣传导向上,凸显正面积极、青春阳光暖人心的风格。

"魔都电台"热心公益,与上海血液中心、上海音速青年志愿服务中心等机构联系密切,创作了诸多作品鼓励年轻人献血,关注血液病儿童,关注自闭症儿童,也进行了减灾防灾宣传,安全体验营活动等的报道。作品影响广泛,2021新年公益MTV《"疫"起过年》在上海市文化和旅游局指导主办的"乐嗨上海过大年"短视频大赛上亦有斩获。

同时,"魔都电台"始终保持开放心态,与诸多新兴品牌展开合作,如文化科技公司风语筑、文创品牌tokidoki等,大胆尝试跨界共创,在全新网络场景中建立起年轻用户与传统电台的联系。例如2020年秋,魔都电台邀请"我是谜"APP(线上剧本杀)团队参访,随后创作出了电台主题的悬疑推理剧本,并请上海广播多位知名专业主持人为剧本人物配音。剧本上线后不仅赢得了诸多电台同仁的喜爱,也收获了大批剧本杀用户的好评。同样的跨界露出还不少,2021年初,"魔都电台"以媒体观察团身份参与风语筑"雷电所"青年艺术家扶持计划,目前正在如火如荼的联合路演宣传中。

3. 加强团队建设,持续探索商业变现模式

除扎根内容生产、协助主持人IP打造外,"魔都电台"团队在商务拓展上亦倾注较大心力,旨在为传统广播的盈利模式打开新的突破口,探索从内容生产到商业变现的全链路商业模式。

"魔都电台"创立之初密集协助旗下专业主持人(KOL)试水大众点评、天猫、有赞等直播,服务国内中大型企业十数家,充分利用原有资源打造出了市场上独一无二的"广播广告+互联网直播"这一稀缺产品,成功推行网络直播独立收费+线上口播售卖/置换模式。

经过半年多的实践发展,营收模式也不断演变,业务已从单一的主持人(KOL)直播服务向多元化发展,自建平台直播带货也在不断尝试中。截至目前,"魔都电台"的"产品"已经相当丰富——为企业提供主持人专业直播、形象宣传片包装设计、活动策划执行、品牌个性化推广全案定制、全程影像记录等多种服务。2021年3月已走出上海接洽外地业务,也已开始接到商户追加复购策划服务,客户满意度都较高。

四、"魔都电台"所处的困境与未来发展机遇

2020年10月,"魔都电台"获得上海人民广播电台内部创客大赛最佳实践案例奖。11月,"魔都电台"案例被评为"全国创新力白皮书"企业创新力先锋奖。但路曼曼其修远兮,还有许多困局需要解开,许多尝试需要坚持,许多机遇

有待发掘。

1. "爆款内容躺在 SMG 库房里"

上海广播电视台台长、上海文化广播影视集团有限公司总裁宋炯明 2020 年 12 月在其《确定全媒体战略,打造核心平台产品》一文中谈道:"在内容供给侧,SMG 拥有超过 150 万小时的强大节目版权库,且内容全品类覆盖;旗下东方明珠累积了 4 万部以上的电影版权,拥有超 800 部、5 000 余小时的精品纪录片版权……内容资源价值尚未得到充分释放。"

广播的情况同样如此,在内容资源方面,几十年来无数优秀广播节目、一代代编辑和主持人本身就积累了大量优质内容,其中有许多既可直接发展成知识付费的播客节目,也可用短视频的方式进行视觉上的二次包装重新进行新媒体传播。

优质内容资源的价值在某些专业主持人的抖音号上体现得非常明显——上海广播汽车类节目专业主持人的泛知识科普账号"关键说车"结合社会新闻事件,普及生活中容易忽略的汽车知识,在 2020 年夏的"爱 DOU 大赛"脱颖而出,其中视频"停车怠速开空调,危险有多大?"一周内获得 3 088 万观看量,55.2 万点赞量的佳绩。

而魔都电台目前的内容生产尚未标准化,投入的时间成本、创意成本都较高,所以除了持续输出大量原创内容外,新瓶装旧酒,让陈年佳酿通过年轻化的二次包装焕然一新,重新滋养新时代受众或可成为上海广播"魔都电台"未来在内容上可着力的方向之一。

2. MCN 团队搭建有待完善

大量内容宝藏尚待攫取,掘金人和趁手的兵器也尚未完全到位。首先,广电 MCN 的 PGC(指专业生产内容)一般包括拆条重组的电视节目、电视节目衍生节目和 MCN 自制短视频节目三种,而广播与电视相比,在短视频的制作上,完全没有可视化库存可供直接拆条进行二次加工的便利。其次,广播的重要资源和优势一直集中在主持人方面,而传统广播的采编人员也不再能满足现有互联网平台的内容生产需求,短视频制作人才、专业新媒体运营、商务营销人员、技术保障团队都有待完善和壮大。

此外,专业主持人直播也并不全是"降维打击",粉丝基数不够大,日常网感的欠缺,主持人本身需要兼顾主业,精力有限导致的 IP 维护不勤,作品更新无规律,事务执行速率慢,同样带来问题重重,对严格意义上的 MCN 机构来说影响较大。未来,"魔都电台"或可积极开拓挖掘更多新人,签约更多灵活的外部达人,并继续保持主 IP 在各大平台高频率高质量的内容输出,同步提高签约主持及 KOL 的发文率,细分垂类,深入布局全平台 KOL 矩阵。

3. 主账号吸粉速度较缓,或可在私域流量找到突破

"单纯依靠网络视听内容带来用户增长的逻辑,在移动互联网人口红利见顶的当下已不合时宜。"这个时代,信息冗余,新闻速朽,在各大平台账号半年多的运维中,我们明显感觉到了注意力收割的不易和吸粉的艰辛。而无论哪种互联网商业模式,都是以流量作为基础的,品效合一的营销策略成为共识,实现路径却是痛点,基于此,快速积累私域流量或是应对之策。

私域流量是指自身可以把控,随时能触达的流量,公众号、微信群、主持人或编导的个人微信等都可算作私域流量。以往广播电台主持人只能在节目播出时段与听友互动,现在通过合理的运营,我们可以通过微信群和朋友圈等社交平台,24 小时触达用户,做到实时联系,产生一种平等活跃的社交关系,并由此进行进一步的商业变现规划。

2021 年 3 月中旬,上海电台头部主持人参演的话剧公演,"魔都电台"为该剧做全程宣发推广,线上微博、抖音、快手、公众号、视频号等全面发力,线下剧场"地推"配合,在演出 4 日内迅速建起 4 个私域社群,且至今留存率良好。未来,"魔都电台"也需要找到更多方式吸纳流量,积累粉丝,促进更多商业模式的演化诞生。

结　语

"魔都电台"新媒体 IP 的打造一方面展示了上海广播积极变革求新的智慧和魄力,向社会表明了主流媒体与时俱进的开放姿态,用时下最流行的互联网直播方式展现了自身对百姓民生的关注。另一方面"魔都电台"新媒体 IP 的打造也是商业模式的一次创新,为传统广播客户提供了增值服务及品效合一的投放途径,不仅增加了现有客户的投放黏性和选择度,也拓展了更多独立于主流业务之外的商业资源。

希望上海广播这股 1998 年就风行的东方旋风经历时代的变迁能再次抓住 90、00 后"网络原住民"的心,也希望"魔都电台"稚嫩短暂的互联网化运营实践能为上海广播的"第二曲线"式发展探索提供一些有益思考与应用价值,为推动传统媒体机制的转型与创新发展贡献应尽的绵薄之力。

参考文献:

[1] 中国互联网络信息中心:第 47 次中国互联网络发展状况统计报告[R],2021 年 2 月

3 日。

［2］前瞻产业研究院：十张图了解 2020 中国广播电视行业发展现状［R］,2020 年 12 月 24 日。

［3］屈丽丽：又一个风口：网红平台化从拼"颜值"到拼"内容"［N］,中国经营报,2016 年 10 月 8 日。

［4］短视频 MCN：广播电视融合发展的新路径［J］,《现代视听》2019(12)。

［5］宋炯明：确定全媒体战略,打造核心平台产品［J］,《视听广电》2020(12)。

［6］打造属于电台自己的私域流量［J］,《现代视听》2020(11)。

作者简介：

汪秋萍,上海广播电视台东方广播中心编辑。

加速深度融合　赢得破局契机

——话匣子 FM 媒体融合初探

包　露

提　要： 数字技术犹如一剂魔力催化剂,把媒体融合推上加速发展通道。作为全国广播界一支重要力量,上海广播推出媒体融合产品"话匣子 FM",尝试用新媒体语言做好主流价值观表达、用新媒体技术丰富优质内容表达形式、用新构架层次扩大互联网传播影响力版图。在以新技术赋能高质量发展的道路上,话匣子 FM 作出的种种探索,对其他正在打造新型主流媒体的同行具有启发借鉴意义,同时,话匣子 FM 面临的困境,也是大家共同需要打通的壁垒。2020 年,5G 技术从未来科技走到大众身边,为传媒行业发展打开巨大想象空间,本文在此背景下,试以话匣子 FM 为例,探讨如何加速深度融合、赢得破局契机的有益尝试。

关键词： 媒体融合　话匣子 FM　用户生成内容

引　言

媒体融合自 2014 年上升到国家战略层面以来,从"加快传统媒体和新兴媒体融合发展"到"构建全媒体传播格局",再到如今的"推进媒体深度融合",融合进程不断加快发展。SMG 旗下上海东方广播中心为了推动媒体影响力加快向新媒体端辐射,推出融合转型旗舰产品"话匣子 FM"。

话匣子 FM 客户端 2018 年上线运营以来,成为上海广播原创内容的互联网主力发布平台,在上海市委网信办的主流媒体传播影响力榜单上,排名从最初的十几名上升到 2020 年第 6 位水平;同一年,东方广播中心入选国家广电总局全国 10 家广播电视媒体融合先导单位。

本文试以话匣子 FM 这个年轻的产品为例,梳理其在媒体融合进程中作出的有益探索,并对接下来有待突破的发展壁垒进行分析,以期对同样正在努力打造新型主流媒体的同行提供一些借鉴。

一、对话匣子 FM 作 SWOT 分析

SWOT,是国际公认的市场管理学的市场分析基本方法,是由优势(Strength)、劣势(Weakness)、机会(Opportunity)、威胁(Threat)的四个英文单词的开头一个字母合成。意即要分析主体(本单位或本产品)在市场竞争中的优势、劣势,分析发展与振兴的机会,预见可能遇到的危机与威胁,以便扬长避短,抓住机遇,避免或化解危机威胁,以便取得更大成效。

下面用这种方法来分析话匣子 FM 的优势、劣势、机会与威胁。

S——优势

作为上海广播新闻的移动端旗舰产品,话匣子 FM 背后的资源支持来自整 SMG 东方广播中心,东方广播中心下辖 13 套广播频率,本地广播市场份额高达九成以上,独占鳌头。500 人整建制生产团队阵容扎实,IP 级知名主持人及品牌活动拥有强大的市场号召力。

话匣子 FM 新媒体矩阵布局广泛,包含 APP、微信公众号、微博、抖音、头条号、阿基米德社区等,触达受众面广泛,渠道层次多样。

W——劣势

互联网基因弱。话匣子 FM 的内容生产和技术构架团队基本来自广播,这些传统媒体人才是新媒体界的"移民",同新媒体界的"原住民"比起来,技术储备不足,互联网思维薄弱。

体制机制不够灵活。作为体制内新媒体机构,话匣子 FM 在薪酬激励、商业变现、融资投资等方面存在诸多限制,无法与体制外新媒体机构竞争。

O——机会

2020 年 9 月中共中央办公厅、国务院办公厅联合发布《关于加快推进媒体深度融合发展的意见》释放强烈信号:接下来广电媒体的融合发展要在重点领域和关键环节以更快的速度取得更大力度的突破,话匣子 FM 作为来自主流媒体的新媒体产品有机会在这一大势中赢得自我破局的新契机。

新冠肺炎疫情重塑传播生态,话匣子 FM 在提供高质量内容的基础上,着力打造具有吸引力的服务平台,就能打通价值创造和价值变现中间的壁垒,有助于

在新形势下谋求新的发展。

T——威胁

以往国家对于频率频道等媒体资源有着严格的审批制度,但是,随着技术发展,新媒体行业门槛已经大大降低,越来越多竞争者加入对注意力经济资源的争夺,体量优势不再是制胜法宝,有时候小团队也能够出其不意打造爆款产品。

前沿技术对新媒体产业的驱动趋势越来越强大,掌握最新一代核心技术,就能在行业内部获得碾压性优势;一旦错过技术迭代窗口期,失语失势是必然结果。

总之,威胁是挑战,机会是大机遇,只要明确方向,扬长避短,守正创新,团结奋斗,话匣子FM发展前景远大。

二、紧扣时代脉搏,努力扩大舆论阵地

在互联网世界里,有太多的肤浅热点如同"秋天里的第一杯奶茶"一般凭借风口一夜爆红,但又在下一个热点降临时被流量抛弃。低层次吸粉引流,只会使媒体融合丧失灵魂。作为来自主流媒体的产品,话匣子FM在融合转型发展过程中,从内容到形式、从技术到构架,都始终紧扣时代脉搏、坚持价值取向。

1. 融合媒体界限,坚持主流价值取向

目前学界和业界公认最早的"媒介融合"概念,由美国麻省理工学院教授浦尔(Ithiel de Sola Pool)1983年在其著作《自由的技术》(*Technologies of Freedom*)中提到,认为媒介融合是指各种媒介呈现多功能一体化的趋势。三十多年以后,再谈"媒介融合",肯定不能脱离当下的行业现状。《2020中国网络视听发展研究报告》显示,截至2020年6月,中国网民9.4亿,其中短视频用户规模8.18亿,占网民整体的87%,并且日均使用时长110分钟,成为仅次于即时通信的第二大网络应用。[1]这样的数据清晰表明了当下媒体融合产品的发展指向,不论它的基因来自报纸、电视还是广播,都必须打破原来的边界限制。话匣子FM在2020年呈现的"脱贫之战"全媒体新闻行动在这方面提供了一个值得研究的样本。

2020年是脱贫攻坚决战决胜之年,上海广播从6月到10月,从云南、贵州到四川、新疆,每个月走进一个上海对口帮扶的挂牌督战县进行深入报道。传统的报道方式,是由广播记者采写富有声音特色的系列主题报道,但是,话匣子FM呈现的"脱贫之战——走向我们的小康生活"大型全媒体新闻行动完全突破了传统广播"只闻其声"的媒体界限:走高原跨戈壁的广播记者带上视频设备,

下雨天连吉普车都会打滑的陡峭山路、孩子们夏天破旧羽绒服＋凉鞋的搭配,大山深处的贫困现状无需描述直击人心;"没想到"隆阳蚕茧抽出的丝竟然比湖州的还要长得多,潞江坝"为什么"拥有世界顶级咖啡产地却刚刚脱贫,背上 4G 背包深入田间地头边走边看的报道有观察也有思考;扶贫干部的工作 VLOG(意指:不妨假设、规划与构想)、当地特色产品的短视频展示,既拓宽助农产品销售渠道,也传播脱贫奔小康的万千甘甜。除了新闻报道,"脱贫之战"还全程传递人文温度:邀请明星歌手袁娅维为彝族乡村小学的孩子带去一堂特别的音乐课,"爱心校服漂流"行动的大卡车满载上海赠送的校服被褥和课外读物翻山越岭送进深山,精挑细选脱贫地区 20 公斤珍品咖啡豆通过电台节目进行电波爱心义卖,所得善款换成平板电脑反哺课堂,10 月 17 日国家扶贫日当天,还在新疆叶城县红军小学举行别开生面的"一起去看幸福"主题思政课……线上线下交融,各种传播形式互为支撑,所有这些都汇成了一曲大气磅礴的脱贫攻坚主旋律,这场突破媒体界限的大型新闻行动也是一场新传播理念的先锋实践,将脱贫攻坚的主题宣传打成了一场传播意义上的"超限战",入选广电总局 2020 年广播电视创新创优节目。

2. 举重若轻,引发共鸣,增强移动端传播影响力

从产品细分角度来看,新媒体产品面对的移动端用户和传统媒体有很大区别。如何拆解严肃议题,激发兴趣?如何将隆重叙事,化繁为简?从内容到设计,新型主流媒体都需要运用移动端用户认同的方式来扩大传播影响力。人民日报客户端为了迎接建军 90 周年推出 H5 小游戏《快看呐! 这是我的军装照》,用户可以上传照片,通过 P 图软件生成自己不同时期的军装造型。小游戏一经推出便成爆款,强烈激起爱国情绪的共鸣,唤起每个年代的军旅回忆。接下来,在庆祝中华人民共和国成立 70 周年的宣传中,定格 70 年奋斗记忆的《新中国成立 70 年　我是亲历者》、展现 56 个民族 56 种美的《我爱你中国》,同样达到了在互动中增进情感、传递能量的效果。

引发移动端用户共鸣的终极目标,是传播。纪念五四运动 100 周年时,话匣子 FM 推出融媒体产品《跨越百年的青春对话——渔阳里来信》,原创广播剧、漫画和动画短视频,相关新媒体稿件点击量超过 2 000 万,获得中央网信办全网推荐。为了做好上海两会这样的"硬核"主题报道,话匣子 FM 策划绘制漫画作品《代表委员履职秘籍图鉴》,独辟蹊径地通过"武侠招式"的包装,生动幽默地刻画代表委员的履职过程,披露议案提案背后不为人知的付出和努力,引发一波网络关注。配合上海"垃圾分类立法"宣传,话匣子 FM 上线"越分越开心"互动游戏,聚焦那些生活中常见但在分类中易混淆的垃圾,寓教于乐的益智类游戏吸引用

户一玩再玩。进博会召开期间,话匣子 FM 又和网红音乐主持人合作,拍摄系列短视频《小锅的进博 VLOG》,将宏大主题拆解成个人体验小视角,以活泼语态贴近年轻用户,激发网友发圈分享,获得广电总局表扬。

3. 构建多层次传播矩阵,尽力扩大互联网影响力版图

作为上海广播面向移动互联网的旗舰产品,"话匣子 FM"客户端 2018 年 8 月上线运营以来,在上海媒体原创稿件传播影响力方面取得显著成果;但是,受整体网络流量红利衰退影响,持续高速增粉难度越来越大。在这样的情况下,多渠道分发与再分发就是扩大传播效果的必然选择。借助首届进博会开幕的势头,"话匣子 FM"开设抖音官方账号,对广播记者现场拍摄的短视频进行二次加工传播,首条进博会短视频《比尔·盖茨和马云谈笑风生》就累计播放 680 万次,收获点赞 24.8 万。2020 年以来,话匣子多点发力,微信公众号、抖音号传播效力显著提升,首次产生播放量亿级短视频。此外,《除夕夜,他们出征》《金银潭医院重症病房这一夜:与死神拔河,每一次他们都在拼命》等多篇记者深入一线采写的微信公众号推文阅读量突破 10 万＋、100 万＋。目前,"话匣子 FM"已经构建了以 APP 为龙头、包括微信公众号、官方微博、抖音号、快手号等在内的传播矩阵,对于记者获得的一手素材做到"一次采集、多元生成、全网发布",这样使得真正好的内容通过尽可能多的渠道进行传播,达到传播效果的最大化。

除了构建外部多层次的传播渠道,对内方面,"话匣子 FM"还主动融入以阿基米德为龙头的上海广播融媒体战略平台,进一步扩大主流价值的互联网影响力版图。阿基米德平台迄今吸引下载用户 4 000 万,通过在阿基米德客户端首页显著位置打造"话匣子"新闻社区,话匣子 FM 的优质原创内容"借船出海",充分利用庞大用户基数带来的传播红利;同时,阿基米德也发挥技术优势,在"关键词电台""全网音频内容抓取"等方面,为话匣子内容创新提供高效支持。经过抗击疫情、进博会等多轮重点宣传报道,话匣子和阿基米德相互借力,两个平台的传播力、影响力和公信力都得到明显提升,实现了 1＋1＞2 的整合效能。

三、突破发展壁垒,赢得破局契机

话匣子 FM 这个年轻的媒体融合产品诞生两年多来,为了扩大上海广播在互联网上的影响力,进行了多方位的有益尝试和拓展,取得了一定的成绩,但要进一步做大做强,如前面 SWOT 分析所述,依然有诸多壁垒需要尽快突破,这其

中,尤以技术、用户、商业模式这三个方面最为迫切。

1. 打造新型主流媒体,必须保持对新技术的战略主动

不论传统媒体、还是新媒体,尽管都是"内容为王",但是,技术因素的驱动力量已经越来越不容忽视,每一次传播革命,背后的核心驱动力其实都是新技术。国内外领先的互联网平台企业和传媒机构,包括苹果、谷歌、腾讯、阿里巴巴等,都是技术性驱动公司。并且,当下互联网世界的发展,已经从"选择时代"步入"算法时代"。"选择时代"的脸书、推特等传统互联网企业,它们的做法是把所有的东西都摆在大家面前,让用户通过搜索任意挑选,这是"选择"改变世界;但字节跳动更擅长的是"算法",可以根据用户的行为路径算出喜好,然后直接把你的最爱呈现在面前,用户已经不需要再去费心做"选择"了,这就是"推送"改变世界。"推送"和"选择"完全是两个维度的东西,掌握最先进推送算法的字节跳动,对于其他竞争对手拥有"降维打击"的优势,因此,字节跳动公司在多个国家受到严格审查,商业竞争的深层次因素是技术的角力。技术迭代发展,还催生新的传播形态从无到有、不断涌现。十天十夜,一场没有任何解说、只有一个机位的新媒体直播,吸引 9 000 万网友观看,这在以往是不可想象的;但疫情期间,央视频对火神山、雷神山医院建造过程进行的"慢直播",超 9 000 万网友化身"云监工",共同见证"中国速度"。2020 年双十一,又有八百万"尾款人"在付完尾款后,熬夜围观机器人仓库的快递分拣"慢直播"。"慢直播"兴起的背后,离不开互联网技术和移动终端的支撑。

2020 年是我国 5G 网络建设的关键年份,5G 技术将破解 AR/VR/MR 应用瓶颈和局限,为行业带来巨大的想象空间。2020 年 9 月,中办、国办印发《关于加快推进媒体深度融合发展的意见》指出,要以先进技术引领驱动融合发展;同年 11 月 26 日,广电总局又印发《关于加快推进广播电视媒体深度融合发展的意见》,在九大方面 28 条具体意见中,同样强调要强化先进技术创新引领。两份重量级文件都释放强烈信号:深度融合要紧紧围绕技术轴线加快创新发展。下一步,借助 SMG 制定的流媒体发展战略,话匣子 FM 和百事通 BesTV+合作,将设计产品,努力进入汽车中控屏。要打造新型主流媒体,必须保持对新技术的战略主动,占据视频、数据新闻、智能传播等技术的风口,重构技术使用、终端链接,夯实新技术支撑,才能释放技术"红利",推动生产方式更快升级。

2. 变"受众"为"用户",以开放姿态释放内容生产能量

媒体技术的更新日新月异,与此同时,所面对的传播对象也逐渐发展出了不同于以往时代的鲜明特点,而这种特点反过来又塑造了我们这个时代新媒体产

品的面貌。过去的年代,传统媒体将面对的传播对象称为"受众",总体上来说,传统媒体处于信息发布的中心位置,而广大受众处于被动的接受位置。互联网技术打破时间与空间限制后,消解了传统媒体的信息中心地位,广大受众不仅可以随时随地接收各种碎片化的内容信息,还极大地激发了这个群体进行自我表达的欲望。

近年来,UGC 这个概念受到越来越多的关注和应用。UGC 是 User Generated Content 的缩写,意为"用户生成内容",这是一种使用互联网的新方式,即由原来以下载为主,转为下载和上传并重。从媒体的角度来说,就是它面对的传播对象不再只是被动地接收信息,而是主动加入内容生产,并将内容分享给其他人使用,受到大家喜爱的内容自然站到众人注意力的聚光灯下。社交媒体兴起并且滚雪球一样迅速积累庞大的用户群,就是因为 UGC 使得用户深度参与内容的制作和发布环节,因此用户有了主动对内容进行社会化传播的强大动力;而且,从规模上来说,UGC 生产的海量内容,已经远远超过了专业媒体工作者所能生产的内容。从这样的大背景来观察,主流媒体影响力日益边缘化,不是缺钱缺技术缺资源,喻国明教授的观点认为,问题的症结是以封闭的形式应对开放的互联网新格局,对泛众化传播者的能量利用,几乎完全排除在自己传播模式的"版图"之外。走出封闭,以开放的姿态整合互联网技术所释放出来的传播生产力,才是成为未来主流传播引领者的不二之选。[2]

作为拥有传统媒体基因的新媒体产品,话匣子 FM 要在内容生产和用户积累上取得突破性进展,必须将传播的"受众"观念转变为"用户"观念,激发用户参与内容生产的能量,这样才能让每个用户成为传播网络中一个继续发散的节点、而不是终点。

3. 探索多元商业模式,打通价值变现壁垒

在具备了技术加持、释放了内容生产潜能之后,一个新媒体产品要走向成熟,发展商业模式是绕不过去的话题,也是题中应有之义。过去上百年,传统媒体已经形成了一套非常成熟的商业模式,就是通过广告来进行受众注意力的二次售卖;但是随着互联网的迅猛发展,传统媒体对于信息的垄断地位已经被彻底打破,表现在数据上就是报纸发行量以及广播电视收听收视率的不断下滑,广告收入的连续萎缩。2020 年初,受新冠肺炎疫情影响,传统媒体传播力创下多年来新高。广播方面,战"疫"初期(2020 年 1.27—2.23)上海广播融媒体云端点击量位居全国省级电台之首;电视方面,2020 年上半年 SMG 电视频道黄金时段收视率整体增长 6%,东方卫视黄金时段收视率甚至增长 120%,拿下省级卫视收视份额增速第一。[3]然而残酷的现实是,这样亮眼的数据并未带来广告营收的同

步增长,甚至无法遏止部分频率频道广告的持续下滑。这说明,新媒体产品要获得发展,必须探索符合互联网传播特征、更加多元的价值变现模式。

最近几年,随着电商的兴盛,网红带货成为一股新风潮,也诞生了李佳琦、薇娅这样的带货"一哥""一姐"。值得注意的是,2020 年,为了帮助疫情后各省恢复经济、为了给公益扶贫助力,主流媒体也纷纷加入直播带货大军。从朱广权开始,往日里高高在上的央视主持人天团纷纷放低身段,一个个配合头部网红,组成各种带货组合。其中,2020 年 4 月,央视"段子手"朱广权与"带货一哥"李佳琦首次组成的"小朱配琦"组合,吸引 1 091 万人观看,累计观看次数 1.22 亿,直播间点赞数 1.6亿,累计卖出总价值 4 014 万元的湖北商品。一炮而红后,5 月 1 日,"央视 Boys"康辉、朱广权、撒贝宁、尼格买提组成"权来康康,撒开了买"组合,直播带货 3 个小时内获得超过 5 亿元的成交额。[4] 这些知名主持人参与直播带货活动取得的巨大成功,体现的是主持人背后所在媒体强大的品牌背书效应,也表明媒体在新型营销模式上所能够产生的巨大影响力。话匣子 APP 背靠 SMG 东方广播中心,旗下知名主持人及品牌活动拥有强大的市场号召力:2020《东方风云榜》音乐盛典全网直播观看量高达 6 500 万,为了助力经济复苏,"五五购物节"上海广播进行 12小时大直播,覆盖 427 万广播端听众;[5] 接下来,6 月 6 日上海文化旅游消费大直播、7 月 7 日吃货节特别节目、8 月 8 日全面健身日大直播,9 月 9 日《行·味城市巡礼》8 小时大直播……这一系列全媒体产品,收听收看总人数达数千万人次,话匣子 FM 都进行了网络端视频直播和大量的新媒体宣传,在将来的发展中,打通内容生产和营销渠道,打造有吸引力的用户平台,就能释放话匣子 FM在传统新闻业务之外的其他能量,探索多元商业模式,打通价值变现壁垒。

结　语

2020 年快要结束之际传来信息:5G 商用一周年,全国累计建设开通 5G 基站超过 70 万个,其中,上海建成 5G 室外基站超 3 万个,室内小站超 5 万个,居全国第一,在全球也处于第一阵营。从 1G 语音时代、2G 文本时代,到 3G 图片时代、4G 视频时代,5G 将以海量数据的毫秒级传输让世界扩展到万物互联。曾经响当当的媒体品牌、多少年积淀的优质资源……在 5G 时代如何成为动力而不是束缚? 如何用好数字化魔力的催化剂闯出一条新型主流媒体的发展之路,已经成为摆在媒体人面前一道迫切需要答好的"必答题"。让我们继续努力奋斗!

参考文献:
[1] 数据来源:中国网络视听节目服务协会 2020 年 10 月发布的《2020 中国网络视听发展研

究报告》。

[2] 喻国明. 未来传播的三大关键转型——站在未来已来节点上的思考与展望[J]. 新闻与写作,2020,1.

[3] 数据来源:上海广播电视台台长宋炯明 2020 年 9 月 28 日在中国网络媒体论坛上的讲话《流媒体战略与新型媒体融合》。

[4] 数据来源:2020 年 9 月,2020 CTR 洞察高峰论坛发布的《2020 中国媒体市场趋势报告》。

[5] 数据来源:2020 年 5 月,赛立信发布的《2020 年五一东方广播中心收听及市场数据简报》。

作者简介:

包露,上海广播电视台东方广播中心融媒体部副主任。

大胆跨界，才能破圈而出

——论广播节目主持人的融媒体发展思路

关 峰

提 要： 随着手机作为移动信息终端的深度应用，依托手机产生的网络新媒体、手机自媒体、视频社交媒体等正在多元化全方位影响公众生活。传统媒体正在遭遇前所未有的冲击，传统媒体环境下的广播节目主持人也面临巨大挑战。本文以广播节目主持人为例，阐述当前新媒体与传统媒体融合的重要性和必要性，通过案例分析、理论研究、切身体验，探索广播节目主持人借助自身优势成功转型之路。

关键词： 融媒体 广播节目主持人 转型 短视频

融媒体时代，不仅传统广播媒体受到新媒体的挑战，传统广播节目主持人也遇到前所未有的巨大挑战与转型"破圈"的压力。本文要探索研究的就是在融媒体时代广播节目主持人如何适应形势需要、克服困境阻力、成功转型之路。

一、短视频对广播的冲击

智能手机是我们这个时代最具标志性的产品。在不到十年的时间里，它已经成为我们日常生活中极为普遍且不可或缺的"媒介"。而且它已经改变了我们获取信息的渠道，并以一种我们难以想象的方式改变着许多长期以来固有的生活方式和习惯。

据中国互联网络信息中心（CNNIC）发布的第 47 次《中国互联网络发展状况统计报告》显示：截至 2020 年 12 月，我国手机网民规模达 9.86 亿，较 2020 年 3 月增长 8 885 万，网民使用手机上网的比例达 99.7%，较 2020 年 3 月提升 0.4

个百分点。同样,如果按照这个增长速度,2021年上半年,中国手机上网规模有可能突破10亿大关。

随着智能手机日益普及,公众获取信息的方式更加便捷,依托手机产生的网络新媒体、手机自媒体、视频社交媒体等正在多元化全方位地影响着我们的生活。

这些自媒体平台包括:微博、微信公众号、今日头条、抖音、快手等,在自媒体时代,各种不同的声音来自四面八方,"主流媒体"的声音日益衰弱,平面媒体加速停刊,电视媒体风光不再,广播媒体也饱受冲击。原因是人们不再满足于过去从"点到面"的传播方式,更享受"点对点"对等的传播感受,愿意从独立获得的资讯中,作出自己的判断。

尤其是短视频社交平台,近两年发展神速,《中国互联网络发展状况统计报告》显示,截至2020年12月,我国网络视频(含短视频)用户规模达9.27亿,较2020年3月增长7633万,占网民整体的93.7%;其中,短视频用户规模达8.73亿,占网民整体的88.3%。2020年抖音数据报告显示:抖音日活跃用户突破6亿,日均视频搜索次数突破4亿!

而与之相对的是,作为传统媒体的广播在近几年触达人群规模逐年减少。从2012年到2019年全国广播整体收听率从5.9%下降到4%,下降幅度最大的是居家收听,从3.87%下降到1.85%,移动收听随着车辆的增加有所提升,从1.24%提升到1.5%,但是增幅不大。赛立信全国70+城市收听率调查数据显示,2020年上半年广播媒体的周活跃用户近2亿,比2019年同期减少了8.2%。

与之相适应的是,传统广告投放的模式也正在因为抖音、快手等短视频平台的快速发展而被颠覆:针对流量主的传统投放方式正在向流量主+销量主的方向转变。2020年仅上半年电商直播场次就超过1000万场,活跃主播每场人数超过40万人,观看人数超过500亿人次,上架商品数超过2000万件。短视频或者直播投放,省去了传统媒体广告播放后漫长的等待效果的时间。也就是你不仅能够为广告客户做宣传而且能够带来实实在在的销售量,对于广告客户来说,卖出一件商品比被一千个人看到或者听到来得更为直接。当然,效果不好,下次换人,没有传统媒体播放周期和违约责任的限制,简单而粗暴。

这让以节目质量和收听率吸引广告主投放的广播广告营销模式大受冲击,根据CTR媒介智讯的数据显示,2020年前11个月广播广告刊例花费和资源量同比降幅分别下降15.1%和18.5%,这里,不仅有疫情对2020年广播广告投放的影响,也有传统广播媒体在新媒体冲击下日益式微的现实。

短视频平台虽然定位音视频文娱产品,但在4G发展后期社交属性愈发突出,已逐渐成为社交平台发展的新方向。未来随着5G应用范围扩大,短视频将在移动端扮演更重要的角色，有望成为下一个国民级应用行业。

二、广播主持人转型的阻力

短视频平台的风起云涌，对传统媒体，尤其是传统广播媒体带来巨大冲击，对广播以主持人为基础的节目生产方式带来颠覆式的影响，在这个人人皆"主播"的时代，广播节目主持人必须顺应变化，跳出舒适区，打破固有圈层，加速媒体融合，主动探索转型。

但是，广播节目主持人的转型并不容易，需要克服几个方面的阻力：1. 圈层差异；2. 专业素养；3. 惰性思维；4. 管理机制。

第一，媒介的圈层差异

2015 年以前，百度输入"主播"，搜索到的信息几乎都是电台电视台播音员主持人，而现在在百度再次输入"主播"，搜索结果几乎都是美女主播、网络主播，只有百度百科还在坚守初心：主播（主持人型播音员）。

曾经播音和主持专业是许多大学必开专业，因为成为播音员主持人是很多年轻人的梦想之梯，因此，这个行业也成为门槛最高的行业之一。成为一名主持人谈何容易，不仅仅要有一张本科文凭，还要同时拥有以下几个证书：播音员主持人资格考试合格证、普通话等级证、播音员主持人证，甚至有些新闻岗位播音员主持人还要有记者证。你以为有了这些证就可以上岗了？这些只说明你有资格从事播音员主持人这个职业，要成为真正的播音员主持人还需要广电媒体的聘用上岗。也就是说，这是一个五证齐全才能够从业的岗位，把绝大多数人的渴望挡在了门外。

互联网时代，"主播"的概念已经和传统概念大相径庭，百度百科对网络主播的定义是：互联网节目中，负责策划等工作，并由本人担当主持工作的人。网络主播按照内容分为秀场主播、游戏主播、其他主播。无论是什么类型的主播，都有一个共同点：没有门槛。因为成为网络主播，只需要一张成人身份证、电脑、手机、麦克风、摄像头和网络。

传统节目主持人必须具有马克思主义新闻观，肩负社会责任和传播正能量的重要使命，传播有益、有用、有价值的节目内容，并为之奋斗终身。而现在的网络主播，要的只是流量变现。这就是媒介圈层的巨大差异，当让一个从业几年甚至几十年的资深主持人在草根平台去秀才艺的时候，或多或少会有心理落差，而这也成为不少主持人的心理鸿沟，无法逾越。

第二，专业素养

传统广播主持人是为让节目更有交流感，更有人格化特点而设置的角色，在节目中主要起到串联、烘托的作用,主持人被训练出来的天然功能是为节目进程穿针引线,也就是主持人是连接观众和节目之间的中介。主持人教科书再三强调,主持人不能喧宾夺主。这是长期训练的专业素质,但也是电台主持人转型网络主播的一个掣肘。

因为互联网的本质恰恰在于"以连接创造性意图及互联网合作的能力为基础",而不断去中介化。网络主播的传播力量,是通过传播的信息本身,要求主播具备角色化、任务化、观点或人群代表性、个体即全部等这些能力,更接近于演员、歌手、学者、专家⋯⋯在某一垂直细分领域与粉丝不断互动中达成,也就是说一个主播就要独当一面。

我们看下短视频平台在内容层面的底层逻辑,抖音用户喜欢新潮、精致、甚至有些不真实的美好生活,快手老铁则青睐简单、直接、接地气的人间烟火。2015年初,大批东北籍的YY主播将其日常直播的素材剪辑成短视频发布在快手上,快手的社区氛围也形成了我们所熟知的老铁文化。抖音刻意区别于快手的"接地气",选择了"高级一点"兴趣类内容。筛选出武术、健身、旅行、赛车、冲浪、红酒、绘画、音乐、舞蹈、美妆、烹饪等300多个垂直类别,在这些垂直类中主播们会施展浑身解数吸引粉丝的关注。

也就是说,如果你不是这众多垂类领域里的玩家或者专家,你根本无法玩转网络视频,而这一点正是广播节目主持人所欠缺的。虽然说多年以来电台一直在致力于培养专家型的主持人,但是能够存在五年以上的具有专业特质的节目凤毛麟角,原因无外乎不断地改版以适应市场的变化,这样的好处是主持人会成为主持节目类型的多面手,坏处是主持人可以驾驭专家,但是永远成不了专家,也无法在垂直类制胜、内容为王的网络主播中脱颖而出,吸引更多的流量。直接的后果就是:短视频,主持人不知道该做什么好。

第三,惰性思维

是人就会畏惧变化,这是人之常情,在一个环境中时间久了就一定会产生惰性。不论是单体的个人还是群体,都有一个强大的"心理舒适区",习惯了这个舒适区,我们会感到惬意和自在。然而,长期"坚守"在这样一个封闭的区域里,人们往往会变得心安理得,得过且过,失去学习新东西的干劲儿和热情,逐步沦为"平庸的自己"。

广播人员流动性并不大。一方面,广播整体体量不大,一线岗位基本处于一人多职的状况,单位生产成本较低。另一方面,因为广播在满足日常播出需求的同时还要恪守播出安全的红线,所以对于熟手依赖程度较高。三是因为广播工作性质无法完全量化,多劳多得在这里几乎很难实现,所谓的竞岗竞聘、末位淘汰大多数情况下流于形式,所以四平八稳、安于现状甚至得过且过的情况比较普遍。

但是，网络主播作为内容的输出者，其粉丝积累、运营和变现完全依赖自己的主观能动性，看似唱唱歌、跳跳舞、聊聊天就能够涨粉的网络主播，背后的付出绝不亚于艰苦的创业。

大家熟知的李佳琦和薇娅，顶级流量，热度高到很多明星都比不上。从一个月薪 3 000 元的"柜哥""衣姐"到年赚 2 亿元的"一哥""一姐"。在所有人艳羡不止的时候，可能没有太多人去注意他们曾经在简陋的相邻直播间每天直播十个小时，没有意识到一夜成名的故事都发生在一千夜之后，没有关注到他们做网络主播最开始的目的是为了活下去。在网络的世界里，努力了就有机会成功，不努力，就绝对不会成功。

广播电台的主持人，并没有活不下去的担忧，至少目前还没有，有的主持人甚至小有名气，就更没有理由在一个完全陌生的网络世界去做不知道能不能成功的努力，正是这种患得患失和安于现状阻碍了不少人重新发现自己的勇气。

第四，管理体制的束缚

直到现在，某些电台的主持人管理规定至今还明确写着：播音主持人员不允许在第三方平台开设个人媒体账号，并严禁在个人账号中开展任何经营活动，并不得在电台节目中宣传推荐。另外一些电台规定受邀参与台集团外活动、演出、拍摄、代言、授课、第三方参与网络直播、销售与职务身份相关的声音产品，必须提前 N 个工作日填写《活动申请表》，所在频率（部门）负责人签字同意，经中心总编室初审，报相关领导、台集团总编室及出镜出声管理委员会批准后方可参与。即便是在网络媒体风起云涌的今天，电台对主持人开设个人账号的登记排查依旧是管理的重点。

当然，电台对播音主持人员在新媒体发展的管理也实属无奈。第一，主持人人事关系隶属于电台，而电台是具有官方背景的事业单位，传播的内容必须符合长期以来形成的宣传规范和舆论导向。但是，网络平台有别于传统媒体的话语空间，尺度的界限更模糊、更随意、更出位。如果主持人在第三方网络平台有不当言论或者导向错误，那么，影响的不仅仅是主持人，更有可能牵连主持人所在的工作单位。第二，广播电台是具有公信力的公共媒体平台，节目收听率，是依托官媒特质和主持人魅力聚集起来的公域流量，如果主持人开设第三方个人账号并传播和节目有关或者无关的内容，就极有可能将公域流量转化成为私域流量，造成部分电台收听率的流失。第三，以个人名义开设的第三方账号权属模糊界限不清，很多电台认为旗下主持人开设的账号权属应该归于电台，但事实上个人账号完全由主持人独立运营，电台并未提供任何生产资料和技术帮助，归属电台令人难以信服。第四,电台在播音主持人员的培养上投入不菲,尤其是成熟的播音员主持人,如果个人账号运营发展态势良好,不仅因此可能影响正常节目的播出,在目前流量转化的大背景下,也有可能带来人才流失。

基于以上,目前大多数电台依旧限制或者说并不鼓励播音员主持人在第三方平台建立个人账号,开展相关的网络直播活动。而播音主持人员也因为对个人账号未来权属问题而心存疑虑,不敢贸然进入。

三、主持人成功"破圈"案例

即便阻力不小,即便疑虑重重,即便壁垒森森,电台主持人跳出舒适区的尝试从未间断,虽然大部分失败了,但是成功转型的也不乏其人。我们不妨举几个成功突围并成为王者的例子,尝试摸索打造网红主持人的路径。

1. 广电 MCN 助推。代表人物:张丹丹,抖音号:张丹丹的育儿经,粉丝 563万。对于广电主持人的"网红"创业者而言,湖南长沙正是他们的启航之地。由湖南娱乐频道组建的 Drama TV,是全国首家由电视媒体转型而来的短视频 MCN 机构。作为广电人转战短视频的成功案例,湖南卫视主持人张丹丹的短视频账号"张丹丹的育儿经"就签约在湖南娱乐 MCN。

数据显示,"张丹丹的育儿经"首个带货视频,在 48 小时内成交量 55 万。成立账号后 4 个月就达到了 192 万粉丝,每月营收现已可稳定在百万元左右,成了母婴垂类的头部账号。

随后,长沙广电的中广天择、浙江广电集团旗下的合资公司布噜文化、浙江民生休闲频道的"黄金眼融媒"MCN,黑龙江广电的"龙视频"MCN、济南广电与贝壳视频合力打造的"鹊华"MCN,以及无锡广电,均在试图打造美妆、特效、情感、潮鞋、影评、知识等垂直账号,打造集红人、短视频、电商、直播、带货为一体的权威平台,力求实现广告、直播、电商、知识付费、线下活动等多元变现。

2. 个人团队开拓。代表人物:于虎,抖音号:虎哥说车,粉丝 2 986 万。

从 2019 年 2 月"虎哥说车"正式入驻抖音、5 月发力半个月就涨粉 900 万,至今也是抖音短视频粉丝增长最快的账号之一。在转型前,于虎的节目已经是杭州最受欢迎的电台节目之一,在全国近 80 家电台落地播出。

但于虎毅然跳出舒适区,开始在抖音破圈,而且并没有以自己熟悉的汽车维权内容作为切入,而是以汽车知识分享作为开端,打造了外貌鲜明、内容明快、诙谐幽默的脱口秀说车风格。目前,于虎成立独立 MCN 公司,打造车坛老炮、小强说车等抖音账号。

3. 电台打造运营。代表人物虎小叔,抖音号:虎小叔说车,粉丝 744 万。

2019 年 6 月，杭州文化广播电视集团西湖之声为旗下汽车维权类节目《虎小叔说车》推出同名抖音号，并发布了第一条视频，这是包含"抖音""快手"等全网短视频在内的汽车维权节目号，开播 62 天后粉丝量就突破 100 万人。

"虎小叔说车"的广播直播间背景是最大的特色，将汽车投诉维权作为短视频账号的主打内容，体现账号的权威、专业、深度和服务。之后相继建立"虎小叔车生活""首席导播璐伊"等账号，形成新媒体矩阵，"虎小叔说车"在内容组织、加工方式、表达方式、互动方式、转发方式、算法能力等多个方面植入了互联网基因。

"虎小叔说车"在谋划之初就明确了实现社会效益与经济效益"两个效益"的目标，注册了"抖音"企业号，开通了"抖音"视频直播和淘宝店，成为较早在"抖音"上实现带货的广播节目。

四、广播主持人如何"破圈"？

从上述三位广电主持人的破圈路径能够看得出来，成为"网红"之路主要有三个：单打独斗、团队出击和公司运营。孰优孰劣在这里不作探讨，在这里不得不说主持人转型融合的必备要素：表现欲、助推器、专业性。

1. 表现欲。主持人是媒体工作者，是拥有强大表达权的这么一群人，这种强大的权力是播出平台的影响力赋予的、是职业属性，同时又被严格管理。主持人本身的形象、声音质量、语言面貌、职业素养，无论是对内容的把控还是镜头表现力都出类拔萃。在短视频中可娱乐，可营销，可变现自带流量，媒介素养凸显不管是"玩儿票"还是专业化作业，这些拥有专业媒体生涯锤炼的主持人在表达中拥有先天优势，语言面貌和逻辑思维、表达能力都优于素人，并且完全不会出现"敏感性"问题，再自由的表达也不会触犯底线，这是专业媒体人一种媒介素养的体现。其次，有广播背景的信誉背书，使得传播的内容更可信，主持人在收音机里只闻其声不见其人，通过抖音的传播，形象上的新鲜感也会带动涨粉，这种反差，也会让受众有新鲜感。

2. 助推器。这个和主持人所在电台机构的支持密不可分，主持人开设抖音，是作为普通民众表达自由的一种体现，更是接地气、加强与观众互动的一个出口。它可以成为工作的一种补充，对于主持人背后的媒体来说，可以给予适度的管理、支持和引导，才是新型媒体思维的一种选择。

以虎小叔说车为例，在筹划"虎小叔说车"抖音号时，频率引入了专业机构合作运营，频率负责内容生产和质量、导向把控，机构负责拍摄和后期制作，商业运营由双方共同参与。既牢牢掌控了电台对账号的主动权，又满足了机构的盈利需求。为了保证主创团队的稳定性和持续性,频率和主持人、专业机构建立了长期合作机制,既明确了双方的义务,也确保了双方的权益。

再以上海广播为例,为了应对新媒体对传统媒体的冲击,也为了发掘广播电台主持人在抖音短视频方面的潜能,上海东方广播中心 2020 年 6 月 1 日在东方广播主持人中开展东方广播爱 DOU 大赛,赛期两个月。目的是鼓励主持人挖掘自身潜力,拓展能力圈层,展现自身实力。

3. 专业性。从湖南卫视访谈节目张丹丹的张丹丹的育儿经、从四川广电房产节目主持人邓伟康的康康说房,以及前文提到的虎哥说车、暴走老常、虎小叔说车都是主持人在日常节目所涉及的专业领域进行了抖音短视频的深度挖掘,这个和主持人日常的知识储备、思考总结、经验积累密不可分。同时,在转型抖音短视频的过程中更加亲和、内容更日常和接地气,这是主持人成功转战抖音短视频的先决条件。

在东方广播爱 DOU 大赛中胜出的关键同样如此,关键主持的 899 都市广播的汽车节目《车行天下》已经七年时间,成为上海车主家喻户晓的王牌汽车节目。关键不仅精于汽车,而且善于总结,七年时间里,在工作中总结出的一千多个知识点在这次爱 DOU 大赛中起到了关键性的作用。

当然,传统广电主持人,转型新媒体,千万不要觉得从广电到网络是一个降维的过程。短视频是一个新时代完全不同的玩法和逻辑,主持人还需要更深入地去了解短视频的逻辑究竟是什么,分析粉丝的喜好和兴趣点,适应短视频推广和运行的逻辑,才能在短视频行业深耕,或许可以得到更长的生命周期。

结　语

随着 5G 商用的到来,广播主持人谋求转型,布局短视频的步伐会越来越快,无论是加强原创争做精品内容传播者,还是主动加入 MCN 公司参与新媒体传播全过程,都需要认清自身优势,克服眼前困难,积极面对改变,主动投身转型。而传统广播也需要紧紧围绕广播特色不放弃,尽快从机制、人力、物力等多个方面做好主持人转型助推器,建立更加市场化、技术化、人性化的发展战略,以期在新一轮互联网发展竞争中稳得住、迈得开、跑得远。

参考文献:
[1] 唐琼斐."虎小叔说车"抖音号:广播栏目短视频运营策略[J].中国广播,2020,8.
[2] 艾媒报告:2019 中国短视频创新趋势专题研究报告。

［3］梁毓琳,赵景仁.2020 年上半年中国广播市场浅析[J].中国广播,2020,8.

［4］欧阳申.广播节目主持人角色转型和发展分析[J].记者摇篮,2019,10.

作者简介:

关峰,上海广播电视台东方广播中心长三角之声《车行天下》节目主持人。

人工智能环境下，新闻主播会被 AI 主播取代么？

——重新审视新时期新闻主播的职业素养

曹晨光

提　要： 人工智能技术迅猛发展，将会与新闻媒体深度整合，并极大改变广播电视机构的新闻制作流程和模式。面对 AI 主播巨大的技术优势，新闻主播对此要有所了解，并理解其传播方面的短板，重新定位新闻主播的功能和任务，凸显主持人的核心价值，这才能在新技术层出不穷的今天确保不会被时代所淘汰。本文将综合 AI 主播的特点，重新审视探讨新时期新闻主播所应具备的职业素养。

关键词： 人工智能优势劣势　新闻主播职业素养

前　言

近年来，"AI 主播"频频亮相荧屏或出声于广播频率之中。通过对主持人的声音、口型、语音语调的学习，人工智能主播可以按照传统主持人的风格，完成新闻播报工作。第五届世界互联网大会上，新华社发布了"AI 合成主播"。2018年在首届中国国际进口博览会上，上海人民广播电台东广新闻资讯广播采用 AI 主播"进宝"负责整点新闻播报。2020 年第三届中国国际进口博览会上，上海广播电视台的二次元虚拟新闻主播"申苏雅"在直播报道中亮相。

在国外，类似的 AI 主播也被广泛应用于传媒行业中，如亚马逊的 Echo 语音处理机器人可以将新闻机构的文本新闻转换为语音，并以播客的形式推送给用户；日本的"FM 和歌山"广播电台的 AI 主播"奈奈子"（NANACO）会在整点时随着音乐节奏播报当地新闻和天气信息。

鉴于此,很多传媒业者惊呼人类新闻主播可能很快将被"AI 主播"替代。的确,每一次的技术迭代更新都让人感到危机与机遇并存。AI 主播的加入让人看到更多可能性,比如广播电视中出现了新的传播主体,传媒机构的生产链条将会重塑,传媒机构格局可能变化,受众的个性化需求能够被更好满足等。但同时也使得人们反思,在人工智能技术日趋完善的当下,新闻主播该如何修炼内功,适应时代发展?是否随着以语音互动技术为核心的 AI 技术的发展,新闻主播岗位会随之消失?

笔者认为,人工智能技术的确会对新闻传媒行业产生深远影响,但短期内真人主播并不会完全被替代,而是将与 AI 主播共同担负起新闻传播机构的"发言人"角色。本文将分析当下"AI 主播"的技术优势和传播短板,并据此探讨在人工智能技术深入传媒行业的当下,新闻主播应在哪些方面提升职业素养。

一、AI 主播的技术优势

"人工智能"(Artificial Intelligence)英文缩写为 AI,AI 主播是主要运用了人物建模、表情合成、语音合成等技术而生成的全仿真智能主持人,将来可以基于分析用户的媒介使用行为,通过智能语音交互而生成和传播音视频内容。当下人工智能与传媒行业的融合发展还处于初期阶段,但我们看到,近年来人工智能、大数据、区块链等底层技术不断发展,将来人工智能技术与传媒行业的结合一定会越来越紧密,影响并改变媒体采编播整个生产链条。

首先受到冲击的岗位应是单一的产出或者单一输入的简单工作,如单纯口播稿件的新闻主播岗位。基于智能语音交互技术的 AI 主播可以从语音语调、语速音色、自然度等层面不断完善而获得与新闻主播口播稿件差距微小的播出效果,从音视频制作限制条件、机构人力成本、播出状态稳定性等几方面而言,"AI 主播"有着明显的优势。

1. 音视频制作的时空限制较小

一直以来,广播电视行业的日常工作受制于场地和音视频设备等条件。以广播为例,为确保直播和录播声音的质量,在空旷场地或者周遭环境声响较大时,都无法进行直播和声音录制,而建造一个直播间或者录音间成本高昂,日常维护要耗费一定人力物力。此外,主播在直播和录制音频时也必须在直播间或者录音间,这样的硬性条件为节目的日常制作带来极大的空间和时间限制。

AI 主播可以突破这样的限制,文本输入后能在极短时间内转换为音频和视频,并且拥有播出级的音质和画质,这将极大提升制作效率,减轻对环境和设备的依赖,缩短采写制作到播出的时间差。

2. 边际成本相对更低

随着新媒体兴起,尽管广播电视的市场份额逐渐缩水,广告营收逐年下降,但是运营成本却居高不下,尤其人力成本在运营总成本中占比较高。相比真人主播,AI主播的成本控制优势非常明显,主要投入为前期采样、设计等费用,后期维护费用等相对较低。

从传媒机构的长期运营考虑,广播电视等机构要定期引进新生力量,因为长时间的形象或声音"曝光"会引起受众的审美疲劳。培养一名新闻主播需要较长周期,直接人才引进则成本更高。AI主播可以"采样"于新人,并把音色和容貌结合到成熟的主播模式中,播出质量就完全可以达到成熟主播的程度。不仅如此,只要前期采样转换技术成熟,甚至可以在极短时间内具备多语种和方言的直播能力,而不需要其他成本支出。

3. 直播口误等差错可控

新闻主播在工作过程中,往往受到情绪、身体状态等因素影响,出现直播口误等播出差错,这些差错对节目播出效果造成影响。AI主播是基于新闻稿件的文字转"语音和视频",只要稿件内容无误,可以规避掉口误、断句不当、字音错误等人为失误,确保节目播出质量。

客观来讲,当下的AI主播还需要不断学习。普通话字音分成"阴、阳、上、去"四声,但汉语语言表达中有"轻声""儿化""声调变调"等语流音变现象,在实际运用中更会根据情绪等出现多样的表达处理,这样的处理会让人觉得表达更顺畅自然。目前的AI播报还无法完全和人的表达一样自然,听起来有较明显的生硬感,这也是目前限制AI主播大范围上岗的障碍之一。

二、AI主播当下的传播短板

尽管AI播报技术不断完善,已经一定程度上承担起广播电视播出任务。但从传播效果和安全性方面来讲,AI主播仍有明显短板,因此会有较长时期,新闻主播与AI主播共同担负广播电视的音视频直播任务。

1. 人际交流感弱,无法对受众反馈恰当有效反应

相比大众传播,人际传播的信息接受程度更高,很大程度上是因为人际传播

有直接、及时的反馈，是信息和情绪的双向传播。目前的 AI 主播大多还处在单向演示传递阶段，反馈是较为初级的信息回复和语音搜索展示，不能做到人际真实自然的沟通交流。以此来看，在一段时期内，AI 主播还只能担任"我说你听"式的语音播报，无法完整把握深度新闻中情感分寸，并对受众观点进行恰当点评回应，更无法整合新闻报道和受众反馈，使之成为一个有机的整体。

长远来看，媒体技术不断发展，受众的个性化需求将得到更多满足，未来的发展方向很可能是个性定制化的 AI 主播陪伴式的信息传递。

2. 新闻播报缺少真实心理依据，难以有更准确的表达

AI 主播目前还着眼于声音的采样和文字的语音合成，语音播报的自然度等问题会逐步解决。但语言表达自然流畅是新闻播报的基本要求，优秀的新闻主播能够准确、生动、有效地传递信息，并激发调动受众的求知欲。

从播报稿件来讲，每一条稿件的基调和处理方式不尽相同，处理依据是播音员经过系统训练的详尽备稿和内外部技巧的配合。举例来讲，一档综合新闻节目涉及时政新闻、社会新闻、体育新闻、财经新闻等，假设用同一种方式播报时政和体育消息，要么庄重性不够，要么体育的行进感偏弱。所以，不同板块的新闻播报时的整体节奏要有所区分，不同内容的新闻也应有差别化的语气语调处理方式，这些都不是简单的语音合成就可以展现。同时，不同的栏目有不同的定位和制作方向，也决定了不同的播报基调和方式，这都是 AI 主播在短期内难以解决的问题。

3. 播出安全性和可靠性仍需确认

综合考虑当下人工智能技术的发展阶段和新闻一线的实际工作需求，AI 主播大规模进入到广播电视工作中还需要技术的进一步提升与自动纠错等技术的配合。比如，当下"文本转为音频和画面"仍需要一定的生成时间，在实际操作中，新闻节目的稿件更改非常频繁，要及时根据新闻事件的变化有所调整。新闻主播在直播过程中可以实时插播，而目前 AI 主播生成音视频文件后，还要经过人工检查纠错后再安排到直播系统，直播系统也需要再一次刷新确认，整个操作流程机械而繁琐。再比如，一小时新闻节目的口播量有上万字，难免当中有文字错漏，播音员可以发挥主观能动性及时补漏，但 AI 主播只能"如实"播出，如何做到"智能纠错"也是需要考虑的问题。

AI 技术的深度应用，需要工作流程的深度再造加以配合。声音视频的制作播出门槛进一步降低，某种程度上意味着播出安全保障难度有所提升，要加强制作播出流程的管理，提前做好各种突发情况的紧急应对预案，确保播出安全。

4. 存在个人隐私泄露风险和系统性安全隐患

声音和容貌是每个人独一无二的生物标签。在人们纷纷关注到 AI 主播优势和发展的当下,也要提前考虑到其中的"侵权"风险,如"肖像权"等个人隐私泄露风险和"刷脸支付"等财产安全隐患等。此外,人工智能技术如果可以凭空"制造"出面容和声音,将不仅影响传媒行业,更牵涉到社会方方面面,如金融等系统性的安全,须相关部门提前考量加以规范。

三、人工智能背景下重新审视增强新闻主播职业素养问题

考虑到日常运营成本等因素,AI 主播逐步走上工作岗位成为大势所趋,技能较为单一的新闻主播将来可能会逐渐面临无节目可播的窘境。但是,具备深厚的政治素养、能够快速有机整合权威信源信息、声情并茂地即兴表达和点评、深度参与节目内容策划制作的具有复合能力的新闻主播,将来被取代的可能性不大。

1. 新闻主播要着力提升自身政治素养

新闻播音工作的宗旨是为党的宣传工作服务。广播电视新闻的有声语言不仅传递语言文字的表层意思,在很多情况下,还传递语言的深层含义——也就是通过新闻语言表达分寸、程度和立场等更为重要。这并不是简单的"文字转换成语音和画面"就可以完全替代,AI 主播还无法做到如此"话里有话"。新闻主播要加强自身的理论和政策素养学习,工作中坚持党性原则,坚持正确的舆论导向,把好新闻播出前的最后一道关。

2. 调整播报方式,与时代节奏相契合

对比来看,AI 主播在表达的规范性和稳定性方面明显处于优势地位,但从传播效果来讲,人们更愿意听到包含观点和情绪的类似日常说话的表达,而这样的表达对于人工智能而言,学习周期毫无疑问会更久。

不同年代的新闻播报方式有各自特色,播报特色体现了时代特征。相比于 20 世纪五六十年代,当下的"宣读式"新闻播报减少,更加关注"亲和力",语言节奏舒缓、柔和,具有较强的交流性和欣赏性。通过这样的表达,能够提升新闻的传播到达率,并进一步提升受众黏性。播报方式的转变并不是简单化的"清晰流畅",而是对新闻主播提出更高的要求,要积极参与到前期的采编过程,对社会生活有更真切的认识和感受,对于所播报内容有更深的了解,并将个人态度、经验

阅历结合到直播节目中。

3. 播报专业技能结合共情能力

凤凰卫视主持人吴小莉曾说："机器人会替代我的体温，但不会替代我说话的温度。"说话的温度来自人类的丰富情感。相比 AI 主播，真人主播的不可替代之处在于他们的播报主持是经过思考的"二度创作"，结合自身的体会和理解，饱含浓浓的人文色彩。

新闻播报中会遇到各类稿件，题材包括时政、财经、社会、体育等内容，也包含了各种感情色彩，如昂扬、开心、沉重、悲伤等。一位成熟的新闻主播能根据不同题材的内容，灵活采用不同的基调和处理方式，表情达意准确而又立场指向鲜明，用声音语言感染受众。这不仅关系到播音质量，更关系播出安全，不当的基调和语言表达会造成负面的社会影响。由此可见，在与 AI 主播同台竞技的时期，新闻主播要更重视共情能力与播报技巧的结合、提升。

4. 新闻整合和即兴评述能力

社会工作生活节奏加快，人们获取信息的主要渠道从广播电视等传统媒体逐渐转向线上社交媒体，获取的信息量更大，也更加零碎，"信息茧房"效应更为明显。长期来看，这反而会催生人们对于有较强新闻整合能力并能够恰当梳理脉络形成观点的主播的需求。或者说，人们对于意见领袖的需求并不会因为人工智能技术出现而有所弱化。从互动效果看，将来节目中受众互动将更加充分、立体多元，受众的观点也将越来越多地成为节目的内容组成部分。新闻主播要能够对受众的观点进行辩证思考和点评，积极引导听众，并整合权威信源信息，使得节目内容层次丰富，风格统一。

结　语

AI 主播的"上岗"是大势所趋，但人工智能技术在"自主意识"和"情感赋予"方面还有很长的路要走，AI 主播近期还不能掌握新闻主播的全部技能。在一段时期内很可能是 AI 主播和新闻主播共同担负新闻播出任务，大板块综合性新闻直播节目和评论类的新闻专题仍由新闻主播负责，AI 主播则担负起单纯的资讯类节目的播出任务。人工智能技术在不断进步完善，新闻主播只有不断提高专业素养和能力，不断转型升级，强化主持人的核心竞争力，才能适应科技发展所带来的技能冲击和职业挑战，勇立潮头，在新时期找到并站稳自己的位置。

宏观层面看，音视频直播专业能力是广播电视机构与其他新闻机构的区别，也是广播电视机构的重要"护城河"。AI 主播的应用将极大地对市场其他新闻机构进行赋能,从而使其便利地进入到音视频新闻传播领域,增大了音频和视频领域的竞争态势,市场中的新闻机构会迎来相应洗牌。

参考文献:

[1] 李亚铭,李阳.AI 主播与受众关系的建构[J].青年记者,2019(12 中).

[2] 余婷,陈实.人工智能在美国新闻业的应用及影响[J].新闻记者,2018(4).

[3] 朱丹青.智媒时代下 AI 合成主播的发展探讨[J].新传媒,2020(2).

[4] 何强.人工智能在新闻领域应用的新突破——从全球首个"AI 合成主播"谈起[J].新闻与写作,2019(5).

作者简介:

曹晨光,上海广播电视台东方广播中心长三角之声播音员。

广播教育新闻节目创新发展探析

刘康霞

提　要： 教育是人们普遍关心的重大民生话题，又涉及我国社会主义现代化接班人与建设者的培养问题。全媒体时代下，网络上关于教育的报道信息驳杂，有些不良信息既误导公众判断，又放大了社会焦虑。广播作为公众传播的重要主渠道，理应发出强音，通过节目内容创新发展，满足社会公众需求、传递科学教育理念。本文试就广播教育新闻节目如何创新发展作一专论。

关键词： 教育权威　引导　内容创新

现今，教育越来越受到全社会的重视，这不仅因为一个孩子的受教育过程牵动着无数个家庭的注意力，更因为一代人的培养直接关系到国家的未来和发展。

进入网络时代，自媒体迎来了发展高潮，传统媒体对新闻报道的垄断被打破，网络的自由传播和无限容量，使得各类消息的可靠性、准确性和真实性难以检验。在教育新闻报道领域，各种驳杂的宣传、声音、道听途说充斥其中，让受众难辨真假；不实的报道、夸张的表述，更是加剧了家长们的"教育焦虑"，甚至误导其教育理念。

广播作为文化建设和传播的载体，具有便捷性的独特优势，能够通过全方位、多角度、多形式的传播，发挥重要的公共传播渠道作用。根据赛立信媒介研究发布的《2020年中国广播收听市场盘点》数据显示，越来越多的年轻人群成为广播听众的一员。广播媒体吸引的新用户大多是 25～44 岁的人群。1970、1980、1990 三个年代的听众累计超过 75％的比例，其中 90 后和 80 后听众的占比在逐步攀升。

广播作为重要的传播渠道，有责任肩负起主流新闻媒体的重任，发挥正确的舆论导向作用,充分利用传统媒体的权威性,提供第一手真实、客观、准确的报道,传递科学教育理念,帮助受众甄别信息。

可见,"教育新闻节目的变革创新具有历史必然性,也是融媒体时代下该类节目生存发展的必经之路"。教育新闻节目必须对节目内容加以探索创新,才能在激烈的媒体市场竞争中取得良好发展、保持自身活力。

一、全媒体时代对广播教育新闻节目的新要求

(一)专业权威的定位强化

传统广播在正确传播党和政府的声音、宣传政策、解读时事形势、传播科学知识、指导民生消费、批判谬误与辟谣等方面都起着权威指导作用。而有关教育的广播新闻,则在教育领域起着权威的舆论引导作用,这方面专业权威的定位优势在全媒体时代应进一步强化。

2020年4月,一则"婴儿趴睡窒息"的消息引发关注。一名新手妈妈在某付费睡眠引导群"指导"下,训练近三个月大的婴儿独立睡觉。其间孩子趴睡,口鼻被闷住,一直哭闹,但群友都表示"不是大哭就没事",让屋外查看监控的母亲对孩子置之不理,最终孩子不幸身亡。随后,上海市金山区市场监督管理局对涉事公司进行了调查,并停止该公司相关经营活动。此事件虽然是一个极端案例,但足以暴露出面对庞杂的信息,受众难以甄别其真伪,良莠不齐的教育类APP、教育机构、教育类自媒体等对家庭教育、科学育儿造成消极影响。

在多元、复杂的舆论环境中,公信力正是传统媒体安身立命的根本,传统广播具有优越的媒体资源和社会资源,需在这一领域积极作为,凸显其专业性和权威性。《2020年本市义务教育阶段学校招生入学工作的实施意见》公布三天后,上海人民广播电台《教子有方》节目就在3月14日的节目中邀请到了市教委基础教育处副处长周勤健、市教科院普教所所长汤林春,一一解读招生过程中家长最关心的民办学校摇号、"公民同招"、网上校园开放日等新政策、新做法。通过教委权威人士准确的解疑释惑,及时回应社会关切,发挥了传统媒体政策解读、信息传递、权威发布等重要作用。

(二)传播形式的全面创新

靠声音传播,传真性强,提供听觉形象,常使听众"身临其境",有很强的参与感,是广播媒介的突出优势。但随着媒介技术的不断革新,媒体融合趋势日益明

显,媒体与受众之间的信息双向流动,也对广播节目的传播形式提出了新的挑战。《融媒体助力教育媒体转型升级》中提出,媒体转型升级需"以技术为引领,融合新旧媒体",除了"利用新技术将传统媒体报道转化成图片、动画、视频"等传统做法外,"还要用符合融媒体传播格局和规律的方式去进行传播"。《教子有方》作为一档直播教育新闻节目,除了利用传统的热线电话与听众进行交流,近年来也开始运用移动社交音频平台"阿基米德"APP,开设直播帖与听众线上交流。借助新媒介的力量后,交流成本的降低不但主持人与听众的沟通更及时,也促使受众更积极主动地参与到这一过程中,传播效果进一步提升。

在直播结束后,节目编辑还会通过音频、视频、图文等多种媒介形态对节目内容进行回顾,并分发至微信公众平台、新闻资讯 APP 等各类新媒体平台。此外,立足于受众的不同需求,《教子有方》设置了直播访谈、音频锦集、线下活动等一系列节目形态。多元的传播手段让受众获取相关资讯更加便捷,节目的内容也得以扩展,突破了广播的时间限制。

传统媒体和新媒体深度融合也促使新闻报道的手段和形式创新发展。如2018 年上海公布中考改革方案,上海人民广播电台的教育节目运用了录音报道、直播节目、新媒体解读等多种新闻形式,经过实地采访、深度挖掘等诸多手段从不同角度进行切入,进行了一系列实践探索:新媒体解读中用口语化的表述方式,拉近与受众之间的距离,采写出质量高、题材新的报道;直播访谈节目中通过能与家长产生共鸣的话题,媒体与受众一起交流讨论,使政策有效传播,引导正确的价值取向。

(三)教育热点的正确解读

社会的转型和教育体制改革的深化,催生出许多教育热点问题,如前几年面向青少年、儿童的考级考证热愈演愈烈,网络上有关于此的各类消息、议论漫天。抓住此类热点迅速跟进、深刻剖析,传统媒体的传播力、影响力、引导力自然会进一步提升。

但做好教育热点问题的报道,对媒体的社会责任、专业品质等都有很高要求,需要媒体工作者秉持公正客观的态度和科学的理性精神正确进行舆论引导,切不可追求轰动效应而迎合受众的低俗需求、加剧社会焦虑。

2020 年上半年海外疫情暴发,1.5 万小留学生被滞留英国,这部分孩子的年纪普遍在 8 岁到 14 岁之间。此消息一出,留学生年龄的低龄化引发热议。针对这一热点,4 月 5 日的《教子有方》节目连线留学生,分享他们留学中的亲身经历,并邀请教育专家进行点评。小小年纪远赴他乡留学是利还是弊? 在陌生的环境里,孩子会遇到什么心理挑战? 如何建立良好的同伴关系? 应对国外学业和生活的各种挑战,孩子需要培养哪些能力? ……通过对此话题的全面解读,引导家长冷静理性思考,不要一味盲目跟风。

二、教育新闻节目的内容创新策略

囿于教育行业以常规化、单一化的工作内容为主,专业性强、突发性内容少,长期以来,教育新闻报道模式陈旧,题材单一,缺乏新意。全媒体时代,面对自媒体的冲击,传统媒体的影响力遭遇挑战,内容生产成为核心的竞争力。教育新闻节目内容的变革与创新已是大势所趋,唯有推陈出新,挖掘、开拓报道题材,转变报道角度和模式,提升报道深度,才能满足受众需求,彰显媒体价值。

(一)拓展报道视野

随着现代技术的迅猛发展,传统教育方式变革势不可当,在教室里听老师上课、"耳提面命"的教育将不再是唯一方式,在线学习、多元化、融合式和个性化的学习方式将成为更多人的新选择。

基于此,教育新闻报道就需打破惯性思维,扩大选题范围,不能将目光只停留在校园内部,要扩展出去,重新理解学校、教育,建立全球范围的广阔视野。同时,要多层次、多角度结合时代各领域进行报道,不能再局限于教育单一领域进行采访和写作。

例如,2020 年 7 月 25 日,第 23 届上海国际电影节开幕当天,《教子有方》节目就关注了儿童电影话题。除了分享如何挑选电影、看电影对儿童带来何种成长等常规议题外,还探讨了为何儿童电影发展不景气,将教育与经济领域相结合。像这样从社会生活中挖掘新闻线索,便能使教育新闻节目内容多样化,更贴近受众生活,自然也会更受到人们的欢迎。

(二)更新教育理念

改革开放以来,我国教育呈现出前所未有的发展态势,家长的教育理念也在不断更新发展,越来越多的家长已经认识到,要陪伴孩子一起成长,言传身教胜过千言万语。笔者了解到,新冠肺炎疫情期间,上海家长学校在线课堂系列直播课吸引了来自全国 30 多个省市的 120 万多人次的家长参与听课,仅 2020 年 5 月 1 日晚的"五一国际劳动节"专题直播活动——"劳动教育,从家庭开始!"就引来 65.2 万人次在线收看、参与互动,打破过往纪录。

由此可见,受众对科学前沿的育儿理念求知若渴,从中策划选题势必会得到受众的热烈反馈。而媒体工作者在不断汲取最新教育理念的过程中,也能引发对节目内容的深度思考,进一步促使节目水平提高。

在 2018 年,《教子有方》节目就推出过《幼有所育》系列专题节目,携手沪上教育、医学、心理学、社会学等领域的专家学者,相约各区幼儿父母,在每个区组织一场宣讲活动,就家长们普遍关心的养育问题答疑解惑,各自从专业的角度,普及和宣传科学育儿的方法和内容,直击早期育儿困惑。

新冠肺炎疫情期间,孩子们迎来超长假期,居家习惯、云学习等都牵动着每个家庭。部分家长开始出现各种焦虑担心,甚至引发各类亲子矛盾。《教子有方》便就此类问题推出多期节目,教导家长如何缓解焦虑,与孩子有效沟通。

(三)把握时代脉搏

随着公民受教育水平的提高,终身学习开始受到广泛重视,今天的学习是为了今后的人生、发展和幸福做准备,人们迫切期望通过了解教育信息,来指导自己的工作、学习、生活和实践。

在未来社会里面,终身发展最核心的能力是什么?终身发展是为未来做准备的,最重要的是不断适应未来的发展变化。需要结合科学技术、经济和人文价值观的发展变化,以及整个信息化时代和我们所生活的网络世界,进行更为深入的讨论。

作为人们获取教育信息的重要渠道,教育新闻节目也应该紧跟时代步伐,积极思考相关议题,只有这样,面对教育公平、教育供给侧改革、教育评价机制创新等热点问题,媒体才有望构建起符合发展要求的报道体系。

三、教育新闻工作者职业素养的再提升

在全媒体时代,要制作出高品质的教育新闻节目,就要求新闻工作者不断提升职业素养,掌握新媒介的各种技能,创新形式、把握深度、突出导向、立足受众,努力创作、编制出具有良好大局观、前瞻性、符合大众需求的教育新闻节目。

(一)树立"大教育"观念

随着教育在社会生活中的影响力和渗透力进一步增长,围绕教育形成的产

业正成为社会经济发展的新增长点。教育报道也理应转变传统思维,积极拓展外延,确立"大教育"观念,以期顺应新形势的发展需求。

教育新闻报道者需要充分发挥主观能动性,分析当前教育新闻报道的特点及存在问题,在此基础上探讨教育报道的理论与实践创新,进而提出改进思路与对策:开展研究型报道,发挥专业教育媒体作用,不断提升新闻深度,引导受众深度思考,带领受众从更广的视野来了解教育的发展现状;将人文精神贯穿于教育报道,积极了解受众的需求和心理,强化报道的服务性,提高报道的可读性;正确引导舆论,避免炒作教育问题,纠偏受众的认知,为他们建构教育认知的全景。

(二)增强前瞻性思考

教育的发展是长期、动态的,报道教育新闻不能只关注眼前的新闻点,要有前瞻性的思考,打破千篇一律的报道模式,创作出具有独特魅力的新闻报道。

以教师节的新闻报道为例,2019年教师节在前期的线索了解过程中,有记者得知了川沙中学有个动人的师道传承接力的故事,立即联系进行深入采访,也获悉教师节前一天,几位教师相约在川沙中学一起见面,四位老师都是从上海师范大学毕业,来到川沙中学任教,引领他们走上讲台的,也都是自己的老师。从老师们娓娓的讲述中,我们也深切地感受到师道传承,行胜于言,这篇报道中四位老师的师道传承,正有力说明了这一点。一个学校拥有好老师是学校的光荣,一个民族源源不断涌现出一批又一批好老师则是民族的希望。这篇报道一经播出,不仅获得了媒体业内的认可和肯定,也得到来自教师界的积极反馈和赞扬。

掌握前瞻性的思考能力,需要新闻工作者热爱教育事业,在笔耕不辍中不断磨炼自我,多学习、多思考,不但把握"眼前",还要放眼"未来",这样才能使得教育新闻节目增强内涵,提升传播效果。

(三)树立精品意识

习近平总书记在2018年"8·21"重要讲话提出,新闻记者要用脚力、眼力、脑力、笔力写出好新闻。如今受众获取资讯渠道越来越丰富,唯有不断创新,始终树立精品意识,作品才能获得受众喜爱。

这种精品意识,是立足于选题、采访、编辑、制作全过程,无论是题材的挑选与发掘,还是报道形式的设置,都应当从受众的需要出发,深入生活、把握细节,用通俗易懂的方式进行传递解读,努力克服长期以来教育新闻报道的生硬呆板,真正实现教育新闻报道传递教育信息、推动教育发展、满足教改需求的功能。

结　语

　　教育始终是受到高度关注的问题,在全媒体时代的新形势下,教育新闻节目应广开创新思维,积极融入时代发展潮流。坚守教育新闻舆论阵地,以新理念、新技术打造新内容和新形式。广播作为公共教育传播的重要渠道之一,要把教育新闻报道与社会、经济、科技发展相结合,在"大教育"格局中提升报道内容的影响力,更好地传递科学教育理念。作为广播新闻工作者,应以新闻精品意识,创作出更多更好的作品,回应时代发展的需求,更好地服务于人民群众。

参考文献:
[1] 童兵.理论新闻传播学导论.
[2] 陈欣然,张超.浅谈融媒体时代教育类媒体怎样做新闻[J].天津教育,2019(31):28－30.
[3] 郑祖伟.融媒体助力教育媒体转型升级[J].传媒论坛,2019,2(08):44＋46.
[4] 李佳.近年来教育新闻报道研究[D].广西大学,2007.
[5] 史情.我国教育新闻现状研究[D].渤海大学,2012.
[6] 宋晓农.读者需要什么样的教育新闻[J].中国记者,2003(04):41－42.
[7] 李佳.近年来教育新闻报道研究[D].广西大学,2007.

作者简介:
刘康霞,上海广播电视台东方广播中心采访部记者。

广播直播视频化在访谈节目中的应用

——2020年松江夏令热线活动全平台传播案例分析

何　锋

提　要：在推进媒体融合中，广播直播节目与互联网平台的结合工作，长期处于节目转载、引用等模式，从广播内容到网络直播形态的无缝对接、同步推进，成为县级融媒体中心内容创新的重要组成部分。松江区融媒体中心探索在广播直播中纳入视频化传播模式，提升了直播节目受众参与度，为解决百姓关注的民生难题探索了一条可借鉴、可复制的媒体融合之路。目前，松江广播视频直播节目已做到播出常态化，并在2021年立项继续改造现有广播直播空间，以期推出更多的服务类广播直播视频化节目。

关键词：广播视频化　监控技术运用　融合效能

引　言

中央深改委在2020年第14次会议中，对媒体融合发展提出新的要求，要求内容引导、技术支撑、制度保障，推动媒体融合向更深发展。作为中宣部重点联系推动的上海唯一的有关媒体融合发展的联系点，上海市松江区融媒体中心在广播平台建设中认真落实中央对媒体融合的要求，坚持移动为先、内容为王、创新为要，在台网融合中力争做到"你就是我，我就是你"；在2020年提升城市品质、听民意汇民智、街镇主任镇长访谈节目中，广播和网络视频同步呈现，同频共振，丰富了广播的视频表现力；在联系群众，推进部门各项工作中起到窗口、桥梁和纽带作用，体现了人民城市人民建、人民城市为人民的服务理念，受到各界高度评价，收到良好传播效果。

一、时代催生的新实践

1. 提高节目效能的利器

发挥广播与电视的综合优势,做到广播直播视频化、网络化是实现一次采集、多元生成、全网发布的生动实践。上海市松江区融媒体中心在建设广播播出平台时,除保留广播直播功能,还在广播间预留了 5 路视频拍摄装置,利用广播直播间不同话筒的音频差异,通过后台软件支持,实现视频画面自动切换,实现切换后的、符合观众收看的视频流与广播节目直播同步播出。经技术改造后,完整的广播视频流通过上海松江 APP 发布,从 2020 年 6 月 29 日起至 7 月 16 日,18 家街镇领导与听众现场互动的画面经网络传播到手机屏,听众通过观看视频更加直观地了解现场的广播信息,视频流中不时插入热线电话等动画视频,节目互动效果更加良好。

2. 提升传播效果的新品

往年节目组制作类似节目,节目组均提前设置问题,经与嘉宾充分沟通,并以录播形式播出,节目的现场感不够,感染力不强。此次广播节目主持人通过观众后台网络留言,更加准确地向嘉宾提出有针对性的问题,使问政节目更加接地气、有生命力,吸引了大量网络听众与观众的参与。据统计,截至 7 月 16 日,上海松江 APP 点击量 15 万余人次,发帖留言 1 万余条,问题涉及交通出行、旧房改造、小区停车难、道路积水、小区违章搭建、占用公共楼道、餐饮企业扰民、电瓶车飞线充电等方面。在直播中,节目组共接听市民热线电话约 360 人次,嘉宾现场回应、当场解决市民急难愁盼等问题 152 个,网友反响良好。有网友发帖留言表示,节目给群众与政府部门间搭建了一个直接对话的平台。在节目中,各街镇领导高度重视,想群众所想、急群众所急、积极回应市民关切,在直播中他们直面问题,想办法、抓节点、重落实,对现场一时无法解决的问题,在节目中表示将全部带回,逐一解决,让群众满意。

二、创新实践的新挑战

1. 画面构图符合视觉要求

在现场,导播和摄像联动来控制画面构图、用光等技术手段达到画面信息完整,是建立在人与人沟通、人与设备调整协调一致的基础上。现场直播中,必要的通讯保障和高效指挥体系不能少,各工种的密切配合不能少。这是视频直播中不可缺少的重要环节。在以监控为出发点的视频自动切换系统中,以话筒音量来控制摄像头呈现的画面,画幅一旦固定,拍摄范围也大致固定,如果拍摄主体出现体态和行动的大幅移动,监控镜头所摄画面则会出现不符合完整信息呈现的情况,会出现半个人、半边脸的情况,需不断调整各监控机位,不断修正画面,以确保信息完整美观。这是监控镜头的操控缺陷,需要在建设可视化监控时,注意并实现后台监控手段的自动化、可控化,便于后台人员不断修正监控画面,保持信息完整。

2. 用好"节目延迟"的安全保障措施

对于直播,延迟播出必不可少。一是保证节目导向不能有任何偏差;二是直播方案具备应急处理内容的一部分,应加强设备及人员操控的保障。在直播节目中,大量外接电话从现场接入,存在话题不确定性。在佘山镇直播访谈中,一位居民接通热线后,与后台人员原先沟通反映小区的环境问题,但当切入直播通道,与镇长对话时,讲的却是个人犬只被没收的问题。虽然作为嘉宾的镇长连线派出所民警及时回应居民的诉求,但接入电话的话题不确定性,甚至出现违反意识形态管控要求等问题,需要后台舆情监控人员及主持人快速反应处理,用好视频延迟 15 秒的安全保障措施,确保节目导向正确、节目语态正常。

3. 确保画面切换的准确性

机器只能根据信号调整状态,状态只能保持最佳却无法追求最好。在使用中,监控设备也会出现不分主次等情况,在多位嘉宾访谈场景中,因为话筒位置太近,会出现监控系统对话筒无法识别而造成画面长时停留在同一个画面等情况。话筒的灵敏度与信号指标直接相关,在播音间,强指向性话筒的灵敏度越强,越有利于节目音频的收录,但在可视化播音室建设中,要控制好话筒距离及灵敏度,不能因为灵敏度过高、过低而造成监控系统对话筒的音频识别错误,更不能因为指标不够而造成节目质量降低。保持两者兼而得之,才是音频转视频的有效技术保障。

4. 校正声画对位

监控系统优先关注画面,对音频的完整连贯等要求不够,在视频网络直播时,往往会出现声画不对位等问题,需要在网络平台校正不同系统输入的音视频是否保持同步,使播出画面与声音达到完全对位的要求。这是受众对收视的基本要求,不能因为网络传播的画面指标要求低、小屏呈现问题不明显、网络通道不稳定而忽视。在松江区 18 街镇主任镇长访谈中,由于互动环节涉及多个职能部门,通过前期充分的宣传动员、组织发动,小区组织集体收看时,如果音画直播时质量不高、图像不清晰造成收视体验感差等问题同样会影响观众观感。

5. 插播画面及视频短片

对于广播的插播内容,以前仅凭主持人一张嘴,在节目中反复说、多次强调,希望给听众留下印象,一专多能,把相关信息通过语言表达出来。网络视频直播后,形成视频展现时,展现场景及提示内容仅凭现场镜头展现便显得捉襟见肘,无法应对。比如直播联系电话,任凭主持人一再强调,不如一张动图更加直观醒目,让人印象深刻。在街镇访谈中,节目组调动电视制作资源,提前将热线电话生成动画,当热线电话接通时,热线电话直播的动图对外呈现,提高了网络观众的互动性。在每期 60 分钟的节目中,2 至 3 个听众爆料话题均在网络互动后,通过热线电话接入直播间,占全部话题的 1/5,不仅现场感强,还提高了节目发现问题、解决问题的能力。此外,直播前如能够设计符合视频传播的广播栏目片头或播出反映当地形象的公益宣传片,也能够为广播直播视频化节目增彩。

6. 讲究化妆及灯光、背景的设计

视频化给广播带来的不仅是视觉元素拓展,还有制作流程的可视化要求的提升和主持人主持形象的提升。音频优秀、视频为辅的理念已不适合广播视频化的发展,音视频并重、全网传播才是音频视频化的发展方向。为广播主持人建设一个集化妆、服装、灯光、背景保障为一体的广播可视化演播系统是提升广播视频化质量的必要措施。把以往的电视制作保障技术要求移置到广播间,把对主持人形象设计的要求移置到广播间,需要在广播间规划设计时考虑到灯光、舞美等硬件设施的保障,也需要在化妆、服装等方面制定并实施相关工作标准。打造好广播可视化演播室,更好地服务于广播、网络、电视观众,是媒体融合发展的又一重要途径。

三、媒体融合的新风景

1. 助推人员合而为一

广播靠声音、靠主持人。在传统的制作模式中,导播、主持人、技术、外联等岗位人员中,导播一般由主持人兼职,三人一组的运行模式是区县台广播直播节

目的常见运行模式。视频化后,除广播直播技术保障外,增加了视频推流、网络后台舆情监控等保障,节目采编播等功能继续拓展,增加了留言审核等环节,三人一组增加到到三五人的团队,人员涉及播音、编辑、技术、播出等岗位,增加了网络视频的直播流,对各级融媒体中心推广 APP,提高节目与受众的黏性有助推作用。

2. 助推产品全网发布

对于融媒体产品而言,一次采集、多元生成、全网发布是对各类产品的最佳流程优化的要求。广播直播视频化后,广播视频化替代了电视制作所需要的技术、拍摄、编辑、字幕等工作环节,提升了工作效率,使电视直播工作直接从团队化、重装备演变为小组化、数字化的工作形态,在不增加大量技术投入及人员支持的情况下,对于广播视频直播节目的常态化建设起到助推作用,提升了与受众的互动性,拓展了广播节目潜能,实现了产品的多样性。

3. 助推机制融为一体

产品的融合关键在于人的融合,人融合了,机制得以保障,团队的集成合力才会充分发挥,最终实现融为一体的发展目标。在广播直播视频化中,小组化的工作室模式决定了产品的质量和传播效能,在实践中,树立以导播为主的网络制作与传播制度,建立广播主持人、嘉宾的行为规范制度,建立广播直播与网络直播联动机制是落实音频、网络视频联动的有效保障,需要技术标准、联动机制、应急预案等配套机制的探索与支持。

有先进的技术保障才能彰显更大作为。在广播视频化系统支持下,松江版"夏令热线"做到了有声有色,做到了台网联播,做到了群众参与高、互动效果好,为广播直播、网络视频直播的融合发展提供了松江经验。2020 年 7 月 30 日,上海广播电台"夏令热线"主播王海波带领直播团队来到松江,与区长李谦在松江区融媒体中心广播直播间共话民生。其间,调频 93.4 上海人民广播电台直播,调频 100.9 松江人民广播电台转播,上海松江 APP 网络同步直播并为上海广播阿基米德平台提供视频流,为上海新闻广播的"2020 夏令热线:区长访谈"走入松江提供了有力的技术保障。

结　语

习近平总书记要求我们:"人在哪里,新闻舆论阵地就应该在哪里。""广大新闻舆论工作者要做党的政策主张的传播者、时代风云的记录者、社会进步的推动者、公平正义的守望者。"(详见中宣部编写组:《习近平新闻思想讲义》,人民出版社 2018 年版,第 61 页。)

当前新闻传播业的深化改革仍在进行中,其中广播直播视频化工作还处在探索阶段,需在实践中不断总结经验,提升融合效能,进一步推进各平台信息的融合传播。

作者简介:

何锋,上海市松江区融媒体中心主任。

谈现实题材广播剧创作的着力点

——深度解析《金银潭 24 小时》

陶 青

提 要： 被新冠肺炎疫情闯入的 2020 年，我们无法像医护人员那样冲锋陷阵，但我们也从不缺席、不缺位。如何以广播剧的艺术形式，在有限的时间里，讴歌逆行的时代英雄，展现大疫之下的人性光辉；如何使我们的文艺作品做到"用情而不煽情、感性而不感伤"，与时代脉搏同步、起到疗愈心灵的作用：这些都是我们在现实题材广播剧创作中竭力探寻的方向。本文将从创作的原动力、感染力和生命力三方面，对抗疫广播剧《金银潭 24 小时》做深度解析。

关键词： 广播剧 现实题材 原动力 感染力 生命力

引 言

2014 年 10 月 15 日，习近平总书记在文艺工作座谈会上的重要讲话中指出："我国作家艺术家应该成为时代风气的先觉者、先行者、先倡者，通过更多有筋骨、有道德、有温度的文艺作品，书写和记录人民的伟大实践、时代的进步要求、彰显信仰之美、崇高之美，弘扬中国精神，凝聚中国力量，鼓舞全国各族人民朝气蓬勃迈向未来。"[1]

"文章合为时而著，歌诗合为事而作。"推动文艺发展，最根本的是要创作生产出无愧于我们这个伟大民族、伟大时代的优秀作品。在不平凡的 2020 年，文艺工作者自觉拿起笔、话筒和镜头来记录时代、致敬英雄。在抗疫的特殊时期，全国广播剧人迅速行动，用声音的力量凝心聚力、鼓舞人心。诸如《金银潭 24 小时《凡人小林》《在家门口过年》《一路逆行》等广播剧应时而出，讲述众志成城抗击疫情的故事。据中国广播剧研究会不完全统计，全国各地广播剧人创作抗击疫情题材广播剧超过 500 部（集）。

"我们不应该为了观念的东西而忘掉现实主义的东西，为了席勒而忘掉莎士比亚。"（马克思、恩格斯于 1859 年分别给斐·拉萨尔的书信中对文艺创作中的观念与形式、功利与审美的辩证关系作出了极为精到的表述）[2]。有了马克思恩格斯文艺理论做指导，我们再来反观"文艺战疫"中创作的大量作品，就可以判别，哪些作品是值得赞赏和倡导并且具有艺术生命力的，哪些是属于"传声筒"式作品。毫无疑问，那些经过充分的情感酝酿和精心构思、创作的原动力来自人民，并且能用较好创作技巧表现出来的作品，往往具有鲜明的艺术特色、强烈的艺术感染力和生命力。

1950 年 2 月 7 日，中央人民广播电台为纪念"二七"铁路大罢工，制作了反映铁路工人修复铁路支援国家建设的广播剧《一万块夹板》，这是新中国成立以后播出的第一部原创广播剧。之后，广播剧的发展过程中既有原创，也有对小说、戏剧、影视作品的改编，比如，《水浒》《三国演义》《东周列国》《杜十娘》大部头著作的改编等，上海台也曾有改编自琼瑶小说而制作的《月朦胧鸟朦胧》这样的作品。但随着时代的发展，现实题材的精品广播剧创作呈现数量多、质量提升快的趋势。上海台的作品《嫁给公家人》《走进罗布泊》等都在现实题材原创广播剧的发展史上留下过浓墨重彩的印记。正如鲁迅先生所言："文艺是国民精神所发的火光，同时也是引导国民精神的前途的灯火。"

一、创作的原动力来自人民

一部剧的时代背景，关系到作品的时代意义。上海人民广播电台创作的广播剧《金银潭 24 小时》作为上海市委宣传部主抓的抗疫主题文艺创作重点作品，与以往广播剧创作不同，它是先有题目的命题创作。金银潭医院是武汉抗疫以来，分工承担重症病人抢救的医院，任务重、风险高、压力大，担负着重中之重的抢救任务，以金银潭医院作为广播剧的特定场景，具有代表意义和典型性。而故事展开的 24 小时，是 2020 年的 1 月 29 日，这是武汉封城后的第 7 天，也是武汉封城 76 天当中的一天。这部不到 60 分钟的广播剧，以一个医院为坐标，艺术地展现了武汉市民不畏艰险、奋力抗击疫情的壮举，它凝聚的是举国上下抗疫奋战的百多个日日夜夜！这就要求我们在凝聚的空间、浓缩的时间中提炼出感人肺腑的故事核心。

　　"剧本是一剧之本",是广播剧的基础。因此,剧本结构的优劣,不仅直接关系到人物形象、风格样式、音响构成等,而且还直接影响到作品的思想内涵、美学价值、艺术水准。这次我们起用了有新闻纪实报道和戏剧艺术创作背景的两位新人担任编剧。习近平总书记说,"人民既是历史的创造者,也是历史的见证者,既是历史的'剧中人',也是历史的'剧作者'"。这一论断,用生动的比喻深刻阐释了人民群众在社会历史发展中的主体地位。实践证明,文艺舞台的聚光灯,一旦对准了千千万万的人民大众,时代和历史的画卷就格外生动逼真。广播剧的剧本不同于电影、电视和舞台剧,不具有可视性,唯有可听性,这就要求广播剧的结构具有特定的戏剧强度和艺术张力。创作团队在数易其稿,多次召开剧本围读会后,达成了共识:"在这场疫情中,我们看到无数医者和患者身上的闪光点,也看到了很多绝望和无奈。万物之中,希望最美。所以,永不言弃——这是《金银潭 24 小时》想传递给听众的勇气和信仰。"同时,我们希望该剧"用声音留下这段关于个人和国家的记忆,一段应当铭记并反思的历史"。两位年轻的编剧将各自的专业所长融于该剧的创作中,以人民为创作的原动力,使剧本既有扎实的事件背景又有一定的戏剧张力,既有对疫情的深度思考,又有细腻的情感刻画,兼具理性和感性。

　　广播剧《金银潭 24 小时》以上海首批援鄂医疗队重症医学科护士夏晓燕为第一人称视角,展开 24 小时的"生死叙事"。上海 90 后护士夏晓燕,随队驰援武汉金银潭医院。她遭遇了毕生最难忘的 24 小时。目睹病人转瞬离去、失去了可敬的师姐。至暗时刻——她和队长、和同事一起克服了重重障碍和艰辛,给病人送去了生的希望!《金银潭 24 小时》用声音生动再现了上海援鄂医疗队驰援武汉抗疫一线,争分夺秒救治新冠肺炎危重症病人的感人时刻;细腻表达了医护人员和患者建立起来的生死情谊;凸显了危急时刻,全体医护人员齐心协力抗击疫情的信念与担当!

　　真挚地回应时代旋律,是创作者的使命;从真实的生活里汲取力量,是颠扑不破的创作之路。写真人真事的广播剧源于生活、高于生活,现实题材创作需要注入时代的底蕴,只有打开视野广角,观察到平凡人背后的时代风云,一部家国同构的好剧才能拥有起点。文艺创作的原创力来源于有血有肉的现实生活,来源于和所有人共呼吸共命运的这块土地,是这次疫情丰富多元的现实元素、是全体医护人员"一个都不放弃"的为民情怀提供给广播剧创作无尽的表现空间。《金银潭 24 小时》,好比一个象征,代表着那些最艰难的日日夜夜,也代表着那仿佛看不到尽头的隧道里始终烛照的信仰、责任与爱的光芒,《金银潭 24 小时》,讲述的是新时代最可爱的人的奉献与牺牲,讲述的更是这场以人民为中心的人民战争里每个平凡人的不平凡的力量。

二、创作的感染力来自真实的力量

"情深而文挚。"丰沛热烈的情感是艺术想象的发动机。我们所创作的对象不是抽象的符号,而是一个个具体的人,有血有肉,有情感,有爱恨,有梦想,也有内心的冲突和挣扎。我们记录下他们拯救生命的勇气,也记录下他们力不从心时的无奈和人性的脆弱。人们赞美"逆行者"是英雄,我们记录的这些英雄也是一个个平凡的中国人。抓住人的故事,将这些打动人的细节用艺术的方式呈现出来,用现实主义精神和浪漫主义情怀观照现实生活,用光明驱散黑暗,让人们看到美好、看到希望、看到梦想就在远方。

2020年1月23日武汉封城,新冠感染人数急剧增加,医护人员紧缺,医疗资源一度告急,全国人民的心都被疫情提了起来。面临充满未知的病毒,想要退却是人的本能,勇于正视危险迎难而上,则是"最美的逆行"。1月24日,全国驰援武汉的医疗队出发了,大量"逆行者"们的新闻报道,给予了广播剧丰富的创作素材。疫情期间,武汉有不少难以忘怀的记忆符号:医护人员的忘我奉献、火神山雷神山工地建设、搭载物资的货车千里驰援、封闭小区的居民在阳台唱歌加油、收治病人的方舱医院、志愿者、快递员……那么多感人的故事,如何取舍?凡人小事如何串起抗疫大叙事?全国各地医疗队都驰援武汉了,我们写上海的医疗队有何独特的视角?大量新闻报道过的内容,如何保持艺术再现的感染力?筛选、提炼素材,用最简洁、最精练的素材塑造典型环境中的典型人物,是一种挑战,同时也是一种追求。

经过一段时间的打磨,主创团队形成了对剧作整体性框架的认识:

1. 作品直面上海首批援鄂医疗队在武汉一线惊心动魄的抢救故事,用60分钟的逼真声效,带领听众回首新冠肺炎疫情暴风骤雨般的来临之初,上海首批援鄂医疗队在武汉一线驻守生命防线的惊心动魄,不仅仅讲述抢救过程本身,更要侧重表现全体医护人员在重大疫情面前的心理成长、责任、担当与信仰。

2. 本剧不泛泛地看待医护人员与患者的关系,通过这场疫情,从新的角度去表现医护人员和患者之间建立的生死情谊,具有一定的思辨性。比如要写上海援鄂医疗队队长周军和患者女儿为逝者遗体病理解剖所展开的数次心理交锋……这场疫情改变了人的固有认知和价值观,无论是医护人员还是患者,经过了这场生死考验之后,对生活、对自身、对未来都有了新的思考、新的抉择产生。(上海医疗队最早提出逝者遗体病理解剖,并推动实施,这也是上海抗疫贡献的独特点)

3. 本剧凸显24小时的时间概念,全剧的所有情节和事件在24小时内展开,节奏紧凑流畅,可听性要强。金银潭 24 小时具有高度的象征意义,象征医护人员奋战在抗疫一线度过的日日夜夜、浓缩了每个人在这场疫情中的心理成长过程、代表了一场与病毒赛跑、与时间赛跑的全民战役。

广播剧的感染力要求作品达到深刻的思想性、精湛的艺术性、极强的可听性的高度统一。通过一个个活生生的独特鲜明的人物形象深深地扎进人们的心灵;一种思想情感、精神力量震撼人们的心灵;一种给人以有意义有价值的人生思索;给人以听觉上的审美享受。

《金银潭 24 小时》作为一部反映重大的人类危机事件的现实主义力作,也是一部向所有奋战在抗疫前线的医务工作者致敬的作品。面对未知的时候,每一个踏进红区、奔赴一线的医护人员,都是在用实际行动展现对医学事业的承诺。我们的创作也和前方的医务工作者同频共振,就像本剧医学顾问钟鸣医生接受访谈时说的:"这里没有振臂高呼的口号,有的只是坚实地踏出的每一步,剧中演员们的精彩演出,还原了在那个特殊时期,我们看到的每个人身上的无畏精神。"

三、作品的生命力来自对艺术的不懈追求

孟子说:"充实之谓美,充实而有光辉之谓大。"精品之所以"精",就在于其思想精深、艺术精湛、制作精良。站在思想高度,理想高度,去理解现实、烛照现实、洞察人生。对作品的每一个角色、每一句台词、每一段旋律精心设计演绎,用心打磨推敲,讲究而不将就,细致而不粗糙。

纵观这次抗疫特殊时期内创作的文艺作品,其目的是为了对这场抗疫进行精神上的提振,传播众志成城的正能量。大量的作品不可避免地具有"印迹鲜明""题材集中""主旨突出""寓意明晰"等特征。然而,在这场轰轰烈烈的疫情过后,这类"主题先行"的文艺作品是否还会有其持续的生命力?

受容量局限,一般单本剧的创作集中在一个事件上,别无旁枝。《金银潭 24 小时》是单本剧,所以要求情节上开端进戏快,发展有层次,突出高潮戏,收尾简洁。广播剧的起承转合,"起"很重要,单本剧的开头背景、人物交代最好不单摆浮搁,交代的过程就是戏剧矛盾的开始,这样才能开口小,起势快,让听众迅速入境入戏。[3]

我们来对比一下《金银潭 24 小时》剧本创作初期和录制定稿的开场戏。

广播剧《金银潭 24 小时》剧本初稿(开场片段)

【水滴声,叮咚、叮咚……

【江水拍岸声、水底隆隆声。

　　【渐转换为滴滴答答的各种仪器声、呼吸声、心跳声、报警声——

　　【病人的呻吟声：

　　"救我……"

　　【匆忙的奔跑声。

　　【一不小心，失足踏进深深的潭水中，拼命挣扎，越陷越深——

　　【呼唤："晓燕！"

　　"夏晓燕！"

　　【猛地惊醒，大口喘气、呼吸声，由急而缓——

夏晓燕　我是夏晓燕，上海市首批援鄂医疗队重症监护室护士。2020 年的春节
　　　　注定是一个难忘的春节，本应举国上下热热闹闹地迎新年，却因一
　　　　场突如其来的新型冠状病毒性肺炎，所有一切都变得孤寂、冷清。

【机场报道声。周军："所有队员请注意，松江区、长宁区……护理组、检
　　验组——"

【电视台新闻广播："1 月 24 日晚上 9 点左右，来自上海市 136 名医护人员将连
　　夜飞往武汉——"

【飞机轰鸣声。

【窗外渐渐沥沥的雨声。

【江水拍岸声。

夏晓燕　次日凌晨 1:26，下着小雨，我们从武汉天河机场坐上大巴到驻地，一路
　　　　上大家都沉默不语，大巴从长江大桥驶过时，我仿佛可以听到江水
　　　　拍岸的声音。那一刻，我们知道，我们将成为进驻金银潭医院的第
　　　　一批援军。武汉，像一座沉睡的孤岛，等待着逆流而上的我们，去
　　　　唤醒。

【清晨，闹铃声。

【迅速的脚步，洗漱声。

【微信声，语音："晓燕，昨晚妈妈给你打电话发消息都不回。你要把爸爸妈妈急
　　死吗!?"

夏晓燕　每天早晨六点半起床，七点早餐，二十分钟后到达医院。家人因我"先
　　　　斩后奏"报名来武汉支援的事情发生了争执。在他们眼中，我永远
　　　　是一个需要别人保护的孩子。从今天起，我要轰轰烈烈地干一番，
　　　　证明给所有人看，我，夏晓燕早已长大，有能力独当一面了！

　　在作品叙事中，矛盾冲突是形成情节的基础、展示和刻画人物性格的手段、

动作的推动力。单本剧更是强调矛盾冲突的激烈性和集中性。《金银潭 24 小时》最后的录制稿一改之前面面俱到、娓娓道来的慢节奏,开场就是抢救的戏,直面生死,写出了病毒的凶残和疫情的紧迫,将听众一下子带入场景中。

广播剧《金银潭 24 小时》录制定稿(开场片段)

夏晓燕,凌晨 4 点的武汉,宁静如水。金银潭医院北三病区重症病房,突然传来紧急呼救声,呼声如剑,猛然刺破了沉寂的夜。

夏晓燕(对讲机) 呼叫医生,18 床病人不行了,没有意识,氧饱和只有 65%!

周军(对讲机回复) 氧流量加到最大,我马上到! 呼叫麻醉科陈捷,18 床抢救!

陈捷(对讲机回复) 收到!

【脚步声,窸窸窣窣穿防护服的声音。

夏晓燕(再次呼叫) 不好! 18 床心跳停了,医生! 快来(猛回头)周队! (周军冲了进来)

周军先推一支肾上腺素! CPR 准备!

夏晓燕 是!

周军 阿托品。

【胸外心脏按压。有力的按压声,时间一秒秒在走……

周军 肾上腺素、再推一支。

【继续胸外心脏按压。有力的按压声。

夏晓燕 还是没有心跳。

【按压声还在继续,传来周队频繁的呼吸声。

陈捷 队长,你护目镜里面都湿了,这样会暴露的! 我来!

周军(执着) 别管我——

【按压力度加强,伴随周军急切的呼吸声。

夏晓燕 血氧饱和还是上不去,心跳为零。

陈捷 周队——

【尖锐的仪器声音响起,心电图成一条直线。

【可怕的安静……

周军(喘息不已) 晓燕,现在几点了?

夏晓燕 周队,现在是凌晨 5 点 17 分,我们已经抢救了 1 小时 17 分钟。

周军(难受) 哦,天快亮了……通知家属吧,病人于 2020 年 1 月 29 日凌晨 5 点 17 分死亡。

【一切安静,病人的手机响了。屏幕上跳出一个消息框:

夏晓燕(哽咽) 是病人的手机……

"阿芳,你一定要记得回我微信。"

【思虑而忧伤的音乐起……

夏晓燕 清晨六点,金银潭北三病区的灯依然亮着……一月的金银潭,昼夜行走在刀刃上。我是夏晓燕,重症监护室护士。2020 年 1 月 25 日凌晨,我和其他 135 位上海首批援鄂医护人员飞抵武汉,进驻金银潭。当时,金银潭医院已成为这场新冠肺炎疫情的暴风之眼。金银潭最早收治新冠肺炎重症患者、最早进驻了外援、也最早面对"救一个死一个"的严峻形势。上海医疗队接管了北二楼,又将北三楼改造成 ICU 病区。经历过 SARS、H7N9 等防疫工作,有着丰富"作战"经验的呼吸科主任医师周军是我们的队长,每时每刻提醒我们要做好最严格的三级防护工作。

《金银潭 24 小时》剧本从创作初到录制定稿,有二十多次修改,现在一对比,发现几乎是颠覆性的,可见艺术创作来之不易,并不是简单地从形式到形式就能解决,它既要解决艺术形式和艺术语言的问题,还要解决对真实生活的感受,而这种真实的感受恰恰是艺术创作最困难的地方。在《金银潭 24 小时》剧本反复修改过程中,我们一直被提醒"要说人话",要处理好人物在特定情境中的语言表达,人物塑造切忌简单化、概念化,要展示人物丰富的内心世界。展现真实、戒浮夸;以短见长,于细节中见宏大。聚沙成塔,集腋成裘,点点滴滴的细节塑造增加了作品信息密度,从而形成可信的故事场域和审美体系,凝聚成庞大的真实感,于是就有了专家对该剧 6 个泪点的点评(整理自中广联合会副会长李京盛于 2020 年 5 月 31 日广播剧《金银潭 24 小时》上海-武汉-北京云视频创作研讨会上的讲话)。

1. 一条永无回复的微信:

第一场戏,病人危急,医生奋力急救,但还是没救过来。宣布死亡后,这时,逝者的手机响了,一个苍老的声音,是死者老伴发来的一条语音微信:"阿芳,你一定要记得回我微信呀。"此时,你的眼泪一下子就掉下来了,你感觉到病魔的凶残,生命的脆弱,医生的无奈,和亲情的感人。

2. 一句最真诚的谎言:

护士夏晓燕告诉张爷爷,他老伴阿芳去世了,张爷爷问,她临死前说了什么,夏晓燕就编了一句话:"阿姨说,让您和家人替她好好活着,一定要健康出院。"这是第二个泪点,也是一句动人的谎言,是一个年轻护士对病人表现出的最大善良,也是世上最真实的死者对生者的祝福与期盼。

3. 一种最善良的求生欲望:

剧中小樱桃的爸爸,他曾经数次病危,但他每次都能顽强活过来,医护人员认为他有着极其强烈的求生欲望,但他的求生信念是:"只要我不死,我六岁的女儿就不是孤儿。"这是一个病危父亲对女儿想尽的一份本能的责任,是人伦挚爱和本性之善,也是一种人性坚强……但却让人心痛。

4. 一个永远无法实现的相约:

张爷爷去世后,在手机里留下的一条语音微信——他对老伴说:"这些医生穿着防护服,我看不清他们的脸,但是我把他们写在防护服上医院的名称和他们的名字都记下了,写了满满的一张纸,等我们病好了,我们一定要到上海去,找到他们,好好地谢谢人家。"

5. 一次最短暂的邂逅与永诀:

护士夏晓燕,在金银潭医院偶遇当年的师姐沈欣梅。一首武汉方言的儿歌,一句带你去武大看樱花的相约,言犹在耳,人已离去,沈欣梅的死,不仅仅是医生救死扶伤的崇高,更是在这场疫情中,医生护士们以命换命的悲壮。

6. 一首没有歌词的天籁之声:

这部广播剧主题曲是无词歌。用童声哼唱,是纯粹的天籁之声,大爱无言和大悲无语,但又胜过一切语言的表达。

"大事不虚,小事不拘",创作需要想象和虚构,需要才情和技巧,虚构和想象不过是现实生活的折射,才情和技巧的恣意驰骋,离不开现实生动的生活经验、经得起推敲的生活逻辑和真实牢靠的生活依据。通过这六个泪点,《金银潭24小时》写出了在疫情面前,医生们的勇气、力量和担当,写出了医患之间的生死相托与信任和理解,同时,也能启发人们对生命价值和人生意义的思考。

"好剧不是把大家带到黑暗里,而是带过黑暗,在黑暗里检验一遍,再回到光明。"剧中夏晓燕、周军、沈欣梅等角色,不是具体某一个人,更象征全体医护人员在重大疫情面前的心理成长、责任与担当,以及医者和患者在这场大疫中建立起来的深厚情谊,是中国精神、中国力量的缩影和见证。广播剧《金银潭24小时》亦非单纯地歌颂医护人员的职业精神,更展现了救治过程中拼尽全力却没有挽回病人后的自我反思。如何科学地发现问题、解决问题,如何让患者不仅战胜病魔,还能摆脱心魔,让生命更有尊严,这些都是这场疫情带给医学和我们的人文思考。很多年以后,当我们重新回看2020年的中国发生了什么时,《金银潭24小时》的价值意义,就像剧中小樱桃看到的"那一束束光",温暖治愈,永远照亮人们生命前行的方向。[4]

结 语

作品好不好,有没有价值,人民的评价始终是最高的标准。"金杯银杯不如百姓的口碑",人民群众喜不喜欢,接不接受,认不认可,决定作品的成败。只有以思想精深、艺术精湛、制作精良为目标,对作品再推敲、再打磨、再提升,才能打造出有影响、有口碑的精品力作。"战斗正未有穷期",面对新时期赋予的神圣使命,现实题材中国广播剧的创作任重而道远。

参考文献:

[1] 中共中央宣传部.习近平总书记在文艺工作座谈会上的重要讲话学习读本[M].学习出版社,2015.

[2] 马克思、恩格斯1985年致斐迪南·拉萨尔的信[M]//马克思恩格斯文集:第10卷.人民出版社,2009:169—178.

[3] 丛林.声音的魅力——广播小说广播剧讲评选[M].世界图书出版公司北京公司,2012.

[4] 上海广播电视研究[J].2020,4.

作者简介:

陶青,上海广播电视台东方广播中心副主任。

浅析广播职场招聘类节目现状与未来

——以长三角之声《"职"等你来》为例

方　哲

提　要：后疫情时代，社会就业压力增大，广播职场招聘类节目利用自身无接触优势，帮助企业与求职者搭建"空中桥梁"，最大限度解决社会就业难题。本文以上海人民广播电台长三角之声《"职"等你来》为例，在分析节目特点和优势的基础上，思考广播职场招聘类节目存在的问题，并提出打造品牌、融入新媒体手段、创新形式、构建社群关系等解决方案，为提高同类节目综合竞争力提供参考依据。

关键词：求职招聘　职场　面试　就业　人才需求

新冠肺炎疫情发生以来，我国经济社会发展受到较大冲击，国内就业形势日趋严峻。权威机构最新数据显示，2021 年全国高校毕业生总规模预计 909 万人，同比增加 35 万人，而白领跳槽意愿调查表明，有 86.55% 的受访白领有跳槽想法，求职再次成为人们关注的热点话题。面对这一全民聚焦的民生问题，2021年 2 月，上海人民广播电台长三角之声 FM89.9 与 G60 科创走廊联手，推出职场招聘特别节目《"职"等你来》，帮助企业与求职者在广播平台进行"空中对接"，实现区域间的人才对话与协作交流，助力长三角人才一体化发展。本文以长三角之声《"职"等你来》为例，在分析节目特点和优势的基础上，思考广播职场招聘类节目存在的问题和解决之道，促进节目向更加良性的方向发展。

一、广播职场招聘类节目现状

无需奔波，不用购置"行头"，"宅"在家里就能找工作……受疫情影响，去年开始许多公司都将招聘程序由线下转至线上,"云招聘""云求职"越来越火热,这种无接触可视化程序为大家带来了最大程度的便利和高效。与"云招聘"类似,广播求职节目也是通过无接触形式,为招聘者与求职者搭建一座沟通与合作的"空中桥梁"。不过,相较全程可视化的"云招聘",广播招聘受到直播时长限制、无法直观接触等客观因素影响,真正实现人岗匹配、精准对接的程度还存在一定困难。

据笔者观察,目前广播职场招聘类节目数量不多,表现形式主要有以下三种:一是以"娱乐真人秀"为主,通过职场达人和求职者之间的对话,引出当下热点职场话题并产生观点碰撞。如喜马拉雅平台的《职男职女》《职来职趣》等,都是通过不同行业、不同职位群体,以不同的观点、不同的视角,对职场遇到的问题进行解答,以此吸引听众,玩转职场。此类节目更多是传授职场经验,给予听众理性、客观、全面、真实的分析,以便从容应对职场面试、职业规划、人际关系处理等问题。节目开办时间较短,传播范围有限。二是以引领职场话题、解读就业政策、疏导求职者情绪为主,通过现场采访和嘉宾访谈的形式,为求职者提供有针对性的就业创业指导。如北京城市广播的《职场帮帮团》,每周会分析三四个劳动争议案例,探讨两三个职场热点话题,发布一到三条就业政策以及数条招聘信息,解读四五个受众提出的职业生涯发展困惑来吸引听众[1]。节目开办当年以及第二年,同时段节目收听率成倍增长,所在频率的广播收听市场份额贡献度居前。三是以标准化面试流程为主导,力图打造求职者与企业之间良好的沟通平台。以上海人民广播电台长三角之声《"职"等你来》为代表的职场招聘节目,通过完整规范的招聘流程以及应聘双方的空中互动,碰撞出供需对接的火花,从而推动人才要素的自由流动,营造良好的就业秩序,对解决社会就业问题有一定的积极意义。

二、《"职"等你来》节目特点及优势

1. 要素齐全,完整规范展现职场面试流程

职场招聘类节目一般来说有四个要素:求职者、招聘企业代表、主持人和嘉宾,其中求职者和企业代表是招聘节目的主角,两者通常以问答互动的形式进行沟通,通过简要的一问一答,快速捕捉对方的初步意向;主持人在节目中起到领航作用,负责掌控时间并引导应聘双方谈话内容不偏离主线;嘉宾一般由经验丰富的人力资源专家担任,通过聆听招聘企业提出的问题以及求职者言谈中的细节,以或犀利或温暖的客观评判,妙语连珠地给出真实、专业的就业指导和职场

忠告,让求职者明确自身优势、劣势以及努力方向,使节目成为求职者和广大听众学习求职技巧、适应职场环境的文化大餐。《"职"等你来》上述四个要素齐全,节目在主持人的串联和引导下,首先由求职者作自我介绍,然后应聘双方以快问快答、自由抢答的形式互动对话,最后是嘉宾对企业提出的问题以及求职者的临场表现作出客观分析,提出指导意见,传授应聘经验。整个面试过程包括背景经历了解、能力素质沟通、工作实际问题沟通、合作与发展愿景沟通等环节,符合常规面试流程。这种采用真实招聘场景开展面试的形式,客观上对求职者具有一定的就业指导性,能吸引更多听众参与互动。

2. 覆盖面广,增强对社会各界人才的吸引力

人才是第一资源,更是推动长三角一体化协同发展的关键。作为面向整个长三角区域的主流媒体平台,《"职"等你来》空中招聘与 G60 科创走廊联手,为长三角城市人才交流合作开辟了绿色通道,减少了求职过程中一些不必要的环节。节目囊括众多企业,提供各类工作岗位,其中招聘企业既有知名度较高的实力央企、原创高端美妆品牌、休闲食品连锁机构,又有刚刚起步的互联网公司和高科技企业,具有较高可选性;工作岗位包括管理类、研发类、销售类以及服务类等多种类别,可满足不同职业背景人才需求。不仅如此,在这个广播求职平台,根据不同工种的需要,还为不同层次的求职者提供岗位。应聘者既有工作多年经验丰富的从业者、文化水平较高的归国人员、业务能力出众的技术工人,又有各大学校的应届生和低学历者。《"职"等你来》拥有覆盖面广、质量高、供求足等多种优势,对社会各界人才有很强的吸引力和感召力。

3. 知识性强,为就业人群提供精准指导

广播求职招聘类节目不仅在就业知识、职场能力、职业素养等方面对求职者进行指导,还特别提供面试技巧供受众参考。这些内容不仅对参与节目的求职者有帮助,对广大听众同样具有教育价值,听众可通过对比,剖析自己的职业规划、技术水平以及个人能力,思考自身的就业方向。比如《"职"等你来》节目,嘉宾会根据求职者现场表现进行专业点评,指出求职者的优势与不足,并提出相应的意见和建议。嘉宾还会将招聘单位为求职者准备的问题,从人力资源角度作出详细解读和分析,给求职者及广大听众带来满满的求职"干货"。与此同时,针对不同求职者在面试过程中遭遇的相似困境作出系统性解答,一定程度上弥补了目前高校和社会咨询机构就业指导工作不足的问题,受到在校大学生、大学毕业生以及职场人士的青睐。

4. 内容真实，善于打消求职者疑虑

无论是历史悠久的纸媒、广播电视机构，还是新媒体平台，受众对媒体传播内容的信赖，取决于平台自身信息质量的叠加。据 EBU 最新《媒体信任度》(*Trust in Media*)报告显示，广播媒体仍然是整个欧洲最受信赖的媒体，欧洲国家 85% 的人信任广播[2]。基于传统广播平台，《"职"等你来》节目一方面凭借媒体的号召力和影响力，吸引求职者参与互动。另一方面依靠合作机构的信誉和知名度，打消听众对广播真实性的质疑。本次与节目合作的单位——长三角G60 科创走廊联席办是长三角区域合作办公室的分支机构，由长三角九地市共派工作人员组成。2020 年，长三角 G60 科创走廊曾依托"G60 科创云"平台推出"九城纳贤"专栏，通过"云端招聘"与高校实现无缝对接，化解企业招聘难和毕业生就业难问题。如今，长三角 G60 科创走廊与广播平台强强联手，不仅提高求职招聘节目的可信度，也充分发挥了广播"空中桥梁"的优势。

三、广播职场招聘类节目存在的不足

1. 表现形式单一影响感染力

节目感染力通常由时代感、重要性、信息量、矛盾冲突或竞争性、戏剧性、情感性和人情味等条件和氛围所营造[3]。它们并不是均衡地分布在各个成功节目中，而是各有各的特色，各有各的用法。对于广播求职节目，足够的信息量以及矛盾冲突或竞争性是增加感染力的方法，而这类素材恰好是广播职场招聘类节目的薄弱之处。在《"职"等你来》节目中，中规中矩的职场面试占据了整档内容，招聘企业提供的工作岗位与应聘人数几乎——对应。节目缺少求职者对岗位的竞争，也缺乏矛盾冲突的引入，因此，不易引起听众共鸣。另外，现场目击以及实时互动也可以促进受众产生代入感，尤其在新媒体时代，广播职场招聘节目以往常见的以音频传输为主、现场连线为辅的传播模式将逐渐失去受众市场，其单一的输出形式将很难适应市场的发展需求。

2. 内容过度精简影响专业性

当下，音频内容制作与传播平台快速发展。有研究报告显示，2020 年中国在线音频用户规模已突破 5 亿人，2022 年有望达到 6.9 亿人。作为人们印象中的传统形式，音频内容制作受青睐，印证着网络传播的价值与潜力，也从一个侧面表明："内容为王"永不过时。各类节目都在以优质内容为核心，向广大受众提

供深度、权威、专业、多元的内容。相比之下,广播求职节目《"职"等你来》受到时长限制,极大压缩了求职者的个人展示及与企业互动时间,让受众产生信息获取不足、缺少看点的感觉。与此同时,节目关联新媒体平台提供内容也较为精简,与线下雷同的职位供需信息难以突出广播招聘的优势,更难实现根据社群各自标签精准匹配的需求。

3. 传播力度不足影响收听率

传播一般指两个相互独立的系统之间,利用一定的媒介和途径所进行的、有目的的信息传递活动。传播力,就是实现有效传播的能力。其中,信息和媒介是两个关键要素。对于现阶段广播职场招聘类节目来说,传播的局限性也恰好体现在这两方面。以《"职"等你来》为例,节目一方面由于信息传递频次低、宣传周期短等因素影响,传播效果未能达到预期。这将间接导致优质人才通过广播参与空中招聘的概率降低、企业人才招聘质量下降、广播节目品质不高等一系列问题。长此以往,势必造成优质人才流失、企业对平台期望不高、节目收听率下降的恶性循环。另一方面,新媒体与传统媒体融合共生,虽然在很大程度上拓展了人们获取信息的媒介渠道,但却并未真正打通媒介产品化与圈层化传播之间的关系,即使用多种手段推动媒介产品的圈层传播,由小众的向大众的传播过渡,还是影响节目传播效果。

四、广播职场招聘类节目发展前景和改进策略

1. 打造品牌,扩大广播求职类节目影响力

随着广播传媒的发展和听众需求的不断提高,广播机构不得不关注的一个问题就是如何打造品牌栏目,更好地满足听众需求,真正体现媒体价值,反映主流文化。尤其是当前,从中央到地方各类广播节目品种繁多,竞争激烈,打造出自己的特色品牌尤为重要。广播职场招聘类节目作为非主流产品,若想让自身品牌朝着高赞誉、高信任、高知名的方向发展,不仅要考量公益服务与商业属性的平衡,还应该加强整体形象的辨识度,将节目的理念、栏目的定位以及呼号的创意,都纳入整体形象识别系统,保障内容和形式的创新性,开展栏目营销传播实践,提高知名度和美誉度,并突破简单复制、自产自销的生存方式,让节目朝着大制作、大营销、大市场的方向发展,促进中国广播节目产业繁荣发展[4]。另外,打造品牌还要以内容为载体激活关系、组织圈层,使品牌内容得到更好的宣传发酵,做到内容覆盖面和话题互动量的双效提升,实现节目内容价值的高效传播,

提高节目知名度。

2. 融入新媒体手段，让广播求职类节目更有"看头"

互联网浪潮一波接着一波，智能手机为代表的移动互联终端使用不过 20 余年，已然成为人们生活中不可或缺的一部分[5]。浪潮之下，新型媒体强势而来，传统媒体发展则面临着诸多冲击与挑战，广播机构要想有效提高自身竞争力并加深用户黏性，必须跳出传统媒体的束缚，结合现代新媒体传播技术，通过阿基米德、话匣子 APP 以及抖音、微博等新兴媒体平台工具，从更为全面的角度入手，将可视化场景及流行元素纳入节目当中，以此提升节目内容的专业性和丰富度。如江西综合新闻广播频率 2018 年 8 月底率先推出全省首档音、视频时事访谈节目《新闻 1+2》。节目采取录播室现场录音、视频同步录制的方式，由一位主持人和两位特约新闻评论员或观察员，共同点评最新、最热、老百姓最关注的新闻，除在传统广播平台音频播出外，还在新媒体上同步推送视频观点。据央视索福瑞调查，《新闻 1+2》每期节目的平均忠实度都达 100，最高市场占有率达 11.52%，许多精彩观点纷纷被其他媒体转载推送[6]。这种新兴视频直播平台的运用，弥补了传统广播无画面、传播方式单一的不足，为广播提高竞争力提供了新手段。新媒体传播的另一特点是互动性，这种传播方式可使受众的平等意识和参与意识被空前激活。通过网络、手机等新媒体互动平台，拓展传统广播媒体的互动渠道，摆脱传统媒体"低互动性"的弱势形象，给予受众参与传播更大的选择权和自由度，以此吸引更多人的关注。

3. 创新形式，提升广播求职类节目整体品质

广播求职类节目应将故事性、冲突性、娱乐性和导向性有机结合。通过巧妙的设置，增强节目与受众间的内聚力，优化传播效果。其中，职位竞争与现场挑战是求职节目制造冲突和悬念的最佳手段，听众往往对这种充满未知的环节、紧张激烈的节奏产生强烈的心理共鸣，进而对事情的发展变化结果，对人物或事物的处境和结局产生关切的心理，使节目更具引人入胜的魅力。[7]此外，在节目制作过程中可突出原创性思维，融入本土文化，适时注入中国元素符号，把中国文化、本土价值观念带给听众，让他们获得的不仅仅是一份看得见的工作和感知到的职场技能，还有精神上的感悟。

4. 构建社群关系，实现广播求职类节目可持续发展

在"十四五"规划建议中，中央关于媒体融合提到一个新词叫"商业服务"，其中社群关系是未来做内容的一种新模式。事实上，这种关系是以内容为媒介，根

据用户彼此之间的职业、年龄、地域、需求与趣味等相关属性,激活彼此的关系,并在互动中形成越来越强的现实强关系连接,从而逐渐形成以用户某种特质为连接点的社群关系[8]。广播求职类节目作为服务性节目,其本身已经具备了社群服务的潜质。它只需以自身的在地性资源为基础,通过内容的传播,链接更多的商业资源,并用服务反哺内容,如此循环往复,慢慢就形成了一个社区、一个社群、一个圈层,使节目发展空间更大、更广。

五、结　语

近年来,随着传统媒体与新媒体的融合,广播职场招聘类非主流节目迎来时代发展的最大机遇。在这一进程中,广播媒体在满足市场化需求的同时,还可通过打破圈层效应、丰富表现形式、构建社群关系等措施,积累受众黏度,提高节目活跃度,为更多求职者提供就业指导,推动他们形成健康的择业观与就业观,做到收听率、商业价值双丰收,教育功能、社会责任同实现。

参考文献:

[1] 李湘麓.广播媒体公共服务功能浅析——以广播就业服务类节目《职场帮帮团》为例[J].中国广播,2020(2):78-80.

[2] EBU:广播仍是最受信赖的媒体[J].中国有线电视,2019(5):554.

[3] 高志扬,满国峰.电视节目的感染力要素浅探[J].新闻传媒,2004(4):59-60.

[4] 陈世华,徐玲婕.电视职场招聘类节目的现状与未来——以《非你莫属》为例[J].电视研究,2013(8):64-65.

[5] 付莎莎.将广播打造成音图并茂的传播形式,可尝试但未必成趋势——广播服务更应专注对声音的传播[N].中国新闻出版广电报,2019.

[6] 邹素芳.变身视频直播,广播从幕后走向台前[J].声屏世界,2018(12):44-46.

[7] 贾宝玲.我国当前职场类电视节目存在问题就发展方向探讨[J].明日风尚,2017(7):100.

[8] 林沛.喻国明:情感共振+关系认同,新型主流媒体要勇于"破圈"[EB/OL].广电独家.https://mp.weixin.qq.com/s/zGIHksbxMI3wueAOaNHcFw.

作者简介:

方哲,上海市广播电视监测中心助理研究员。

融媒体背景下广播新闻短视频创作的探索与实践

——以"话匣子"视频号为例

俞 倩

提 要： 在融媒体背景下，依托于网络 PC 端、手机等移动端口传播的短视频发展迅猛，充分发挥了社交驱动、情感刺激、实现多元价值的作用，其作为一种信息承载方式已成为当下传播的重要发展方向。与此同时，短视频的"风口"也为在积极寻求转型突破的传统媒体提供了新契机，例如电视、广播报道与短视频的结合逐渐成为传统媒体与新媒体深度融合发展的切入点之一。本文主要关注传统媒体基于移动端发布的新闻短视频，从东方广播中心广播新闻中心视频号"话匣子"的制作内容和运营机制入手，探究广播新闻短视频的传播特点和发展趋势，还将就其在生产过程的瓶颈与不足给出可行性建议。

关键词： 媒体融合　广播　短视频

最新发布的《中国视频社会化趋势报告(2020)》显示，2020 年中国共有 7.92 亿短视频用户，成为互联网第三大流量入口。然而，在泛娱乐化的背景下，从内容生产方面来看，短视频还处于探索阶段，发展并不成熟。2020 年 9 月，中共中央办公厅、国务院办公厅印发《关于加快推进媒体深度融合发展的意见》，指出"要推动主力军全面挺进主战场""做大做强网络平台，占领新兴传播阵地"①。

---

① 新华社. 中共中央办公厅　国务院办公厅印发《关于加快推进媒体深度融合发展的意见》[EB/OL].(2020 - 09 - 26).http：//www.xinhuanet.com/2020 - 09/26/c_11 26542716.htm.

在此背景下,东方广播中心广播新闻中心微信视频号"话匣子"于2021年初正式上线运行,以时政新闻、突发事件、社会热点等方面为主要的生产内容,记录"上海此刻",这是广播主理视频号的一次传播实践和探索。"话匣子"视频号将更为优质的内容与短视频形态进行嫁接,为用户提供更有政治、经济、文化和社会价值的新闻产品,与此同时,还整合广播端内容,进行短视频二次传播,立体打造广播品牌,拓宽传播渠道,加强主流声音的传播效能。

一、新闻短视频发展驱动力

随着抖音、快手等移动端应用软件的普及,加上拍摄和剪辑技术的简化,短视频的内容生产和社交传播变得越来越简便。

麦克卢汉将媒介技术的发展视为神经系统的外化。Web2.0时代的媒介将网络时代内容(运用)与形式(技术)之间深刻的相互依赖性展现到了极致。① 短视频的概念来源于全球新媒体实践。短视频通常以分、秒为单位,1分半到3分钟以内的居多。播发平台主要为网络PC端和手机移动端,内容覆盖多元,具有移动化、碎片化和社交化的特点。

研究数据显示,目前中国短视频月活跃用户已突破5亿,其中通过短视频满足"获取资讯"需求的用户占比42.1%,仅次于休闲娱乐需求。由此可见,用户在满足形式的新鲜感之后依旧要回归优质内容的需求,高质量的新闻类短视频成为短视频行业的新寄托。作为主流媒体,广播有着专业的新闻价值判断能力,有依托于广播端的丰富原创素材,在短视频激烈竞争中,能够开辟出新的发展方向。

二、新闻短视频发展现状

在内外驱动力的相互作用下,国内各个新闻媒体大部分采取了在自身平台设立短视频专区和在主流短视频平台"做号"两种方式。上海广播电视台(SMG)推出的"看看新闻"客户端,是在自身平台打造独树一帜的原创视频新闻品牌,由SMG融媒体中心运营,原创新闻内容在东方卫视、百视通互联网电视(OTT)、IPTV和看看新闻客户端等渠道,以及海内外多个社交网络平台上广泛呈现。

另一类是以"四川观察"为代表的,在抖音等主流短视频平台"做号"的传播

---

① 米歇尔,汉森. 媒介研究批评术语集. 肖腊梅,胡晓华,译. 南京:南京大学出版社,2019:140.

模式。四川广播电视台在"两微一端"和 PC 网站建设上表现一般,但是,该台在抖音上开设了"四川观察"账号,将新闻类短视频产品做得活泼生动,极具传播力,变成一种现象级产品,截至 2021 年一季度,该账号已经拥有 4 423.8 万粉丝,属于抖音上的"头部媒体"。

"话匣子"视频号,是上海广播推出的第一个新闻短视频号,由广播新闻中心采访部进行内容创作。首发是在微信端,其生产的产品在自有平台——阿基米德 FM APP 上设有专区,同时也分别在微博以及抖音、头条号等平台上设立了同名的账号。根据新媒体传播的特点,"话匣子"视频号力争成为广播新闻传播的第一落点,短小精简的篇幅配以提炼精准的文字,浓缩了新闻报道的关键信息,传播更为垂直,冲击力增强。

三、视频号"话匣子"的突围之路

新媒体是"以人为根基"的文化,需要激发用户的参与,重视人的视角、情感与体验。[①] 文体娱资讯、社会奇闻逸事等生活类短视频的内容与这种特征不谋而合,因此更容易获得用户青睐。然而,这类视频蕴含的公共价值与其支配的大量公共传播资源相比并不对等,因此如何挖掘传播中"硬核"公共价值的任务落在新闻类短视频上。"话匣子"视频号在内容生产、特色 IP 打造和传播渠道拓展三方面进行了有益探索,在正式上线的第一个季度里,就创造出不少微博点击量破千万、微信视频号 10 万+的产品,用户数也在逐月快速攀升,开辟出上海新闻广播在移动端新的传播阵地。

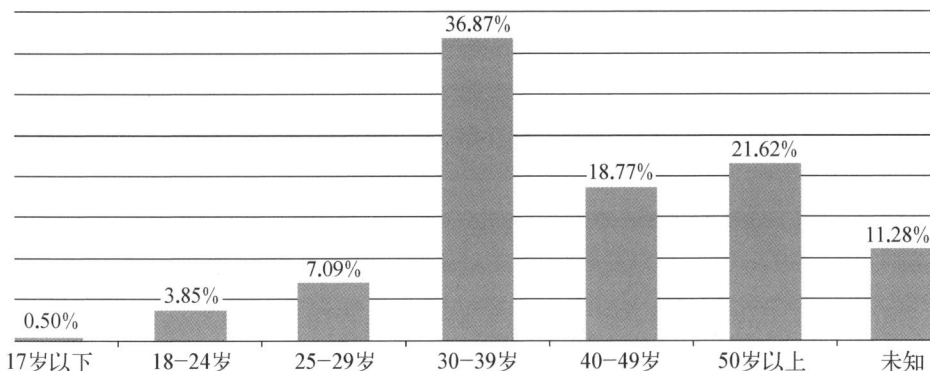

截至 **2021** 年 **4** 月 **30** 日,"话匣子"视频号粉丝年龄分布

---

① 张庆.传统电视媒体进军短视频的误区与着力点[J].现代传播,2017,(12):158.

（一）内容软中有硬，形式碎整兼容

在内容选择和创作中，"话匣子"视频号选择"由硬变软"的策略。以接地气的"软方式"，来表达新闻的"硬干货"。上线以来，"话匣子"近80％的产品是记者现场采访后的第一手原创视频。如2021年3月16日在微信端首发的"上海高中阶段招生分配教委解读来了"短视频，记者在政策发布会后，第一时间"围堵"了市教委基教处负责人，对于示范性高中名额分配的具体操作细则进行了深入采访，在视频剪辑时，舍弃了条文性的解读内容，而是选取了该负责人举出的一个完整例子，说明新的名额分配政策对于同一个孩子幼升小、小升初、初升高各个环节的影响，极为明晰，容易理解，在"硬政策"中，融入了"软关怀"，一反以往对于重要政策解读"一板一眼"的刻板。尽管这是当天上海主流媒体和自媒体最为关注的事件，但在主流媒体中只有"话匣子"视频号成功突围，牢牢抓住了用户心理，诞生了微信10万＋短视频。在分析后台数据时我们发现，除了普通用户，大量教育辅导机构、房产中介从业人员进行了转发，产生了"破圈"效应。这一视频的推送，对于此前的摇号择校、购买学区房等过度炒作的话题，予以了"自然而然"的正确引导，体现传播的"硬核"价值。

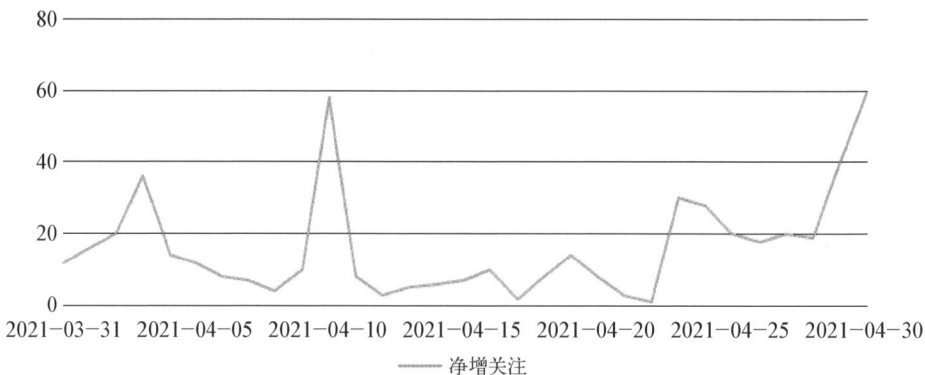

截至 2021 年 4 月 30 日，"话匣子"视频号净增关注增长趋势

在形式上，"话匣子"视频号努力兼容用户的碎片化需求和新闻的整体性要求，以此平衡好吸引用户和服务公众之间的关系。比如从2021年4月25日起，"话匣子"号连续5天推出了一组围绕"中国空间站天和核心舱发射"的短视频——《即将上天的天和核心舱，凭啥能叫"核心舱"？》《中国空间站要上天了，外国飞船能来对接吗？》《这动静，像发射一样！》《天和入轨后约一小时后才宣布成功，中间发生了什么？》等，将体系庞杂、难以理解的航天知识转化为普罗大众容

易理解、形象生动的大白话,例如"基地内很多航天人举着红旗,一路陪着火箭,走完这 2 800 米的出征之路,就像是送孩子参加高考""空间站的建设,就好比太空搭乐高,依次发射一个个模块,在太空对接组装而成",将专业性极强的载人航天工程,通过短视频的多个小切口进行了生动的阐述,打破了普通受众对科普短视频自带的畏难情绪。片尾有时还会增加"你看,有用的知识又增加了吧"的彩蛋,不仅以轻松的话语科普了航天知识,还大大加强了系列视频的记忆点与 IP 属性。在评论区里,许多用户留言点赞,纷纷表示"深奥的浩瀚星辰,我看懂了!"这一系列的短视频摒弃了传统新闻报道"大而全"的方式,将新闻内容进行了有机拆分,集中于某一个要点的呈现,借力短视频碎片化传播的特点,将"叙事宏大"的重要新闻事件,以一个个独立体串联起来,形式细碎,主题明确,形散而神聚。

(二)个人 IP 打造,独特标签,人无我有

以声音传播为优势的广播,要在短视频浪潮里获得一席之地,需要更多的创新和创意。如何谋划短视频发展战略,将决定其未来的媒体地位,"话匣子"视频号除了主账号的打造,还在积极培育个人 IP。"陆老师有话说"是以广播新闻中心采访部舆论监督记者陆兰婷为"主角"打造的短视频 IP。系列短视频时长一般控制在 2 分钟内,均围绕陆兰婷采访的案例展开。从长江岸线旁垃圾成堆到家门口的河道黑臭,从暗访"野鸡"低价团到开发商"偷面积",这一 IP 紧扣环保、拆违、消费、基层治理等民生话题,在摆事实的基础上讲道理。陆兰婷的表述不疾不徐,但风格犀利,直指问题背后的深层次原因,屡屡让职能部门"红脸出汗",不仅推动问题得以解决,还促使相关方面举一反三,防患于未然。

截至 2021 年 4 月,系列短视频已推出 19 期,单条视频最高点击量超过 200 万,微博♯陆老师有话说♯话题阅读量超过 375 万。多期视频及相关话题冲上热搜,爱奇艺、新浪上海等各大平台转发,实现了传播"破圈",扩展了上海广播舆论监督报道的影响力。以独立的个人 IP 身份出现在用户面前,是"话匣子"的全新尝试,作为在新闻界影响力巨大的舆论监督记者——陆兰婷,从幕后走向台前,而这背后,是创作团队经过精心策划,树立起来的"人设",其代表的是上海新闻广播的态度。由于特色鲜明,"陆老师有话说"系列成为主流媒体中独树一帜的个人 IP 短视频品牌,案例与点评交融,犀利与关怀并存,成为舆论监督的全新阵地。由于表达符合互联网的特色,用户的年龄层也越来越年轻化,"陆阿姨"这一亲切的称呼,时常出现在评论区域,新闻类短视频获得了越来越多的认同、欣赏和信任。

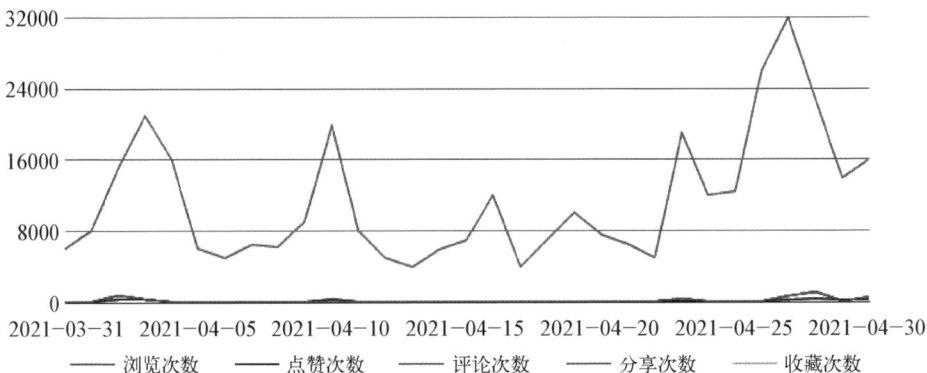

截至 **2021 年 4 月 30 日**,"话匣子"视频号转评赞等数据趋势

短视频的上传是传播的起点,社交性将其携入传播的链式之中。用户通过点赞、评论、转发等行为与短视频的发布者进行互动,在这一过程中用户会发表对视频内容的情感、评价、个人经验等,这些内容在为后来观看短视频的用户提供附加信息的同时,也是对原视频内容的再生产,扩展了其原本的意义范围。

(三)短视频与直播的协同传播

在不同的现实情境中,用户利用短视频探索新的媒介体验方式。受新冠肺炎疫情的影响,在人们禁足居家期间,"直播＋短视频"迎来了爆发式的需求增长。"话匣子"视频号上线以来,一直在探索"直播＋短视频"的组合模式,拓展新闻传播的延续性。由于视频号直播是"阅后即焚",直播结束后无法回放,因此短视频成为直播内容二次传播的有力补充。例如,2021 年 3 月 18 日,"话匣子"视频号直播"话匣妹"前往绿波廊酒楼体验柬埔寨国王前一天享用的上海点心,直播画面养眼,主持人极具"吃播"特色,吸引了许多用户观看和留言。直播结束后,一些用户直呼"没看够"。视频组即刻对直播素材进行了二次编排和剪辑,提炼精华,制作出小而美的短视频,这一视频在朋友圈等广泛传播,为上海传统美食文化的推介提供了助力。"直播＋短视频"的模式在一定程度上也能够弥补短视频时间过短、用户黏性不足的遗憾。在这一模式下,短视频将向生产审美和艺术价值更高的优质内容方向发展,以此来吸引更多的用户关注直播;直播则将注重融入综艺和文化元素,通过提高直播的观赏价值来延长用户在直播间的停留时间,在维护用户黏性的同时提高新闻类短视频内容的丰富性。

四、"话匣子"面临的挑战和机遇

新闻类短视频往往受制于"短",很难展现新闻事件的全貌,以微信视频号为例,1 分钟是该平台在时间上划定的"短视频"与"长视频"的分水岭,而根据相关调查显示,人听力最集中的时间仅为 15 秒,这对新闻内容的编排提出了很大的挑战。受限于传统的写作模式,"话匣子"短视频的拍摄和剪辑,常常会出现"画面版"广播报道的味道,镜头语言还不够丰富,成为服务文字的"配角"。从传统广播新闻报道中孕育、成长的"话匣子"要突破重围,必须找到吸引网友和服务公众之间的平衡点,也考验着记者们对内容取舍的功底,对于画面运用的能力。

此外,"话匣子"视频号运营、内容创作班底目前主要由广播新闻中心的记者构成。面对日益增长的短视频创作需求,传统媒体人才结构需要进一步调整、优化,一方面需要加强既有团队的培训,紧跟新媒体传播潮流,另一方面,也要招贤纳士、扩充人才队伍,特别是一些新闻报道能力与短视频制作能力兼具的全媒体人才。

结　语

"话匣子"视频号的运营探索,加强了上海新闻广播的传播力、引导力和公信力,但也面临着诸多挑战。

基于上述分析,新闻短视频传播在未来将对传统媒体和受众的关系产生重要影响,进一步增进主流媒体和受众之间的信任关系。值得注意的是,短视频的出现和发展是对受众或用户行为的回应,在短视频传播中,细节会被放大,意义的解读也趋于多元化,未来发展中新闻短视频还需要与长视频、深度报道形成互补之势,为占领舆论制高点和拓展媒体话语权方面注入动能。

参考文献:

[1] 殷乐,高慧敏.传统媒体新闻短视频发展现状与传播态势[J].当代传播,2018,No.203 (06):47-50+55-56.

[2] 高传智.传统媒体介入新闻短视频策略分析[J].中国记者,2017,000(007):51-53.

[3] 呼东燕.新媒体时代新闻短视频生产与制作特色探析[J].视听,2020,000(004):182-183.

[4] 周敬峰.新媒体语境下电视新闻短视频化的媒介融合传播策略[J].电视技术,2019,v.43;No.525(18):20-21+24.

［5］孙振蒙.短视频：新闻报道的下一个"利器"［J］.新闻研究导刊，2016，7(22)：104-104.

［6］刘秀梅，朱清.新闻短视频内容生产的融合困境与突围之路［J］.现代传播，2020，042
(002)：7-12.

作者简介：

俞倩，上海广播电视台广播新闻中心采访部副主任。

音频内容市场化实践初探

张嘉伟　贾　赟

提　要：本文探讨在互联网信息传播环境下，传统广播如何在其中发挥所长、另辟蹊径，以自己固有的内容制作能力优势，在互联网平台中继续体现其权威性、公信力、专业化，使传统广播业者在新媒体浪潮席卷的当下，继续发挥其巨大能量，迎来音频内容市场化的繁荣未来。

关键词：媒体融合　音频产品　互联网传播　音频内容市场化

引　言

　　1920 年 11 月，世界上第一家获得执照的广播电台在美国匹兹堡正式开播，三年后，中国上海的第一家广播电台开始播出。广播陪伴人类文明发展整整一个世纪，在相当长的历史时期里，广播是人类社会传播速度最快、接受方式最简、获取成本最低的现代化信息来源。

　　然而，随着电视的出现、互联网的崛起、新媒体的爆发式涌现，广播媒体面临着前所未有的挑战，世界上多国多地的广播电台先后迎来关、停、并、转的衰落期，曾经风靡一时的广播媒体似乎就快要从生活中消失。可就在传统广播式微的同时，音频产品在互联网环境中如雨后春笋般涌现，多个音频内容分发平台迅速抢占媒体市场，内容付费已成为现代媒体环境中广为受众接受的分发方式。

　　本文就当前广播的音频内容市场化实践作一专论。

一、音频内容的既有分发渠道和形式

1. 传统广播媒体的线上播出

线上(FM、AM端)播出平台仍是传统媒体的主要分发渠道,也是主流媒体必须坚守的宣传阵地。以笔者所在的上海人民广播电台为例,截至2020年9月,共有线上播出节目244套,市场份额90.4%,拥有一批优秀的广播节目主持人、编辑、记者、制作人,也有一批精心打造、开办多年并具有广泛社会影响力和受众基础的精品节目,如《市民与社会》《渠成热线》《相伴到黎明》《名医坐堂》《为您服务》《音乐早餐》等,兼具社会价值和市场价值。

除此之外,上海广播电台自有"阿基米德"APP全程同步播出线上节目,并与国内多家兄弟电台建立长期合作,将其线上内容移植至"阿基米德"APP,在保持内容不变的基础上,完成了收听方式的转变,将传统收音机嫁接至手机,降低了受众的接收成本,同时通过点播的方式,消除了传统广播线性传播、"我播你听"的先天劣势。

2. 音频内容向新媒体平台的初级拓展

在新媒体的冲击之下,传统媒体也在不断求新求变,在肩负使命担当的同时,也在积极拥抱媒体转型带来的变革。同行在这些方面,为广播提供了参考和范本,如一些纸媒停止了实体介质的出版,推出了微信公众平台、APP端,如"澎湃新闻",电视媒体推出了适合网络平台传播的短视频产品,在诸如抖音、快手等受众量大集中的APP发播,如央视新闻、看看新闻等。

广播媒体受到新媒体冲击相对较晚,主要因为私家车的普及导致仍有大量刚性需求存在,但在手机数据流量费用不断降低、音频内容平台不断优化、个性化定制服务智能化的背景下,这些受众的流失也逐渐显现、成为必然,因此广播媒体生产的音频内容,必须向新媒体平台渗透,其内容和方式便是摆在广播业者面前的新课题。

以笔者所在的上海人民广播电台为例,本台于2014年推出了阿基米德APP,在2018年推出了话匣子APP,目的是在既有的FM/AM端传播的基础上,着力拓展适合新媒体平台的内容。

3. 新崛起的音频内容终端

新媒体领域的竞争,除了内容上的竞争,还有传播形式、科技注入方面的竞争。随着智能 AI 设备、电子穿戴设备、多样化的互联网终端的不断上市,音频内容的传播途径也正在发生革命性的变化,从最初的用收音机收听,到后来的用智能手机、平板电脑收听,再到最新的互联网智能设备点播、定制,这一些都是以惊人的速度向前推进和发展。

以"天猫精灵"智能终端为例,它所提供的音频内容来自喜马拉雅和虾米音乐等互联网音频平台,结合智能语音技术,可以实现不接触开关、语音交互、即时点播的功能,完全颠覆了传统广播线性传播的固有模式,给用户更大的选择空间。

二、适合进行内容市场化实践的音频内容

1. 新闻资讯类节目的个性化定制

我们生活在一个信息爆炸的时代,面对海量的信息,任何受众都无法面面俱到,加上不同媒体的不同角度、深度、观点,即便是同样的新闻事实,也可能产生多样化的传播内容,新闻资讯类节目的音频产品点播,可以通过大数据技术,进行初步用户画像,让智能设备"了解"用户的性格、喜好、习惯等,进而为受众智能选择内容播放,根据受众的人工调整,不断"学习",动态更新用户画像,使提供给单个用户的音频内容更加精准化、个性化。

2. 知识百科类节目的打包购买

这部分内容类别是当下传统媒体进行新媒体转型的重要方向,亦是已有新媒体平台成功范例集中的领域,值得研究深耕。

传统广播媒体的传播平台或许迟早会淡出大多数人的生活,然而音频内容产品本身却会继续受到青睐,这是现代生活的特征所决定的。音频内容的陪伴性、同步性、多线程性的特征会继续为受众需要。将线上播出的节目,由"时间线"重新编排成"内容块",便形成了新媒体音频内容的基本雏形。

3. 受众社群的建立

传统媒体业者面对的是读者、听众、观众,而新媒体业者面对的是用户,这一观念如果不得到彻底的改变,新媒体运营的成功便无从谈起。研究用户流量大、变现能力强的新媒体平台不难发现,受众社群的维护是成功的要诀。收集整合受众的诉求,恰当满足多数受众的需要,提供受众所欢迎的音频内容和实体产品,才是健康的运营生态。

三、既有新媒体平台音频内容市场化实践经验

1. 田艺苗古典音乐音频课案例

田艺苗是上海音乐学院作曲系副教授,2016 年起在喜马拉雅 APP 上开设《古典音乐很难吗?》系列音频课程,课程以付费形式分发,每套价格 199 元人民币,截至 2020 年 9 月,系列音频总播放数量超过 2 700 万,专辑评分 9.6 分(满分10 分),是喜马拉雅 APP 中,付费音频运作成功的经典案例。

田艺苗本人并非媒体人,但其运用所在专业领域的知识,巧妙和普通受众链接,通过 624 条、每条 10 分钟左右的音频内容,向对古典音乐感兴趣的受众传递古典音乐的知识、欣赏古典音乐的方法、古典音乐史上大师作品的赏析等内容,内容垂直、传播定向。

这个案例向我们展示了新媒体平台上音频内容市场化实践的新趋势和新思路。受众对不同领域的轻知识的需求,让一些具有新媒体平台表达能力——无论是视频、音频还是平面内容——的专业人士有了合适的展示空间。简单来说,即用受众可以接受的形式,将专业领域内人人都懂、专业领域外难以涉猎的内容,通过互联网平台进行垂直传递。

2. 三联中读《了不起的文明现场》案例

三联中读 APP 从 2018 年开始推出《了不起的文明现场——跟着一线考古队长穿越历史》系列音频课程"考古"的中华文明溯源之旅。截至 2020 年 9 月,订阅量逾 14 万。

系列课程邀请的嘉宾包括江西省文物考古研究院研究员、海昏侯墓发掘领队杨军,中国第一批水下考古队员、"南海一号"水下考古发掘人崔勇,四川文物考古研究院院长高大伦,敦煌研究院名誉院长樊锦诗等重量级考古界顶尖专家,以音频课程的形式,介绍了海昏侯墓、小河墓地、南海一号、敦煌莫高窟等考古发现的过程和文史知识。同时,在 APP 中添加了文字和图片,方便用户多方位获取信息和知识,亦是融媒体运作的基本形式。

三联中读 APP 是国内知名出版社生活·读书·新知三联书店打造的新媒体平台,作为一家传统的图书、期刊出版商,三联书店开始拓展新的业务类型,深耕音频内容领域,足可见其对这一市场的判断和预期。

3. 混沌大学案例

混沌大学以打造互联网创新大学为宗旨,以线上课程体系为基本产品框架,线上课程包含研习社、商学院等板块,通过自身研发的创新课程和业界专家专题讲座两类主干内容,为创业者、商界人士、对现代商业环境和运作模式有了解需求的用户提供专业内容。混沌大学采用会员制服务模式,根据用户的不同需求,提供不同的套餐供选择,是知识付费领域的一种深度尝试模式。

和前述两种类型的音频内容类别不同,混沌大学提供的内容和形式更适合具有职业化提升需求的用户,因此常常被企业集体购买,作为对员工进行职业培训的组成部分,在团体用户需求领域,获得了立足之地。

四、传统广播媒体音频内容的市场化实践解决方案

1. 内容类型的选择

如今传统媒体的主要分类为:新闻(含财经、体育)、音乐(含文艺)、交通、生活等,最适合进行市场化实践的内容是生活类的内容,其中又包括:健康医疗、百科、文旅、育儿、为老、亲子教育、心理支持、汽车、居家等。以下通过三个案例进行说明。

(1)健康类:健康话题和节目是目前全国各地传统广播媒体都在精心打造的重点节目,这和广大受众对健康关注的日益提升、对生活质量的不断要求密不可分。然而,多数健康节目偏向医疗内容、大健康概念的内容比重不高。上海人民广播电台开办近30年的老牌健康节目《名医坐堂》不断推陈出新,通过本台自有阿基米德APP开设"名医会客厅"直播互动专题,提供有别于既有FM/AM平台上的形式和内容,并在所在频率公众微信平台常设专题,以实现多平台分发的集聚效应,通过不同形式,向不同人群和不同接受习惯受众提供健康相关内容。

(2)百科类:笔者所在的上海人民广播电台有一档开播于2016年底的人文百科类节目《行走世界》,这档节目以地理坐标作为载体和主线,主体内容是与旅行目的地有关的历史、人文、科技等内容,打破以往旅游或文化类节目一期一个主题的固有思路,寻找不同主题之间的潜在联系,依据合理的逻辑链条发散跳跃,以30分钟为一个内容框架,每个节目框架中有2~4个分主题。主持人在呈现过程中,综合运用了适合内容表现的不同形式,丰富了节目的收听体验,适应了新媒体形势下的传播环境。节目播出第一年,根据赛立信相关收听调查数据

显示,其市场份额长期居同时段前茅,深受听众喜爱。此外,节目在"阿基米德"APP等多个平台同步上线,截至 2020 年,累计收听超过 6 000 万,常规节目单期最高收听近 50 万。由此可见,具有个人素养提升功能的类型化节目,在音频市场上有巨大的生存空间,此外,因其内容题材多样、涵盖面广,有充分的市场化实践的可能。2019 年开始,节目也开始进行商业合作,作为音频内容产品对外出售。

(3)文旅类:上海人民广播电台《就是爱旅游》节目于 2018—2019 年开展了音频节目市场化运作试点,与相关旅游产品供应商进行合作,供应商以广告形式在节目微信公众号中进行旅游产品推介,节目组通过线上节目、新媒体平台进行招募,成功组团开展了金秋阳澄湖品蟹游、欧洲多瑙河游轮游等活动,节目亦获得供应商分成,是一次传统渠道和新媒体渠道相互呼应的市场化运作案例。近些年来,旅游消费已成为消费市场蓬勃发展的新星,传统媒体在严格筛选供应商的前提下,可以通过其公信力、影响力,与供应商进行商业合作,除了传统的广告投放外,亦可与供应商为音频产品受众提供个性化定制服务,在庞大的旅游市场中另辟蹊径,找到自己的发展空间。

2. 分发方式的建立

正如笔者先前的观点所言,音频内容本身仍为市场接受和需要,因此如何将传统广播媒体的内容通过新媒体平台进行分发,恰是比抛弃既有优势、颠覆强项内容来得更有意义的尝试,可以起到事半功倍的效果。

传统内容新媒体渠道的分发模式建立,需根据不同内容的不同特点进行策划布局,另外还必须要考虑不同受众的多样化需求、差异化接受习惯和个性化服务期待,传统广播业者要做到融媒体转型,只有将广播的概念"窄"化、渠道"直"化、质量"精"化、方向"准"化,才能实现在新媒体平台华丽转身、占有一席之地这一最终目标。

3. 新旧平台间的相互联系

在向新媒体领域进军的同时,传统媒体依旧要坚守既有宣传阵地、牢记使命职责,在这一基础上,才能更有底气、更有信念地进行新媒体业务的拓展和尝试,新旧互补、不可或缺。

2019 年,国家广电总局首次推出全国广播电视媒体融合先导单位、典型案例和成长项目的征集和评选活动,入选项目积极拓展媒体融合的思维空间和路径选择,以各自的创新实践和成效为广电媒体融合发展树立了标杆,是近年来广电媒体融合向纵深发展成果的缩影。笔者所在的上海广播电视台东方广播中心获得 2019 年度全国广播电视媒体融合先导单位称号。

结 语

　　在新媒体发展浪潮的冲击下,媒体环境日益多变、用户需求更为多元、市场发展急速迭代、技术创新日新月异,都对传统媒体——尤其是声音产品生产方传统广播来说,是一个巨大的冲击。然而,从音频产品市场蓬勃发展的现状来看,并非音频内容不为市场接受,而是传统广播通过无线电的传播方式不再被受众青睐。因此,在音频市场方兴未艾的市场格局下,传统广播作为音频产品供应链上的"老兵",依旧有广阔的发展空间,其专业的制播能力、过硬的社会公信力、高素质的生产人员,都给音频产品的腾飞提供了保障。

　　随着受众对媒体需求的不断更新,音频产品的未来仍将会面临更多的挑战,也会遇到更多的机会。展望未来的音频产品市场,要牢牢抓住内容建设这一根本,并运用先进的技术作为支撑。走好群众路线,提供广大人民群众切实需要的音频产品,强化媒体与受众的连接,并与资本市场实现对接。因此,只要不断抓住变革中的主流风向,积极拥抱内容和科技创新,就能在不断变化的媒体环境下,实现音频产品自身的社会价值。

作者简介:
张嘉伟,上海人民广播电台长三角之声副总监。
贾赟,上海人民广播电台长三角之声制作人。

延展：后疫情时代上海广播广告创新发展之维度

吕民生

提　要：上海广播广告近些年来面临着重重困境：一重是新媒体带来的广告冲击与分流，一重是传统广播广告不断被分割与冷落，一重是广告市场不断被重组整合。广播广告究竟向何处去？已成为我们刻不容缓必须回答的课题与内容，追根溯源本文希望从广播广告的商品本质特性着手导引出广播广告必须遵循的六大法则，继而再延伸出广播广告的四大功能特征，并就此推断出广播广告市场宏观把握的四大特点。

关键词：商品特性之六法则　广告本体功能四大特征　广告市场四个维度

前　言

2020 年上海广播广告创收总额在 4 亿元左右，基本与 2010 年左右创收水准齐平，2021 年 1—3 月相比 2020 年同期广告收入虽然超过 50％，但我们要清醒地认识到 2020 年同期因为疫情上海广播广告迎来全面撤单的至暗时刻，"跌跌不休"已成为上海广播广告创收的新常态，进而上海广播陷入"习得性无助"的陷阱之中，品牌数量的减少、播放频次的降低、广告创收总量不停歇的滑坡——一重又一重悲观、失落情绪弥漫在人们的心际，人们亟须通过创新来唤醒"胜利者效应"，以期改变这种不利的颓势，所谓破茧而出、所谓凤凰涅槃、所谓"不破不立"都是观念改变带来的。"观念的力量是惊人的"（见薛兆丰著《经济学通识》），用现代语言而论就是思想创新会带来颠覆性改变。

一、延展广播广告的商品性特性

广告是一种商品,而广播广告是广告不可分割的组成部分之一,那么广播广告也是商品,这是再清晰不过的逻辑学三段式推论了。梳理一下传统思维,我们发现:以往我们过分强化广播广告的导向性、规范性、服务性、社会性的特征,从而忽略或淡化了(其中也包括不敢、不愿承认)广播广告的商品性特性,其实只有真正还原广播广告的商品性特性,才真正恢复广播广告真实、客观、全面的本来面貌。

不可争辩的事实是:市场经济条件下的商品运行必须遵循一定的市场法则,既然广播广告是商品,相应地它也必须遵循商品的市场法则。具体细分市场经济条件下的市场法则大致体现在六个方面,它们分别是:适者生存法则、优胜劣汰法则、追求利益法则、等价交换法则、合规合俗法则、公平竞争法则。

作者已有文章详述,这里不再重复,也不再进行逻辑推理与分析。这部分不再重复的内容见本人的前作《探讨上海广播广告创新发展新动能》,《探索真谛——上海广播电视论文选第八辑》。

总之,当下上海广播广告是在市场经济条件下运行的,当然它也必须遵循与适应市场法则,具体而言它必须遵循市场经济的六大法则。只有不断求变、求新发展并符合市场法则的商品,才能赢得市场的发展空间,广播广告亦然。

二、延展广播广告的本体功能特征

上文简要厘清了广播广告的基本属性,下面再进一步分析一下广播广告究竟有哪些特有的功能特征? 其实一旦深挖到广播广告专属的功能特征,进一步将其做大、做实、做深,并全面推广实施,这样才真正做到"知己",才能引领广播广告驶上正确发展的快车道。

1. 互动

在传统媒体中广播是最具互动性的媒体之一(当然电视也有互动的功能,但成本过高),其中如消费者投诉类的《渠成热线》《直通990》、生活服务类的《活过100岁》《名医坐堂》、心理咨询类的《相伴到黎明》、点播祝福类《天天点播》、时事政论类《市民与社会》等等不一而足,这些互动性节目涉及的面相当广泛,吸附着不同层面的消费者,具有强大的市场效应与广告黏性,我们可以深挖这些受市场欢迎的栏目品牌,从节目冠名(含特约)出发,密切与广告客户的联系与互动,才会让客户广告与节目的价值共同呈现出来。

当然新媒体自诞生以来尤其是网络世界更强化了这种与目标消费者之间的交互性,所以具有强大的黏性,如李佳琦、薇娅的直播带货就是通过价格手段、礼品赠送以及大家的从众心理将这种互动、这种黏性无限放大了,但目前新媒体的公信力、权威性与公正性还有待市场进一步的检验,但它们的勃勃生机与强盛的吸附力值得传统媒介借鉴(湖南卫视《向往的生活》薇娅通过直播将几万份云南果农积压的不同的水果以及水果干秒杀,瞬间达到 500 多万元的销售),上海广播今年通过 55 购物节,主持人带货形式直接与消费者互动,也创造出数十万元的经济效益。

2. 多样

广播广告形式丰富多样,也是传统媒体类别中广告样式最为多元的。具体拆分广播广告构成可以归纳为:单点广告(也可以称之为散点广告);套装广告(也可以称之为组合广告,是由几个不同的单点组合而成);栏目冠名含特约(含小栏目、小单元);活动广告(也可以称之为打包广告,将各类丰富的权益统一打包出售给客户,通常金额比较大);从播出长度又可分为 5 秒、8 秒、10秒、15 秒、30 秒、60 秒、180 秒等;从广告性质可分为硬广告、软广告(口播信息)等。

丰富也就意味着广泛的包容度,以往我们习惯从我出发,而往往忽视客户的想法与意愿,就拿套装广告而言,没有遵循客户为中心的原则,是广播广告根据时间逻辑来给客户与市场搭配出的固定套餐,而没有真正将客户的需求融入进去,其实最符合市场的套装广告的设计应该将所有广告单点细化成 ABCD 等档数,客户可以根据套装组合如 ABCD 选择契合自己目标听众群的时间点,客户可以根据目标消费者的情况有机选择与此相适应的节目时段,而每个时点的广告内容可以完全相同也可以有所变化。

3. 快捷

广播广告播出与广告制作也是极其快捷的,理论上广播广告可以满足当天制作当天播出,我们发现上海周边的无锡、常州电台都实现当天制作当天播出的效率,这也是传统媒体中最为便捷、最为高效的(电视广告制作需要专业的制作公司,周期更长、平面广告排版印刷需要周期)。广播广告制作成本相对也比较低廉,可以满足客户在不同时段播不同版本、不同样式广告的需求,真正实现为客户量身定做。2020 年 5 月"上海贵酒"在上海广播投放了一轮《喜欢上海的

100 个理由》广告,每个频率、每个时间点内容全部不同,所以这一轮的广告总数就超过 100 条,这样客户的广告就做到精准化、合理化、全面化地呈现,这在以往是无法想象的,也是其他媒介无法企及的。

4. 灵活

理论上讲广播的信息传递是随时随地的,所以广播广告的信息传递也应该如此,它不仅有固定点位的硬广告,也有漂移在节目中的口播信息,这方面北京交通广播做得最为出色,它自然地将客户的相关口播信息通过主持人将其作为服务内容的资讯信息播出,听众不觉得这就是生硬的广告而本能地去予以抵制。

互动就意味着黏性、多样就意味着时空多元、快捷就意味着超越想象、灵活就意味着无穷的可能性,这些都从深度、广度、高度上给广播广告延展了本体功能特征,并全面张扬、提升、拓展、创新广播广告个性化的特征,给广播广告带来不一样的上海特色、上海标记。

三、延展广播广告的市场维度

认识了广播广告的特性、本质特征之后,我们再从创新理论出发,从四个不同维度分析一下上海广播广告,这四个维度是上海广播广告走出困境的方向,也是上海广播广告谋求发展的战略,更是上海广播广告寻找未来之路的核心。

1. 叠加

上海广播有创新的传统与习惯,中国广播的起源在 1923 年 1 月的上海、中国广播改革源自 1992 年 10 月的"东方旋风",在后疫情时代广播也面临着重新出发的关键期,同样也期待着上海广播的创新发展。所谓创新在组合创新理论看来就是指旧内容的新组合,其形式就是叠加。而产品创新要彻底经历:我要什么(了解自己的使命、愿景、优势、约束、目标、指标),用户要什么(用户画像、需求场景、用户任务、价值验证),怎么做(财务设计、业务设计、价值规划),怎么赢(市场定位、增长设计、壁垒)四大裂变过程与步骤,具体而言广播广告的创新发展,也必须从认清自己、认清客户、选择方向、选择市场开始,重新出发。其实整合营销广告就符合广播发展的内在逻辑,创新理论的大师约瑟夫·熊彼特以为:"发展这个概念包括下面的五种情况:(1)引入一种新的产品——也就是消费者还不熟悉的产品——或者一种具有新特征的产品;(2)引入一种新的生产方式;(3)新的市场开放;(4)征服或控制原材料或半制成品的新的供给来源,不论这种来源已经存在还是首次被创造出来;(5)任何一种工业实行新的组织或打破一种垄断地位。"

如何利用电台的优势与节目的品牌效应,放大节目的名人效应?就应发挥"强者恒强"的叠加效果,如无锡广播电台紧紧抓住拥有众多汽车品牌的优势,已经成功地主办多年的车展,一方面放大汽车广告的效应、另一方面又使车企增加了广告投入;北京交通广播利用其在听众中的权威性与号召力,多年来一直精耕海外旅游(自驾游)业务,从南极到北极,业务涵盖的范围十分广泛,这样一方面增加听众对电台的黏性,另一方面也为广告创收带来新的增长点。其实在前一个十年就曾大力呼吁过,上海广播广告战略上要突出"强者恒强"的理念,在战术上要把握"一个核心两个引擎"措施,所谓"一个核心"就是要放大动感101的广告吸附力,经过几年的不懈努力,动感101广告吸附力就将近3亿元,牢牢占据全国音乐广播广告创收龙头位置,这一创收份额要占上海广播广告整体创收的50%左右,现在看来这与创新理论的"单点突破"模式是相一致的;所谓"两个引擎"就是交通频率与FM103.7双频共振,这两个频率的广告创收规模就达到或分别接近1亿元,现在看来如果重视的话,加上合适的润滑动能,它们也应该是上海广播发展的第二曲线方向,这也是第一曲线叠加第二曲线有序发展的构想,可惜这样的战略构想没有引起足够重视,才导致了广播广告今天全面滑铁卢的态势。

2. 破局

长期以来我们一直要求媒介追求至善至美,所以一直强调要全方位发展、要不断地去补短板,这就是木桶理论所带给我们的思维套路,今天看来木桶理论也有其局限性,创新理论可能更适应市场之演变,因为创新理论强调的是"与其更好,不如不同",强调的是寻找单点突破,把这个关键突破点挖深、挖扎实,就是要求人们寻找自己的特长、特色,强化"我就是我!"的个性特征,是要求人们"与显而易见的真理反向走",差异化地去创新、去发展、去规划。

江南春在《抢占心智》曾分析过:"以手机行业为例,在苹果一家独大的市场格局下,OPPO手机的差异是'拍照很好的手机',VIVO手机的差异化是音乐手机,金立手机是'超级续航手机',小米手机是'性价比很高的手机',而华为手机说自己是'商务手机'。与之形成明显反差的是联想。联想手机经常说自己有三大优势和七大卖点,但在我看来所谓三大优势就等于没有优势。"对于创新发展理论而言,单点突破是成功的关键,紧紧抓住第一曲线动能、积极寻找第二曲线方向,这才是企业生存发展之关键所在。

广播广告运用主持人资源组织各类活动是旧资源,习以为常;企业组织活动提升销售,也是旧资源,天经地义;而将这两者有机地组合起来,这就是创新,这种广播广告通过自身资源来提升企业与客户品牌与销售行为就是整合营销活动,与之相配套的就是整合营销广告产品,这就是突破。通过这个产品媒介全方位服务于客户的多种需求,这是一种新型的节目合作生产方式,这种合作生产节目与活动的方式是媒介全方位开放的真正体现,这就是破局。

当然节目、节目主持人、活动都是电台的核心资源,他们都有自己独特的价值,这样的媒介全方位开放,也使得节目、主持人、活动直接面对市场、直接面对消费者,摆脱了节目、主持人、活动活在象牙塔的困境。同时通过电台开放式的呈现使客户的品牌与电台的品牌(或节目的品牌)相互映衬,通过相互间的品牌效应从而提升企业形象好感度与销售数量,产生积极的正相关的化学反应,这就是破局所希望达到的效果。

整合营销广告有效地将广告商品与听众市场整合起来,它是广播广告最符合市场需要的广告形式,也是上海广播广告成功破局的希望所在,所以就应该积极鼓励每个频率、每个栏目甚至每个单元、口播信息都积极融入这样的广告形式,让它们全面、完整、多样、灵活地拥抱整合营销广告,并全面渗透到节目内容创新的细胞、血管与基因之中去。

3. 规划

规划分战略与战术两大类。战略要求的是宏观去把握广播发展的方向;而战术则是根据战略需要去进行实战性的操作,上海广播曾高扬过"一频一活动"的旗帜,由于配套机制不尽完善,12个广播频率结果完全成功营运的仅有五个活动,那就是动感101的"东方风云榜颁奖活动"、LOVE RADIO的"明日之星选拔活动"、经典947的"星期广播音乐会"与"辰山草地音乐节"、戏曲广播的"星期戏曲广播会",遗憾的是新闻广播、交通广播、财经广播等主要频率缺席了整合营销活动。就是前述五项活动也没有按照市场化方式进行运作,如客户对于"明日之星选拔活动"的反馈意见,这是你们广播人自己的自娱自乐活动,有些活动则缺乏市场卖点,陷入进退两难的局面,如戏曲广播的"星期戏曲广播会"活动就是叫好不叫座,几番不懈努力客户竟都成了过眼云烟,没有一个长期性、持久性的客户相伴。也有客户想在暑假期间组织一下活动进行品牌宣传,可是暑假学生又不在学校、电台在炎热的夏天又没有相应的活动推出,结果客户有钱没处花。

活动广告是广播市场化比较理想化的抓手,但它必须以市场为导向、以市场的响应度为衡量标准与尺度,这样就不会出现有活动无冠名,或者客户有想法找不到合适的活动的尴尬局面。

活动广告是整合营销大型化、充分化的展示形式,它必须通过全面整合营销手段才能予以完整呈现,所以活动广告又可以称之为完全的整合营销广告。整合营销广告强调的媒介是利用自身优势,全面开放广播平台所有优势,为客户提供多元化的服务,也就是强调广告投放的深入化(分活动期、非活动期等)、贴近化(活动现场的广告品的展示、易拉宝、横幅等)、服务的全面化、持续化(播出计划可以是全年度的)、广告回报的多元化(硬广告、套装广告、节目冠名与特约均可以选择)、广告资源的开放化(所有的上海广播平台、微信、网络、与电台合作的平面、电视、户外、车身等)。

既然广告讲究的是市场化的运作,那么必然要强调其盈利性的特色、广泛性参与的功能、高效性传播的结果。

4. 共融

上海广播广告通过角色转换,将增值的广告价值通过活动转化出来,从而达到共融发展、双赢发展,其实共融发展也成为各类媒体创新发展的共识,如爱奇艺的《奇葩说》就成功地将客户的品牌内容融入节目中,变成竞赛的客户品牌战队;湖南卫视《歌手当打之年》就反复糅进了海天酱油的要素,让歌手说广告、让歌手品尝由海天酱油制作的食品等;再如上海广播我们根据奔驰汽车的要求在LOVE RADIO 的《早安新发现》节目设计了好玩又有趣的《在路上》小单元,每天更换不同的内容,今天开着奔驰车给神秘的人送上祝福,明天在奔驰车顶做瑜伽等,让奔驰这个品牌更加具有亲和力,这样的节目冠名与特约的广告表达方式更加能赢得客户的钟爱。由于它依旧在某个点位播出仍然有单一化的倾向,虽然听众接触到客户内容的特点是鲜活化了,但是客户的利益依旧无法得到最大化的呈现,而凤凰卫视有一个比较行之有效的做法,能够化解冠名、特约单一化的尴尬局面,就是将节目冠名商的广告片花通过不断滚动播出的形式,达到增加品牌的接触率与品牌广告传播的延展性,现在湖南卫视、浙江卫视也都纷纷效仿这一行之有效的做法。2020 年世界地球日当天上海广播推出了"用音乐温暖世界"的 12 小时大直播,全球数十个国家的知名乐团、剧院和近百名音乐家通过网络(B 站)、电波表达全球抗疫的共同心愿,吸引了数千万人的围观与点赞,这样的直播融合了多样的音乐、多元的文化,感动了全球。当然了,由于策划与开展这样的活动时间比较仓促,只有 7 天时间,所以从广告介入的时间来说稍微有些短暂,但也吸附了几十万元的广告口播植入,若时间宽裕,可以从不同国家、不同地域与各国音乐家结合起来一起推广,也是一件十分有意义与有趣的事。

市场经济也是包容经济、共融经济,"有容乃大"这是市场经济规模化的写照。我们从拼多多的创新发展中可见一斑:《2019 年 Q1 移动互联网行业数据研究报告》可以看到不少和电商相关的关键数据。首先是中国移动互联网用户数截止到 2020 年 3 月份已经有 11.31 亿人了,这一数据对比去年同期仅增长了300 万,可见网民规模已经趋于稳定和饱和;在电商部分,极光大数据给出了电商 APP 的对应数据,手机淘宝、拼多多和京东的渗透率最高,分别以 55.3%、31.2%和 25.4%的渗透率稳居前三名,这一成绩不禁让人感到惊讶,成立仅三年多的拼多多的发展速度已经超过了京东。

拼多多的成功昭示着一个真理：不管是新媒体还是传统媒体,市场需求永远是多样化的;不管是高大上还是低小下,市场的力量永远是趋利的;不管是一线二线还是四线五线,市场的消费能级是无法低估的。

叠加是创新的形式,破局是创新的方向,而规划则是给创新系上准星,共融则是创新的目的与结果,上海广播广告离不开创新发展,因为创新是活水之源、创新是商品命脉、创新是企业灵魂、创新是市场动力。

结　语

近些年伴随着移动互联网的迅速崛起,人们更关注信息的互动、产品的全方位展示、资讯的几何增长(有资料显示现今的资讯是过往的 5 倍)、市场竞争的更为细分化,所以人们熟悉李佳琦、熟悉拼多多、熟悉抖音,并深深受到各种各样快餐文化快、多、杂、碎的冲击。广播的新媒体化、广播与移动媒体的融合、对接也是必然的选择,而这样就意味着广播营运的模式会发生革命性的改变,模式的改变可能带来的是预想不到的效果。美国创新学家埃里克·莱斯在《精益创新》中曾经这样说过:"在旧模式中,一个成功的新产品平均要花 5 年半时间才能取得5 000万美元的收入。史密斯告诉我:'去年,面世仅仅一年的新产品服务就创收5 000万美元。现在,它不只是单独的一项产品服务。它是一整套正在发生的创新活动,是为我们大力带来获利的东西。'"广播广告若不在新一轮的市场洗牌过程中,寻找到自己的突破点与延展自己的增长曲线,那么它肯定会受到市场全面而又无情的碾压。

创新是引领发展的第一动力。发展动力决定发展速度、效能与可持续性。这对上海广播广告业的发展来说,也是一样的道理。因此需要再次强调:叠加是创新的形式,破局是创新的方向,规划给创新系上准星,共融则是创新的目的与结果。上海广播广告业永远在创新发展的路上!

参考文献：
[1]《经济学通识》薛兆丰著,北京大学出版社,2015 年 8 月出版。
[2]《经济发展理论》美国约瑟夫·熊彼特著,立信会计出版社,2019 年 11 月出版。

［3］《第二曲线创新》李善友著,人民邮电出版社,2019 年 8 月出版。

［4］《刷新:重新发现商业与未来》美国萨提亚·纳德拉著,中信出版集团股份有限公司,2018 年 2 月。

［5］《美国陷阱》法国费雷德里克·皮耶鲁齐、马修·阿伦著,中信出版集团股份有限公司, 2019 年 8 月出版。

［6］《抢占心智》江南春著,中信出版集团股份有限公司,2018 年 9 月出版。

［7］《精益创新——新创企业的成长思维》埃里克·莱斯著,中信出版社,2019 年 3 月出版。

［8］《墨菲定律》阿瑟·布洛赫著,山西人民出版社,2018 年 1 月出版。

［9］《创新者的窘境》美国克莱顿·克里斯坦森著,中信出版集团股份有限公司,2019 年 12 月出版。

［10］《创新者的解答》美国克莱顿·克里斯坦森,加拿大迈克尔·雷纳著,中信出版集团股份有限公司,2017 年 2 月出版。

作者简介:

吕民生,就职于上海广播电视台东方广播中心广告管理部。

电　视　篇

传统电视新闻在转型发展中的痛点、难点与着力点分析

朱　玫

提　要： 在媒体融合和社会环境变化的双重影响下，民众对新闻信息的获取与关注方式都发生了重大转变，这给传统电视新闻带来了巨大冲击，转型势在必行。本文阐述了当前传统电视新闻在融媒体环境下转型发展过程中存在的痛点与难点，从新闻内容生产和传播两个层面的四个维度探讨了传统电视新闻融合转型发展的着力点。

关键词： 电视新闻　内容生产　传播

引　言

在全球政治、经济及社会环境快速变换的今天，新媒体的迅猛发展以及网络直播、大数据、人工智能等技术的兴起已经改变了新闻的生产与传播模式，给新闻报道采制与传播带来了新的挑战和更高的要求，同时也极大弱化了大众对传统电视新闻的黏性。作为权威的新闻生产者与传播者，传统电视媒体也在紧跟市场变化的脚步，积极转型。转型的过程也是创新的过程，需要深刻认识到传统电视新闻转型过程中的痛点与难点，以全新的视角与心态，确定转型的内容以及转型的方式以适应新的媒介环境。

一、传统电视新闻在转型发展中的痛点

随着智能设备的普及和新媒体的兴起，传统电视新闻在民众，特别是中青年

人群中的传播力和影响力都有所降低。尽管当前各大电视媒体都在不断通过与新媒体融合来拓宽传播渠道,但多数电视媒体在新闻节目的转型过程仅仅做了技术和业务的粗放式转型,没有深刻认识到新闻转型过程中的以下痛点问题,缺乏系统性的、战略方向的引导,转型效果没能完全显现出来。

1. 新闻生产垄断权的丧失和新闻内容素材的平民化

以往,电视台是电视新闻信息唯一的生产者和首发渠道,且依托电话热线、记者、线人(通讯员)等资源,借助采访和策划等形式来完成对新闻的制作和传播。然而,融媒体环境下,相当部分的第一手的新闻素材往往是民众在网络投放的,然后新闻媒体只需要顺藤摸瓜去寻源、取证,使得当下新闻的采编成本大大降低,从而使得头条这样的网络新闻聚合平台快速兴起。另一方面,在网络平台上民众的跟帖及讨论已经形成了不可忽视的重要新闻舆论。一些客观的、中立的网络意见领袖对热点事件、突发事件以及公众关注的议题的点评或分析往往会得到许多网友的附和,形成新的电视新闻素材。

在这样的背景下,许多电视新闻媒体虽然意识到已经与广播和报纸一起失去了对新闻传播的垄断,但还没有深刻意识到电视频道已不是大众获取新闻信息的第一落点以及新闻素材来源与制作渠道的根本性改变,导致一些地方电视台对于电视新闻内容的选取及生产模式依然没有发生较大改变。

2. 传统媒体与新媒体的新闻"把关人"角色偏差依然存在

时效性差是造成传统电视新闻受众流失的重要因素之一,而这是由传统电视新闻现有的生产与传播过程所决定的。从新闻的选题、新闻内容的制作到新闻的后期剪辑和播出,每一条电视新闻都需要经过一个逐层审核的过程,以评估该新闻在道德、价值观等方面一致性。这虽然很好地体现了新闻媒体的责任,但同时也大大降低了传统电视新闻的时效性以及内容的丰富性。

另一方面,由于对网络新媒体的完善的监管体制的一度缺失,新媒体中的"新闻把关人"的数量和地位都远远不及传统媒体,使得新媒体平台中粗糙的、断章取义的乃至博人眼球的虚假、灰色、桃色等迎合低级趣味的短新闻和快餐新闻充斥各网络平台终端,聚集了大量流量,造成劣币驱逐良币的局面出现,迫使传统电视媒体在转型过程中不得不依托新媒体平台进行新闻的传播。

3. 传统电视新闻的辨识度低

传统电视媒体对于电视新闻的生产、加工和包装大多放在主持人、新闻宣传片等方面,但针对民生、教育、医疗等不同类型的电视新闻节目存在包装粗糙、辨识度较低等问题,也缺乏利用云计算、大数据等技术对大众搜索新闻的内容、关注点等进行分析,使得电视新闻的呈现形式相对单一,辨识度不高。

另一方面,针对同一个新闻内容,各个地方电视媒体都会着眼报道的时效性,进行快速报道。而传统电视台的新闻报道相对模式化,很少会对新闻内容进行个性化处理,缺乏电视新闻的特殊性和与其他电视媒体的新闻以及新媒体新闻的区分度,容易使观众对传统电视新闻产生审美疲劳。

二、传统电视新闻在转型发展中的难点

现如今,与新媒体的融合转型发展趋势不可逆转。面对上述的痛点问题,传统电视新闻媒体需要深入挖掘痛点背后隐藏的转型难点,才能有效对症下药。

1. 传统电视媒体被动成为新媒体的内容提供者

我国各省份及地区的传统电视媒体的专业化和个性化发展并不成熟,绝大多数的电视媒体依然是维持大而全的节目架构。其中,对各电视频道的新闻类节目来说,往往存在同质化运营、定位脱钩、辨识度低等问题。对于广大用户而言,以实时新闻为主要传播内容的电视新闻一旦错过了播放时间,只能借助智能终端设备进行浏览,及时性大打折扣。另一方面,由于无法与电视媒体直接进行互动,传统电视媒体无法及时了解大众的心理及内心诉求,难以对已经播报的新闻内容进行进一步的深挖报道,制作个性化的、有内涵的深度新闻。

因为单向传播的属性,传统电视新闻在一定程度上容易与观众脱钩。融媒体时代,今日头条、抖音等新媒体成为大众的"宠儿"。在这样的环境下,传统电视媒体被迫成为新媒体平台的新闻内容"奶牛",而严重依赖新媒体平台的官方号连接用户,以实现新闻信息传播的覆盖面,但却仅能获得较少的经济利益。久而久之,本来不缺乏资源、专业团队的传统电视媒体的新闻生产优势被新媒体平台所嫁接,却没有换来在新闻的网络社区运营、与用户的交互、新闻场景建设等方面的经验。如何有效扭转当前与新媒体之间的关系,重新焕发在大众心中的新闻品牌是传统电视新闻转型所需要攻克的难点之一。

2. 快餐文化的流行颠覆了新闻的接受方式

利用上下班通勤、午间休息、吃饭、晚睡前等零碎时间获取短、平、快的视频和图文新闻信息已经成为普遍现象。而传统电视媒体一般实行的是频道制和栏目制,特别对于电视新闻,电视媒体擅长制作和播出专题新闻报道或者相对枯燥的短新闻播报,且对新闻节目安排、播报和顺序等都有着较为严苛的计划和审查

制度。因此,年轻一代这种快餐式的、碎片化的信息获取模式是传统电视新闻的转型中最需要克服的难点之二。

尽管许多电视媒体已经在通过短视频或者短新闻形式促进其电视新闻传播的"全网化"[1],但是依然存在许多问题。首先,短视频或者短新闻没有大幅增加传统电视媒体的受众资源。尽管已经有一批电视媒体入驻了抖音、火山、头条等平台,增加了受众的关注度,但却没有对平台中自身新闻的受众进行细化管理和深入挖掘,没有着力去打造电视新闻品牌的黏性。其次,大多传统电视媒体依然缺乏对新媒体上的视频及图文新闻的传播全过程管理和后续追踪,没有实现对新闻的传播主题构建和舆论引领功能。

三、传统电视新闻在转型发展中的着力点分析

融媒体时代,民众不再是被动的新闻受众,而是新闻的"用户",也是新闻的"编码者"[2]。面对大众对新闻内容多样化与深度化、新闻传播互动性与趣味性等需求,传统电视新闻在融媒体环境下转型的着力点依然是坚守自身新闻内容的核心优势,并在新闻制作、传播方式、新闻品牌延伸方面进行创新。另一方面,在坚守内容的绝对优势的同时,要朝着"用户体验为王"迈进。

1. 坚守"内容为王"及新闻品牌的延伸

传统电视媒体虽然在多元化发展、媒体融合平台建设等方面投入了大量精力,但是要想继续在民众心中占据一席之地,必须要在电视新闻,特别是对时政以及重大新闻独家和权威的新闻报道上下功夫。借助先天的内容制作优势,传统电视新闻要在转型过程中把握两个方面:一是对新闻内容生产和呈现模式进行创新;二是对电视新闻内容的价值进行延伸。

首先,传统电视新闻要巧用平台媒体,以用户为中心,实现新闻内容生产机制的革新;其次,保持电视新闻优质栏目的优势,延伸新闻品牌价值链条。

(1)创新电视新闻内容生产与呈现模式

与微信、头条、抖音等平台上的海量信息相比,传统电视媒体内容生产的效率及量级是极为有限的。传统电视新闻应该在时事政治、民生、医疗等公众议题的专题报道中,强化自身的权威性与专业性,在碎片化的信息红海中突围而出,弥补民众心中对这些新闻信息的权威解答的缺失,树立自身的绝对优势。其次,通过对多个新媒体平台的新闻素材进行深加工,创造新闻的二次收视价值。在已经同各大新媒体搭建好的公众号、客户端等基础上,深挖自身新闻在自媒体、短视频等平台的观众互动数据,为后续新闻内容素材做好充分的储备。同时,制

作和发布相应的微视频及图文并茂的短文,让受众在碎片时间内能够更加有效获得有价值的信息。

与此同时,还要丰富电视新闻内容的呈现形式,提升传统电视新闻的用户黏性。近年来,在大数据技术与融媒体双重作用下,数据新闻已经逐步代替文字成为讲故事的新工具[3]。随着大数据技术在新闻领域的实践不断深化,大众对新闻报道的期许已经从原来的准确及时上升到精确可视。对新媒体平台上热点话题的讨论以及对已发布新闻报道的看法等,借助大数据分析技术深入探究事件脉络,打造形式新颖、内容深刻、价值丰富的独家数据新闻是传统电视新闻转型的重点之一。此外,还需要打造特色新闻节目,搭建政府、大众、媒体人三方更加擅长的沟通平台,将民众的诉求精准、快捷传递到政府相关部门,成为民众与政府沟通的桥梁。

(2)延伸电视新闻的品牌价值

由于具备独特的政府资源以及强大的新闻素材制作与加工能力,传统电视新闻在生产有深度、有品质的新闻产品上具有先天优势。基于此,第一,可以围绕现有新闻频道的黄金栏目、特色新闻,打造相应的权威剖析、深度解读、思维碰撞、新闻面对面等周边产品,逐步转型走"小而美""专且精"的路线,将自身打造成为特色新闻提供商,平衡与新媒体平台的关系。第二,对发布在各大新媒体平台的新闻信息的点击率、收视率、回复率等进行精细划分和分析,根据观众的诉求从多角度对原新闻进行深层次的二次开发,以扩大传统电视新闻的品牌价值。进一步地基于头条、抖音、火山等各种新媒体的特点及观众特性对新闻内容进行分层次开发,结合实际情况,明确适合的新闻类型,设计包含文字、图片等多类型的新闻产品系列。

2. 优化电视新闻传播策略,提升用户体验

媒体融合时代,传统电视媒体要想提升新闻的传播效率,就需要从用户体验的角度考虑,改变传播策略,贴近用户。

(1)改变播报语态,打造主持品牌

在媒体融合、多平台互动的今天,电视新闻播报方式是影响电视新闻传播价值与传播效果的重要一环。新媒体的快速发展和受众群体的日益增多除了离不开其较低的新闻生产成本和及时的新闻信息发布外,还得益于便捷的民众参与沟通和表达意见的机制。传统电视新闻报道要改变从前的生硬说教,用白话或生动故事的形式把传统复杂的议题新闻呈现出来。同时,要改变主持人传播风格及传播形象,做到把新闻播报同受众的个体体验结合起来,讲既有意思又有意义的故事。

（2）实现对用户生产内容直播的有效利用

融媒体时代，新闻传播不仅仅是内容的投放、转发与回复，更需要在大电视和小手机屏幕联动式直播才能满足大众需求。传统电视新闻应借助大数据、虚拟现实、H5动画制作等技术手段，推动电视新闻节目在新媒体中进行文字、图片及短视频等方式的直播，摆脱已有的直播调动复杂、制作时间长、审核发布速度慢的模式。其次，传统电视媒体也可以充分利用新媒体平台的用户生产内容（UGC）[4]直播，消除时效性困境的同时，充实了电视新闻节目的内容素材来源，还丰富了传统电视新闻的传播方式，帮助传统电视媒体掌握UGC直播给新闻报道带来可能冲击的主动权。

结　语

新媒体与传统媒体的融合，为电视新闻发展带来了挑战和机遇，传统电视新闻的转型是必然趋势。传统电视媒体必须深刻认识到媒体融合环境下转型所面临的痛点和难点，对未来自身电视新闻的发展方向与目标进行准确定位，有目标、有针对性地创新自身电视新闻内容的生产制作与呈现方式，着眼电视新闻品牌价值的延伸；同时，要优化新闻的传播策略，改变新闻传播的语态和主持形象，对用户生产内容的网络直播方式进行有效管理，提升新闻的时效性、识别性和品牌知名度，成为特色新闻的提供者，在转型发展中获得新生。

参考文献：

[1] 林语涛.短视频对新闻传播领域的影响探究[J].传媒论坛,2020(8):36-38.
[2] 林绍忠.电视媒体的融合转型：误区与对策[J].声屏世界,2020,11:14-17.
[3] 徐锐,万宏蕾.数据新闻：大数据时代新闻生产的核心竞争力[J].编辑之家,2013,12:71-74.
[4] 李琳.新闻网络直播——媒介融合时代下新闻报道的新思维[J].新闻世界,2017,2:50-52.

作者简介：
朱玫，上海广播电视台融媒体中心主任记者。

"互联网＋"环境下电视新闻编导的创新思维研究

沈　佳

摘　要：随着时代的发展,社会的进步,人们对电视的需求也在不断变化着。与之相应的是,人们对外界信息的接收也越来越挑剔、对新闻的要求也越来越高。在如今这个信息瞬变的时代,电视台新闻编导应该如何进行新闻编导工作,以提高电视新闻的收视率以及大众对其的信任度;应如何进行素材报道,去提升社会的关注度与参与度? 根据这些问题,笔者结合互联网普及现状,进行了系列分析,对"互联网＋"环境下电视新闻编导的创新思维进行了研究,希望能够进一步提升电视新闻的发展水平。

关键词：电视新闻编导　创新思维　互联网研究

引　言

当今时代,是一个信息高速发展的时代,信息的爆炸输出是 21 世纪的一大特点。自 2008 年,互联网的普遍应用,给我国的各个领域都带来了翻天覆地的变化,广电领域也不例外,其中新闻传播方式也在不断地与时俱进,不断突破与发展,多态信息逐步发展至今日成为互联网背景下的数字化媒体媒介,新闻传播行业发生了一场技术革命。电视新闻作为传统新闻媒介,如何进一步迎接新挑战,实现质的飞跃,需要新闻工作者进一步的创新和研究。

一、概念综述

在进行调查研究之前,要对研究主体有一个清晰的认识,了解研究主体的含义,从而更好地进行系统的分析。

(一)互联网十

"互联网十"就是互联网十传统的行业,这不是简单的相加,而是通过信息通信技术和互联网平台,将二者进行高度融合。它是一种新的社会形态,是互联网在社会资源配置中的优化和集成作用。在今日,大多数人都认为新媒体就是数字化媒体。李克强总理也十分注重大数据的发展,因而大数据下的新媒体发展也成为人们关注的焦点。深刻了解新媒体,有利于更好地促进其发展与壮大。

(二)大数据

大数据是近些年新兴的词汇,它是信息科技发展的产物。它的特点是信息处理的种类比较丰富,速度比较快,数据真实性高,数据量比较大以及可变性与高价值性。当今社会是一个快节奏、高科技、快通讯的时代,大数据就是这个时代的产物,它产生于这个时代,也推动着这个时代。

(三)电视新闻编导工作

电视新闻编导工作指的是对收集到的即将播出的新闻素材与稿件等前线的一手资料进行适当的处理与加工,确保播出的效果更加完美,更能吸引人们眼球。随着时代的发展,人们的生活节奏越来越快,碎片式的时间迫使他们对电视新闻编导的工作提出了更高的要求,观众不仅仅希望短时间内可以了解到新闻的内容,还想要了解到事件背后的真实性质。所以电视新闻编导必须认清目前存在的问题,规划好互联网背景下的工作发展方向。

二、"互联网十"背景下电视新闻存在的问题

(一)新闻制作周期更短,内容单薄

互联网背景下,新闻传播效果取胜的首要条件在于新闻报道速度,因此在内容处理上往往缺乏相应的深化,对于新闻事件基本上的报道都浮于表面,缺乏内容性。并且新闻的叙事结构往往缺乏创新,只进行表面事件的报道,缺乏舆论导

向等深层次的评论引导。

（二）电视台编导存在的问题

电视新闻出现种种问题,其实与编导的编辑策划工作密切相关,关于电视新闻编导目前存在的工作问题,可简单地将其分为以下几点:

1. 传统新闻生产制作方式固化模式影响较大,存在一定的思维定式。传统电视单一播出平台使新闻编导因循旧制等问题较为突出,新闻样式与当今互联网+融媒体时代受众信息接收偏好出现偏差。

2. 编导远离新闻采制一线,新闻策划贴近性须加强。媒体人是时代的见证者和记录者,电视新闻节目更是检验从业者脚力、眼力、脑力、笔力的试金石。电视新闻编导只有站在大众文化的角度上去制作新闻节目,关注基层百姓生活,增强贴近性,才能保证新闻节目的收视率不会下滑。

3. 新闻编导基本业务水平须提升。一些编导由于自身素质受限,在编辑新闻过程中会遗漏事件的敏感点与关键点,仅仅报道一些表面问题,没有对事件的实质进行挖掘。

三、"互联网+"环境下,电视新闻发展的前景

（一）内容进一步完善

电视是生活中的媒体端之一,由于媒体端的增长,它面临的渠道竞争更加严峻,也承担着更艰巨的任务,要更好地报道新闻,挖掘真相,引导正确的舆论方向等。所以为了更好地发挥自身的作用,要在保证新闻报道时效性的前提下,进一步在新闻内容上进行改革。要保证内容的真实性,在保证真实性的基础上,进一步对意义重大的社会事件进行深刻的解读,引导大众,弘扬正能量。

（二）促进各种媒介的融合

所谓的媒介融合,主要指的是将电视与新技术结合起来。其实全媒体时代已经成为媒体人与大众追求的目标,新媒体技术促进全媒体时代的到来,已经是必然的趋势。所以,电视新闻的生产制作方式需要与时俱进,借力新媒介最快的传播素材、最喜闻乐见的传播样式、最接地气的传播内容,更好地融入融媒介时代。

（三）新闻传播模式的变化

以往的新闻评论模块都是根据新闻内容进行理论评论,这些评论大多是学术性的,内容和理念都不能被广泛接受。而互联网＋融媒体时代,电视新闻传播可以更多关注大众热门话题,以平实的语言进行传播,最大程度上引起受众兴趣。央视《新闻联播》制作团队推出的"主播说联播"版块就非常有实践指导意义,该版块收获了口碑极高的网评,以往正襟危坐的新闻主播在精心的内容编排下,对于热点事件在节目后进行追评,语言诙谐幽默、内容平实动人,打破了观众对于传统新闻节目的刻板印象。基于网络版块运营的成功,同时,反哺《新闻联播》节目本身,让节目在更多观众中心理距离更近、情感连接更紧密。所以新闻编导未来要更加关注传播模式的革新,更好地满足时代需求。

四、"互联网＋"环境下新闻编导发展的素质培育

（一）提高编导专业素质

电视编导是电视节目制播的中流砥柱,他们的工作内容,是将前线记者手里的资料进行剪辑和处理,使内容更完美、更系统地展现在广大观众面前。因此,要想提高节目的收视率与关注度,首先要提高电视台编导的专业素质。

1. 提高电视编导的职业准入门槛。媒体在挑选编导时,要格外关注他们的专业素质,在基础制作、编排等技能的基础上,还需考量学习力等综合素养,尤其在互联网＋时代,全媒体融合传播的理念需与时俱进。

2. 提高编导的政治思想觉悟。要想节目保持在正确的方向上,首先就要在编辑工作上保持正确的舆论导向,切实提高编导的思想站位和政治觉悟。

3. 加强培训,提高技能。编导要从群众中来到群众中去,在社会调查中提高专业素养。电视台要组织系列的专业技能培训,确保编导拥有丰富的专业知识。只有基本功牢固,才能制作出品质优良、受人欢迎的节目;只有掌握专业制作技术,才能让普通的素材迸发出别样的色彩,并且要时刻保持敏锐的洞察力。

4. 引进艺术性人才。有些新闻仅仅具备消息性元素是不够的,艺术性元素也十分必要。在信息大爆炸的时代,新闻事件的影响力往往不是靠单纯的信息传递来实现。精致巧妙的叙事结构、逻辑流畅的画面语言、甚至恰到好处的分析点评,都是能够实现二次传播的关键因素。如果能够将这些细节进行艺术化的处理,那么这条新闻必定会受到大众的喜爱与关注。所以电视编导的艺术修养

同样重要,它可以让电视编辑工作的质量更上一层楼。

（二）提高电视台编导的综合素质

电视台的编导不应该只拥有较高的专业素质,他们的综合素质也特别关键。提高他们的综合素质有利于提高电视台的整体形象,有利于促进电视台节目质量的提高。

1. 提高沟通能力。 编导应该加强与他人的沟通,特别是与一线采编人员的沟通。从与他们的沟通中提高自己对新闻的运用与理解能力,以及促进自身对各类事件看法的深入,所以管理层应该给予编导更多的实践机会。

2. 提高互联网思维的能力。 电视台应该加强对编导互联网技能的培训,确保编导能够通过互联网等手段与观众进行交流,获取节目反馈信息。并且通过互联网学习的深入,编导可以扩展自己的思路,提高电视节目的趣味性和丰富度。

3. 培养编导的奉献精神。 通常编辑工作需要比较高强度的相互合作,培养编导的奉献精神,能更有效率地进行工作,所以在日常工作中,管理人员要加强对编导的培训与宣传,在办公室内形成一个团结互助的工作风气。

五、"互联网＋"环境下电视新闻编导创新思维的培养

（一）树立大数据观念

观念是新闻工作的引导者,只有在编导工作中树立起大数据观念,才能更好地推动大数据的应用,转变传统的工作理念,努力地将以往的定性转为定量。大数据的发展,可以让我们收集到海量的数据,从而进行定量分析,获取最有效的信息。编导要创新思维,要重视数据的价值。要明白虽然单个数据无法解决问题,但是数据之间的联系对于工作具有重大作用。

在已有的大数据结合新闻报道的融合新闻生产中,比较常见的是基于政府大数据的融合新闻报道。诸如历年的春运报道,铁路局提供春节前后交通数据,媒体负责专题制定和新闻制作;又如近年来雾霾问题报道,将气象局历年空气质量数据进行整理、分析、挖掘,用适当的新闻呈现方式进行报道。

利用大数据,更能以事物的关联性作为预测未来的基础,启发新闻策划更多地关注文本和社会现象之间的相关性,策划出更有社会意义的报道,编排出更具传播效果的版面或专题栏目。这要求新闻编导在注重建立自身的数据库和数据

传输渠道的基础上,加强与其他数据提供平台的合作,不仅降低数据获取和挖掘的成本,也能在合作中迸发新的灵感。

也就是说,新闻相关人员要重视大数据之间的联系,分析数据组合的意义。大数据会使新闻内容更加个性化,也使编导工作更有针对性。所以新闻相关人员要树立起大数据观念,将其应用到新闻编导工作之中。

(二)树立模式创新意识

电视虽然是一个分工精细、运作复杂的体系,但它的节目形式相对目前互联网平台还是比较单一,在新媒体时代下,与其他媒体形式相比,新闻模式还是比较单薄。适当的增添新闻的形式,能够有效地吸引不同类型的人群参与到新闻节目之中,这是新闻节目发展的重要方向和层面。新闻节目,无论是借鉴其他节目形式对当前的节目进行改造,还是根据新的形势创造出新的节目内容和形式,都要增添节目的形式与内容。可以借鉴其他的节目,设置一些互动环节等,也可以增添一些热点话题栏目,对于当前的时政局面进行通俗化的解读,吸引年轻一代的观众。

随着新闻报道方式变得更加多元,如果能合理应用新闻信息的储存方式,有利于及时记录,保存采访信息,大大提高安全可靠性和科学有效性,便于采编人员记录和反映新闻事件的真实情况,也可以运用现代创新的新闻报道方式,从中彰显新闻的时效性,从而满足广大受众的需求。

移动互联网时代,政务新媒体在加速转变政府职能、推动服务型政府建设、探索社会治理新模式、提高社会治理能力等方面爆发出惊人的能量,成为党和政府连接群众、沟通群众、服务群众的绝佳工具。目前,越来越多的政务新媒体把短视频平台作为重要的一个传播窗口。浦东融媒体中心基于浦东发布抖音号爆款短视频等内容进行的二次加工报道就是较好的尝试:主要选取观众喜闻乐见的内容、点赞转发量大的热点进行电视平台的编播;此外,对大型活动以及直播带货等新兴网络直播形式进行事先的电视预告、事后的总结、活动追踪、电视评论等;对浦东发布等新媒体上的一些重大工程建设进展、节庆活动、招聘信息、生活类资讯等进行点面结合、信息量和故事性相结合的报道。这些既实现了一次制作多平台分发,同时,也将优质资源的利用最大化,形成传播效能的叠加,从而进一步增强平台的影响力。

(三)创新运营理念

随着时代的发展,新媒体的问世,电视新闻应该紧随时代的步伐,编导要充分利用新媒体平台,打造具有自身独特风格的新形象,新一代的年轻人习惯于运用各种手机软件和交友平台,编导应该充分利用新媒体平台拉近彼此之间的距离,改变传统的运营模式,以受众为导向进行相应的沟通,编导可以及时了解受众的需求,从而及时调整节目状态和工作质量,提升新闻节目的水准。

在浦东开发开放 30 周年主题宣传报道中,浦东新区融媒体中心电视编导联合澎湃新闻推出 14 小时全景大直播,全方位呈现浦东改革开放辉煌成就。2020 年 11 月 11 日 7：00 至 21：00,编导邀请开拓者、亲历者,一同探访陆家嘴金融城、张江高科技园区、金桥开发区、外高桥保税区、上海自贸区临港新片区等浦东地标,感受 30 年的时代脉搏和个体变化,直播活动在浦东观察 APP、澎湃新闻网站播出,全程近 10 万人线上观看。

结　语

随着互联网的发展,电视新闻的处境越来越尴尬,我们必须从电视新闻基础生产运作抓起,切实提高电视新闻的新闻价值与宣传价值的含金量,为电视新闻节目的发展助力。当然,由于本人能力和时间有限,文中的部分结论还值得进一步的探讨,希望能够引起广大同仁的关注,更好地推动电视新闻的发展,提供给观众更优良的体验感受。

参考文献：

[1] 谢金文.新媒体带来新闻传播新特点：更新新闻学[J].今传媒,2016(01)：13 - 15.

[2] 黄田心.自媒体时代的电视新闻传播及编辑策略分析[J].当代电视,2016(04)：54 - 56.

[3] 刘明皓.电视新闻剪辑和传播方法创新路径分析[J].科技传播,2019(20)：2.

[4] 彭志强.加强农业电视新闻剪辑和传播的方法探讨[J].科技传播,2019(20)：23.

[5] 王冰.浅谈媒介融合对电视新闻采编业务的影响与对策[J].新闻研究导刊,2019(19)：97＋107.

[6] 袁玲."互联网＋"与电视新闻的编导思维创新[J].当代电视,2016(12)：100 - 101.

[7] 田丽坤.音乐在电视新闻中的作用及应用途径[J].新闻研究导刊,2018(21)：177＋242.

作者简介：

沈佳,上海市浦东新区融媒体中心总编室副主任。

融媒体环境下电视新闻的"创新表达"

——以 SMG 融媒体中心《骑行党课》等原创视频产品为例

黄逢佳　徐　晓

提　要： 随着社会的发展和技术手段的不断更新,融媒体时代带来媒介生态环境的嬗变,传统的电视新闻和新闻人需要在比较的视野中扬长避短,守住阵地,不断破题。以手机自媒体、网络媒体等为代表的新媒体,尽管在传播速度和信息聚合方面具有先天优势,但其碎片化、浅薄化、甚至非理性的缺陷也愈发明显。笔者以亲身参与的 SMG 融媒体中心《骑行党课》等原创视频产品为例,从电视新闻的创新元素、创新思维、创新趋势等层面,探索电视新闻如何在主流化内容的生产,尤其是一些重大选题中,以一种"创新表达",维持电视新闻之强势,在"坚守"和"创新"中巩固和维护电视新闻的生存空间。

关键词： 融媒体　电视新闻　创新元素　创新思维　创新表达

引　言

"媒介融合"(media convergence)这一概念最早由美国麻省理工学院的伊契尔·索勒·普尔教授(Ithiel de Sola Pool, 1917—1984)提出。普尔教授认为,"媒介融合"包括了一切媒介及其有关要素的结合,"融合主要代表了各种媒介表现出一体化、多功能的形式"。

尽管目前学术界对于"媒介融合"没有一个统一定论,但可以肯定,传统媒体和新媒体介质形态之间的边界正在消融。这不是简单的一加一等于二,而是一种结构性变革、一种化学裂变。一方面,日新月异的新媒体形式让受众对于信息的获取,更加主动和深入,也为受众参与媒介传播提供了可能性。新闻信息的生产、制作、发布、评论等传播行为不再是媒体专利,而是每个人的权利。这让传统的电视媒体相对于新媒体而言,吸引力大大下降,甚至面临诸多困境。另一方面,以电视新闻为代表的传统媒体需要主动求新求变,与时俱进,探索自身的不可替代性,方能在媒体融合的大潮中凤凰涅槃。

一、融媒体时代,电视新闻的创新元素

1. 视听元素的创新

视觉语言和听觉语言是电视新闻语言符号的两大重要组成部分,也是电视新闻"创新表达"最显见的元素。视觉语言也就是视觉元素,包括演播室和画面等。听觉语言也就是听觉元素,包括现场同期声、解说词、音乐和音响等。"由于屏幕时间的传播效果最终仍要通过观众在心理时间上的感受进行衡量,因此在有限的屏幕时间内,传达更加丰富的信息内容,使观众陷入沉浸式观看,正是如今电视新闻审美所追求和强化的。"[1]

为迎接建党百年,SMG 融媒体中心推出原创系列视频《骑行党课》,首次对电视新闻重大题材——"四史教育"进行了"情景可视化"的创新表达,让"上党课"也有了一种时髦的方式。有别于以往的传统电视新闻表达,《骑行党课》系列视频没有一句新闻旁白,在三四分钟的视频里,通过"画面+讲解员实况+音乐"进行串联。从受众观感出发,将骑行采风和党课结合起来,辅以展现城市与建筑空间的航拍画面,运用巧妙转场与镜头衔接,形成轻松、动感、新媒体化的视觉风格。

(1)重视"视听的呼吸节奏"

没有新闻旁白,怎么来展现一条电视新闻? 答案是:让讲解员把"稿子"说出来,这样的实况既有"料",表达也更有人情味,更有现场感。《骑行党课》通过模拟骑行人员的主观视角,让每一位观众都成为骑行主角。同时,主观镜头、第一视角增强了"代入感",让观众始终参与在行进中:一会儿在先辈故居中穿堂入室,一会儿在滨江道上迎风驰骋,受众跟着镜头就能获得和以往看电视新闻不一样的体验,营造裸眼 VR 的观感。

尤其要把握好"视听的呼吸节奏",70% 的讲搭配 30% 空镜的黄金配比,让受众在获取大量信息的同时,透透气,更好地消化讲述内容。音乐节奏快慢结合、避免节奏单一造成的视听疲劳。

与此同时,全景航拍交代环境、运动相机贴地特写……各种突破常规的镜头呈现,只为让受众看到平日看不到的场景,让视角更多元、场景更丰满、画面更富艺术感。

(2)先声"夺"人、开篇重要

一个好的开头能吸引观众的兴趣和注意力,也能让一个视频获得较好的传播基础。

在2020年第三届中国国际进口博览会上,SMG融媒体中心制作的视频《"阿拉"又来了!他们在这里看到世界经济复苏的萌芽》,获中央网信办全网推送。这条视频一上来就捕获了观众:6个老外参展商,开篇都用上海话和观众打招呼,通过1秒一个镜头的快速剪辑,形成了强烈的视听反差,可谓"先声夺人",一下子就引起了受众的关注。共有69家媒体进行了转载,54%为网站转载,首小时内,上海本地官媒如上观、东方网、新民晚报等首发转载。

> - 共69家媒体转载,54%为网站转载
> - 首小时,本地官媒如上观、东方网、新民晚报等首发转载
> - 今日头条、上观新闻、光明网对传播贡献较大
> - 总传播时长1天1小时

【数据来源:新浪微博(澎湃新闻、看看新闻KNEWS、新民晚报新民网、第一财经日报、观察者网、新京报、央视网等微博账号)时间范围:2020.10.25—2020.11.11】

(3)字幕语言全面转型成为主视觉元素

屏幕文字,即字幕,指的是根据新闻内容表达的需要,视频后期制作时叠加在画面上的内容,起辅助说明作用。融媒体时代,电视新闻除了将优质视频内容在大屏呈现给观众,也能在网站、微信公众号、官方微博、手机客户端等媒介渠道进行发布。小屏幕受众往往对有设计感的、有关键词字幕的视频更有"好感",所以,如今的字幕已经成为画面语言中的主视觉元素,出彩的字幕比画面更易被受众捕获。

(4)使用新闻动画

动画泛指通过人工方式制造的动态影像。"新闻动画是指采用动画形式作为信息的表现手段,它通过动画语言报道、评论事实,是新闻性与艺术性相结合的纪实动画。"[2]

为吸引年轻受众,SMG融媒体中心在2021年引入了虚拟主播申苏雅,成为电视新闻新媒体传播的一大符号。不仅在诸如进博会、上海车展等大型直播中,申苏雅会进行串场介绍;在一些大型主题报道中,申苏雅也会进行客串,用二次元的方式"讲故事",将电视新闻打入B站等新传播阵地。

"电视新闻已进入'内容为王,视觉为后'的阶段,充分利用视觉艺术达到高效传播是电视创新的一大手段。"[3]电视新闻的"创新表达",要先"扬长",扬"精通画面语言,了解视觉心理,会用画面讲故事"之长,维护电视新闻的生存空间。

2. 生产方式的创新

（1）全媒型记者

"融媒体不仅是传播媒介、传播途径、传播手段的融合。更是新闻记者采编制多种能力的融合。在进行作品创作时,要充分借助先进的信息技术、借助融媒体平台来实现对各类信息的汇总,并要用更加丰富的形式、更高的效率来展现采访内容。"[4]

媒体深融,电视新闻需要既能守正,又能创新的全媒体记者,会选题、会采访、会拍摄、会写稿、会剪辑、会直播,会大屏小屏一起推……一专多能;而即便不能十八般武艺样样精通,全媒体记者也要有过人之处:同样在跑场子,是不是抓到了最动人的细节;同样在拍摄,是不是视角新颖、创意十足;同样写稿子,是不是观点独到,点击量高,继续以中央网信办全网推送的《"阿拉"又来了! 他们在这里看到世界经济复苏的萌芽》这条视频为例。与以往记者在展会现场联系企业案例进行采访、摄像拍摄,记者再回台剪辑的传统模式不同,这条新闻视频,从拍摄、采访、剪辑成片到网端小屏推送,由全媒体记者在短短半天时间内,独立在进博会现场完成。全媒体记者身背一套微单相机,一个移动稳定器,一台笔记本电脑,随时拍摄,高效出片。不足 2 分钟的短视频里,记者挖掘了 6 家颇有代表性的进博会参展商,覆盖欧美发达国家、"一带一路"沿线国家;跨国公司高管、中小企业主。不同的语言汇聚成相同的祝福,为进博打 Call,为中国喝彩,充分说明进博会是一个全球共享机遇的平台。整条视频轻盈动感,传播性强,全网总传播时长为 25 小时,实现了高传播、高访问、高影响的"三高"效果。

（2）"公民记者"

传统的电视新闻生产是一个线性闭环,从策划选题到采访拍摄、再到写稿制作,最后播出,受众只能在最后环节看到最后呈现的新闻内容。然而,融媒体时代给电视新闻产品有了更多的可能性,新闻线索多元化、"沉浸式"观看、互动感提升等让受众对新闻实践的进程更加关心,参与的意愿也更强。因此,在电视新闻的生产阶段,就要改变以往的封闭思路,坚持专业化的同时,把受众需求也要考虑进去。在电视新闻生产阶段就可引入互动因素。

目前 SMG 融媒体中心正在看看新闻 APP 端建立一个反馈机制,当新闻内容抵达受众后,开放交流互动的平台,在评论区收集对新闻内容的评论和建议,由专门的新闻主编进行收集归纳,经过专业的分类处理和数据分析,把零碎的信息整理成有参考价值的建议,再反作用于新闻生产,从而实现电视新闻流程再造。

（3）拍客新闻、随时随地的现场直播

随着智能手机使用的全民化,人们习惯用手机记录下身边的新鲜事,并将其上传到社交媒体上和朋友分享。这些视频内容有一部分和新闻高度贴合,都是对新近发生的事件的记录,尤其在一些重大新闻事件发生时,围观群众迅速拿起手机进行记录,这些视频因其时效快、现场感强,会率先在网络上传播。因此,如今的电视新闻主流媒体,在核实清楚这些网络视频的来源和真实性后,也会将其作为新闻素材,在此后的新闻采编中加工引用,从而抢占报道先机。

3. 情感元素的创新

（1）凸显人文关怀,碎片化时代的情感关联

融媒体时代,一方面为人们获取信息带来新天地,但另一方面,狂欢和围观背后的信息接触"浅层化、碎片化",让人们的注意力和深度思考支离破碎、不断退化。众声喧哗的背后,电视新闻若能凸显人性化的传播理念,对人的价值、命运、焦虑释放予以关注和思考,将是通往受众内心最好的通道。

（2）创设和谐问答,完善采访提问技巧

采访者和被采访者之间的交流大多数是以问答的形式来进行的,尤其在融媒体时代,拍摄更加轻便化,有时开机就是记录。为了能通过有效交流实现与被采访者之间的和谐互动,需要不断完善提问技巧,选择合适的话题,让采访对象有话可说、有话想说。

同时,记者还要随机应变,因地制宜,巧妙营造和谐的采访氛围,才能在采访对象身上挖掘出更多的"料",让"好新闻"及时被记录下来。

（3）巧用细节体现主题,善于把控画面气氛

有灵气的电视新闻一定是有细节的。鲜活生动的细节不仅能展现主题,更能深化主题,举重若轻。比如《"阿拉"又来了！他们在这里看到世界经济复苏的萌芽》一片中,老外展商微笑着对着镜头竖起大拇指这个细节,就非常好地说明老外对中国市场充满信心,一个细节胜过千言万语。

二、电视新闻的创新思维

1. 讲好新闻故事——情节跌宕起伏

想让一个普通的选题具备成为"爆款"的潜质,就要把新闻做出连续剧的感

觉,制造悬念,让观众看得带劲,尤其要发挥电视人的专业优势,做有趣、有料、有共鸣的视频。

2021年春节前夕,SMG融媒体中心提前策划推出6集系列短视频《想要说声谢谢你》。这是一次用新闻的力量传递爱和能量的记录,也是让留在原地过年的各行各业人员感受上海温暖的一份初心。这个新闻选题从内容本身来说,算普通。但是,普通的故事同样能制造出悬念。

我们把一个运动相机(GoPro)、一支新闻话筒架在了繁华的南京路步行街、架在了刚刚解除隔离的居民小区,甚至出现在了闭环管理期的医院。第一天,我们在街头就偶遇到了一位父亲,这位老伯的女儿是肿瘤医院的一名护士,疫情闭环管理期间一直在院内忙碌,父女已经很久没有见面了。老伯想通过我们的镜头对还在院内工作的女儿说声谢谢……老伯的这份感谢能传递到女儿身边吗?

第二天,通过我们当时驻守在肿瘤医院的记者,几番寻找,终于找到了老伯的女儿。看着记者视频里的父亲,身为护士长的女儿会说些什么? 肿瘤医院的医护人员又会把这份感谢传递到哪里呢? 于是,这个带着悬念、又传递着爱、连续剧一样的电视新闻就这样产生了。

2. 抓住新闻主角——通民情导舆情

好的新闻必然是关注人的新闻,以人为本的新闻。融媒体环境下的电视新闻,不仅更加注重对百姓受众的关注和采访,更要考虑受众的需求和感受。

继续以《想要说声谢谢你》为例,该系列视频产品:聚焦普通个体、凸显主流媒体的人文关怀。记者的话筒和镜头出现在上海的街头巷尾、各行各业民众面前,倾听被采访者源于心声的表达,记录被采访者最原生态的反应。一句简单的"感谢",传递的是一个个动人的百姓故事:身体欠佳的老人想对悉心照料的爱人说声谢谢;刚刚面试完的职场新人,想对善意的面试官说声谢谢;社区工作者想对居民楼的"七十二家房客"说声谢谢;一位父亲想对患了罕见病的女儿说声谢谢,一句简单的感谢里有爱、有憾、有艰、有善、更有力量!

"在电视新闻报道构建的宏大叙事背后,正是平凡普通的个体构成了新闻存在的意义和价值,当电视新闻不再只是空话,官话,而是更多展现真实可触的人物,这样的新闻才更能打动人,也更容易把人们从画面引向情感,最终由情感引向思想。"[5]

而正是因为受众的直接参与,互动意识强,这组短视频除了在网端推出外,2021年春节期间,也在上视新闻综合频道推出了报道。中共上海市委宣传部新媒体阅评督查组在2021年2月19日第8期的一周新媒体观察中写道,"多维度、立体化、强互动。《想要对你说,谢谢你》6集系列短视频,是一组有策划、有设计、有主题的街头采访报道,将一支落地话筒放置在上海街头,邀请往来路人面对镜头说出自己心中的感谢,讲述自己在就业、求学、疫情防控、邻里互助、工作生活中获得的理解、帮助和支持"。

3. 强调专业魅力——喧哗中的理性价值

尽管新媒体在时效性和信息量上能够极大满足受众需求,但也正因为海量的信息,加上专业把关人一定程度上的缺失,导致网络世界中的信息庞杂雷同、质量参差不齐,更混杂着大量乌合之众。"由于网络与现实的差距,大多数社会人群在网络世界中是'缺位'的,一些理性、真实、有价值的声音由此起彼伏的网络话语冲击,被陷于谷底。"[6]

较新媒体而言,电视媒体的优势在于拥有一大批具备专业素养的电视新闻人,这批新闻人在多年一线实践中:精通画面语言、了解受众的视觉心理,会用画面讲好故事。同时,依靠强大的电视平台"背书",电视新闻也在公众中形成了较高的权威公信力。这种权威感和公信力作为一种无形资产,让电视新闻媒介发布的内容专业、可信,彰显其高端影响力和理性价值,这正是新媒体无可比拟的优势,也是电视新闻的核心竞争力。

《骑行党课》每一集都精心设计线路。无论是"从工业锈带到生活秀带"的杨浦滨江,到"改革开放样本"的陆家嘴,从上海版"清明上河图"的苏州河畔,到虹口区四川北路的"左翼文化对角线""红色情报对角线"……每条视频都蕴含一个深层次主题,逻辑鲜明。第二季中,更是用"星火初燃""赤色沪西""家国情怀"三集囊括了党的诞生、工人崛起、爱国精神三个主题、在庆祝建党伟业的同时,不忘前事、坚守初心、回望来时砥砺路。

"重大新闻事件只有在被电视媒体播出以后,才会在微博、微信等新媒体上出现传播高峰。这说明电视媒体仍然是社会化整合传播的重要引爆点,社会化传播最强大的爆发力仍然最集中在电视媒体上。"[7]《骑行党课》在看看新闻和新闻综合频道同步推出后,还被学习强国 APP 转载。"四史教育"第一次用"情景可视化"的方式,生动地呈现在受众面前,让这一"正统"的选题"上达专业,下接地气"。

4. 善用融媒体平台——产品形体＋渠道占有

(1)注重多种表现手段,多平台播放推广

融媒体时代的电视新闻传播思维是,不一定要把观众拉回到电视机前,但是要把电视新闻节目送到受众喜欢的渠道上。

目前,在 SMG 融媒体中心采访部的内容分发阶段,就采用一次生产、多渠道分发的模式。根据微信、公众号、电视大屏传播介质的不同,采取不同的文字表述,结合图文、视频的组合,进行多样化传播,使内容相同、形式不同的电视新闻,能按照统一规划的一个分发渠道,各有侧重、各有所长地进行全方位、全媒体传播。

(2) 还是"内容为王",但有了新内核

随着媒体深融,笔者认为电视新闻的"内容为王"已不再是原来的狭义范畴,而有了更丰富的内涵,是那些具有创新个性、具备专业水准,无法被"快餐式"复制的内容。即"今日的内容为王,内容应该表现为'狭义内容+产品形体+渠道占有'为一体的广义内容"。[8]

为什么《骑行党课》这个融媒体产品,一改以往传统红色题材较"厚重"的风格,受众觉得好看、想看、甚至继续追看呢? 其一:新媒体化的视觉风格,轻松动感,符合融媒体时代的"沉浸式"观看。

其二:《骑行党课》通过创意短视频这种年轻人喜闻乐见的方式进行传播,在看看新闻 APP、新闻综合频道、学习强国等平台同步推出。第一季四集短视频,梳理归纳出杨浦、静安、虹口、浦东四条红色线路。第二季三集视频,则聚焦黄浦、普陀、徐汇,将分布在市民身边各个角落的红色景点巧妙串联。既是可看的新闻产品,又不止于新闻产品。

在 SMG 融媒体中心推出第一季和第二季《骑行党课》后,很多企业都想定制这样一条可看性强、实践性强的"党课产品",将各自的红色记忆用骑行的方式进行串联。这在一定程度上,说明了该融媒体产品的成功。目前,SMG 融媒体中心也已推出《骑行党课》的线下活动,有各企业定制版的专场活动,也有丰富的四史教育媒体产品,进一步做大、做强《骑行党课》这一融媒体产品品牌。

三、电视新闻的"创新表达"趋势

1. 多形态混搭组合,内容生产个性化

笔者注意到,如今受众收看、收听电视新闻的过程往往是一种漫不经心的"伴随式"状态,公交站、地铁上、电梯等候时等等一系列碎片化的时间内,打开各类终端快速浏览。为了适应这种快速汲取的需求,电视新闻在坚持高品质专业化新闻的同时,也要将互动思维和受众思维融入采编生产的各个环节。根据不同的传播、分发渠道,生产个性化的电视新闻已成为趋势。未来,更多有针对性的、量身定制的新闻内容,将"量体裁衣"般成为一件件产品,推送给不同受众。电视新闻的生产,将比以往任何时候都变得精准。

2. 多平台多渠道整合，技术内容双驱动

媒体深融离不开技术的支撑。融媒体时代、海量信息之下，从过去的"酒香不怕巷子深"，到如今的"酒香也怕巷子深"。因此，既要有"内容为王"的优质新闻，也要有"技术为王"的多平台、多渠道分发，才能最大化实现传播效果。电视新闻要实现内容和技术的双轮驱动。

如今很多融媒体中心都打造了自己的手机客户端，要把大数据和云计算运用到海量的信息梳理与整合中，运用到后续内容的精准传播中，还有很长的技术短板要补。此外，诸如微博、微信公众号如何和新闻客户端无缝对接，扩大电视新闻的传播范围，依然有很长一段路要走。

3. 以实际需要为导向，注重引进和培养全媒体人才

电视媒体在和其他媒体深度融合的过程中，必然需要大量的跨媒体和全媒体人才。比如，传统媒体中，很少会出现数据分析师、图表分析师这样的专业人员，但如今一些图表新闻、数据新闻，因其直观、有说服力，在传播中，尤其是新媒体传播中有较好效果。可见，融媒体时代对新闻从业人员提出了更高、更泛的业务要求。电视新闻队伍要以实际需求为导向，及时吸纳新鲜血液、培养全媒体人才。

4. 不断学习最先进技能，加强团队综合能力

融媒体时代，一条电视新闻的生产如果还是按照过去的大队人马的"重型化"制作，新闻效能必然会大大落后于新媒体。因此，很多从电视新闻中心转型的融媒体中心，改革第一条就是精简队伍、提高个人的单兵作战能力。除了以上提到的积极招贤纳士，电视新闻团队本身更要解放思想，不能故步自封吃老本，无论哪个年龄段、无论什么新闻工种，都要积极通过各种培训学习，提升自身的全媒体能力，成为适应新技术、新传播、会使用多种传媒工具的复合型人才。

结　语

融合是优势互补，兼容并蓄；融合是为了更好的发展；没有一种媒体在这场融合大潮中能"独善其身"。传统媒介和新兴媒介在内容、终端、技术等领域慢慢趋同，边界模糊。纸媒发布视频、电视网端推送……早已十分普遍。"新媒体环境下的电视新闻，是充分融合传统电视新闻及网络电视的优势，不断进行信息播放和资源共享的新新闻。"[9]

事实上,随着融媒体时代深度融合的到来,既为电视新闻的专业生产、创新表达带来挑战,更是带来了机遇:专业的优质融媒体产品有了更广阔的传播空间,有了更大的价值创造空间。电视新闻人要从生产制作的源头把住关,站好位,在传播内容和传播形式上拿出破圈的勇气,与时代同频共振,就能守住自己的核心竞争力,守正、创新、面向未来。

参考文献:

[1] 宫承波、刘逸帆主编:《电视新闻频道发展研究——兼论新媒体时代电视新闻的生存空间》[M].中国广播影视出版社 2016 版,第 301 页。

[2] 杨于卓:《新闻动画应用现状探析》[J].《西南民族大学学报·自然科学版》2012 年第 5 期。

[3] 陈硕、刘淏、何向向著:《融媒体时代电视新闻节目的创新与转型发展研究》[M].中国广播影视出版社 2019 年版,第 11 页。

[4] 苏健:《融媒体环境下新闻采编工作创新研究》[J].《业界研究》2021 年第 5 期 48 页。

[5] 宫承波、刘逸帆主编:《电视新闻频道发展研究——兼论新媒体时代电视新闻的生存空间》[M].中国广播影视出版社,2016 版,第 279 页。

[6] 王丹娜、刘鹏飞:《网评:引导网络舆论导向的正向标——对网络评论如何传达权威真实观点、引导舆论的思考》[J].《新闻与写作》2013 年第 2 期。

[7] 王春浩:《新媒体时代下传统电视的优势与挑战》[M].中国广播影视出版社 2014 版第 16 页。

[8] 杨继红:《内容和渠道:谁也不是王者》[J].《中国数字电视》2007 年第 9 期第 11 页。

[9] 蔡露、张周琦著:《电视新闻采编与制作》[M].辽海出版社 2017 版,第 3 页。

作者简介:
黄逢佳,上海广播电视台融媒体中心国内新闻部主编。
徐　晓,上海广播电视台融媒体中心采访部影像创意主编。

电视新闻短评引导舆论独特作用初探

——以《奉视新闻》为例

卫　强

提　要： 电视新闻短评在实际应用中，多以"本台短评""编后话""编后语"等形式在新闻报道中出现。它是传递正确舆论导向，提高新闻舆论传播力、引导力、影响力、公信力，巩固壮大主流思想舆论的重要抓手。本文以奉贤区融媒体中心出品的《奉视新闻》的实践为例，分析电视新闻短评在基层的独特作用，探讨如何进行传播手段和话语方式的有效创新，以更好地引导群众、服务群众。

关键词： 电视新闻　短评　引导舆论

党的十九大报告指出："坚持正确舆论导向，高度重视传播手段建设和创新，提高新闻舆论传播力、引导力、影响力、公信力。"习近平总书记2018年8月21日在全国宣传思想工作会议上强调："要加强传播手段和话语方式创新，让党的创新理论'飞入寻常百姓家'，要扎实抓好县级融媒体中心建设，更好引导群众、服务群众。"

近年来，电视新闻除了传统大屏，还增加了其他传播渠道。同时，随着新媒体传播手段的不断发展，"倒逼"电视新闻要求新求变，为此，业界也在不断探索，如何更好发挥电视新闻对受众的引导力。"电视新闻节目主要由两大部分组成，一类是新闻报道，包括消息、特写、新闻调查及一些专题类、综合性节目，另一类是新闻评论。"[1]区级融媒体中心制作播出的电视栏目以新闻报道为主，而新闻评论则以短评为主，所谓短评，就是"简短的评论"[2]。在实际应用中，又多以"本台短评""编后话""编后语"等形式出现。

"电视新闻的'编后话',可以说它是多种电视新闻评论形态中的'轻骑兵',是电视台在具有新闻价值的、比较重要的某条或某组新闻前或后依托于新闻内容进行评论的'小言论'。"[3]本文试图结合奉贤区融媒体中心出品的《奉视新闻》近年来的实践,从以下几个方面着力探讨,发挥短评的独特作用,进一步提升电视新闻的舆论引导力。

一、弘扬社会主义核心价值观,为经济社会高质量发展凝心聚力

党的十九大报告强调,社会主义核心价值观是当代中国精神的集中体现,凝结着全体人民共同的价值追求,要以培养担当民族复兴大任的时代新人为着眼点,强化教育引导、实践养成、制度保障,发挥社会主义核心价值观对国民教育、精神文明创建、精神文化产品创作生产传播的引领作用,把社会主义核心价值观融入社会发展各方面,转化为人们的情感认同和行为习惯。

电视新闻工作者要始终坚持正确政治方向和舆论导向,围绕中心,服务大局,宣传党的主张,反映人民心声,唱响主旋律,传播正能量,理应自觉用社会主义核心价值观感染受众、凝聚人心。

在区级融媒体中心的新闻报道中,大量涉及社会主义核心价值观中国家层面和社会层面的价值要求,为此,《奉视新闻》栏目及时以编后语的形式对相关新闻予以点评,发出正面声音,积极引导群众。如"睦邻四堂间:家门口的快乐养老"这条新闻的编后语,除了肯定"睦邻四堂间"是对居家养老和机构养老模式的补充,还呼吁进城生活的小辈要常打电话、多多回家,嘘寒问暖,表达关切,以满足老人家的精神需求,引导社会氛围更加和谐。又如在"核载6人小面包车塞了15人严重超载隐患重重"新闻后,编后语除了谴责违法行为,还呼吁广大驾驶员遵守交通法规,远离超载超员。最后不忘提醒交通管理部门加大技术投入和管理处罚力度,确保市民能更安全、更放心地出行,起到提醒交通参与者尊法守法、管理者依法加强交通管理的作用。

区级融媒体中心日常报道中,反映较多的是干部群众身边的人和事,根据这个实际情况,电视新闻的编后语可以更多聚焦社会主义核心价值观关于个人层面的价值要求。奉贤区融媒体中心注意结合一些特殊的时间节点,弘扬爱国这一核心价值观。如2020年10月22日,在纪念中国人民志愿军抗美援朝出国作战70周年前夕,《奉视新闻》报道了参加过抗美援朝的80多岁老战士蓝永安,积极投身志愿活动,讲革命传统、讲抗美援朝经历的感人事迹。编后语首先为老战士点赞:"历经抗美援朝战场上战火的洗礼,胸中的热血始终炽热;走过半个多世纪的风雨,心中的信仰从未磨灭。"同时指出:"老战士身上体现出来的伟大抗美

援朝精神,将不断激励我们克服一切艰难险阻、战胜一切强大敌人。"最后,编辑写道:"在我国传统佳节重阳节来临之际,也让我们向这些最可爱的人致以最美好的节日祝福。"情感真挚,一气呵成。

在社会主义核心价值观中,敬业、诚信和友善也都是重要的价值要求,为此,《奉视新闻》栏目也不失时机,通过新闻报道配编后语的形式,对典型人物、典型事迹进行褒奖和弘扬,引导形成积极践行社会主义核心价值观的良好社会舆论。

二、弘扬中华优秀传统文化,为社会和谐稳定鼓与呼

党的十九大报告指出,要深入挖掘中华优秀传统文化蕴含的思想观念、人文精神、道德规范,结合时代要求继承创新,让中华文化展现出永久魅力和时代风采。习近平总书记也指出:"中华优秀传统文化中很多思想理念和道德规范,不论过去还是现在,都有其永不褪色的价值。我们要结合新的时代条件传承和弘扬中华优秀传统文化,传承和弘扬中华美学精神。"[4]

在日常报道工作中,区级融媒体中心的记者编辑一边讲好群众身边鲜活动人的故事,一边有针对性地通过短评进行舆论引导。尤其是电视新闻声画兼备,感染力强,再配合短小精悍的编后语,更能产生直击人心的效果。如《奉视新闻》播出了"退休高工陈学飞志愿服务 3 300 多天成为 127 名特殊孩子的'爷爷'"这篇报道后,编后语首先赞许了陈学飞的感人事迹,随后点评道:"陈学飞 3 300 多天的爱心守护,无疑让这些孩子和他们的家庭体会到了浓浓的温情,也让贤城市民再一次感受到志愿精神的光和热。"向全社会弘扬了志愿精神。

近年来,移动互联网在给人们带来便利的同时,也让许多老年人遭遇"数字鸿沟"。为此,相关部门及时推出了一些帮扶措施,如《奉视新闻》报道了"等一等'走得慢'的人 海湾镇为老年人开设'智能微课堂'受欢迎"这条新闻后,编辑肯定道:"一座富有人性化、人文化、人情味的人民城市,离不开广大老年人的参与,希望社会各界能够给予他们更多的关心和关爱,让他们也能借助科技的力量,更好地感受伟大新时代的美好生活。"以此呼吁全社会"老吾老以及人之老",帮助老年人跟上时代步伐。

当前,部分人群因各种原因,暂时面临一些困难,此时除了政府部门和慈善机构托底救助外,更需要发扬守望相助的传统美德,这方面区级融媒体中心也应及时发声。如《奉视新闻》播出了新闻"7 岁女孩乔诗琪面对困境不低头 爱心人士伸出援助之手"后,编后语说:"我们要向苏先生的爱心举动点赞!'幼吾幼

以及人之幼'是中华民族的优秀传统。他的善行义举,一定会在孩子幼小的心灵中播下一颗'善'的种子。"并鼓励受助者一家:"相信在政府和社会的共同关心下,通过一家人的共同努力,他们一定能走出困境,迎来更加幸福的生活。"既为受助者加油打气,也传递了正能量。

中华文化绵延五千年,形成了中华民族独特的价值追求和精神谱系,作为媒体,有责任将那些历久弥新、为全体人民所认同的优秀传统文化弘扬传承下去。这方面,区级融媒体中心可以发挥"三贴近"优势及时发声,以此来形成良好的舆论引导作用。

三、倡导文明健康的生活理念,潜移默化引导良好社会风尚

区级融媒体中心由于扎根基层,所以在电视新闻报道中,会涉及比较多的民生新闻,对于其中具有典型意义的报道,通过短评形式,态度鲜明地进行舆论引导,对于养成良好社会风尚将大有裨益。

2020年年初新冠肺炎疫情暴发之初,广大市民纷纷在家实行"自我隔离",但也给一部分群众带来运动不足的困扰,为此《奉视新闻》在播出了奉贤区青村镇社区文化活动中心通过直播带动全民健身的新闻之后,及时播发了编后语,为这一创新做法点赞,同时建议:"大家可以因地制宜地在家进行各类健身活动,尽量保持'吃动平衡',在提高自身体质和免疫力的同时,也能舒缓焦虑、恐惧等情绪,愉悦身心,进而增强同舟共济、战胜疫情的信心。"三言两语,传递了健康的生活理念。

同样在疫情暴发初期,一些传言对部分群众造成了误导,当时《奉视新闻》播了一条新闻:一名男子轻信喝酒可以杀死病毒,就破例喝了点白酒,导致在散步时意识模糊将一块高价手表弄丢,最后在民警帮助下才找回。编后语进行了科普:"乙醇浓度达到75%左右的溶液才会对病毒产生较好的消杀作用,一般的白酒根本达不到这个浓度,也就起不到所谓的消毒作用。"同时还提醒大家:"醉酒也容易误事,请大家饮酒还是要量力而行。"既普及了科学常识,又提示应适度饮酒。

当前针对老年人的电信诈骗时有发生,《奉视新闻》多次予以关注,如2020年7月和9月先后播发了"海外'弟弟'包裹被'扣'七旬阿婆欲汇款终被民警劝阻"和"八旬老者相信网上推介欲买'原始股'民警及时劝阻20万元幸未汇出"这两条新闻后,分别配发了编后语,既提醒老人家碰到这种情况时,一定要同家人朋友商量,"切不可在没有确认信息真实性和对方身份的情况下仓促转账或汇款",又告诫老年人的子女和亲属,在平时探视长辈时,应提醒他们"守住'不汇

款、不转账'的底线",而万一被骗,要"第一时间向警方报案,以最大程度挽回损失,同时便于警方收集线索、打击犯罪"。通过多层次、全方位的提醒,引导老年人及其家属提高防骗意识。

借助于发生在群众身边的新闻事实,利用短评传递生活中的科学常识和文明健康的生活理念,虽然只有寥寥数语,但因为有着很强的针对性,往往比一般的宣教更有说服力。

四、劝喻不文明现象,鞭挞不法行为,营造向上向善社会风气

在坚持正面报道为主的前提下,作为区级融媒体中心,也应该把握好时度效,针对一些具有典型意义的批评性新闻,主动编发编后语,对不文明现象进行劝喻,对不法行为坚决抵制,以期引导形成自尊自信、理性平和、积极向上的社会心态。

如上海郊区的城市化程度在逐步提高,但也有一些弱项短板亟待提升补强,为此《奉视新闻》栏目及时开展引导,如在新闻"四团:市民反映绿化带现垃圾堆 相关部门及时清理并安装护栏"后,编辑及时通过编后语呼吁广大市民,不乱抛垃圾、不破坏绿化,共同维护好环境卫生。

上海老龄化程度日渐加深,关于高龄老人独自外出发生意外的事件频发,为此,《奉视新闻》近年来始终高度关注,下面试举一例:新闻"失智老人摔倒菜地遭一夜雨淋 多方救助使其转危为安"播出后,《奉视新闻》编辑通过记者了解到那位独居老人其实有两个女儿后,委婉地进行批评:"造成这样的局面,也许事出有因,但常言说:百善孝为先,作为成年子女,对自己行动不便的失智父亲如此照护不周,无论出于什么样的理由,显然是说不过去的。"最后,编辑提出了建议,希望"属地相关部门必要时,出面协调,督促老人的女儿们承担起法定的赡养义务,妥善安置照顾好老人,让老人安度晚年。"言简意赅,让人一听就明白。

在实践过程中,撰写电视新闻短评需注意几点:首先要观点鲜明。围绕新闻事实,从巩固壮大主流思想舆论,弘扬主旋律、传播正能量的原则出发,是褒是贬,不能含糊其词。其次要入情入理。短评不是高高在上、板着脸教训人,要注意成风化雨,润物细无声。褒扬应避免"捧上天",要引导观众从优秀人物、先进事迹中学到精髓。批评要有理有据,引导观众从案例中吸取教训、增长见识。最后要短小精悍。短评紧随于电视新闻之后,多以主持人口播的形式出现,按照观众的收视习惯,一般少则四五十字,多则 200 字上下,无需面面俱到,而应该直奔主题。

结　语

　　相比于广播、报纸等媒体,电视新闻的优势在于能声画兼备地报道新近发生的事实,使观众能及时通过现场的画面、采访等形象地了解新闻的内容。另一方面,电视画面不擅长表现过去的事实、抽象的概念和当事人的心理活动等,而按照客观公正的原则,新闻报道中一般也不宜以报道者的口吻加以评论或对事实的性质作出判断,所以,在一些具有现实典型意义的电视新闻后面,就很有必要使用短评这一形式,入情入理对社会舆论进行引导。实践证明,记者、编辑采制、编辑这类新闻时,在坚持正确政治方向和舆论导向前提下,立足弘扬主旋律、传播正能量这一要求,努力提升撰写短评的水平和能力,注意方式方法,电视新闻就必然会对社会大众发挥出更强的舆论引导力。

参考文献:

[1] "短评在电视新闻报道中的作用"孙爱玲,《青年记者》(2009年2月中),第30~31页。

[2]《汉语大词典》第7卷,上海辞书出版社,第1544页。

[3] "电视新闻的编后话"林金华,《记者摇篮》(2006年11月),第44~45页。

[4] "在文艺工作座谈会上的讲话"习近平,《论党的宣传思想工作》(2020年11月),第114页。

作者简介:

　　卫　强,上海市奉贤区融媒体中心《奉视新闻》栏目主编。

浅谈媒体融合环境下的内容生产

——从电视编导视角出发的创新研究

沈　敏

提　要：电视节目编导是电视节目生产的主力军，其选题策划能力、内容制作能力对于节目的质量有着根本的影响。互联网迅猛发展，新媒体不断涌现，视频平台百花齐放的今天，电视频道面临着更大的生存和发展压力，电视编导的行业"舒适圈"也逐渐消失。传统媒体向融合性新媒体的转型势不可当。本文对新的行业形势下，电视节目编导如何对内容制作突破创新进行了分析，为电视编导在融媒体时代的节目生产提供参考。

关键词：电视节目编导　媒体融合　内容生产　创新途径

自 2013 年习近平总书记首次提出媒体融合发展以来，媒体融合成为大势所趋，"十四五"规划更明确提出"推进媒体深度融合，实施全媒体传播工程，做强新型主流媒体，建强用好县级融媒体中心"。近年来，传统媒体纷纷展开了融合发展的探索。作为地方主流媒体的 SMG 从生产流程、物理空间、技术改造、团队文化等多个方面加快资源整合，构建起立体式的全媒体融合传播体系。2020 年8 月，SMG 正式启动全媒体战略，全力打造"百视 TV（BesTV＋）"平台，标志着上海电视媒体融合开启了加速度。

媒体融合是传统媒体和新媒体的广泛融合。随着技术的发展、媒体传播环境的改变，"优质内容"依旧是推动媒体融合的根本因素。"内容"能够成为支撑媒体行业发展的信条，源自"内容"本身的重要性和巨大的价值。说到底，传媒行业是信息服务行业，内容既是其安身立命之本，也是传媒业的核心竞争力。构成传媒品牌的要素很多，如广告、发行、产品延伸等，但无论怎样，内容都是媒体品牌的核心竞争力,这是媒体的基本生存法则。

作为内容生产的主力军,电视编导对传统电视节目制作有着专业的认知,曾经创制了收视率高、社会效益好并代表着上海文化品牌的众多电视节目,但是对新媒体的了解和掌握存在着短板。在最初电视与新媒体的相互探索阶段,节目导演将原先在电视频道中播出的节目直接平移到合作的视频网站,除了卫视的头部综艺可以获得较多关注,更多的节目并没有预期的点击率。传统电视人似乎对新媒体平台有点"水土不服"。如何在融媒体环境下创新内容策划,是电视编导面临的全新课题。

一、媒体融合环境下,电视节目编导必须认识到面临的变化

1. 节目播出媒介的多元化——从大屏到小屏的延伸

随着 5G 时代来临,云计算、大数据、人工智能等飞速发展,媒体受众尤其是年轻群体,获取信息的习惯均已从传统电视端向流媒体端发生转移。来自中国互联网络信息中心(CNNIC)发布的第 47 次《中国互联网络发展状况统计报告》显示:截至 2020 年 12 月,我国网民规模达 9.89 亿,已占全球网民的五分之一。我国网络视频用户规模达 9.27 亿,较 2020 年 3 月增长 7 633 万,占网民整体的93.7%。

相对于以前电视机作为电视信息接收的唯一来源,现在在融媒体平台上,观众通过手机、电脑或者其他智能终端能够随时随地接收信息,信息传播的速度非常快,表现出明显的即时性特征,打破了传统电视定时传播的规律。观众在收看传统电视(即电视台的电视节目)时,只能按照电视台制定的节目时间表被动收看。对于视频平台,一旦将视频内容制作上线,观众(即网友)便可以在自己合适的时间自由地点击收看,还可以反复播放,不受播出机构时间表的单方约束,真正具备了无时间限制和无地域限制的传播。

2. 节目观看群体的变化——观众和用户的转变

电视观众变成了电视用户,在内容选择方面拥有了更大的自主权。传统媒体是"主导受众型",电视观众基本可以免费观看频道播出的所有节目,而新媒体是"受众主导型"的,用户在付费以后可以点击观看平台上的内容产品。新媒体为观众带来了多种收视选择和多元化的信息服务,受众的主动性大大增强。

传统电视频道有一定的地域接收范围。新媒体的受众用户人群范围不再像传统电视有地域限制。在"万物互联"的互联网世界,用户的地域范围更为广阔。

3. 节目信息传输的变化——从单向变为双向

新媒体与传统媒体相比具有超强的交互性。传统媒体是单向传播。传统电视节目中,观众只能被动接受节目内容,没办法将自己的意见有效反馈给节目制作方,选择余地也非常小。早期电视节目中曾出现过电话连线、短信互动投票等浅层参与方式。而在新媒体环境下,信息的传输是双向的,甚至是多向的。近年来,伴随着各类新兴社交媒介的走红,人们可以通过微博、微信、弹幕等,随时参与节目,这也极大地丰富了节目与观众之间的互动手段。

传统电视的传播模式大多是一点对多点的单向传播,观众对电视台节目选择、编排的影响较小,观众之间的交流和互动也多限于人际传播,影响力有限。随着新媒体的发展,电视的传播模式也变为电视台与用户之间的多点对多点的双向网状传播,观众从一定程度上获取了传播者的能力,通过转载、分享、回帖等形式,信息不再依赖某一方发出,而是在双方的交流过程中形成的。传统媒体中有严格的受众和传者的区分;新媒体中没有了传者和受者,只有信息的参与者。

媒体介质随着时代不断更新,无论大屏或是小屏,观众或是用户,对于优质节目的需求是永恒的。节目制作者只有不断熟悉新领域,开拓新视野,完善适应全媒体发展的知识结构,用全媒体的思维赋能节目内容,才能在节目生产中走出创新之路。

二、媒体融合环境下,电视节目编导进行内容生产的创新途径

(一)台网联动思维赋能内容生产

1. "长＋短"视频融合,改变节目生产的单一化

目前,电视台的节目通常依存于固定栏目或者采取季播模式播出,节目的时长和播出时间在一段时期内均被严格固定。因而,电视节目不管内容如何,通常具有标准划一的时长。融媒体视频平台由于理论上具有海量的空间,不像电视频道深受时间的制约(每天最多只能播出 24 小时,因此,网络平台上的视频节目可以随时上传、进行页面更新,即便是同一栏目中的节目)。

融媒体特有的对长视频和短视频节目的无限容量,对节目的制作者而言,增加了更多的创作空间,比如开发适合在移动状态和短时休闲状态下观看的、高频推送的节目短视频内容。除了精心制作的主打长片,同时设计多元化的节目配套短视频。短视频在内容上可以是长视频的"精彩片段",也可以是"幕后花絮"。

在电视频道播出节目后,在融媒体视频端同时上线长节目和配套的多元化短视频。短视频与长视频形成"内容互补",进而实现"以短带长"或者"长中取短",多方位满足平台用户的内容消费需求,弥补空缺。

比如由中央宣传部、文化和旅游部主办,笔者团队全程承制的全国红色故事讲解员大赛。大赛汇聚了两百位来自全国爱国主义教育示范基地、全国红色旅游经典景区的专业讲解员和志愿讲解员,参加为期八天的总决赛。初赛,200位专业组和志愿组的每位讲解员进行2分钟自我介绍和5分钟自选红色故事的讲解。通过专家评委的评分,每组各40位进入决赛的讲解员在一定时限内研究整合素材,围绕党的革命精神谱系33种精神及"时代楷模"等主题,抽取不同讲解主题进行5分钟的红色故事讲解。最后决出专业组和志愿组每组各10位金牌讲解员和20位优秀讲解员。初赛和决赛全部进行了电视录制,视频素材时长2 000多分钟。

面对海量素材,导演组进行了仔细梳理,力求内容生产符合台网联动的思维,除了电视平台播出的长节目,大量红色故事素材可以制作成为适合网络平台投放的短视频内容,全面展现比赛过程和选手风采。因此,导演组制作了六期48分钟的全国红色故事讲解员大赛决赛特别节目,在东方卫视、央视十套科教频道播出。同时精心挑选初赛、决赛红色故事小视频100个,每个5分钟以内,进行小而精的短视频加工制作,在学习强国平台、大赛专题网页批量上线。这些电视节目和短视频集中展示了全国红色故事讲解员的职业风采,彰显了新时代红色故事的永恒魅力,也为学习党史提供了丰富的素材。

2. 节目品牌化,衍生节目赋予内容更多附加值

内容生产从形成节目品牌化出发,从主节目衍生出网络视频节目,实现以节目创节目,以节目带节目,是创新形式的台网联动新表现。观察目前的综艺衍生节目,从类型上看,有日常生活的记录,有互动做游戏,有选拔输送人才,也有深度访谈,等等,从编排方式来看,有展示艺人个人的内容,也有讲述台前幕后的过程,有节目素材的深加工,也有立意独特的单独策划。

衍生节目的背后,是平台通过海量素材重组满足用户自由多元、个性化观看需求,步步深入挖掘用户黏性的考虑。衍生节目与原节目的受众群体虽有交叉重合,但又不完全相同,扩大了节目流量入口、便于实现用户引流,将原节目单一的价值链条转化为可持续的价值生态;此外,大多数衍生节目以会员专享形式推出,但凭借创新形式、优质内容依然收获较高热度,在一定程度上解决平台用户增长难题、提高会员业务收入。

从节目制作角度看,衍生节目相对小规模、低投入、轻模式的生产方式让拍

摄素材得到"回收再利用"的同时,实际上为平台提供了以低试错成本进行节目创新的机会,从长期来看,能够为平台的战略调整、思维转向提供参考思路,优化节目产业生态。

爆款综艺《乘风破浪的姐姐》推出的衍生节目《定义》针对每位姐姐从不同维度进行深度访谈、展现女性力量、深化节目主题的同时,为正片埋下热度与爆点。《这！就是街舞》衍生节目《师父！我要跳舞了》,将关注对象转向孩子,融亲子互动、街舞教学为一体,覆盖更广泛的群体,通过多元化内容板块、嘉宾身份反转、强化街舞传承精神收获良好口碑。《极限挑战 6》的衍生节目《极限挑战宝藏行》从新疆喀什出发,辗转云南、甘肃及西藏自治区,在"三区三州"之行中探索珍贵文化、传递生态环保新理念;向观众展现野外奔放的自然与人文风貌;一同见证国家扶贫成果。在提供娱乐和欢笑之余,对更多社会横截面,尤其是脱贫攻坚路上的奋斗者投射了诸多关照。

（二）用户思维赋能内容生产,节目内容垂直化细分

多年前对于用户和收视人群的界定是 80 后、90 后、00 后这样的年龄划分,现在更多则是音乐迷、朗读迷、文博迷、游戏迷,即细致化的分众传播。只有通过垂直化、细致化的突破,电视节目才能实现全媒体环境下的收视突围。

1. 用户精准分析实现内容生产定制化

所谓用户精准分析,就是把电视受众当用户,通过融媒体数据库收集电视受众的年龄、性别、职业、文化程度等信息,并以此为基础分析电视受众的兴趣爱好、生活习惯、消费观念、收视特点等,为电视节目内容生产、传播、广告植入等提供更为精准的参考依据。用户精准分析直接前置于内容生产,尤其是电视节目在前期策划时就能根据分析结果精准导入受众需求,定向推送对受众产生价值的内容产品。所以,在某种意义上说,通过用户精准分析,实现了电视节目从大众化生产向社群化生产、从通用性生产向定制化生产、从"留住受众"到"制造受众"的过渡。

2. 观看数据反哺内容创新

受众观看行为数据泛指受众在不同载体上观看媒介产品的所有痕迹,比如观看时长、快进、回看、暂停、评论、转发等。电视节目制作者通过对这些数据的深度分析,既可以从宏观上把握受众的收视习惯与偏好,又能通过收视数据曲线捕捉微观层面的兴趣点、兴奋点、动情点,从而整体设计节目的内容板块、节奏、

广告植入、现场互动等等。

3. 电视编导深耕垂直细分内容

针对细分人群圈层，定制节目。不管大圈层还是小圈层，都有出现爆款的机会。目前针对网络平台上活跃的年轻人，小圈层更容易做出品质、做出特点、做出扩散圈层的内容。垂直细分内容，更加需要导演对涉及领域的内容深耕细作，匠心打造。

比如，东方卫视的品牌栏目《诗书画》在卫视平台播出的同时，建立了自己的新媒体矩阵，包括微信公众号、抖音号等，有一批爱好古诗词的收视观众和用户。节目曾与上海图书馆合作推出十集"古籍今读"特别节目，主持人走进上图实地拍摄，为《诗书画》的收视观众及用户精准定位，度身定制，古籍不再"高冷"。

节目每天介绍1种上图馆藏国宝级善本。这10部国宝级的善本是上海图书馆从馆藏近3万种19万册古籍善本中精心遴选出来的古籍精品，多属国家一级文物。其中有北宋刻本《长短经》，为《四库全书》进呈孤本，上有乾隆亲笔题诗；有宋拓本《化度寺邕禅师舍利塔铭》，这是存世唯一《化度寺碑》原石拓本，列吴湖帆"四欧宝笈"之首；等等。这些被精心收藏在库房中的国宝级古籍，因为《诗书画》特别节目得以生动形象地展现在受众面前。为了做好这次的特别节目，编导团队数次与专家开会策划，在浩瀚的古籍瑰宝中精心遴选，最终挑选出这些既有重要历史价值，又有故事性、可看性，适合传播的经典内容。

为全面了解古籍知识，传播好中华优秀传统文化，导演组请专家们对10种古籍精品进行了详细的讲解介绍，并将实物一一展示。通过这样的学习，导演组对中华古籍的敬畏之心油然而生，并带到了之后的节目创作中。如何在电视节目展示好古籍，让观众在短短的十分钟之内，对古籍有所了解并产生兴趣，是内容选择文稿组织的基础。

经过头脑风暴和多次修改方案，导演组确定了围绕着"重、博、美、趣"四个关键词展现古籍，组织主持人讲述的文稿故事内容："古籍之重——国之重宝，传续文脉；古籍之博——包罗万象，广博精微；古籍之美——古朴素雅，审美典范；古籍之趣——记录时代，映照心灵。"并增加了实物拍摄和专家采访讲解的环节，全面展示10部古籍精品。节目文字初稿完成以后，导演组再次请古籍专家进行字斟句酌的内容把关，最终定稿，投入拍摄制作。

经过全体主创团队的不懈努力，十期"古籍今读"东方卫视《诗书画》系列节目以其精准的知识传播和精良的节目制作得到了相关专家、观众和古籍爱好者的好评与认可。

除了在东方卫视播出外，特别节目在看看新闻KNEWS平台、学习强国平台、SMG 和上海图书馆的相关公众号上广泛传播,上图还以特别节目为基础举办了展览。"古籍今读"特别节目实现了以专题、短视频、音频、图文等多种方式、线上线下联动的全媒体传播。节目组的内容创新,让珍贵的古籍、故纸堆中的文字在电视屏幕和网络传播中"活"了起来,形象地向受众普及了古籍知识和蕴含其中的优秀传统文化。

(三)高新技术赋能内容生产

在以往的电视节目生产中,技术更多的是作为内容生产的辅助性或保障性要素而存在的。2018 年伊始,随着 VR 技术、全息投影技术、直播技术的广泛应用,电视节目内容的外延进一步拓展,一方面,高科技的应用使得内容产品的呈现方式更为丰富和多元,二次元虚拟主持人、VR 虚拟场景等给电视观众带来全新的视听享受,可以这么说,技术因素已经成为融媒体时代助力媒介升级、生产方式变革的关键性因素;另一方面,随着电视节目生产方式的纵深发展,一大批新技术从幕后走向台前,从小众走向大众,一跃成为电视节目的内容主体,技术不仅是手段,也是内容。2020 年初因为新冠肺炎疫情的非常时期,减少人群聚集的同时,也给传统电视的摄录模式带来了挑战。东方卫视连续推出"云欢聚"的《今晚生活秀》、"云相亲"的《中国新相亲》、"云喜剧"的《云端喜剧王》、"云吃饭"的《亲爱的,来吃饭》等节目,构成了中国电视版面上第一个"云节目带"。电视人创新推出的云录制、云模式的节目新形式,利用新技术和方式打破时空局限,用视频连线、发送弹幕等方式连接起了人与人之间的交流,让传统电视节目有了网感气质的转型。

新型技术的推广和应用在媒体融合道路中扮演着催化剂和助推器的角色,一定程度来看,互联网传播语境下,"技术力"越强的媒体产品"表现力"越强,符合当下年轻受众和消费者的需求。用科技赋能内容,将为其开辟新发展空间。

结 语

互联网的发展终将走向万物互联;"屏"是无可替代的连接人与云端最主要的触媒。无论是大屏或小屏,优质内容是融媒体的核心竞争力。作为电视节目编导只有不断与时俱进,学习新知识、掌握新技术,只有突破电视思维、制作适合融媒体播出的破圈创新节目,保持传统媒体深耕内容、制作精良的工匠精神,才能走好媒体融合的转型之路。

参考文献：

［1］《中国互联网络发展状况统计报告》澎湃新闻 2021 年 2 月 10 日。

［2］任思雨.《一档综艺节目诞生 6 部衍生节目》中国新闻网 2020 年 9 月 12 日。

［3］王剑帷.探索新时代媒体环境对传统媒体转型的思考［J］.大众文艺,2018(21)：175.

［4］王向阳.探讨电视文艺导演怎样在新时期创新发展［J］.电视指南,2018(5)：173.

作者简介：

沈　敏,上海广播电视台纪实人文频道工作室负责人。

论电视专栏节目的定位与表现形式创新

张 颖

提 要：在众多电视节目当中，电视专栏节目是最为经典的一种样式，开办电视栏目是电视台的天职，在电视台不同类别的内容都可以以专栏的节目形式出现，新闻、纪录片、文化、娱乐等皆可。与信息报道节目相比，节目专栏更注重深度，与其他形式节目相比，节目专栏更有信息量，它题材广泛，节目摄制、编辑、播出手法灵活多样，是集中体现电视特色和水准的节目。而且通过电视专栏节目中的内容可以对受众者予以更广的信息传播、社会教育、文化教养等。尽管最近数年随着电视的发展，专栏的形式和定义已经不是很清晰，但那些寓教育于娱乐，寓教化于服务，寓宣传于文化知识传播的电视专栏节目仍然受到好评。本文围绕电视专栏节目定位进行研究，从电视节目的角度突出栏目定位准确的重要性；同时对电视专栏节目如何创新表现形式提出建议。

关键词：电视专栏 节目定位 创新

引 言

随着国民素质和人民文化水平的提升，在物质生活满足之后，人们开始追求更深层次的精神文化生活，传统电视节目已经不能满足广大人民的新需求，因此，各路电视媒体的创新与发展就势在必行，其中，电视节目的定位就成为重中之重的任务。由于电视机前的观众千人千面，每个人由于年龄、性别、文化、阅历的差异，就导致他们选择电视节目各不相同。针对社会需求的转变与人民审美的变化,各大卫视开始针对需求进行改版,旨在满足不同人群对精神文化的需求。并且随着时间的推移,各个卫视深入了解人民的文化需求,缩短改版周期,采编人员开始对电视专栏节目进行准确的定位,从思想内容、性质、功能、受众范围、文化品位、结构形态、表达方式等方面对节目进行划定,这也是对栏目设置的目的、意义、内容、形式等作出的要求。栏目定位实际上也是栏目寻找自己在众多节目中的坐标,找准了便能"得其所",找得不准就会令节目处于"尴尬"的境地,最终就会失去观众。找准定位,也有利于电视专栏节目表现形式的创新。这是本文研究电视栏目定位的意义所在。

一、电视专栏节目内容的定位

(一)节目性质的定位

对电视专栏的定位,首先要考虑的是对节目内容和节目性质进行定位,即开设栏目我们要走哪个方向,面对什么群众,制作什么性质的节目能够获得观众。栏目性质定位的准确与否,关系到这个栏目之后的发展和推广程度,也关系到这个栏目的成功与失败。电视专栏节目的性质定位范围广,主要考虑栏目的宗旨、性质、功能、受众范围、文化品位、地方特色等。其中,栏目的宗旨、性质、功能是主要考虑的因素,通过这三要素,来定位栏目的传播目的。一个栏目的设置要有根有据,要明确传播目的和传播意义。像中央电视台的《焦点访谈》,从1994年创办至今,以时事追踪报道、新闻背景分析、社会热点透视、大众舆论传递为节目定位,客观公正犀利,既坚持"用事实说话",又讲究电视评论的理性思辨,发挥着重要的舆论监督作用。《开讲啦》则紧扣热点,邀请各行各业有成就的人在节目中进行演讲,传递他们的人生经验、思考,给迷茫的年轻人带来一些启发。再比如,上海电视台的老牌栏目《案件聚焦》,将案件以通俗纪实的方式搬上荧屏,分析案件中人的行为准则、心理变化,从而普及法制知识,给人以警醒,并记录社会法制的进程。《七分之一》则从社会方方面面的热点切入,全方位报道我们这座城市正在发生的事情,体现人文关怀。上海电视台都市频道的《人气美食》,也是一档很有生命力的节目,以主持人走访人气小店的形式,介绍民间美食、烹饪厨艺,从而彰显国人的饮食习俗。

(二)受众范围定位

在设置栏目之初,首先要考虑到设办栏目的受众是谁,栏目的受众群众在哪些范围之内。全方位、多层次地分析研究受众人群的大致特点、年龄、爱好,以此拉近与观众的距离,引起观众的共鸣,赢得观众的喜爱。受众范围是一个栏目的观众覆盖面。电视是大众传媒,传播内容必须有的放矢,如果漫无目的,就不可能收到良好的传播效果,栏目的设置也就失去了意义。关注受众是栏目很重要的特征。因此一个栏目在开创初期,就必须明确自己的受众对象。总体来看,目前电视屏幕上的栏目,绝大多数是公共性栏目,也就是说,大多数观众并不限定在某一特定范围内。诸如社会性节目《焦点访谈》《七分之一》等。公共性节目并不意味着没有对象性。相反,由于其对象是整个社会的全人群,包含了不同职业、不同年龄、不同文化层次的观众,所以这一类栏目更需要加强节目的观众意识,使节目多层次、丰富多彩,达到雅俗共赏。公共性节目要使观众普遍接受很不容易,而一旦做到,则会带来极大的成功。除此之外,栏目受众范围定位要关注引起民众的注意,是民众广为关注的内容,可以选取生活中的热点、难点以及其他的疑难杂症。比方说江苏卫视的《非诚勿扰》,就是针对未婚男女择偶问题而出现的一档节目。因此在组办一档专栏节目之前,要全面地对市场进行分析,是选择主流关注点还是异军独起的话题,都需要综合考虑,做到受众的准确定位。

(三) 文化品位定位

文化品位是一个栏目根据自己的宗旨、观众群等因素对栏目内容文化程度的定位。电视是大众传媒,因此,电视节目文化形态特征是通俗性,即它是一种大众文化或者叫作通俗文化。它与书斋里的文化、课堂里的文化、研究所里的文化有着很大不同。电视节目的这种文化形态是由电视媒体的固有属性所决定的。电视媒体从它诞生之日起,就是注重为人们提供信息,同时通过通俗感性的方式给人们以文化熏陶。当然,这种感性的文化熏陶中也不乏理性的成分,这就是我们通常所说的"寓教于乐",使人们在看过节目之后,会自然而然或多或少地受到某种启迪,获得某种知识,得到某种感悟。

从观众的收视心理来说,观看电视节目一是为了休闲放松,二是为了获得信息。除此之外,获取知识也会成为人们看电视的目的。比方说,观众会从一些服务性的电视节目中学会生活知识、健康知识、理财知识等,但这些也只不过仅仅是一种浅层次的求知,而且在整体上并没有构成观众的主导观看需求。另外,电视媒体稍纵即逝的特性,也决定了它不适于负载过多的理论色彩太浓的文化知识。无论是从电视的发展历史来看,还是从电视媒体自身的特性来看,以及从电视观众的观赏心理来看,电视节目的文化形态特征都是通俗的、大众化的。但是,作为大众传媒的电视毕竟还有着教育的功能,故大众化不能庸俗化、粗俗化,必须担负提高观众文化素质的职责。所以一定的文化品位是必不可少的。在电视节目还不是很丰富的早期,中央电视台有一档《环球45'》以介绍外国的地理、历史、人情、文化、艺术等为主的知识杂志型节目,其定位有四条:外国——非中国,知识性——非文艺或新闻的,高文化品位的——非低级庸俗的,活泼的杂志型——非古板的单一型。由于内容与宗旨的规定,《环球45'》的文化品位定位是高品位的。而今随着传播的方便快捷,新媒体的冲击,信息渠道的多样化以及生活节奏越来越快,人们对电视节目的需求发生着极大的变化,要求轻松趣味形式多样富于变化,于是应运而生了像《国家宝藏》《经典咏流传》等高品位文化性的节目。当然,文化品位必须根据栏目的性质、内容、受众来确定,既不能所有节目都浅而白,也不能都深奥、玄妙,否则,要么就"没有文化",要么就"高处不胜寒"。因此我们在给节目进行定位时必须要考虑它的文化层次。电视节目的文化层次是由电视节目的市场主体——观众来决定的。而观众是由许许多多具有不同文化素养的个体组成的庞大群体,其成员在理解能力、审美情趣以及审美观念上都会因文化水平的差异而有所不同甚至大相径庭。既然我们的节目是做给观众看的,那就不能不考虑观众群体中的这种文化差异,就不能不让电视节目具有不同的文化层次。

二、电视专栏节目表现形式的创新

(一)表现形式多样化

内容决定形式。栏目形式必须为内容服务,必须与内容相呼应。结构形态如此,表达方式也不例外。栏目的表达方式多种多样,可以是一个个短小精悍的纪录片,可以是专题报告,可以是人物访谈,可以是先期录制,也可以是现场直播,可以节奏紧凑,也可以舒缓。以纪实人文频道的节目为例,2021春节推出的《烟火拾味》,就是以纪录片的形式来展现上海人精致又富于烟火气的生活方式和包容创新的城市精神。《可凡倾听》通过主持人访谈的形式,让观众和社会名人近距离接触,了解他们的职业奋斗历程,以及他们对生活、艺术以及生命的感悟,从而获得启发和共鸣。《印象》是一个形式比较综合的节目,访谈、短片相结合,以艺术为出发点,带领观众了解城中展览,以及那些为文化艺术的发展一直在努力的人们。确定播出时段也是栏目定位的重要内容,它涉及不少因素。首先是整个电视台栏目设置的整体综合考虑,衡量相邻节目之间的关系衔接等。其次,要根据栏目自身受众来确定播出时间,比如少儿节目不能太晚,对象性特别强的节目不宜占用黄金时段等等。反过来,如果是播出时段已经确定的节目,就要研究那个时段的受众喜好和同时段的节目特色,独辟蹊径,寻找不可复制的用自己独特的内容形式去呈现。

（二）表现形式富有特色

栏目定位是栏目开设的基础，一个栏目的启动，一定要进行精准的定位，把握好自己的特色，具有鲜明、新颖的主题，做到问世之后，吸引更多的观众，引起热烈的反响，就如同一颗冉冉升起的星星，其光辉吸引人万众瞩目，但是在制定栏目的时候也不能只讲究爆点，也应该综合自身特点、结合具体情况，符合民族特色、当地特色、群众审美特色，否则千篇一律，哪怕当时红极一时，最终也逃不过白驹过隙的命运。好多电视台看到了栏目过于同质化的问题，在不断地改进和创新。例如《百家讲坛》就是以弘扬中华文化，走进中国历史为特色，邀请各个名校专家前来授课，以达到传播优秀文化，让人们了解历史的目的，非常有特色的一档讲座式栏目。它选择观众最感兴趣、最前沿、最吸引人的选题，追求学术创新，鼓励思想个性，强调雅俗共赏，重视传播互动，吸引了大批热爱历史文化爱好者的追捧，这也是这档节目经久不衰的重要原因。

（三）循序渐进地创新表现形式

还需指出的是，栏目一旦定位好播出以后，不应随意变换，否则显得立不稳、缺乏信心。好的内容的节目，时间可以将其形象树立起来。但是，不轻易变换并不意味着永远不变、丝毫不变。时代、社会、生活一刻不停地发展着，作为现实的反映，栏目也会发展、丰富、完善。不断调整自己的定位以适应新局面，以纠正以往的不足，是应该也是必需的。1996年1月20日，中央电视台在北京展览馆举办了"《东方时空》1000期观众日"活动，以这种特殊的方式回顾过去，与观众交流，听取各方面意见。1996年1月27日1001期开始，《东方时空》做了新的调整、改版，割爱《音乐电视》，同时将《焦点时刻》改名为《时空报道》，并侧重于社会新闻，以在名字和内容上区别于《焦点访谈》。新版《东方时空》不再设小栏目主持人，而是设一名总主持人，更注重栏目的整体策划和协调，注重节目制作的精致和后期包装的新颖效果，使节目更为流畅。以这档曾开创了中国电视先河，改变了国人早上不看电视习惯的节目为例，就是为了说明定位的调整是为了更加丰富和完善节目。

（四）讲究传达的思想情感与人文关爱

在当今媒体环境层次丰富的情形之下，受众有了更多更灵活的选择节目的权利和渠道,对电视栏目的制作提出了前所未有的挑战。这种情况之下,栏目的定位要求更为明确和详细,层次更为丰富,收视对象更为直接,更需要为节目挖掘深度,让受众很容易就可以找到他所需求的那部分内容。是挑战也是机遇,这也提供了大量生产和开创名牌节目的机会与条件。但值得注意的是,工业化的电视节目的生产绝不能以牺牲电视的美学属性为代价,任何商业化的包装制作不应该使电视传播失去其应有的人文关怀与诗性品格。因此,电视节目始终以广泛关照不同年龄、不同身份的群体,以人的生活、命运、情感为重点,生动形象地反映人们的生存状态和生活观念的变化,以折射出社会发展的进程。鲜明的人文关怀、严肃的道德观念、细腻的视听感知,是电视节目最鲜明的特色。具有这样特性的精彩纷呈的电视专栏节目必将发挥它强大的社会宣传教育功能,提高全民族的整体素质,让人们接受学习全新的思维,去实现全新的探索和开拓。

结　语

　　总而言之,在自媒体网络冲击之下,传统的电视栏目想要在收视中占有一席之地,全体电视工作者就要针对电视栏目的定位不断进行探索,综合考察观众市场,对节目的性质、受众范围、文化品位做全面的考察,精准定位,才能够切实地提升节目质量,吸引更多的观众。同时,要根据电视栏目定位,加强电视栏目表现形式的创新,不断推陈出新、寓教于乐,为社会大众提供更好的信息服务和娱乐享受。

参考文献:

[1] 黄世军.全媒体竞争环境下电视专栏节目的生存之道与发展思路[J].西部广播电视,2017(16):22-23.
[2] 王文阁.关于电视专题节目栏目化的思考[J].西部广播电视,2015(20):129.
[3] 曲馨,陈怡.电视专栏策划要内容形象兼顾[J].新闻论坛,2011(02):83.
[4] 周毅.论农村电视专栏节目的受众市场[J].声屏世界,2001(04):48-49.
[5] 张红.浅议电视经济专栏节目的定位[J].新闻传播,2000(04):60.
[6] 景高地.论社教类电视专栏节目[J].新闻前哨,1996(02):9-11.

作者简介:
　张　颖,上海广播电视台纪实人文频道《印象》节目主持人。

从《人生第一次》看融媒体时代纪录片如何破圈出新

蒋逸哲

提　要：今年 2 月份，27 部作品入选国家广电总局发布的"2020 年优秀国产纪录片集锦"，上海电视台纪录片中心拍摄创作的 12 集纪录片《人生第一次》位列其中。这部纪录片在 2020 年达成了全网播放 5 亿次，微博相关话题超 10 亿的影响力，初现了融媒体时代电视纪录片破圈出新后带来的惊人变化。

　　笔者有幸作为《人生第一次》纪录片项目分集导演，从立项到创作乃至传播都有深度参与。本文主要是基于项目经验进行分析和讨论，并就融媒体时代纪录片如何创新发展发表自己的感悟与思考。

关键词：媒体融合　纪录片创作　破圈出新　多媒体叙事方式

一、媒体融合情境下的纪录片生态变化

　　最近十多年来，国内视频媒体的整体生态环境发生了翻天覆地的变化。风口从电视端媒体转向了网络端媒体和移动端媒体，其中尤以直播、VLOG 和短视频自媒体等各种新兴媒介的快速崛起为标志，由此带来无法忽视的一些趋势性变化，正在影响和改变着纪录片的生存业态。

　　变化一：短视频冲击波来势汹汹，大有取代传统电视的劲头。眼下我们看到的事实是，无论是在线网络还是社交平台上，短视频已经铺天盖地，大量占据了人们的有效点击率。视频时长、集数变短，而传播速度变快，正成为一个不可逆转的趋势。由于现代人生活节奏快工作压力大，再加上即时社交平台的注意

力争夺,导致观众有效观赏时间被切割,接收信息碎片化严重,而短视频的出现正迎合了这种状态。再加上浓缩的信息密度容易带给人们求知欲的快速满足,刺激大脑产生愉悦感。为了迎合这种需求,一时间市场上各种"短纪录片""泛纪录片"应运而生,呈爆炸式发展。

变化二:从专业人士的舆论场演变成全民自发性自娱性的创作体验。随着影像技术的不断革新,特别是 5G 时代的到来,"随手拍""随口播"变得十分简便。再加上网络的不断提速降费,也使得信息流通速度急速提高。万物互联带来万物皆媒,每个人都可以通过直播、微博、朋友圈、公众号发出自己的声音,公众的参与感被极大地激发出来了。尤其在抖音、快手、B 站等年轻人为主的视频网站助推下,影像纪录已从专业电视台专业采编导的舆论场走向了全民自发性的视频狂欢,甚至成为很多年轻人自娱自乐的生活记录。这给传统纪录片的生存带来了巨大的冲击。

变化三:短视频自媒体形成的社群舆论场影响力日益扩大。据统计,互联网纪录片的受众群体年龄主要集中在 18～29 岁之间[1]。这些互联网活跃用户有着更为明显的社群特征,从共识到共情,社区聚集特性更容易放大社群舆论场的声音。而一个社群往往会以某个自媒体公众号,或者某个专业喜好、探究知识方面的微博、树洞为旗帜聚集起来。这些活跃用户来自四面八方,其中不乏行业精英,他们有着更广阔的国际视野和更高端的艺术鉴赏力,因此不满足于原先说教式的纪录片宏大叙事模式,而倾向于讲述式的艺术表达;不满足于纪录片总是以上帝的口吻来解说一切,而倾向于平凡人的机智幽默甚至调侃;不满足于纪录片的传统题材分类,而倾向于更富有想象力、更富含普世价值和人文精神、更能够叩击人心、更多全球化主题国际化视野的真实故事和纪实题材。

变化四:传统媒体的信息越来越难以传递到普通受众那里。君子"足不出户而知天下事"成为惯例后,"足不出户而评天下事"也逐渐成为现代人的日常。不同视角的视频内容极大地丰富了观众的精神生活和现场感受,同时改变了观众的信息获得渠道、审美体验和交互方式。但是,正像撰写《信息乌托邦》的桑斯坦(Cass R.Sunstein)在 2008 年所推断的那样:"网络的广泛使用,让每个人都能获得自己所喜欢的信息。正是因为消息是免费获取的,所以在无数的新闻面前,公众必须做出取舍。"加速扩大的信息获得渠道,根据算法猜测用户喜好投放的信息,都已经超过了每个人每天能接受的上限,反而影响到了普通个体的信息获得。因而传统媒体的信息越来越难以传递到广大受众那里,人们坐在电视机前的耐心变得极其有限。

面对这些不召而来的变化,近年来,传统媒体改革也进入深水区,多种媒介载体相互融合融通虽然渐成常态,但脚下的路终归还是要靠自己走出来的。怎样才能构建起与观众同在的视频生态,既能传递正能量,唱响主旋律,又能记录下普通百姓真实的人生图鉴,拍出一部叫好又叫座的纪录片,成为我们整个项目组最大的焦虑。

二、纪录片《人生第一次》内容形式上的创新尝试

《人生第一次》是央视网联合上海广播电视台纪录片中心推出的十二集系列人文纪录片,2020 年 1 月 15 日于央视网和东方电视台首播,同时在 B 站、腾讯视频、优酷视频网络发行。同年 5 月起,先后在 CCTV - 2.CCTV - 4.CCTV - 7 和上海纪实频道播出。

事实说明,在娱乐产业快速发展的今天,人们注意力的变化、观看方式的转移无法避免,但人们对纪录片里真实故事的渴望却从未衰退。[2]《人生第一次》记录的是一幅中国人百年来最为自信和自强的"人生图鉴"。节目组在早期选题的时候,经过了多轮研讨和头脑风暴,最终确定了从时间和空间上比较能代表一般中国人的 12 个关乎人生最重大的转折点。分别是出生、入学、长大、当兵、进城、结婚、上班、买房、相守、退休、养老、告别。这十二集特殊的人生节点设置,蕴含着向死而生、生命循环的哲学意义。

为了拍摄制作好《人生第一次》,节目组选择了视角下沉,通过平行观察,记录普通人的人生。对已经历者勾起回忆,向未经历者展示可能,力图比较完整地记录下中国老百姓的生活状态,讲好中国故事。

尝试一:站在史者高度纪录人生。通过观察 2019—2020 年间中国普通百姓的真实生活,记录下百年沧海桑田的时代变迁所带来的生命痕迹;展现了改革开放以来走向集体繁荣路上中国人骨子里的勇气、信念、和大爱;以一种朴素的生活观和生存哲学告诉观众:每一个为了奔往小康,实现理想而努力奋斗的普通人都是值得尊敬的,都是最美好的! 回望百年前的中国人,国家积贫积弱,民族灾难深重,老百姓平均寿命只有 35 岁,贫穷到衣不蔽体、食不果腹、卖儿鬻女的情况不在少数。所以我们《人生第一次》的场景根本不用渲染,真实镜头下的记录就已经是最好的历史回响了。

尝试二:遵守纪录片客观真实的基本原则。人生就像一条河流,有风平浪静,也有暗潮涌动,更可怕的是遇到巨浪滔天。有人的地方就有故事,十二集纪录片里有普通人命运的转折起伏,有各种各样的悲欢离合,但节目组始终遵守纪录片客观记录的原则,不煽动情绪不乱搞噱头,全片使用了较多的旁观式观察镜头,让人物表情自然流露,每一个笑容都是发自内心的,每一滴眼泪都是有感而下的。十二集的原片素材均以 4K 电影规格拍摄,画面质量上乘,为后面的剪辑

提供了保证。解说词为新闻写作风格,以克制、理性又带着一丝亲切感的叙述风格,在关键处进行连接。每个分集最后的数据内核都来自扎实的调研资料,使个体的故事能够升华到统揽全局进行叙事的高度。

尝试三:不遗余力深入前期调研。节目组总共出动了 12 个摄制组,每个摄制组三四个人,去往全国各地进行调研和拍摄。《人生第一次》的拍摄地点从云南潦水的小山村到四川成都的繁华之地,从魔都上海的黄浦江边到云南少数民族聚住地;蹲守场所从部队军营训练场到残疾人就业基地,从农村田间到工厂车间,从医院手术台到临终关怀的床前;观察对象从进城农民工到退休老人,从留守儿童到受训新兵,任何一集的蹲守观察点都完全独立。每确定一个拍摄对象,前期调研至少在 6—10 个人以上。

尝试四:选题切中有时代性的社会热点。《人生第一次》摒弃了宏伟叙事的角度,从小处着眼,悉心刻画每一个人物。通过小切口呈现大主题,《出生》与国家二孩政策相呼应,《上学》反映中国式家庭教育,《长大》关注留守儿童教育状况,《进城》展现脱贫征途中的感人故事,《退休》注目老年人精神文化需求,《养老》聚焦独居老人养老问题,《告别》见证遗嘱观念变革。[3] 所有的选题都按普遍性和特殊性间隔分布。既有特殊性选题,如长大(3)、上学(2)、相守(9)、退休(10)、告别(12);也有普遍性选题,如出生(1)、上学(2)、当兵(4)、结婚(6)、进城(7)、买房(8)、养老(11)。切中时代主题和社会热点的剧集,既能吸引观众的目光,也能记录下真实的社会百态,老百姓一呼一吸之间,就能反映出政府的精准施策和时代脉搏来。

尝试五:保证纪录片内容原创优质为第一要素。目前社会上流行的短视频制作虽然泛滥,但很多都开始走向了一种可复制式的生产模式,影像风格和叙事结构千篇一律,或者拍摄对象扁平化、片面化,或者内容粗糙、创意平庸、涉嫌抄袭等等,与真正意义上的纪录片相去甚远。[4]《人生第一次》最初立项时,每集设计为 10~15 分钟。开拍后,很快就变更为 30 分钟,这个决定就是源于节目组对内容的深度挖掘和质量的高度负责。12 个摄制组在长达半年以上的跟踪采访时,镜头记录下的人物、画面、事件,内容优质,核心要素极其丰富,远远超过了一般短纪录片能承载的极限。因此节目组服从拍摄品质要求,选择重新构架剧集,并注入了符合时代审美特征的现代元素。

尝试六:整体艺术风格是总导演定调的中式美学。不管是主海报、主视觉、剪纸影像片头,还是内容诗意化的阐释和中国式生活哲学的蕴意,都是围绕展现普通中国个体的现实生活和人文精神这一基本点出发。整体性地设计了一个中式的多边对话场域,让不同身份背景、社会阶层的人们能够自由在同一镜头下尽情地挥洒情绪,打破障见。[5] 出于这样的内容设计尝试,普通人的点滴生活细节在导演的捕捉和重组之下,组成了一个个充满着"烟火气"的故事。恰巧这些故事获得了新时代观众情感上的共鸣和喜好,最终构建成了疫情期间大众共通的社会记忆。[6]

《人生第一次》播出后,《人民日报》评价道:"人生第一次,凝结着平凡人生的意义,见证着历经考验的成长,指向着充满光明的希望。"《光明日报》点赞道:"不回避苦难和沉重,温柔讲述风平浪静下的暗潮汹涌。"《学习时报》表示:"人物面对镜头时的勇敢,正像泉水是从泉眼里涌出来的一样,都是来自生活的率真之'音',这样的中国好故事才会引起观众的共鸣和赞誉。"

三、纪录片《人生第一次》传播上的破圈尝试

截至 2021 年初,《人生第一次》作为人文类纪录片项目,达成了海内外全网播放 5 亿次;微博相关话题超 10 亿;共计登上《新闻联播》2 次、微博热搜 3 次;豆瓣评分 9.2 分;华语口碑剧霸屏 top1 四周,CCTV-4 和东方卫视的实时收视率稳居前列;微博超 500 大 V、微信超 1 000 顶级 KOL 推荐的现象级影响力。《人生第一次》作为一部人文类系列纪录片,能获得如此广泛的传播,其实并不容易,其成功的主要因素是节目组抓住了传播上的几个破圈尝试机会,比如真正用好了融媒体合作的机会;利用宣发上的跨界行动;和自媒体及社交媒体共振放大了舆论场域等。

一是进行融媒体合作,实现大小屏集体互动。节目组参考了跨媒介叙事(Transmedia Storytelling)[7]的方式进行了融媒体合作。不光考虑了电视大屏上的播出效果,同时还兼顾了新媒体小屏上的互动性和成长性,此外还有社交媒体上的互动话题、导演的札记、人物的播后补访和后续书籍等众多体裁的补充内容。剪辑成单独小体量的视频内容也更快、更易传播。而且各种媒介上主体是统一的,一段时间内围绕一个话题,在不同的媒介平台上展开相对独立,又相互补充的故事内容,使得被记录者的形象更加丰满、立体。

二是借鉴多种媒体的叙事方式,提高纪录片的传播力。通过融媒体合作,相互取长补短,摄制组还学习了其他多种媒体的叙事方式。比如报刊书籍类文献背景查找、新闻类解说词撰写、电影级音画质量和制作流程的提高、短视频的高密度情节安排和自媒体式话题探讨等多种方式。在网络间、内容上交替使用,相互杂糅,从而扩散了剧集的传播力,同时也增加了纪录片本身的内容吸引力。从几家网络平台的播出数据反馈来看,《人生第一次》拥有高完播率(完成播放的比率),大约 2/3 点开剧集的观众都能看完本集。该完播率在人文纪录片分类中较为罕见,说明《人生第一次》的内容是贴合观众需求,剧情具有较大吸睛力的。

三是启用知名演员作为讲述人，进行破圈宣发。这是《人生第一次》作为国内人文类纪录片的一次重要尝试。十二集系列纪录片起用了涂松岩、高亚麟、王耀庆等 11 名知名演员作为讲述人进行宣传破圈。摄制组把预选好的演员邀请到录音棚进行观影，以正片中每个人物的故事，包括他们波澜壮阔的人生经历打动演员，然后再让他们作为这一集内容的讲述人进行配音。这样产生的配音效果极佳，演员的情绪被调动起来了，对片中的人物行为有了更深刻的理解，往往在配音中情之所致，顿挫起伏，声情并茂，十分出彩。有些演员甚至一再配合导演组，一遍遍地对不满意的配音进行调整，从而为纪录片增色不少。同时，由于演员们对纪录片产生了一定的认同感，他们往往还会在宣发和传播上主动合作。所以很多演员的粉丝群，无一例外地对《人生第一次》这部纪录片也产生了好奇，引起了关注。

四是与自媒体和社交媒体产生联动，使纪录片传播获得长尾效应。目前社群特征下的媒体生态中，自媒体占据了重要的一席之地已成为不可争辩的事实。一个持续良好经营的自媒体号，往往有着一批价值观相同、语态接近的"粉丝"——观众群体。如果能够触发大量自媒体进行自发传播，一个项目就成功了一半。由于质量和内容符合市场需求，在互联网活跃用户的社群特征下，《人生第一次》自播出后引起了自媒体群体的关注和自荐，剧集的口碑得以持续性发酵。同时在社交媒体上，动态化的议题讨论群组被逐个创建起来。有相当多的互联网活跃用户把自身经历结合到《人生第一次》所播出的关键节点，比如出生、长大、当兵等，产生了一系列二创内容，自发参与到官方预设的话题中，成功地激发了创作者和观赏者的交互热情，从而形成了全新的舆论场，让作品的传播获得了长尾效应，影响力得以放大。

四、纪录片《人生第一次》播后讨论

十二集系列人文纪录片《人生第一次》从播出到现在已经过去一年了，但它的回响还在。对纪录片的导演来说，最有意义的莫过于，昨天的记录，变成了今天的历史。虽然片中记录的只是普通人的生活影像，但他们却是中国人经历了百年巨变之后变得自信、强大和从容的集体群像的历史留存。

话题一：我们都知道，记录当下的影片在岁月累积之后就会变成史迹。比如 1949 年开国大典前后对准北京街头所拍的老胶片，几十年后从苏联摄影师的库房里被翻找出来，其震惊世界的史料价值完全无可替代。虽然《人生第一次》并不能相提并论，但是真实记录下 21 世纪 20 年代中国普通百姓的"人间烟火"，为后人留下这段历史影像的努力还是做到了。

从 20 世纪 90 年代开始，SMG 系纪录片中的人文属性愈发明显，"普通人"不再仅仅是宏大叙事、政治历史范畴下的象征符号或者背景陪衬，而开始逐渐成为纪录片拍摄中心与主体。[8]《人生第一次》延续了这样的叙事风格和传统精神，对人物的描述相对准确客观，对记录的事实定位和历史评价保持中立态度，尽可能不偏不颇，用镜头语言真实记录下普通人与命运抗争的人生轨迹，以及为追求美好而奋斗的生活影像，比较遗憾的是拍摄的时间还是太短，如果采访和蹲守的时间再长一些的话。相信最终拍出来的人会更丰满，故事更好看，史料价值亦更珍贵。

话题二：受限于经费、人力、定档等多重商业化因素，《人生第一次》部分剧集仍然欠缺打磨，没有足够的时间从普遍性中寻找到特殊性。项目的跨媒介叙事和外媒叙事也受限于此，没有足够的资源来完成这些想法。例如观众特别关心挂树的伞兵小哥，大山里面留守儿童写完诗后怎样了，残疾人为阿里巴巴做客服能不能继续下去，等等，后续的采访跟进没有人手进行操作。而外宣方面，《人生第一次》的英语翻译非常优秀，达到了跨文化输出的水准。但是因为没能提供配音版本，产生了文化折扣现象。同时缺少人手对英语圈的社群舆论进行管理，以致对境外宣传方面的影响力被局限住了。当然，纪录片商业化也带来了很大的优势，比如带来了专业团队 4K 超清拍摄，带来了立体声录制，带来了调色、画面精修、原创音乐、配音监制和宣发破圈。这些都只有深度商业化带来的资源支持，才能保证纪录片的后期制作和广发宣传做到最好。也就是说，商业化发展对纪录片的影响既有正面的，也有负面的。

总体来看，目前电视纪录片在商业化操作上仍然有着较大欠缺。不管是广告招商、内容贩售、版权贩售、IP 属性打造、周边文创类开发还是导流其他方向，都可以考虑从深度和广度上多多尝试。而那些内容上关注度较高的头部纪录片资源，平台如何用好其影响力进行合理合规的市场化活动，更是值得深度探索。

话题三：这次《人生第一次》在破圈宣发中有个比较好的经验，就是让观众与作品共同构建一个舆论圈层，每集纪录片播放前都会主动设置话题，剪出短视频，推出导演札记、现场花絮等等，让观剧的观众一起参与讨论，包括让一些微博大 V 和自媒体公众号一起评论转发等，从而对片子的传播起到了巨大的助推作用。但是，影响力越大，如果出现一点小的瑕疵，或者叙述方面出现某些倾向性偏差，同样也会放大，这种放大的效应，甚至可以将一颗螺丝钉放大成一整架风车。

结　语

纪录片的创作，杂糅了导演感性和理性两方面的认知，包括世界观、价值观、人生观和审美情趣等等。而比较尖锐的社会问题,站在不同角度去阐述会有完全不同的理解,因此也会引发争议。如今重新审视那些引起争议的问题,当初的确思考过更好的表达形式。但有时就会忽略过去了,结果小洞不补大洞吃苦。同时需要警惕的是,网上放大的舆论由于社群的单一性很可能严重偏向某个角度,并因此伤害到部分人。这就告诉我们,纪录片创作者本身的观点表达,需要更加克制、理性、客观和中立。尤其是人文社会层面的纪录片,需要承载起社会和时代的责任,对公众和历史负有更多的使命,创作时更加需要慎之又慎。

最后,面对全新的市场环境和用户群体,纪录片创作者如何在适合环境的语态下,延续自己的美学坚持和人性思考,是我抛出的一块"砖",希望能有更多的"玉"来让整个行业一起进步。

参考文献:

[1] 张同道,胡智峰. 中国纪录片发展研究报告(2019)[M].北京:中国广播影视出版社,2019:93.

[2] 赵谦,张思远.时代感、IP 化与全媒体联动:中国新媒体纪录片研究[J].艺术评论.2020(9)。

[3] 高杰.时代主题·民族精神·文化认同——纪录片《人生第一次》的传播策略探析[J].艺术评论.2020(4)。

[4] 袁欢.《人生第一次》:致敬每个坚韧又乐观的中国人[N].文学报[2020‐04‐02]。

[5] 薛倩. 人文纪录片的文学底蕴与诗性内涵——以《人生第一次》为例[J].中国电视.第112 期。

[6][8] 李智,张炳旭. 个体影像共筑社会记忆——探析纪录片《人生第一次》的微观叙事[J].当代电视.2020 年第 7 期(总第 387 期)。

[7] 孟婷. 媒体融合生态下纪录片 IP 开发的再思考[J].现代视听.2020(05):54‐57。

作者简介:
蒋逸哲,上海广播电视台纪录片中心秦博工作室导演。

试论编剧方法在人物传记类纪录片中的运用

——以《大师》系列纪录片之《王力》的单集创作为例

陆聆江

提　要：纪录片越来越重视故事,是国内近些年的趋势,这是纪录片产业化和多元化发展的成果。但出于传统惯性,纪录片业界对于故事的理解不尽相同,对于编剧这种讲故事的工具也比较陌生。而戏剧界对编剧的论述往往也不涉及纪录片。这造成纪录片的编剧理论实际上比较薄弱,滞后于创作实践。本文以人物传记类纪录片为例,分析了编剧方法在这类创作中的运用技巧、流程、原则等,期望以分享求切磋,为大家提供一块研究理论和探索实践的步石,为纪录片事业和编剧艺术添砖加瓦。

关键词：故事　编剧　纪录片　人物传记

一、引言：纪录片需要编剧

编剧是为戏剧(含影视、动漫、曲艺等)编写故事的技艺,包括为一部分纪录片。

纪录片巨匠格里尔逊说他的创作方法是:"在平常的生活中发现戏剧。"迈克尔·拉毕格说:"纪录片作者也即剧作家。"这两种说法都言简意赅,切中要害:纪录片也是广义的戏剧,纪录片需要编剧。编剧作为影视工业通行的专业工具,其实在纪录片创始的早期就已经运用在创作中了。它能有效提升或托底创作质量,保障系列片的品质稳定性、整体风格一贯性等。因此,近年来大多数业内人士已经积极肯定了纪录片也要讲故事,或说加强故事化叙事。

相比"编剧"这个词,国内纪录片界更多使用的是"讲故事""故事化""故事性"等词语。可能缘于传统上认为编剧是虚构,纪录片是真事儿,所以还不大习惯说编剧。如果仅仅是用词不同倒也无妨,但笔者发现不少业内人士对"讲故事"的理解,可能也比较传统。

某专业院校最新纪录片教材里有"人物纪录片故事化叙事方法":"第一,把握选题""第二,要有动人的叙事结构""第三,借助人物述说提升故事性""第四,使用细节""第五,设计故事悬念""第六,运用贴合的音乐能够增强纪录片的叙事性"[1];某论文写:"我们可以大胆使用故事片的叙事方式,悬念、细节、铺垫、省略、重复、冲突、节奏,以及交叉平行叙事等等"[2];另一论文写:"悬念、细节、铺垫、重复、冲突和高潮等,这些不是故事片的专利,在纪录片创作中也需要得到充分的运用。……讲述故事的方法是多种多样的,顺叙、倒叙、夹叙和夹议等,笔者通过多年的创作实践,深切地感受到在纪录片中讲故事,最重要的是切入点的选择"[3]。

以上这些论述还是比较有代表性的,可以发现一个较普遍的问题:许多"讲故事"的方法,其实只是小说散文类文体的文学写作技巧,显然缺乏影视媒介的针对性。这个创作和评论体系,没有脱离传统的新闻和中文专业框架。这样的"讲故事"作为某一种理论研究路径存在没有问题,但是以它们为主流并替代掉专业编剧理论还是有点问题的,拿它们指导实践也是缺乏操作性的。同时,我们戏剧界的编剧理论,也鲜少涉及纪录片。纪录片编剧理论探讨的空缺,已明显滞后于当前纪录片创作实践的发展。

为此,笔者觉得探讨专业编剧方法在纪录片中的运用,是很有意义的。由于不同的类型,创作方法各异(有的类型连故事也不需要),篇幅所限,本文只就人物传记类纪录片为例。

人物传记类纪录片,是纪录片中最适用编剧的类型。因为它必然是讲人物故事的,编剧操作比较容易。在国外,人物传记片在 20 世纪 70 年代形成成熟类型,并开始大量创作,它们大都是有编剧来写作的。[4]

《大师》是上海电视台纪实频道播了十多年的著名品牌节目,全系列皆为人物传记类纪录片,口碑好,收视好。笔者忝列编导,自然向前辈编导们学习多于贡献,这集《王力》(片长 50 分钟)就是在前辈指导下由笔者执行编导制作的。

王力先生是我国著名语言学家,生于晚清,成名于民国。但是他的成就生僻高远,一般人不了解这个学科,不像其他一些大师,有妇孺皆知的事迹或一听就明白的成就。这种人物传记,别提做好,光做出来,让观众看得下去就挺难。但运用编剧方法,就能找到工作规律和方向,不会盲目依靠经验、感觉。

二、编剧的核心任务:找故事

纪录片里的编剧当然不写虚构的剧本,只是运用编剧的方法来发掘、组织内容材料。如果说其他编剧是写故事,纪录片里就是找故事。

做人物传记,事迹都是现成的,故事不也是显而易见的吗,为什么还需要找?先得说说什么是故事。戏剧领域的"故事"和日常所说的"故事"是两个有相交但不重合的概念。对此常有误读。

比如某教材:"纪录片的核心竞争力是故事。故事,顾名思义是过去发生的事件……满足有时间、事件、环境三要素的,便是故事。"[5]这里的故事概念,属于日常经验。

日常里,我们确实会把一则新闻里的事件,叫作故事。人生的经历,叫作故事。跟拍一段时间的工作生活日常,也叫作他的故事。但在戏剧领域,这些可能只是素材,未必成为故事。

编剧所说的故事,引用编剧理论家悉德·菲尔德的话:"所有的戏剧就是一个冲突。没有冲突你就没有人物,没有人物你就没有动作,没有动作你就没有故事。"

我将它补充一下就是:戏剧概念里的故事,是指主人公在原动力驱动下,产生目标,做出动作,遭遇阻力,形成一系列不断升级的冲突,达成高潮和升华,这样一个完整过程,才叫故事。一般可以归纳为三幕式结构。当然中间可以灵活地缺失一些部分,但最基本的原动力、动作、冲突、高潮则不能少。

找故事,就先从找原动力开始。

1. 寻找原动力

"故事叙述者应该知道,人物的关键是欲望,因为欲望能够推动故事的发展。"[6]

原动力也叫作欲望、终极欲望、目标等。主人公的人生轨迹中,必有一个驱使他做这一切的原动力。有的故事里它很大,就像传记片,需要贯穿一生去追求;有的是小故事,人物原动力也小,只针对某个事。有的很隐蔽,有的直抒胸臆。找不到原动力,就没有故事,找错原动力,也做不成或会做成一个跑偏的故事,所以这至关重要。

以《王力》为例,从王力先生的自述文字中,我们发现他在被问到为什么会从事语言学研究时,不止一次讲过类似的话:"我们天天说话,但是对于许多语言现象习而不察，讲不出一个道理来，一旦从科学研究中获得解决，此中的乐趣，不是一般人们所能体会到的。"

语言学是一门理论学科，研究抽象的理论原理，本身并没有实用目的。当然将它应用化可以指导许多语文领域的实际工作，解决许多问题，但这并不是科研本身的目的。纯粹的学术理论研究都是无用之学。就像爱因斯坦作为理论物理学家，推导证明一个新公式，会得到极大快乐和满足，这就是他的终极追求。他是不关心这个公式能用来发明原子弹或能赚多少钱的。其实，许多学术大师的原动力都是对攀登人类智慧巅峰的挑战感到单纯的快乐。

那岂不是许多人物原动力都会雷同？是的，人类的欲望当然大都雷同。但是每个人从欲望出发的动作则会因为性格、环境的差异而不同。

结合家属、学生的采访回忆，王力先生不爱闲谈交际，大家对他的印象几乎永远是伏在书桌上看书写字，鲜少关心其他，没有别的爱好，家庭生活也简单，甚至可以说冷淡。所以我们认为这个故事里人物的原动力，就是从纯粹的学术研究中找到极大的快乐和满足。

这个原动力找得对不对呢，放心，它是可以检验的。检验方法，就是找动作。"有力的角色都有所渴望并有所行动，不论最后是否达到目的。"[7]

没有动作的原动力不成为原动力，只是空想。

2. 寻找动作与阻力

某教材论述"纪录片叙事的故事法原则"，其中一条"构建人物行动的叙事链"，需要找出人物的"目标与阻力"[8]。我们觉得最好还是把"目标"换成"动作"。目标容易理解为静态的，动作则一定是动态的。

戏剧动作，是主人公由原动力驱使而作的一系列行为。一个人一生的行为事迹很多，哪些可以算动作呢，取舍的准则就是与原动力的因果关系。所以动作和原动力，是可以互为证据的。

动作找到后，立即就能找阻力了，它们总是成对的（但未必是数量上的一对一）。所以我们建议动作和阻力同时找。

举《王力》中的几例成果：

动作1：王力呼吁政府牵头制定一部标准语法，但是无人响应。第二年，1936年他自己动手写了《中国文法学初探》。这是篇开题搭框架的文，是他开始步入学术科研的宣言。

阻力1：用语言学方法研究语法，首先要确定材料，但汉语的情况太复杂，和西语大不相同。有文言、白话、外来语、书面语、口语、方言，各自还有时代上的演变，一研究就发现问题过于庞大，无从下手。这时，日本全面侵华，北平沦陷，王力随清华大学一起流亡,科研需要的平静环境和条件都没有了,一路上连书本都掉光了。

动作2:流亡中途在长沙的旧书摊上看到一部《红楼梦》,蓦然大悟,终于确定以白话小说所代表的清代北京口语,作为语法研究的材料。其后五年,每天在豆油灯下写作,完成《中国现代语法》和《中国语法理论》。

阻力2:流亡至昆明西南联大,借住郊外农村,空袭不断,命在旦夕。为了生计,王力只好做副业给报刊写稿换钱,连妻子也帮着织毛线贴补家用。但严格的系主任朱自清,还曾对教授做副业很不满。

举例的这两对,可以看出它们是逻辑连贯的,但时间可能跳跃,未必连贯。所以需要从年表、事迹里仔细鉴别寻找。全片故事里一共找了8对动作和阻力。

如何确定这第一个动作? 王力先生的生平里,比写作《中国文法学初探》更早的事儿还有很多。比如:离开广西老家赴上海考大学,未读完又报考清华国学研究院,毕业后留法学习语言学等。这需要与原动力验证,具体案例具体分析。

根据采访和资料研究,我们认为以上这些都不是本故事戏剧弧内的动作,更多是求职谋生的偶然性发展起来的事件:王力原本只有高小毕业,靠刻苦自学,在县城小学谋职教了国文,他原没想出门,是乡人出钱鼓励他出来闯闯。初到上海,他本想做文学但没有成功。由于没有学历也没有外语数理化基础,他能进的大学都是比较差的学校,所以听到清华国学研究院招生,他就想去。他也承认是因为清华大学的文凭响。大部分入国学研究院的都是清华学子,热衷的是传统国学。四大导师里,唯独赵元任开的语言学课程没多少人爱听,因为这不算国学是西学。王力和别人比国学基础差一点,他更多是听了赵元任的课,最后论文也主要由赵指导,写了语言学的题目。所以毕业后是赵元任建议他可以去法国继续深造语言学。王力学成回国进了清华大学教书,但整整三年没有搞学术,而是忙着给报刊撰稿挣稿费,还留学借的债。为此朱自清视为不务正业,一直不肯给他聘教授……这些证据,应该充分。因此,前面这些生平事迹都可以简单交代,只有动作才需要浓墨重彩地写。

3. 组织冲突

"在纪录电影中,故事弧很难被找到。绝不能只为了讲一个精彩的故事,就假定自己了解角色的思想和感情。如果通过事实证据能够把故事弧具体化,那么只呈现和故事弧有关的事实就可以了。"[9] 故事弧也叫戏剧弧,是对情节开端、发展、高潮这个进程的形象化描述。它可以指整个的故事,也用来描述微观的冲突。

动作和阻力已经具备一个冲突的雏形。所谓组织冲突,就是要再补充进去背景、细节、具体情节发展过程、人物性格、甚至配角人物等,让它成为一场活生生的戏。也就是像前面说的那样,"找到并呈现那些事实",来具体化这个戏剧弧。

以《王力》剧本里的动作 2 和阻力 2 为例,找到充分的事实后,它就呈现为一场具体、完整的冲突:

两个月的跋涉,王力一家到长沙。全部家当就是些衣物,几于无书可读。1937 年 10 月的一天,王力在长沙的一个旧书摊上看到一部《红楼梦》,版式古雅,很是喜欢。王力蓦然悟到,《红楼梦》是较为纯粹的清代北京口语,不正是语法研究理想的材料么。

【傅雨贤采访:一个对象很明确,没有方言的杂芜,一个没有古代汉语的杂芜,所以他觉得这个材料非常宝贵。

他在惊喜中买下了这部书,并购得另一部清代白话小说《儿女英雄传》。

【傅雨贤采访:买了这两本书,还没有到昆明之前他已经开始在研究了。把这两部著作的所有的用词造句的规律,他一个个地做卡片,一张张的卡片,做出这些卡片之后,他就进行归纳整理。

战火又烧到长沙。清华与北大、南开一起迁到昆明,组成了西南联大。一路流亡,一路研究。到昆明后,又是日本飞机的空袭,教师们只能疏散到昆明郊外的农家。王力到了离昆明十多公里的龙头村。每次上课,他总是拎个布袋装书,提前一天步行出发,当晚到校住一宿,第二天一早上课,傍晚才回到龙头村。

【张谷采访:在昆明就非常苦,妻子夏蔚霞在当时是跟别人织毛线,织毛线尽量赶快,一个月能织五件,那时候贴补很大的家用啊。

在龙头村的岁月里,王力白天备课授课,晚上写作。点不起煤油灯,他点豆油灯,妻子夏蔚霞在旁借点光亮编织毛衣。到 80 岁时,这艰难的时光仍历历在目,王力赋诗赠妻:"七省奔波逃猃狁,一灯如豆伴凄凉。"但就在这样的境遇里,整整五年,王力的《中国现代语法》和《中国语法理论》问世。随后两书普及本《中国语法纲要》完成。到这时王力已在语言学研究上留下了许多第一,如第一次给出了语法的定义:"语法就是族语的结构方法"。

……(注:此处略过一段生平介绍插叙。)

在法国留学 4 年,王力 1932 年归国。他又回到清华大学,教授语言学课。课余仍为商务的"万有文库"丛书撰写希腊、罗马文学专书,翻译《莫里哀全集》等外国文学作品。

按清华的章程,专任讲师 2 年即可升教授。但第三年王力却没有等到教授的聘书。他去问朱自清,朱笑而不答。然而朱先生的这一笑却令他知耻。他反躬自省,向翻译家的王力告别。不久,他写出了语言学研究的力作《中国文法学初探》。王力回忆,朱先生看了就很满意了。于是王力在第四年被聘教授。

然而,抗战的岁月中王力又一次做起了文学。北平沦陷后,学校西迁南下。当时西南联大的教授薪水不足温饱。王力再一次鬻文为生。他为报纸写专栏,写小品文。引经据典、古今中外,无所不及;讽刺幽默、爱恨辛酸,无所不包,很受读者的欢迎,这一写就是5年。五年王力有了一个"杂文家"的名头。但这也是王力最后一次涉足文学。这一次,朱先生没有意见。

三、编剧的枷锁和艺术:分幕

把所有冲突都整理好之后,一个完整的故事就找好了。但这不等于已经把故事写好或讲好了。任何媒介都有自己的专长和限制,纪录片也受传播约束,主要是长度容量和观众注意力的问题。怎么把故事以最吸引人而不是令人厌倦的面貌,装入规定的长度之内呢?

这一步工作常见的论述为:把握叙事节奏、搭建故事结构(按时间顺序、接触顺序之类)、组织叙事链、处理详略、选视角、设悬念等。都不太合适,还是分幕最明白,纲举目张。

古希腊人发明了三幕结构,至今仍是组织故事情节的最佳工具(三幕是基本形态,可以灵活变化幕数)。三幕各有相对固定的功能定位。一般来说,第一幕是人物出场,显示原动力,形成第一个动作,阻力出现。第二幕是冲突纠缠发展,主人公获得成功的小高潮,但又落入至暗时刻。第三幕是真高潮,进入最强大的冲突,展现人物弧光,进入结局。人物弧光是指人物精神有升华。不论是否成功实现,主角甚至包括配角,在结局都会对终极目标(也即原动力)有更深的认识理解。

还是那句话,纪录片编剧没有虚构写作的自由,只能综合平衡素材的情况、视听的特点、内容的逻辑性和可看性,把一场场冲突安排在整个故事戏剧弧的各个点上。

像做《王力》的时候,我们意外获得了广西电视台20世纪80年代赴京拍摄的一段影像素材。这是我们能找到的唯一一段王力的完整活动影像,于是就想把他用在第一幕开头的人物出场。编剧要做的人物出场,可不是新闻那样的一段话介绍人物身份,而是要写一个动作,并能展示人物性格的,最好还能完成原动力的显示。

这段活动影像拍的是他在去世前二年,虽已风烛残年,仍全力以赴在做一件最重要的事——编一本他理想中的字典。老人家执拗地在高龄时开启一个宏大的工程，而且独自进行，这就十分体现性格，也有悬念，也是一个动作。我们辅以各界人士对他的评价等，做成了一个精练又有感染力的人物出场：

【唐作藩采访：差不多每个领域，语音语法词汇，文字音韵训诂，差不多他都有了，都有专著了，我看还没有人能够超过他。

【李炜采访：奇才。你看他涉猎到古代汉语、现代汉语、然后音韵、文字、训诂、词汇，无一不晓，无一不通的，这种现在都很难找到谁能够跟他类比的，但是他最重要的是开创性。

【周有光采访：他可以说是中国最后一位语言学方面的全才。

1984年，王力84岁。春天，84岁的他开始编撰一部他心中"理想的字典"，这也将是中国第一部比较完备的——《古汉语字典》。计划中的字典120万言，鸿篇巨制。诞生在抗战岁月中的这一夙愿，在他心中酝酿了近半个世纪，而他已垂垂老矣。

【出片名——王力

这位84岁的中国语言学的奇才，那年春天开始，早上8点研墨，每天连续伏案8到10小时，任何与写作无关的事他不闻不问，只有助手和妻子拖他吃饭时才小歇一下。他以每天三千字的速度，朝自己"理想的字典"迈进。

【唐作藩采访：他认为过去编的字典，都不是很理想，比如《辞源》《辞海》，他觉得很大的一个缺点，就是罗列词义，不分主次，不分历史。

王力乐观地预计，这样三四年后，《古汉语字典》便可脱稿了。

这时的王力，自1926年进清华国学研究院师从赵元任，从事中国语言学研究已近一个甲子。除去法国留学，在五十多年里，他除了站讲台便是伏案读写。这般的平淡竟成他人生最大的特点，日复一日年复一年。他已认定这就是自己所爱。

第一幕就这样开始，然后回溯1936年他发表《中国文法学初探》，刚明志于学术，却又立刻陷入了战火离乱。

第二幕柳暗花明，颠沛流离中突然找到了研究的突破口。抗战胜利后他加入中山大学，如愿建立中国第一个语言学系。然而内战在即，社会动荡，语言学系虽然建立，但是报考的学生极少。然后到达假高潮——新中国成立后，语言学骤获重视，王力被调去北京，委以重任，他兴奋异常，火车出发前，一生中难得的一次喝醉酒了。紧接着到达至暗时刻——到了北大，工作任务听安排，学术研究不那么自由了，王力要重返基础理论研究，结果被批判。到"文革"，彻底不允许做任何工作。王力竟偷偷地凭记忆继续研究。

第三幕改革开放，王力作为老一辈专家学者再获尊崇，然而百事缠身。他无奈,以惊人的精力来者不拒。晚年的他科研方向全面铺开,给汉语言学搭了一个巨大的框架,开出诸多的题目,但到最后不得不服老,没有时间去完成了。遗憾之下,他想起四十年前的一个想法,决定编一本字典,来总结自己的学术遗产。编字典从来不是一个人能完成的工作,它是一个巨大的系统工程。但王力就一个人开工了,这字典是只属于他的,也只能他一个人写。他每天三千字、两千字、一千字……身体越来越弱,但仍向目标迈进。

这体现性格,也展示了人物弧光:他最终把属于他一个人的纯粹的快乐传给所有人了。这是高潮,首尾呼应。

两年后王力带着遗憾去世,但字典最后由他的学生编完,2000 年出版。这作为一个故事尾声,很好地象征了王力的夙愿达成,他的学术得到了继承和发扬。

结　语

以上编剧工作都是在前期调研、搜集资料、写作拍摄大纲、采访拍摄、整理场记之后,才能进行。最后成果呈现为一个可用于后期编辑和配音的,包含旁白、人物采访、画面指示等的剧本。如果剪辑顺利,基本很少需要再做大的调整了。像埃罗尔·莫里斯那样的大家做的大部分片子,差不多也是依如此程序。[10]

本文主要以《大师》系列纪录片之《王力》的单集创作为例,分析了编剧方法在这类创作中的运用技巧、流程、原则等,期望为大家提供一块研究人物纪录片的创作理论联系实践的基石。分析论述当然还很不全面,期待抛砖引玉,有越来越多的理论和实践探索能关注到纪录片的编剧领域,推进创作和产业双繁荣。

参考文献:
[1] 马令珍主编.纪录片创作[M].中国传媒大学出版社 2020 年 1 月第一版
[2] 谢勤亮.编剧:历史纪录片创作中不应回避的概念——以《探索发现》为例[J].南方电视学刊 2004 年第 5 期 75 - 77,80,共 4 页。
[3] 王伟.纪录片创作之管见[J].西部广播电视 2018 年第 13 期。
[4] 艾里克·巴尔诺著.当代纪录电影概观,摘自单万里主编.纪录电影文献[M].中国广播电视出版社 2001 年 5 月第一版。
[5][8] 陶涛著.纪录片创作教程[M].中国传媒大学出版社 2019 年 12 月第一版。
[6] 杰克·哈特著.故事技巧:叙事性非虚构文学写作指南[M].中国人民大学出版社 2012 年 7 月版。

[7] 迈克尔·拉毕格著.纪录片创作完全手册[M].四川人民出版社 2019 年 10 月第一版。

[9] 希拉·柯伦·伯纳德著.纪录片也要讲故事[M].北京联合出版公司 2015 年 11 月版。

[10] 郑伟.从已知中发掘未知的人——《战争迷雾》全案研究[J].《南方电视学刊》2016 年第 3
　　期 74 - 82,共 9 页。

作者简介:

陆聆江,上海广播电视台纪录片中心编导。

当纪录片遇见短视频

——融媒体时代纪录片的"微"转型探究

缪婧瑛

提　要： 2019 年年底，上海 16 个区级融媒体中心全部挂牌成立。在"移动优先"的转型中，传统电视纪录片生产模式已难以跟进新媒体短、平、快的刊发节奏，而精巧的短视频成为各区级融媒体重点生产内容。面对全新的传播要求，传统电视纪录片开始"微"转型的探索：在短视频的形式里植入纪录片真实性价值内核，打造既保有纪录片风格，又顺应新媒体传播特点的微纪录片。

关键词： 融媒体　短视频　微纪录片　叙事技巧

引　言

在过去的 20 多年里，上海的纪录片人创作了一大批具有鲜明海派风格的纪录片佳作。在这种专业创作精神的辐射带动下，上海各区县台都曾专门设立培养以纪录片创作为主的人才队伍，通过纪录片创作保持对历史和当下社会发展的关注。

近年来，随着上海的 16 个区级融媒体中心的全部建成，各区级融媒体中心均实现了与微博、微信、抖音等开放平台的数据对接。"移动优先"的传播策略下，持续输出用户满意的短视频内容成为全新而急迫的生产需求。在转型过程中，不少纪录片编导对纪录片的"微"转型进行了有益的尝试和探索。本文试图通过分析纪录片与短视频的创作特性，结合笔者自身的创作实践，探讨在融媒体时代，微纪录片如何保留纪录片精神内核、顺应新媒体传播趋势，实现更具深度和现实意义的传播。

一、融媒体环境中，传统纪录片创作面临的困境

在当前融媒体环境中，传统纪录片创作面临的困境，主要有：成本之困、篇幅之困和观念之困。

1. 成本之困

众所周知，纪录片作为一种深度的影像记录创作模式，需要一定时间作为创作周期。"俗话说慢工出细活，一部作品能否作用于观众的内心，创作周期是一个十分重要的衡量标准。"

在电视纪录片生产时代，区级电视台往往通过栏目化播出、制定年度重点拍摄计划等方式，让编导在一个月甚至更长的周期内完成纪录片的创作。但是在移动优先的融媒体环境里，纪录片创作者遇到的首要问题就是创作的时间成本。

在融媒体时代，内容传播的第一落脚点已由广播、电视向手机移动端转变，加大移动端发稿权重和频率，成为新的趋势。以笔者供职的区级融媒体中心为例，微信公众号每天三次更新，一天至少需要 6 条以上在移动端发布的短视频，一个月的视频需求量就在 180 条以上。这还不包括抖音、微博等其他平台的视频供稿需求量。新媒体短平快的刊发节奏，致使短视频的创作周期越短越好，如果超过两周，就难以匹配新媒体平台的发布需求，这种情况导致编导没有更多时间去做传统纪录片。除了时间成本之外，人员投入、资金支持也都成为传统纪录片创作在区级融媒体环境中的成本之困。

2. 篇幅之困

近年来，中国纪录片通过栏目化、频道化，再到商业化、网络化的生存，整体创作趋向繁荣，很多作品开始走向大体量长篇幅。本文仅探讨在区级融媒体的传播层面里，较长篇幅的视频在传播中遇到的阻碍。

除了制作环节的成本之困，还有传播环节的篇幅之困，即"完播率"。所谓完播率就是视频的播放完成率，即所有看到这个作品的用户中，有多少人是 100% 完整看完这条视频。如果 100 个人中，只有 20 个人从头到尾看完了视频，完播率就只有 20%。较低的完播率，从某种侧面说明这条视频作品，对用户没有足够的吸引力。

在碎片化阅读盛行的今天，人们在乘车或工作间隙，用手机快速阅读一篇文章或者观看一段短视频已成为常态。用户的观看习惯和移动端的传播特点，对

视频的篇幅时长造成了直接的影响。1分钟的视频远比5分钟的视频容易获得阅读量，而超过20分钟的视频则较难在公众号或抖音平台获得有效传播。这在客观上造成了移动端传播中短视频盛行，长视频萎缩的现状。

3. 观念之困

在媒体融合转型的过程中，原先从事纪录片创作的区县台编导大多转向抖音和公众号的视频创作。移动端对视频从数量、内容到形式的要求，都对传统纪录片编导的创作观念提出新的挑战。

在过去的创作经验中，纪录片秉持真实叙事的原则，观察、拍摄、剪辑来自现实生活的素材，通过情节、细节和场景的组合铺垫，形成快慢高低起伏的叙事节奏，展现作者对现实世界的缜密思考。这些创作观念，在融入移动端的视频创作后不时被颠覆。

曾有一位自媒体的朋友与笔者分享短视频的创作经验："起跑就是冲刺，开局就是决战。"即在移动端的短视频创作中，作品的结构不会特别注重叙事逻辑，甚至放弃铺陈，直击核心。在短短几分钟甚至十几秒的时间里，没有时间铺垫情绪和细节，开篇就把最想表达的核心呈现给观众。除此之外，短视频还凸显出"节奏韵律更快、转换率更高；画面呈现更随性，拍摄设备及像素不限、画面呈现比例更自由；配乐成为必须，无配乐成为笑柄；重视同期声的运用，当事人声音与背景音效是关键要素；更强调整体作品的创意性"等鲜明特性。

目前移动端社交类平台最为盛行的短视频，多为生活型或娱乐型内容，因其强烈的个性特色和娱乐功能获得大量受众。但是不少短视频也呈现制作随意化、审美低俗化倾向。而作为区级融媒体来说，大量生产"快餐型"的短视频产品并非唯一出路，盲目跟风和简单照搬，容易伤害媒体自身的品质和价值。在满足播发需求量基础上，区级融媒体更应考虑对短视频的深度和品质进行升级。

笔者认为，可在把握移动端短视频创作特性的同时，在创作理念和叙事技巧上进行创新，探索微纪录片的新路径。当纪录片遇到短视频，两者融合碰撞出的"微"火花，可能会产生意想不到的传播效果。

二、突破困境，纪录片需进行"微"转型

中国纪录片研究中心专家曾给"微纪录片"下过定义，将其阐释为"篇幅简短、诉求单一、视角微观、风格纪实"。笔者作为上海一区级融媒体中心的纪录片编导，也尝试将传统纪录片与短视频进行创作融合，对纪录片的"微"转型进行了一些尝试和探索。

1. 微小视角烘托单一主题

微纪录片的"微"转型,首先体现在微小视角和单一主题。即不往一个片子里放进太多的主题和道理。2019 年底,笔者做了一系列"非遗美食"微纪录片,每集 5 分钟左右。然而新媒体的朋友看了之后,却认为片子太过冗长。这在以前是难以想象的。按照传统的纪录片拍摄思路,一个非遗美食的纪录片足以做 20 分钟一集,然而在新媒体时代,5 分钟的篇幅也嫌冗长。比如有一集讲述非遗美食四喜风糕的短纪录片,片中包含风糕的制作过程、传承人的童年记忆、养老院老人吃糕三大部分内容。新媒体的朋友建议:如果将这三大部分内容,拆分为三个独立的一分钟短视频,更适合在移动端进行传播。

在有限的碎片化阅读时间里,受众往往会根据自身需求选择单一主题的短视频。无论是讲述风糕美食制作的一分钟视频,还是讲述传承人关于糕点的童年回忆短视频,都更容易获得相应的受众群。

2. "细小叙事"多于"宏大叙事"

微纪录片的叙事策略很重要的一个特征,就是"细小叙事"多于"宏大叙事"。叙事题材更加贴近现实生活、叙事角度更加平民化,叙事细节扩大化,在有限的时长里表现更深刻的现实意义。

2021 年春节,为了配合疫情防控需要,很多人响应"就地过年"的倡议,停下了返乡的脚步留沪过年。这个题材按照传统纪录片做法,可能少不了宏大叙事,而笔者采取了更细小入微的角度。在 1 分 53 秒里,选择了保安、修车工、菜贩、饮食店主等外来务工者,通过记录他们与家人微信视频拜年的细节,剪辑成一条一分多钟的微纪录片《万千思念,惟愿家人平安》。发布之后,许多网友留言评论:普普通通的人,说着最朴实的话,却让人看了潸然泪下。

3. 提炼关键节点,浓缩故事结构

在实践中笔者逐渐领悟到,微纪录片并非纪录片的极简版本这么简单,更需要注重创新叙事技巧。在极短的篇幅里,抓住重点场景和关键环节进行提炼,增强故事张力和感染力。

2021 年初笔者拍摄了讲述普通人味觉记忆的《这一味》系列微纪录片。一集一味一念,在两三分钟里,讲述一个普通人记忆里念念不忘的食物和情感点。第一集《椒盐花生米》,讲述了一位诗人在家中炸花生米的故事。片中几行字幕简单交代:二十年前,他不幸罹患肝癌,第二次肝移植,是他的母亲卖掉了房子帮助他渡过难关。花生米炸好后,主人公边吃边叹息说:"妈妈的味道我再也烧

不出来了!"片尾,倒叙插入一段三年前尚健在的老母亲与儿子的合影录像,后又出现一张母亲年轻时怀抱年幼儿子的老照片,这些关键影像点的提炼,浓缩了故事的时空线,在很短的篇幅里表达了"时光流转唯爱不变"的主题。

因此,割破常规叙事弧,提炼重要场景节点,有利于微纪录片在极短的篇幅里,营造独具特色的叙事结构,使之拥有更饱满的情节和更具张力的情感冲击力。

4. "两极化"镜头语言增强视觉冲击力

移动化碎片化阅读的盛行,不仅促进了纪录片的"微"转型,同时还对微纪录片的镜头语言产生了一定影响。目前大部分智能手机的屏幕尺寸在5到6英寸之间,为了改善受众用手机观看视频的观感体验,"两极化"的镜头语言成为微纪录片比较明显的镜头运用趋势,即重点运用小景别的特写镜头和大景别的远景及航拍镜头。

一方面大量运用特写镜头,有利于放大主体细节,增强视觉冲击力,让受众获得更精微细致的观感体验。另一方面远景和航拍镜头的加入,能够更好地展现场面的全貌,使受众获得更震撼的视觉体验。"小景别与大景别两种全然相反的镜头语言,对微纪录片来说,是两种最为重要的镜头叙事方式,即我们所说的'两极化'。这种'两极化'的出现,很好地满足了用户在移动、碎片化环境中欣赏纪录片的情境需求。"

5. 真实性的内核提升内容品质

微纪录片虽然极力简化了人物故事发生的背景和过程,但是细节的捕捉、主题的凸显,依然需要纪实性的手法和真实性的内核予以支撑。和网络上很多层出不穷的创意短视频相比,微纪录片首先取材于真实生活,拍摄的是现实人物的真实生活片段,力求表现人物真实的情感和生活。

笔者曾拍摄过一部鸟类摄影师的微纪录片。为了真实展现鸟类摄影师的拍鸟过程,摄制组跟随摄影师在江边冒雨蹲点守候几个小时,终于抓到了难得一见的翠鸟捕食场面。真实生动的纪实性拍摄,使这个展现生态环境变化的微纪录片更具纪实性和感染力。该片在学习强国平台上发布后,曾获得阅读量1 000万、点赞10.4万的良好效果。

6. 长与短相互组合转换

长片是纪录片最根本和最有力量的一种形式。然而在区级媒体融合转型中,要兼顾平台的传播需求特点,需要对长和短进行有机的组合和转换。

2018 年,笔者曾针对纪念改革开放四十周年的纪录片做过一次尝试。在一部 30 分钟长度的纪录片里,容纳 5 个典型故事,组合起来,就是一部具有历史跨度和一定深度的纪录片。在移动端推广的时候,又可以把这 5 个故事分拆成 5 个微纪录片,进行单独推送。这犹如打造一套组合式家具,无论是整体的框架、单一的部件、勾连衔接的零件,都做好精细的策划,最后在发布时,可根据不同平台的要求,实现长片与短片的有机组合发布,实现更大的传播效应。这对于创作人员和资金投入有限的区级融媒体来说,不失为一种继续坚持纪录片创作的新出路。

这种深度嫁接组合的操作形式,在其他平台上也有案例。由国务院新闻办公室监制、五洲传播中心制作的系列纪录片《当一天中国人》,也采用了纪录片与短视频深度嫁接的组合形式。10 分钟版纪录片侧重完整展现故事的脉络和体验过程与细节,同时提炼剪辑 3 分钟版短视频,用于多平台传播,更符合移动端短平快、碎片化的观看习惯。

三、纪录片"微"转型的意义

当纪录片与短视频相遇,碰撞出的"微"火花带给媒体人许多新启示。过去熟悉的宏大叙事与深耕拍摄模式,在当下需要进行自我调整和灵活转变。纪录片"微"转型的背后,是许多传统纪录片人在融媒体转型期的自我革新。这些创新和探索,对当下的融媒体转型具有正面积极的意义。

1. 适配区级融媒体短视频生产的供需节奏

目前各区级融媒体中心的短视频发布需求量极大,一条品质优良的视频内容经常用于公众号的头条发布。按照传统纪录片的深耕拍摄模式,一部片子至少需要一个月甚至几年的时间。而切入口小、主题单一的微纪录片,却可以在几天甚至短短一两天里面完成。这无疑会增加单片的生产效率,跟上新媒体传播的节奏。

2. 积淀培养纪录片创作队伍

当原先深耕纪录片的编导投身改做短视频后,如果只停留在简单模仿自媒体短视频的创作模式上,很难取得令人满意的效果,甚至在一定程度上,削弱了专业媒体创作者原先自身的优势和能量。进行纪录片的"微"转型,有利于让编导在创作短视频的同时,继续保持对现实世界的真切观察与思考,继续提升创作的品质和能力,有利于传统纪录片人在转型中实现自身价值,从而起到为区级融媒体中心积淀培养纪录片创作队伍的作用。

3. 提供更高品质的碎片化阅读

一条微纪录片在网络上发布后,虽然也和海量的短视频一样,成为大众碎片化阅读的一部分。"但碎片也有高下之分,钻石,水晶,玻璃,各不相同。"新媒体时代,碎片化阅读深刻地影响着人们获取信息的方式,同时也引发了人们关于浅阅读造成的内在焦虑。如果说以自媒体为创作主体的短视频,极大满足了受众对消遣和娱乐的需求,那么作为专业生产者,更需要在众人争流量的今天,承担起更多的社会责任,创作更具品质的微纪录片。

相比一集50分钟左右的纪录片,一条只有2分钟的微纪录片,更适合随时随地观看,还可以通过社交网络交流分享,更有利于广泛传播。当下在抖音、快手等社交类短视频平台,短视频开始呈现从UGC(用户生产内容)转向PGC(专业生产内容)的专业化发展趋势,许多高人气的短视频越来越具有专业度、高品质的特征。因此,着力于创作关注现实生活、富含人文精神表述的微纪录片,具有正面且积极的传播意义。

值得注意的是,微缩后的微纪录片,当然会在很大程度上消解传统纪录片完整性、深刻性的价值。正如再浓郁的鸡精调味,都无法媲美老火靓汤的醇厚,微缩化的纪录片,也无法超越深耕拍摄的长片深刻价值。但是作为碎片化阅读的产品,它应该朝向更具品质、更具社会责任感的文化传播,而不能停留在表象和娱乐层面。

结　语

融媒体时代,我们面对的危机,往往是基于过去的固有介质所形成的旧理念及因此带来的自我危机。媒体在自我革新的融合转型中,不难发现:唯有优质的内容,才是真正长久的刚性需求。

在传播多样化的今天,把纪录片的纪实手法、真实性的精神内核与短视频进行创作交融,这样的"微"转型是使纪录片保持活力的一种适度创新,有利于纪录片在融媒体时代找到更多发展可能。不忘初心,方得始终。真正具备普遍价值、呈现人类共同追求的优质纪录片是经得起时光检验的,而作为具备专业素质的纪录片编导,更应该抓住契机,把握移动端短视频的特性和规律,积极探索纪录片的"微"转型,使纪录片的精神理念更加见微知著,向网而生。

同时,我们也应看到:在融媒体时代,积极探索与倡导"微"纪录片的同时,传统的高质量的体现宣传主旋律的大型长篇纪录片仍有它的存在价值与重大意义,特别是在纪念中国共产党百年华诞的 2021 年,更需有一批风格各异、品种多样的优秀纪录片问世。传统纪录片与"微"纪录片两者相融共处,相得益彰,不可偏废。

参考文献:

[1] [美] 希拉.柯伦.伯纳德.《纪录片也要讲故事》第 27 页,北京联合出版公司 2015 年版.

[2] 冷成琳.《新型主流媒体要做全媒体机构,不能"假融合"》,刊登于《广电独家》https://mp.weixin.qq.com/s/VXOtT7cibU3815cDp-ImMw.

[3] 姜天骄.《微纪录有大舞台》,刊登于 2019 - 08 - 04《经济日报》https://theory.gmw.cn/2019 - 08/04/content_33052030.htm.

[4] 段蕾.《微纪录片的叙事模式和内容创新》,刊登于《传媒》2019 年第 20 期.

[5] 霍艳.《阅读已经碎片化　碎片仍然分高下》2014 年 12 月 22 日刊于《北京青年报》.

作者简介:

缪婧瑛,上海市宝山区融媒体中心音频视频部编导。

后现代主义情境下国产主旋律影视剧的破围释义

鱼　洁

提　要：伴随着互联网＋的深入趋势，后现代主义思潮潜移默化地影响着社会文化的发展，特别是影视行业。本文基于后现代主义的典型特征，对于国产主旋律影视剧的创制进行剖析，结合实例来探讨以重大事件为叙事基础的影视创制如何走出一条口碑与市场双赢的道路，同时对当下的影视艺术捋清创制方向，主旋律影视剧若停留于对原有故事的简单翻新，在审美过程中便不会因"陌生化"而产生新鲜感，缺少新意的内容无法吸引观众，价值观的传递极有可能是单向而无效的。

关键词：后现代主义　主旋律　大众化　多元化

引　言

　　后现代主义，从形式上讲，是一股源自现代主义（19世纪末20世纪初以来的西方"先锋主义""颓废主义""实验派"和各种现代文学艺术流派的总称）但又反叛现代主义的思潮，它与现代主义之间是一种既继承又反叛的关系。从内容上讲，是一种源于工业文明而对工业文明的负面效应的思考与回答；从实质上说，是对西方传统哲学和西方现代社会的纠正与反叛。后现代主义，在文学批评、心理分析、政治学、法律学、教育学、社会学、人类学，乃至建筑学上都有反映。本文探讨的是后现代主义思潮对我国当前影视业的影响，结合实例来探讨以重大事件为叙事基础的影视创制如何走出一条口碑与市场双赢的道路。

　　基于媒体多样融合的现实趋势，影视传播中的戏剧表达越发脱离了人的理性中心,在消解理性的过程中,愈来愈多的影视作品充满了不确定性、零散性、不可表现性等后现代主义的典型特征。而精英文明及主流意识形态遭受后现代主义的冲击,并使部分影视作品变得荒诞不经,在主旋律影视剧上也有所呈现。

主旋律影视剧通过精神力量的薪火相传勾勒出核心价值观念的思想流变,为观众带来了心灵的洗礼。新时代国产主旋律影视剧的创制需要平衡精英文明与大众文化的关系。既要将精英文化中的哲学理性和大众文化中的平面性的市民文化进行融合,又要将忧患意识以更为直接、亲民的方式进行传播。同时,其需要在创作态度上摒除居高临下的传播姿态、在内容生产中免去生搬硬套的道德宣教,使"灌输"让位于"沟通"与"引导"。

一、叩问:影视呈现的茧房与浸染

影视传播所体现的艺术表征包含了艺术学、文学、心理学等多个层次的内在文化,其传递的不仅是戏剧中的讯息、单一的符号化表达,其体现的更是内核中的精神世界、意识传递以及人类文明的文化形态。

在后现代主义思潮的影响下,趋于满足大众娱乐与消遣的影视化作品不断出现,消费文明特征尤为明显。这类作品在颠覆传统的过程中,运用着无厘头搞笑、扁平化的叙事风格,制作出《若是如此》《爱情公寓》《武林外传》等一系列满足受众娱乐功能的作品。另外,也有相当一部分作品弥漫着戏说历史之风,除了历史感的断裂,还凸显了作品的视觉呈现,以一种景观化甚至奇观化的视觉冲击博得观众眼球。

同时,当代的影视作品呈范式化传播,绝大多数作品都有共同属性。不管是"恋爱风""武侠风"还是"后宫风""翻拍风",甚至"亲子风""穿越风",每个不同的风格总会有叙事表达相近的几部剧,例如《后宫·甄嬛传》大火,随之而来的便是《后宫·如懿传》《美人心计》《延禧攻略》《美人天下》等电视剧的扎堆出现,且戏说后宫带来的不良影响使得国家广电总局不得不加以强制性管理,《后宫·如懿传》《延禧攻略》相继从互联网中下架。当然,追求明星效应的流量化在当下也是一种常态。电视剧未播先火、新浪微博热搜预定、剧中 CP 相伴相生、角色带入现实与强立人设等都是后现代主义下大众传媒包装的结果。

于是,在媒介融合趋于"娱乐至死"的今天,国产主旋律影视剧的创制方向与路径就变得尤为跋前踬后。笔者认为,当前主旋律题材影视剧的创作困难有三点,其难之一在于主流意识形态与受众情感之间缝隙的填补。影视剧既要突出爱国主义、集体主义、社会主义的精神,又要激发受众的情感共鸣,以此来达到时代精神正向传播的目的,即社会效益与市场效益的平衡与统一。一部作品既不能粘满铜臭气,又能捕获受众的内心,实现真善美的永恒价值,所要思考的不仅是分众化的内容创编,还要思考行之有效的制播路径。其难之二在于重构受众的审美追求。受众处于互联网时代,随着后现代主义审美的不断延伸与扩张,再加之大数据对于每个人的标签化整合,使得人们所关注的范畴与审美被个人的兴趣所引导而形成了"审美茧房"。这样的"茧房"局限了人类对于世界文化的认知,渐渐形成了一种社会文化危机。其难之三在于目前网络文学 IP 的选材与改编受资本逐利的影响导致部分影视作品质量越发低下,在这样的困境下,优质网络文学 IP 如何规避小说文字表述的局限性,以巧妙的镜头语言绘制群像,达到实力出圈、摆脱内卷的目的,发挥 IP 影视文化的价值性与优越性。

因此,当通俗化甚至世俗化倾向的影视剧逐步侵入人类精神文明内核之中,新时代国产主旋律影视剧如何立足当下、推陈出新并且发挥戏剧影视的社会教化功能便是我们应当思考的重中之重。

二、亮剑:直击虚浮与无魂之作

影视艺术作为一种文化现象,其"内蕴国家灵魂,外展大国担当"的作用不言而喻。以 2020 年热播主旋律电视剧《大江大河 2》为例,根据中国广视索福瑞媒介研究(CMS)提供的 2020 年东方卫视黄金档电视剧收视率排名的数据来看(见表 1),《大江大河 2》作为由文学 IP 改编的主旋律题材电视剧表现亮眼,稳居收视前三,并且在同类型题材中居于榜首。

表 1 2020 年东方卫视黄金档电视剧排名

排名	名　　称	频　道	59 城收视率
1	安家	东方卫视	2.56
2	如果岁月可回头	东方卫视	2.26
3	大江大河 2	东方卫视	2.17
4	新世界	东方卫视	2.08
5	猎狐	东方卫视	2.02
6	平凡的荣耀	东方卫视	1.93
7	只为那一刻与你相见	东方卫视	1.73
8	精英律师	东方卫视	1.69

续表

排名	名　　称	频　道	59 城收视率
9	瞄准	东方卫视	1.61
10	燃烧	东方卫视	1.58
11	三十而已	东方卫视	1.55
12	生活像阳光一样灿烂	东方卫视	1.38
13	爱我就别想太多	东方卫视	1.26
14	石头开花	东方卫视	1.24
15	在一起	东方卫视	1.23
16	我的金山银山	东方卫视	1.22

数据来源：中国广视索福瑞媒介研究(CMS)

作为一部讲述改革开放历史进程的电视剧,早在 2018 年《大江大河》就收获了众多好评,而第二部更是承接前作、再创新高,深究其因,剧作在叙事、结构等方面都有着深度加工。

编剧唐尧在剧本创作初期就表示在《大江大河 2》的创作过程中,编剧团队一直在思索如何在现实主义与理想主义之间寻求平衡。他说:"在兼具现实主义风格的前提下,写出改革开放历史上那些并不为人所知却又为理想不计个人得失的英雄。我们基本上屏蔽了那些普通观众喜闻乐见的矛盾冲突和人物关系,基本上回避了爽剧的人物塑造和故事节点。"剧本在创作时就秉着"大格局"的高光视角进行着这样的平衡,当然"大格局"并不是空喊口号的宏大叙事,而是运用微观的叙事形式进一步塑造宋运辉、雷东宝、杨巡、梁思申等人物角色,通过镜像对照来隐喻时代的变迁。在剧中,宋运辉、雷东宝、杨巡、梁思申分别映射国有经济、集体经济、个体经济、海归等不同的社会阶层,同时,结合四个不同的视角,突破了单线叙事的固有方式,运用多重主线独立叙事对特定历史时期的现实进行回顾。当然,多个故事主线虽然独立,但人物却又因情感紧紧关联在一起,实现了以微观体现宏观,以个体反省历史,宋运辉在剧中所说的"道之所存,虽千万人吾往矣"更是完美点题。

其次,《大江大河 2》在创作时并没有刻意回避政治,反倒是在政治合理再现的基础上,描摹改革开放初期的机遇与挑战。当然,并没有因为政治的再现而采取公式化的呈现形式。剧作在伦理关系方面进行了精雕细琢,特别是职场伦理。剧中的职场戏十分真实且耐人寻味。主人公宋运辉在职场中与同事之间的话术,不同人物角色的心机、表情的再现,包括主人公遇到的困境都十分真实。这样真实且极具代入感的伦理呈现打破了观众与剧作"观看与被观看"的单一关系,而是间接使二者形成了一种交互式的灵魂沟通,正因如此,才令观众高呼"它写的就是现实"。与此同时,演员在塑造角色方面也是下足了功夫,他们摒弃了脸谱化的表演技巧,给每个人物角色的动机给予了合理且真实的解释。

然而,在文艺作品不断革新的过程中,仍然有部分的作品出现踩红线、违历史的状况,缺失精神内核、充斥浮躁虚无的影视作品时有出现。

以在 2020 年 11 月 16 日停播下架的抗日战争题材剧《雷霆战将》为例,首先,它脱离史实、违背现实。时尚的发型通过发胶的定型在战争的作用下"屹立不倒";大敌当前,不紧不慢手持雪茄吞云吐雾,耍帅气质一览无余;坑地泥洼艰苦作战,妆容衣着却干净有余,胜似舞台联欢的错位时空……这些槽点无不是对历史事实的歪曲与玷污,与习近平总书记提出的"新四史"格格不入。

通过与《大江大河 2》对比(见表 2),同属于主旋律影视剧,从叙事文本、情节依据、表演呈现等几方面来看,虽然《雷霆战将》是根据原著小说《亮剑》而进行影

表 2

	《大江大河 2》	《雷霆战将》
题材类型	现实题材	军事题材
故事背景	改革开放初期	抗日战争期间
叙事文本	人物塑造平易近人、符合时代背景且极具代表性,人物色彩丰富;故事陈述合情合理,微观叙事、多线并述;情节前后逻辑清晰、入情入理等。	人物设置尚且成理,但行为动机缺乏合理性;故事陈述趋于上帝视角,属于宏大叙事,围绕阵营主角呈单一叙事模式;部分情节牵强附会、不近人情等。
情节依据	情节呈现逻辑脉络清晰,在剧中,诸多情节都符合时代背景,例如:宋运辉与程开颜婚姻伦理的讲述,从相爱到互生嫌隙再到离婚,夫妻关系变化的呈现惬心贵当。	部分情节依据不够合理,有哗众取宠之嫌,例如:水中披棉袄、炮火中走秀、马背上 wink、伏击中突然大吼等。这些情节不符合思维逻辑,作秀感十足。
表演呈现	以宋运辉拿到项目却得罪路司长的情节为例,在项目组成立大会进行任命宣布时,不管是名单顺序还是座位排布,演员在表演时的微表情等细节都耐人寻味。	以王云山带兵作战为例,大敌当前,作为团长的王云山带兵作战,在表演时,靠怒吼、持枪走秀、面部故作狰狞等方式进行脸谱化的表演,经不起推敲。

视化的改编,但是其在创作过程中,对于战争事实的呈现多有不足,甚至有形式大于内容的即视感。演员脸谱化的演绎更加剧了此剧的不适感。其"神"之一在于主角的英雄化,喊喊口号、举枪冲刺就是军人在战争时的状态;其"神"之二在于剧目呈现流量化,剧中不乏当红小生、流量明星来撑起门面,但偶像剧的套路情节在剧中令人尴尬与费解;其"神"之三在于片方的投机取巧,追求收视、满足市场导致集体记忆的消解。

因此,一部剧的灵魂体现正是基于剧本的陈述,剧本作为"一剧之本",在影视呈现中,特别是主旋律影视的创制中,剧本方面就要做到扎实、站得住脚,剧情设置上三观要正向、事件要合理,抵制哗众取宠的情节,避免剑走偏锋的创新。演员在表演输出时同样应当反复斟酌,杜绝造作呈现。

三、破围:主旋律影视的多元表达

细数当下比较成功的以主旋律题材为核心、以重大时间空间点事件为线索的影视剧作,除了对于"元叙事"的颠覆叙述外,还对集体记忆进行了一次又一次的深度解构,从而重新构建起一套符合时代审美的体系。因此,主旋律题材的影视创制应当朝着多元化发展。

首先,影视题材与呈现形式多元化。抗击疫情题材时代报告剧《在一起》以单元剧的形式讲述了疫情期间真实动人的故事;《大江大河2》延续《大江大河》的人物主线,讲述了主人公处在改革开放时期的奋斗历程;《山海情》聚焦扶贫领域,展现了我国人民脱贫致富之路等。电影《我和我的祖国》《我和我的家乡》等国庆献礼片以"拼盘式"的汇聚,展现了新中国的风采和面貌。这些优秀影视作品的涌现是我国影视创作人员在内容以及形式上的尝试和革新,既符合了人民喜闻乐见的接受形式,同时也将主旋律的隐性表达潜移默化地根植在人民大众心中,将社会主义思想中的党性、人民性等体现得淋漓尽致。

这些作品高举中国特色社会主义大旗,本着"小成本、大情怀、正能量"的创作态度,通过以小见大的叙述手法,以小人物的故事来折射大时代的变迁、以生活小故事来讲好人生大道理。以《山海情》为例,它是对福建宁夏东西协作扶贫的真实故事进行改编,讲述了宁夏西海固地区的移民们在干部和政策的帮扶下实现小康的故事。主创团队避免了宏大主题空喊口号式的模式化表达,将扶贫众生相刻画得栩栩如生,这其中不乏地区方言、写实背景、平凡群众等生活细节的还原。因此,如此接地气的剧作必然会引发观众的共鸣,通过对剧情的共情,感受时代的伟大、党和人民的成就。另外,该剧主创班底也秉承着斯坦尼斯拉夫斯基的"真听、真看、真感受"的体验派表演体系来塑造逼真的角色形象。

其次是影视制作路径多元化。后疫情时代,影视行业的产业结构发生了翻天覆地的变化,在不同类型的娱乐化影视剧闯入受众眼帘时,饱含历史意义的主旋律题材影视剧遭遇了前所未有的挑战,如何吸引广大受众成为待解难题。面对如此境况,影视制作方应当用发展的眼光,结合大势进行革新,除了依靠以往的生产方式外,还应依托互联网优势建立数字化生产模式,利用大数据进行主旋律影视的受众画像分析,以此达到制播最优化。此外,笔者认为"有形的手"与"无形的手"皆要发挥作用,当然这双手是基于影视创作的语境下。这其中,"有形的手"指影视创编中的质量把控,尤指导演、编剧等团队核心人员对戏剧创作的悉心打磨,具体做到守正创新、求实勿虚。而"无形的手"特指宏观把控,尤指出品方、制片人等制作班底核心人员对于影视制作的监督与把控,细心解读政策,剖析市场走向,在掌握话语权之后,成为品控、美誉度的有力保障,同时在各个环节中发挥作用。被誉为业界"铁三角"的制片人侯鸿亮、导演孔笙和李雪,正是基于此种模式在默契配合的基础上才创作出《大江大河》《山海情》等一系列脍炙人口且饱含思想性、艺术性的佳作。

总而言之,被奉为经典的影视作品不一定就要水清无鱼、阳春白雪,主旋律影视的多元表达更重要的是高擎时代的人文精神、社会思想、意识形态来进行大众化或几近分众化的制作与传播。

结　语

视听传播作为当下最有力的传播方式之一,症结在于理解与平衡"我们时代最深奥的思想"。主旋律题材的影视佳作永恒的生命力在于不仅拥有人民群众喜闻乐见的接受方式,并且表达了深刻的精神内核。"小人物、大情怀""真人物,巧改编"的主旋律影视创作路径以润物无声的态势给人以真善美的启示,并通过"有形的手"与"无形的手"交互配合,实现影视创制的精彩呈现。

参考文献:

[1] 蓝凡.后现代电影的"后式"风格[J].艺术百家,2014,30(4):108-120.

[2] 李艳丽.后现代主义文学的"零散化"审美特征探析[J].湖北广播电视大学学报,2010(01):78-79.

[3] 苗宁.《低俗小说》中的后现代主义特征[J].电影文学,2008(17):94-95.

[4] 段鹏,孙浩.幻想与现实:论新世纪以来意识流在电影中的作用及展现方法[J].当代电影,2019(03):48-50.

［5］罗永雄.奇观世界的审美之思——基于传媒业态的大众文化批判［J］.重庆工商大学学报：
社会科学版，2018，35(5)：89－93.

作者简介：

　　鱼洁，东方明珠新媒体股份有限公司副总裁、上海尚世影业有限公司总经
理、上海五岸传播有限公司总经理。

短视频时代国产电视剧传播策略研究

孙旦平

提　要：随着短视频的迅速崛起与广泛普及，作为传统长视频的国产电视剧在传播方式与传播策略上面临着前所未有的机遇与挑战。本文以拉斯韦尔的"5W 模式"为研究框架，探究短视频时代下国产电视剧的传播特征与面临的挑战，并对"意见领袖""选择性接触""使用与满足"等多个传播学经典理论在当前媒介环境下的新诠释进行分析，在此基础上，对国产电视剧如何全面盘活和利用媒介环境带来的优势，从而充分发挥国产电视剧的传播效果提出对策。

关键词：国产电视剧　短视频　传播　营销　媒介环境

引　言

随着我国互联网和移动通信技术的迅猛发展，传统媒体与新媒体的融合共生形成了全新的媒介环境，短视频等新型传播形式迅速崛起，深入渗透到了人们的日常生活中。媒介环境的变化必将带来传播方式与传播策略的变革。在此背景之下，作为当今中国影响最大、覆盖最广、受众最多的文化艺术形态之一的国产电视剧在传播方式与传播策略上都面临着前所未有的机遇与挑战。一方面，灵活、开放、多元的媒介环境促使国产电视剧在题材类型、行业分工、内容制作、播出模式、营销模式等各方面持续创新，短视频的迅猛发展也为国产电视剧的营销创造了有利渠道，有效提升了国产电视剧的传播效果；另一方面，在传统媒体与新媒体融合共生的媒介环境下，"注意力"成为稀缺资源，随着短视频时代的到来，作为传统长视频的国产电视剧如何守住并抢夺更多的"注意力"，成为国产电视剧传播的一大挑战。基于此,短视频时代,国产电视剧应当如何全面盘活和利用媒介环境带来的优势,从而充分发挥国产电视剧的传播效果,值得深究。

一、当下国产电视剧的传播特征

随着媒介环境的变化,国产电视剧的传播特征发生了明显变化,笔者以拉斯韦尔的"5W 模式"为研究框架,认为当下国产电视剧的传播呈现出以下五点特征:

(一)传播主体多元化

在传统媒体时代,电视剧的传播主体可以简单地理解为电视台。然而,随着新媒体的发展,传播主体有了更多元化的内涵。新媒体渠道的互动性与便捷性,以及短视频等新型传播形式内容碎片化、生产简单化、参与大众化、表达个性化、传播迅速化、传播社交化和跨平台化等特点,使得制片方、播出平台、主创团队、受众均有机会成为信息的传播主体,并在不同的立场上进行多层次的传播。

(二)传播渠道多样化与精准化

电视剧产业作为当前经济市场中一项较为成熟的产业,渠道已经成为其成功满足目标人群以及在竞争中脱颖而出的关键性战略武器。传统媒体与新媒体融合共生的媒介环境为国产电视剧的传播提供了更多样化和精准化的渠道。随着通信技术的不断发展,新媒体在传播渠道上的作用日益凸显,而在新媒体环境中诞生的短视频则成为全新的、广泛深入人们生活的重要传播载体。与此同时,渠道在传播过程中重要性的凸显也促成了传统媒体与新媒体在媒介融合上的更多尝试。

(三)传播内容多层化与纵深化

20 世纪六七十年代,美国传播学者格伯纳等人曾提出,现代社会传播媒介提示的"象征性现实"对人们认识和理解现实世界发挥着巨大的影响,进而提出"培养分析理论"。结合该理论,电视剧作为在意识形态领域对受众有着重要影响的文艺形式,具有重要的文化传播功能,它所传播的内容对受众有着长期的、潜移默化的影响。

当下,国产电视剧以其题材的多样性、故事的丰富性、受众的普遍性,成为对我国社会影响力最大的艺术形式之一,肩负着重要的社会、文化责任和使命。随着媒介环境的变化,国产电视剧的传播也呈现出全新的态势——在传统媒体与新媒体融合共生的当下,电视剧的传播内容呈现出多层化与纵深化的特征,既有基于电视剧本身内容所进行的传播,即"内容传播",又有基于电视剧营销所进行的传播,即"营销传播",从广度和深度上都较传统媒体时代有了新飞跃。

(四)传播受众主动化与商品化

媒介技术的发展不仅带来了媒介环境的变化,更带来了受众观念、行为与身份的变化。传统意义上,电视剧的受众仅指电视剧的观众。然而,在全新的媒介环境下,电视剧的"受众"与电视剧的"传播"一样,被赋予了更丰富的内涵,不仅包含了"内容传播"所对应的在电视机前收看电视剧的观众以及在视频网站或手机视频客户端收看电视剧的观众,同时也包含了"营销传播"所对应的电视剧营销的接受者。

新媒体技术所创造的层出不穷的传播渠道,为受众接收信息、搜索信息、传播信息提供了巨大的便捷与海量的选择,使得电视剧的受众越发呈现出主动化的特征。与此同时,随着国产电视剧产业和传媒产业的发展,受众的商品化特征也不断凸显,受众的"注意力"已逐步成为电视剧传播的重要产品。

(五)传播效果直观化与数值化

媒介环境的变迁给传播主体、传播渠道、传播内容、传播受众带来的变化使得国产电视剧的传播效果也呈现出全新的特征。当下,国产电视剧的传播效果更为直观化,传统意义上的"选择性接触""意见领袖"在当前的媒介环境中均有了新的内涵。

"选择性接触"的变化体现在两个层面:首先,传统媒体与新媒体融合共生的环境中,受众有了更丰富多元且几乎零门槛的媒介接触渠道以及海量的信息,因此,受众拥有更强的主观能动性,可毫无阻碍地根据自身需求和兴趣选择所想接触的媒介及内容,从这个层面来讲,"选择性接触"在当前的媒介环境中有了更直观的效果。其次,传统定义上受传者总是"选择性接触与自己原有态度、观点、立场相吻合的信息并尽量避开与自己观点、价值观念相悖的内容"的情况在当下发生了较大变化。新媒体的开放环境为受众创造了较为自由的言论平台,使得受众能够更大胆地发表反对意见,并通过讲事实摆道理以博得更多人的支持。

"意见领袖"的变化体现在两个层面:首先,媒介渠道的发达使得意见领袖呈现出平民化、多样化的特征,他们不再像过往的意见领袖那般依赖于大众传播,而是可以通过微信公众号、微博等各种自媒体渠道发表言论。只要信息渠道够丰富、观点够有说服力,人人都有机会成为意见领袖。其次,媒介渠道的发达,也使得当下"意见领袖"的影响力进一步扩大。传统的意见领袖往往通过人际网络传播观点意见,这种传播方式效率低下且影响范围非常有限。而当前传统媒体与新媒体融合共生的媒介环境中,意见领袖拥有扩散性极强的新媒体发言平台,其关注度远超于传统意义上的"意见领袖",且通过转发可实现裂变式的大面积传播。

与此同时,大数据时代也使传播效果以更直观的数值形式呈现,为国产电视剧的传播带来了更精确化的依据。大数据对国产电视剧在内容传播和营销传播上带来的影响,主要体现在三个层面:第一,大数据对国产电视剧目标受众进行了准确细致的刻画;第二,大数据使传播者可根据目标受众的喜好进行更为精准的内容传播;第三,大数据使传播者可根据数值化的传播效果及时调整营销策略。

二、短视频时代国产电视剧传播面临的挑战

随着短视频时代的到来,国产电视剧在拥有了更灵活多样的营销形式与更具渗透力的营销渠道的同时,也面临着短视频带来的巨大挑战。

(一)短视频显著分散受众"注意力"

短视频凭借其内容碎片化、生产简单化、参与大众化、表达个性化、传播迅速化、社交化和跨平台化的特点,以及其用户量与用户使用时长持续上涨的趋势,已成为当前市场营销的利器。当前,短视频是当前国产电视剧营销的重要渠道,对引导话题、制造热度具有显著效果。然而,同样值得注意的是,对于国产电视剧的传播而言,短视频既是助力,又是强劲的对手,短视频显著分散了国产电视剧受众的"注意力"。

从"使用与满足"理论出发,短视频碎片化、个性化的特点恰好与快节奏生活下受众的收视习惯相得益彰,用户评论、分享等功能又满足了受众自我表达与社交的需要。且短视频正逐步走向精品化路线,从初入市场时的简单粗暴,到如今抖音、快手、爱优腾正在持续发力的"微短剧","短视频追剧"已成为一种潮流与

市场趋势。此外,短视频时代,每一个用户都能轻而易举地生产内容,海量的内容生产有效地形成了长尾效应,在"注意力"成为稀缺资源的当下,显著分散了受众的"注意力"。据 2021 年 2 月中国互联网络信息中心(CNNIC)发布的第 47 次《中国互联网络发展状况统计报告》显示,我国短视频用户规模已达 8.73 亿,占我国网民总规模的 88.3%。而与之相反的却是电视机开机率和年轻受众占比的逐年下降,以及随之而来的电视剧收视率持续下降以及电视广告收益断崖式下跌等一系列连锁反应。

此外,"短视频追剧"模式,既是对电视剧收视的分流,从某种层面上说也是对电视剧创作者劳动成果的亵渎。随着当今生活节奏的不断加快,受众,尤其是年轻受众,更倾向于"快、精、趣"的追剧模式,而视频网站的"倍速"看剧、"只看TA"(即只看某一演员的画面)以及"短视频追剧"的形式则恰好满足了这部分受众的需求。"短视频追剧"是随着短视频时代的到来被网友推崇的一种新兴的、非主流的追剧模式,由于电视台与视频网站热衷于利用短视频进行营销,大量发布电视剧预告、精彩集锦、花絮等拆条短视频,因此受众往往可以仅通过观看某部剧的短视频推送便了解电视剧的故事脉络与剧情走向。由于当下的国产电视剧普遍存在节奏拖沓的弊病,因此,大量受众会选择中途"弃剧",转而通过收看该剧相关的短视频了解剧情走向,完成对该剧的追看。从"使用与满足"理论角度看,"短视频追剧"满足了受众在工作生活之余利用碎片时间休闲娱乐的需求,但对于播出平台而言,通过短视频追剧的受众越多,便意味着通过播出平台收看电视剧的受众越少。此外,一部电视剧的创作凝聚着台前幕后的辛苦耕耘,且电视剧的剧本讲究起承转合与完整性,"短视频追剧"将电视剧"削"得粉碎,既是对电视剧艺术的亵渎,也是对电视剧创作者的不尊重。

(二)短视频滋长低俗营销

在"注意力经济"的市场环境下,传播者为最大程度地吸引受众"注意力"可谓招数百出。在国产电视剧的营销领域,一方面,短视频为电视剧营销提供了更灵活、更具有渗透力的渠道以及庞大的用户量,使得电视剧营销拥有更多的平台"施展拳脚",另一方面,海量信息也使得受众的"注意力"更易被分散,碎片化的内容如何博得眼球,则考验着营销者的本领。在激烈的竞争中,互联网带来的自由、开放的言论环境为各种不规范的营销行为降低了门槛,具有强大渗透力的短视频更是滋长了低俗营销的乱象。

与打着政策的擦边球博眼球的"三观不正剧""历史虚无剧"一样,在电视剧营销中,也频频出现利用短视频开展的低俗营销,既污染了行业风气,又给受众带来负面的传播效果。较为常见的现象有：将主管部门在审查时要求删除的内容制作成所谓的"花絮"在新媒体平台广泛传播，而这些内容在审查时之所以被要求删除，正是因为可能引起不良的传播效果；断章取义地将剧中本身为数不多的亲密镜头或暴力镜头集中剪辑成短视频，让受众产生错觉，误以为该剧导向存疑等。电视剧作为一种主流意识形态的艺术载体，其对受众价值观、社会潮流风尚等方面的影响不仅源于它的内容传播，同时也来自营销传播。低俗营销迎合了受众与生俱来的猎奇心理和底层感官刺激，一旦成风，不仅会对社会大众产生极其不良的传播效果，同时也会影响电视剧产业链生态的正向发展。

（三）短视频为受众创造便利"纠错"渠道

短视频生产简单化、参与大众化、表达个性化的特点为受众创造了便捷的"发声"平台，使得受众的主动性得以全面发挥。然而，受众主动性的充分发挥，对于国产电视剧的传播而言却是一把"双刃剑"。从正面影响来看，首先，受众的主动传播能给电视剧的创作带来反馈，为片方与主创团队对作品的复盘提供依据，促进电视剧创作的进步；其次，成功的电视剧营销往往以引发受众的主动传播为标志，传者与受者同步传播所引发的共振，能将电视剧的营销效果推到制高点。然而，从负面影响来看，受众作为传播主体，也使电视剧的"容错率""容差率"明显降低，短视频为广大受众创造了便捷的"纠错"渠道。

近年来，电视剧中微小细节的差错，如古装剧背景中现代物品的"穿帮"镜头、玻璃中拍摄团队的倒影以及道具的细节问题等，总逃不过受众的火眼金睛。依托于短视频操作便捷、传播迅速以及跨平台化等特点，电视剧的内容稍有差错便会在短视频平台、微博、论坛上被放大、议论和转发。同样地，一部内容品质较差的电视剧，即使营销做得再好，也会被勇于说真话、又能够在新媒体平台轻松说出真话的受众给"戳破"，且从某种意义上来说，当电视剧的实质内容与营销内容有较大偏差时，营销做得越火，就越容易在新媒体平台被受众"打脸"。

（四）短视频时代"意见领袖"难规范

在当前传统媒体与新媒体融合共生的媒介环境中，"意见领袖"呈现出越发平民化、多样化的特征，且新媒体的传播特征使得"意见领袖"的话语得以更快速、更广泛的传播，因此，"意见领袖"在当下对于舆论的形成、发展和引导有着越来越重要的作用。

然而，新媒体始终是一把双刃剑，在给受众带来更自由、开放、多样化的舆论生态环境的同时,也使得网络言论难以得到规范。就"意见领袖"而言,随着短视频等新媒体的迅猛发展,那些作为"意见领袖"的"大号"们拥有强大的粉丝基础,而网络空间中的权力分化也极易引起马太效应,使得粉丝数众多的抖音大号、直播大号等涨粉更快,手握话语权力也更大。然而,产生的后果同样是具有两面性的:一方面,平民化的"意见领袖"具有强大的社会动员作用,对受众具有极强的说服力与引导作用;另一方面,一旦"意见领袖"利用传播速度极快、渗透力极强的短视频等新媒体平台传播不利于社会正向发展的观念或信息,则将对受众产生不良的引导,甚至容易引发网络暴力。此外,短视频时代的"意见领袖"还易被过度商业化运作,导致言论缺乏公允,甚至传递错误信息。以自媒体渠道存在的"意见领袖"不仅具有公共性,还具有商业性的双重属性。商业性致使"意见领袖"极易被利益驱使,以金钱决定信息和言论是否发表、如何发表,不能真正地传递有效信息,失去了"意见领袖"的价值。短视频等新媒体降低了成为"意见领袖"的门槛,赋予"意见领袖"更自由的言论环境,也使得"意见领袖"的言论拥有更快速、更广泛、更深刻的影响力,然而,当下却缺乏与之相匹配的规范制度。一旦"意见领袖"价值观缺失或被利益所驱,则将对受众产生极其不良的引导,甚至容易引发网络暴力,造成严重后果。因此,新媒体环境下,如何在赋予"意见领袖"言论自由的同时加强监管,是当前舆论传播中亟待解决的问题。

三、短视频时代提高国产电视剧传播效果的对策研究

随着产业不断向纵深化发展,国产电视剧如何在传统媒体与新媒体融合共生的媒介环境下积极、良好、健康、有序地发展,并利用好媒介环境带来的传播优势,进一步提升对老百姓的影响力、承担好引领老百姓精神生活的重要使命,是值得深究的问题。在前文对短视频时代国产电视剧传播情况分析的基础上,笔者认为,可通过以下对策提高国产电视剧传播效果。

(一)内容为王,提升电视剧创作品质

电视剧创作是电视剧产业链的第一道环节,也是提高电视剧传播效果的首要保障。随着国产电视剧市场化、产业化程度不断加深,电视剧的大众文化属性越发凸显,对广大受众有着越来越重要的感染力。与此同时,传统媒体与新媒体融合共生的全新媒介环境也给电视剧的传播带来了巨大变化,丰富的渠道与多样化的形式一方面使电视剧的传播影响力不断扩大,另一方面也会将电视剧内容中的问题放大,产生不良的传播效果。

目前,我国电视剧经历了从量变到质变的发展,随着政策的积极引导、市场的自行调整、电视剧受众品味的不断提高,电视剧的品质已重新成为市场各方的关注焦点。内容为王,要提升国产电视剧传播效果,首先就要从作品内容这一根源上提升品质。笔者认为,市场各环节应当提高专业水准,守好职业道德,并建立"受众—播出平台—产品—播出平台—受众"的内容传播模式。该模式强调了播出平台作为"把关人"的重要职责,作为受众与电视剧产品之间的桥梁,播出平台应当严格把关,去芜存菁,向受众传递思想性、艺术性、观赏性有机统一的优秀作品,从而提升当前国产电视剧的创作品质。

(二)营销赋能,实现传播效果最大化

一部电视剧的成功离不开优质的内容,但同样需要优质的营销,在传统媒体与新媒体融合共生的媒介环境下,营销的重要性越发凸显。在"注意力"成为稀缺资源的当下,一部优秀的电视剧如何能从同期的大量电视剧以及其他海量娱乐资源中脱颖而出,则要考验营销者的功力。因此,提高国产电视剧传播效果,不仅需要优质的作品内容,更需要卓越的营销手段。

1. 巧用短视频,引发长短视频共振

随着短视频时代的到来,短视频内容碎片化、生产简单化、参与大众化、表达个性化、传播迅速化、社交化和跨平台化等特点使其成为当前国产电视剧营销最有力的渠道。然而,正如前文所述,短视频对于国产电视剧而言是一把"双刃剑",既为国产电视剧的营销开创了有效途径,也给国产电视剧的传播造成了不可避免的困境。

因此,随着5G网络在我国的全面普及,短视频时代下,要提升国产电视剧的传播效果,就要巧妙利用短视频开展营销,寻找到长短视频同频共振的最佳契合点。

笔者认为,具体可从以下三方面着手:

(1)巧用短视频开展营销,严格控制剧情释放量

当前国产电视剧的短视频营销往往以大量释放剧情预告、精彩集锦为主。然而,对于快节奏生活下的受众而言,过多的剧情释放往往难以起到电视剧引流的作用,相反,却促成了"短视频追剧"这一新模式的诞生,对电视剧的收视产生了分流。因此,笔者认为,国产电视剧的短视频营销,绝不应当是简单地利用短视频播放预告与精彩集锦。

实践中,播出平台在电视剧营销过程中,往往会为了加大宣传效果、广泛吸

引"注意力"而大量释放剧情预告、精彩集锦。然而,从"使用与满足"理论来看,人们之所以热衷于短视频,正是因为短视频内容碎片化、生产简单化、参与大众化、表达个性化、传播迅速化、传播社交化和跨平台化等特点满足了人们在快节奏生活下的娱乐休闲需求,而这些特点,是国产电视剧所不具备的,因此,短视频用户与电视剧受众本就是具有不同需求的两个群体。而国产电视剧在短视频平台大量释放剧情预告与精彩集锦,恰好帮助短视频用户中部分对电视剧感兴趣的受众在短视频平台完成了追剧,并没有起到直接的引流效果。因此,笔者认为,过多的剧情释放只会取得适得其反的效果,巧妙利用短视频进行电视剧营销,应当把握好"度",对故事情节的进展点到为止,严格控制剧情释放量。

(2) 巧用短视频开展营销,用创意视频制造话题

尽管过多释放剧情预告对于电视剧受众的引流有害无利,但不可否认的是,短视频对国产电视剧而言仍是十分有力的营销平台,其关键就在于如何巧妙地利用好短视频的特点开展营销。内容是核心竞争力,笔者认为,国产电视剧的短视频营销,真正比拼的是"创意",用极具创意的短视频制造话题、引爆热度,才能起到事半功倍的营销效果。

以电视剧《扶摇》为例,该剧的短视频营销可谓是电视剧营销案例中的成功典范。首先,该剧充分抓住全剧最大的卖点——高人气演员杨幂,在新媒体平台大量发布了以"扶我起来,我还要看"为主题的短视频幕后花絮,内容涵盖了杨幂等主演的特定人物视频,以及拍摄现场的花絮集锦等。高人气、高颜值的演员资源在这场短视频营销中被充分挖掘。其次,该剧推出了由在剧中饰演小七的演员所跳的"魔性舞蹈"(Pick Me)和《扶摇舞》短视频,小七扶着腰跳舞,引发了网友的热议。随后,该剧立即发起创意话题♯一起来跳扶摇舞♯、♯摸脸我们是认真的♯,剧中的其他演员也纷纷在自己的账号上发布跟拍短视频,随即引发了大量网友的跟拍,微视等短视频平台上立即涌现出了单人舞、双人舞、带着宠物一起舞等各种原创短视频,掀起了一股"扶摇热"。可见,将电视剧的卖点与短视频的特点相结合,有创意地制造话题,将起到显著的营销效果。

(3) 巧用短视频开展营销,形成系统化营销体系

尽管短视频已成为国产电视剧营销的常规形式,然而,目前国产电视剧的短视频营销仍以简单地推送预告、精彩集锦、花絮为主,尚未形成系统化的营销体系。笔者认为,长短视频的同频共振,仍有大量全新的模式待开发,因此,国产电视剧的短视频营销亟待形成系统化的营销体系。

从内容层面看,短视频营销的内容储备工作应当贯穿电视剧创作和播出的全过程——首先,在剧本创作阶段,将话题点"埋伏"于剧本中,以便播出时抛出话题;其次,围绕演员和剧情提前规划好营销点,在电视剧拍摄期间,利用拍戏之

余的时间邀请演员录制好足够的素材,以便后续剪辑;再次,短视频营销的内容应当与其他类型的新媒体营销有所区分,短视频营销应当充分考虑短视频本身的特点及用户需求,制作有利于引爆话题并产生电视剧引流效果的短视频营销内容。

从资源层面看,长短视频有待建立深层次、系统化的合作。对于长视频而言,短视频是有力的营销渠道,而对于短视频而言,长视频的内容品质则恰好弥补了短视频平台内容品质低下的不足,因此,系统化的合作是长短视频取长补短的有效途径。国产电视剧的短视频营销应当与短视频平台建立系统化的合作方案,双方根据自身需求进行资源置换,产生合力,以达到双赢的效果。

从互动层面上看,国产电视剧的短视频营销,应当加强与明星的互动,从而借势增加电视剧的热度。作为具有社交属性的新媒体,充分利用短视频平台制造明星效应是提升电视剧传播效果的有效途径。在传统媒体与新媒体融合共生的媒介环境下,演员也是电视剧的传播主体,演员往往会通过微博等新媒体平台加入"营销大军"中,为自己的作品"吆喝"。而事实上,在短视频时代,短视频平台上的演员资源是一块有待充分开发与利用的全新宝地。在短视频平台与演员充分互动,从而通过明星效应提升电视剧的热度,将是在短视频时代提高国产电视剧传播效果的有效方式。

2. 渠道融合,打好营销组合拳

新媒体技术的发展为国产电视剧的营销创造了越来越多的全新渠道,与此同时,受众在网络、手机等新媒体上花费的碎片时间也越来越多。随着中国电视剧行业的不断纵深化发展,营销成为电视剧从创作到播出全环节中非常重要的一部分,而作为连接传播者与受众之间桥梁的营销渠道则成为电视剧营销过程中重中之重的一部分。短视频时代,在传统媒体与新媒体融合共生的媒介环境下,传播渠道呈现出多样化与精准化的趋势。在这样的大环境下,如何能使作品从其他海量作品中脱颖而出,关键就在于如何将多元的渠道相融合并制造合力,打好营销的组合拳。

渠道融合,打好营销组合拳,不仅仅意味着对各类渠道做"加法",同时还要联动各方力量做"乘法",使得传播效果最大化。

(1)国产电视剧营销渠道的"加法"

营销渠道的"加法",主要是指线上线下、传统媒体与新媒体渠道的相结合,使得电视剧的营销达到无处不在的效果。

在传统媒体时代,电视剧营销主要依靠线下硬广告的投放和传统媒体的报道。当下,这两种途径依旧是营销的重要手段,只是线下硬广告的投放渠道与传统媒体的报道形式在不断拓宽与创新。线下硬广告的投放渠道包含了社区海报、地铁广告、公交广告、机场广告、高铁广告、便利店广告、户外墙体海报等多种渠道,且海报的形式不仅包含了传统的平面海报,更包含了 LED 海报屏等全新形式,通过线下硬广告的广泛投放,能对受众产生无处不在的"注意力"吸引。传统媒体的报道则不仅包含了平面媒体发稿、电台和电视台资讯节目报道、宣传片投放等传统形式,更包含了传统媒体新媒体客户端的同步报道、电台和电视台节目中的"软植入"等形式,尽管当下传统媒体对受众的"渗透力"不及新媒体,但传统媒体依旧是权威与公信力的代表,因此,传统媒体仍然是当前国产电视剧的重要营销渠道。

随着新媒体的崛起,五花八门的新媒体渠道更是为营销开创了新天地。当下,"两微一抖"已成为营销界的标配,以抖音为代表的短视频新媒体以病毒式的裂变传播直击受众情绪,成为话题发酵最有效的渠道之一,微信、微博则依托广大用户的社交需求与资讯需求,成为大量占用电视剧受众碎片时间、吸引其"注意力"的社交媒体。此外,社区类新媒体、资讯类新媒体等均成为重要的新媒体营销渠道。新媒体不仅渠道广泛,更具有强互动的特征。利用新媒体渠道进行电视剧营销,不仅可以让电视剧的"露出"无处不在,更可以引发广大受众参与其中并主动传播,制造"全民狂欢"式的传播效果。

(2) 国产电视剧营销渠道的"乘法"

新媒体在创造了广泛的营销渠道的同时,也为广大用户带来了多元、开放的言论与创作平台。因此,对传播渠道的充分利用不仅包含对各类渠道的开拓,同时也需要联动各方力量共同"发声",从而进行多维度的传播,将各渠道的营销效果最大化。

当下,国产电视剧的新媒体营销一般包含了四个主体的内容:官方号、演员号、营销号、素人号。官方号包含了片方与播出平台注册的官方号,片方与播出平台以其对剧情的熟悉度和对内容资源掌握的优势,往往在营销初期率先抛出话题点与图片、视频物料,成为"营销第一棒"。演员层面的营销,则是利用其作为公众人物的关注度优势为电视剧加磅,成为"营销第二棒"。而作为新媒体环境下"意见领袖"的营销号则是"营销第三棒",通过营销号的发布,可以使电视剧的营销大面积铺开,取得裂变式的传播效果。最后一棒,也是营销成功的关键,则是引发素人号的参与。素人是指普通的网友,也就是电视剧最广大的受众群体。

真正"现象级"的电视剧,是能够引发广大受众自发生产内容的,这是官方引导话题、明星效应和意见领袖多种合力下产生的效果,将电视剧的热度推向新的高度。

3. 资源整合, 跨领域合作营销

随着国产电视剧的市场化发展, 电视剧的拍摄与各行各业的合作越来越紧密。当下, 电视剧的商务合作主要体现在拍摄期间的植入广告上。然而, 笔者认为, 电视剧与合作品牌若能在营销资源上进行整合与共享, 则将取得更佳的共赢效果。

在"注意力"成为稀缺资源的时代, 如何抓住并不断吸引广大老百姓的注意, 是营销的关键。对于电视剧营销是如此, 对于各行各业产品的营销亦是如此。因此, 电视剧与合作品牌的跨领域营销不仅能增加双方的曝光度, 更能形成合力, 产生事半功倍的传播效果。

目前, 尽管跨领域的合作营销尚未成为主流的电视剧营销模式, 但我国已有一些电视剧开展了尝试, 并取得了较好的营销效果。以电视剧《黄金瞳》为例, 作为一部以文化鉴宝为主题的电视剧, 该剧播出期间, 与天津博物馆、湖北省博物馆、山东博物馆等多家博物馆联动, 共同在微博上发起了"博物馆给了我一双黄金瞳"的话题, 并结合各大博物馆的"镇馆之宝"制作了《黄金瞳》联名的趣味动态海报, 在微博上引发广泛讨论, 既助推了《黄金瞳》的热度, 也为各大博物馆进行了宣传营销。电视剧《知否知否, 应是绿肥红瘦》播出期间, 与肯德基联手推出"知否"主题店, 利用肯德基的客流资源与电视剧的热度, 为双方打了一手营销好牌。

随着媒介的发展, 受众"注意力"正不断被分散, 因此, 笔者认为, 电视剧的营销需不断探寻新模式, 跨领域品牌资源的整合将是电视剧营销的新途径, 也是基于双方资源与影响力形成合力的有效途径。

4. 精准定位创新手法, 建立"受众—产品(创新)—受众"的营销传播模式

精准定位是成功营销的必备基础, 而创新手法则是成功营销的制胜法宝。对于当下熟稔于内容消费的受众, "强塞式"营销显然已难以打动他们, 唯有从目标受众的特定需求出发, 以精准的定位加上创新的手法使产品到达受众, 才能成功吸引受众的"注意力"。因此, 笔者认为, 提高国产电视剧传播效果, 应当建立起"受众—产品(创新)—受众"的营销传播模式。

在该模式中, 第一环节是对项目的目标受众有精准定位, 即对营销对象有清楚的画像, 根据目标受众的需求制造产品, 这是营销的重中之重。第二个环节是产品到达受众的环节, 在"注意力"稀缺的时代, 仅仅拥有满足受众需求的产品是不够的, 唯有辅以创新、独特的营销点, 并灵活机动地运用精准、多元化的营销渠

道到达目标受众,才能成功吸引到受众的"注意力"。在"受众—产品(创新)—受众"的营销传播模式中,精准的定位是根本,创新的手法则是成功营销的催化剂。通过"受众—产品(创新)—受众"的营销模式,在准确定位受众需求的基础上利用创新的手法制造营销点,并充分盘活线上线下、传统媒体与新媒体的各类营销渠道,同时跨领域地进行资源整合以形成营销合力,这样才能使营销达到最大化的传播效果。

结　语

随着短视频时代的到来,作为传统长视频的国产电视剧在传播格局上发生了翻天覆地的变化。基于以上分析,笔者认为,国产电视剧唯有在保证创作品质的基础上,巧妙利用媒介环境的特征开展营销,引发长短视频共振,并做好渠道融合与资源整合,同时精准定位并创新手法,这样才能在短视频时代守住"注意力"并实现传播效果的最大化。

参考文献:
[1] 陈旭光:《影视受众心理研究》[M].北京师范大学出版社 2010 年版。
[2] 匡文波:《新媒体概论》(第三版)[M].中国人民大学出版社 2019 年版。
[3] [法]大卫·比克斯东(杜卿译):《电视系列剧:形式、意识形态和制片模式》[M].商务印书馆 2015 年版。
[4] 王维:《短视频时代电视媒体的危机与对策》[J].《新媒体研究》期刊,2019(5),93-94。
[5] 中国互联网络信息中心(2021):《中国互联网络发展状况统计报告(第 47 次)》。

作者简介:
孙旦平,上海广播电视台影视剧中心采购经理。

新时代文化自信视域下文化综艺节目的价值引领

倪　清

提　要：中华传统文化作为中国文化演变千年、传承万代的浓缩,是新时代文艺创作的不竭源泉。随着文化自信的提出,主流媒体积极探索文化综艺节目的发展新出路,以传承中华文化为基础,以讲好新时代主旋律为目标,在节目的制作和传播策略上开足马力,力求在节目内容和节目模式上多维度拓展,精心策划出一系列高质量的文化类节目,这一类节目一经播出就受到了广泛好评。本文将探析文化综艺节目所肩负的使命职责、分析其中的创新特色及探讨文化自信视域下中华优秀传统文化的传承传播新路径。

关键词：文化自信　文化综艺节目　价值引领　创新特色　文化传播

引　言

在党的十九大报告中,习近平总书记提出了"坚持创造性转化、创新性发展,不断铸就中华文化新辉煌"的要求,为中国传统文化类节目的创新发展指明了方向。党的十九届五中全会对文化建设高度重视,从战略和全局上进行规划布局,在发布的《中共中央关于制定国民经济和社会发展第十四个五年规划和二〇三五年远景目标的建议》中明确提出我国到2035年建成文化强国的目标,这也为中国传统文化类节目高质量发展提供了根本遵循和行动指南。

近年来,大量精品文艺节目的涌现,让人看到了在电视文艺领域文化崛起的力量。尤其是活跃在电视荧屏上的很多文化类综艺节目,既有娱乐价值,又颇具文化内涵,让传统文化焕发新机,令潮流文化传承经典,打造了品牌,赢得了口碑,有力助推文化建设和文化自信。这些节目在继承创新优秀传统文化、树立文化自信,提高文化认同以及培育社会主义新风尚等方面有着重要的价值引领作用。

一、文化综艺节目秉承传播优秀文化的重要职责

今年是建党百年,是"十四五"规划开局之年,是开启全面建设社会主义现代化国家新征程的起步之年。党中央把文化建设摆在突出位置,十九届五中全会明确到 2035 年建成文化强国。统筹推进"五位一体"总体布局、协调推进"四个全面"战略布局,文化是重要内容;推动高质量发展,文化是重要支点;满足人民日益增长的美好生活需要,文化是重要因素;战胜前进道路上的各种风险挑战,文化是重要力量源泉。为广泛传播中华文化,增强观众对文化的认同,利用电视综艺节目讲好中国故事势在必行。

一要认识到"文化铸魂"任务之重。习近平总书记强调,文化是一个国家、一个民族的灵魂。而中华传统文化是中华民族之"魂",传承与弘扬优秀传统文化是建设社会主义文化强国的必由之路。聚焦文化事业和文化产业的繁荣发展,不断提升国家文化软实力的创作目标,意味着文化综艺节目必须发挥出文艺节目"培根铸魂"的现实作用,立足于中华文化传承与创新的高度,去深入践行时代命题。唯有如此,才能用更为生动鲜活的电视语言,去讲述中华文化的与时俱进,让中华文化更好地融入生活,进而为推进社会主义文化强国建设增添助力。中国正处于社会主义伟大复兴的重要历史时期,广电媒体作为大众文化传播的重要媒介,要承担起弘扬时代精神、宣传社会主义价值观的重任。

二要认识到"文化为民"需求之切。习近平总书记在 2014 年 10 月的文艺座谈工作会上指出,"以人民为中心,就是要把满足人民精神文化需求作为文艺和文艺工作的出发点和落脚点,把人民作为文艺表现的主体,把人民作为文艺审美的鉴赏家和评判者,把为人民服务作为文艺工作者的天职"。首先,文艺作品要以人民为中心,用人民喜闻乐见的形式满足人民的文化需求,得到人民的认可,只有走进人民、贴近人民,从人民群众中寻找创作灵感,通过人民群众喜欢的形式进行创作,最终形成喜闻乐见的艺术作品再回到人民群众中去。其次,文艺作品内容要表达人民的真实情感诉求。文艺作品的灵魂在于要传达的情感和思想,文艺创作要扎根于人民群众的生活,切实了解人民群众的喜怒哀乐,创作出真正能讲出人民群众心里话的文艺作品,才能引起人民群众的高度情感共鸣,从而真正做到文艺创作为了人民。再者,文艺作品要能正确引导人民。人民群众的价值观导向是意识形态建设的关键部分,文艺创作要本着"为中国人民谋幸

福,为中华民族谋复兴"的初心与使命,围绕社会主义核心价值观,优化文艺作品引导,创作出有思考、有深度、有温暖的高品质节目。

三要认识到"为国发声"使命之艰。传播中华传统文化,塑造文化品牌不仅要着眼于国内,更要让文化走出国门、面向世界。要想让中华民族优秀文化成为和"长城"一样的"中国名片",就需要国人树立民族文化自信,讲好中国故事,争取国际话语权,塑造中国在国际上的形象。

在全球化的时代背景下,我们必须利用大众传播的有效影响力,在突破不同民族文化局限达到相互交流、融合的同时,更要高度认同本民族的优秀文化,以我为主,多元共生。习近平总书记曾指出,"要加强对中华优秀传统文化的挖掘和阐发,努力实现中华传统美德的创造性转化、创新性发展,把跨越时空、超越国度、富有永恒魅力、具有当代价值的文化精神弘扬起来,把继承优秀传统文化又弘扬时代精神、立足本国又面向世界的当代中国文化创新成果传播出去"。如今,文化综艺节目所带来的"文化热"正是将中国优秀传统文化以娱乐性和观赏性的呈现方式传递给大众,让更多海内外的年轻人了解和认可中国传统文化,从文化中找寻民族自信,并以高度的文化自觉传递中国文化。

二、文化类综艺节目的现状

近年来,文化类电视综艺节目在电视荧屏亮点纷呈、持续升温。直到当下,文化类综艺收视与影响依然"坚挺",各大平台不断推陈出新,让文化类综艺进入从纵向横向加速创新阶段,呈现出许多新面貌新态势。据广电总局"中国视听大数据"(CVB)系统统计,2020 年,收视率超过 0.5% 的周播综艺节目中,文化类节目比重最高,仅收视率过 1% 的 8 档节目中,文化类节目就有 3 档,分别是《中国诗词大会》第五季、《经典咏流传》第四季、《故事里的中国》第二季,而年度收视冠亚军也被文化类节目《中国诗词大会》第五季、《经典咏流传》第四季摘得。2020年播出的文化节目整体呈现出三大特点:一是政策重点扶持推动文化类节目创新创优;二是综 N 代焕发新生,品牌效应凸显;三是"多元化""综艺化"的文化类节目频频发力,深受年轻受众的追捧。节目创作者对文化的探索开发不再故步自封,而是将视野放到更广阔的文化传承中,大胆创新创作。

1. 得益于国家政策重点支持,文化方针引导节目创新创优

对于文化综艺节目来说,政策的扶持是优质的土壤。近年来,国家积极推动广播电视节目创新创优,强调传承中华优秀传统文化基因、传播具有鲜明中国特色和时代气息的中国故事。广电总局加大对文化节目的扶持和推介力度,从

2019 年起实施"中华文化广播电视传播工程"、每季度评选创新创优节目中总少不了文化类节目的踪迹,这也给了创作文化节目更多信心和方向。在国家政策的大力支持下,各大卫视不断提高创新水平,一方面契合"小成本、大情怀、正能量"的创新方向,另一方面推动作品向精品化、特色化转变,挖掘传统文化与当下时代碰撞的更多看点,创作出鲜活的高品质的节目。

2. 综 N 代积极探索创新方向,催生多种元素的交汇与融合

2013 年起,文化类节目在荧屏上"初试啼声",其以一股清新之风为电视荧屏吹来不一样的精彩,引来无数赞誉。随着时间的推移,文化综艺节目并没有"昙花一现",优质的综 N 代文化综艺节目依然大放异彩。这些节目或以情景再现、戏剧化演绎形式,或通过文化宣导、竞技比拼等方式,让文化类节目在电视荧屏上各美其美。它们有的在原有节目基础上加以修改完善,有的则选择了全新切入点,作为形态新颖、内容创新的文化类节目,一方面植根深厚的文化土壤,另一方面又结合当下流行的综艺节目元素,从创作理念、表现形式、内容元素等方面进行创新,为观众带来了一道道颇具文化含量的正能量大餐。如总台匠心打造华夏文明中具有民族精神和英雄情怀的经典诗词的《中国诗词大会》第六季和《经典咏流传》第四季,始终站稳收视保障和收获良好口碑。《中国诗词大会》第六季节目在参赛选手、赛制舞台、竞赛题目等方面再升级,首期节目列同时段收视第一、全天综艺类第一,电视节目和融媒体产品累计视频播放、互动和阅读次数超过 1.22 亿,首播当日占据微博文化类综艺小时榜第一位达 12 小时。《国家宝藏》第三季——国宝盛典节目通过对一件件文物的梳理与总结,演绎文物背后的故事与历史,节目赋予文物以新的内涵和活力。根据网络传播综合指数发布,《国家宝藏》第三季"国宝盛典"美誉度 85.6,位列晚间黄金档电视节目融合传播指数榜第一。截至收官,《国家宝藏》第三季豆瓣评分 9.5,B 站弹幕超 60 万。《上新了·故宫》第三季开拓了故事讲述的全新维度,不仅展示了故宫恢宏的建筑和未开放区域的景观,更挖掘出各个宝藏、文物背后的故事。东方卫视《诗书画》3 月迎来全新升级改版,探境文化实景,以"钻进古画"的奇妙穿越模式,让诗书画作品"活"起来。延续"一人一信一舞台"的传统风格,黑龙江卫视的《见字如面·初心季》选择具有重大"地标"意义的历史书信、文献,讲述中国共产党追寻真理、舍身取法的寻路历程以及带领中国人民追梦圆梦的故事。在势如破竹的出圈现象背后,综 N 代文化综艺节目迎来又一春。

3. "文化＋"模式的多维创新运用,萌生出更多节目样态

从诗词歌赋到文博非遗,从竞技朗诵到体验纪实……如今汉字、成语、诗词

已不再是绝对主角,更加"多元化""综艺化"的文化类节目开始频频发力。比如《典籍里的中国》通过时空对话的创新形式,以"文化＋戏剧＋影视化"的表现方法,讲述典籍的成书、核心思想以及流转中的闪亮故事,让书写在古籍里的文字鲜活立体起来,开启了一场穿越古今的文化之旅。节目一经播出,立即引发了关注和热议,这种把典籍的精神内涵和文化价值和独到的电视"综艺"成功地结合起来,让典籍的魅力通过电视综艺的形态对于普通的观众做了独到的展现,让综艺别开生面。《万里走单骑》以"文化＋揭秘＋互动＋纪实"等手法,强化了知识性和趣味性,把内在的文化担当转化为更轻松的外在形式,让观众在行走中汲取知识和营养。《技惊四座》展现了杂技艺术从过去相对单一炫技的表演模式,逐渐演变为以杂技艺术为核心,融合舞蹈、表演、科技等多元素为一体的综合艺术模式,具有创新意义。文化类综艺节目的创新形式,让文化类节目充满生命力,真人秀、影视表现、戏剧化演绎等形式更加多元,提升了文化综艺类节目的生命力、创新力、辐射力,也让中华优秀传统文化真正实现了"创造性转化、创新性发展"。

三、文化自信影响下文化类综艺节目的创新发展新风向

荧屏上的国风国潮能够蔚为大观,离不开全社会显著提升的文化自信。上述提及的一些文化类综艺节目何以流行甚至"出圈"? 又为文化类节目的创新提供了哪些路径启示? 笔者将从三个方面对文化自信下文化综艺节目的发展新风向提点建议。

1. 文化类综艺节目创作要守正创新,助推文化自信

中国优秀传统思想文化的核心内容已经成为中华民族的文化基因,将中国优秀传统文化融入节目内容,既是对优秀传统文化的创造性转化和创新性发展,也是对文化自信的深刻诠释。在讲述名人精神故事方面上,以《见字如面》《故事里的中国》等文化类节目为代表,展现了中华儿女优秀传统美德以及民族精神。《故事里的中国》一期节目中胡歌、刘涛对经典电影《永不消逝的电波》的重新演绎,是对抗日战争和解放战争时期革命烈士的致敬,展现了英雄儿女不屈不挠的革命民族精神;《见字如面》在疫情时期启用抗疫特别节目,由明星嘉宾朗读抗疫前线发来的信件,展现了疫情期间小人物的家国情怀。在讲述传统文化故事方面,以《国家宝藏》《中国诗词大会》《上新了·故宫》等节目为代表,用更为通俗化的形式来丰富受众的文化底蕴。无论是《国家宝藏》中对各地文物国宝背后故事的戏剧化讲述,还是《中国诗词大会》中对古代诗歌词赋的深度探索,抑或是《上

新了·故宫》中对故宫内外进行"趣味化"展现,无一不将中国优秀传统文化的精神内涵带入到大众的精神世界当中,进而对传承中国优秀传统文化起到了深远作用。通过节目,观众了解到的不仅仅是一件国宝、一段故事、一些人,而是足以在一定程度激发了无数国人的文化自信心和自豪感,找到属于我们的文化自信。

2. 文化类综艺节目创作要与时俱进,提升节目内涵

今年春节期间,一曲《唐宫夜宴》燃爆网络,连续多日占据微博热搜榜,河南春晚《当潮不让·你好·牛》位居微博综艺榜晚会栏目类第一,全站视频播放量破 20 亿次。新华社、人民日报等国内主流媒体纷纷点赞,全国网友打 CALL 转发。这节目何以流行甚至"出圈"?笔者认为,这两档节目选取观众喜闻乐见的艺术表现形式,将节目主题与新时代精神相结合,节目中既有宣传疫情防控典型、纪念卫国戍边英雄,又有倡导就地过年等内容,用平凡人的小故事打动人、温暖人,让时代强音真正走进群众的心坎里。具有较高观众基础和高收视率的《中国诗词大会》第六季重视诗意与时代的融合、诗词与生活的交融,以诗意之眼光关照世界。如聚焦深圳经济特区四十周年,上海浦东开发开放三十周年,嫦娥五号重大科技成果等,每一个重大时间节点都凝聚着中华民族"敢教日月换新天"的豪情壮志。本季《中国诗词大会》也收获了不错的传播效果与受众反馈,有网友评价:"《中国诗词大会》每一季比赛题型、设计都在变化,给大家耳目一新的视觉感""《中国诗词大会》不仅起到向大众普及诗词知识的作用,也让人们看到不同地域、不同职业、不同经历的人如何将诗词融于生活……"我们要扬弃继承、转化创新,积极运用群众喜爱的表现手法、艺术形式,赋予传统文化新的时代内涵和现代表达,使中华民族最基本的文化基因与当代文化相适应、与现代社会相协调。

3. 文化类综艺节目创作要借助现代科技,创新表现形式

文化综艺节目在讲述中国故事时并不是单调乏味的,而是应当融合多种多样的艺术表现手法,使得中华传统文化的呈现更加多元化,进而丰富了文化的审美色彩。《中国诗词大会》第六季凭借"5G"与增强现实等技术,在舞台上首次引入"云上"千人团,通过实时连线,千人团在现场以穹顶方式盛大展现,视觉效果炫目多彩。《唐宫夜宴》运用 5G+AR 技术,配以"妇好鸮尊""青铜牛尊"、《千里江山图》《捣练图》《簪花仕女图》等八件国宝,利用抠像、三维、AR 等数字技术做了"二次创作",形成了"人在画中走,景从屏中来"的奇观,将电视文艺与技术革新的融合推到新的影视艺术美学高度。《技惊四座》则在科技上下足功夫,运用数控灯吧、升降冰屏等多组机械设备,让杂技的呈现更为立体、逼真、引人入胜,

并采用 360 度摄像手法,定格杂技表演中令人瞩目的"技惊瞬间"。科技手段的运用使得节目场景宏大,视觉冲击感强。除了技术手段的创新,传播渠道和方式的创新也很重要。《国家宝藏》是一个在电视端制作播出的节目,但却在互联网、新媒体端引爆了点击量,观众、网友通过弹幕、视频短片等进行二次创作和传播,给节目带来了更高的关注度和话题效应。《如果国宝会说话》采用短小精悍的分集微纪录形式,摒弃"长篇大论"的方式,适应互联网时代的碎片化传播特征。笔者认为,节目借助社交化的传播方式和自媒体平台、短视频平台、视频播出平台等多元化的传播途径,一方面为节目赢得了更多的关注,提升了节的收视率和点击量,另一方面也在这个过程中使得优秀传统文化得到了更为广泛的传播,带给受众更为"接地气"的文化触感。由此可见,文化类综艺节目需在当今时代环境下,结合多样化的艺术形式,对传统文化进行多元化、多层次的创新演绎。

结　语

中华优秀传统文化博大精深、源远流长,文化类综艺节目作为当下主流节目类型应义不容辞地担当传承优秀文化的领头职责,要适应当今时代潮流,探索新型叙事结构,抓住故事内核,丰富艺术理念,追求艺术创新,将文化元素巧妙地融入至节目本身当中,创造出蕴含饱满的人文思想和文化内涵的高质量文艺作品,为新时代中国特色社会主义传承中华优秀传统文化,提高国家文化软实力,进而建设社会主义文化强国做出巨大贡献。

文化类节目拥有巨大的市场需求,拥有比以往更坚实的受众基础,但要想将其转化为文化类节目发展更强劲的内在动力,就要坚持守正创新,坚守文化内核的高品质,以文艺的方式表达文艺,以文化的方式传播文化,创作出有思考、有深度、有温暖的高品质节目。

参考文献:
[1] 郭天元,田龙过:打造原创节目　彰显文化自信——浅析文化综艺节目的创新,2018 年 5月上总第 315 期《新传媒》.
[2] 卢铭:浅析新时代下文化类综艺节目如何传承中华优秀传统文化,2020 年第 48 期《今古文创》.
[3] 董宏然,王欣:省级电视媒体文化类节目的创新路径——以河北广播电视台为例,2020年《广电视听》.
[4] 游登贵:文化自信语境下传统文化类节目的发展路径思考——以《朗读者》为例,2020 年第 24 期总第 378 期《新传媒》.
[5] 刘翼,张昊:我国传统文化类节目的时代化表达,2021 年第 2 期总第 394 期《当代电视》.

[6] 黄钰蓉：央视文化类综艺的创新与表达，2020 年 11 期《西部广播电视》.

[7] 田瑞苗，李中杰：央视文化类节目弘扬与传承中华传统文化的新方式——以《中国诗词大会》为例，2021 年 1 月第 01 期《文化学刊》.

[8] 黄群：新时代中华优秀传统文化在电视综艺节目中的传承与创新，2019 年第 11 期（总第 379 期）《当代电视》.

[9] 韩子寅：不拼流量拼文化　这两档节目何以成为现象级?，《广电时评》2021 年 3 月 4 日.

[10] 宁雅虹：让优质 IP 持久续航　总台多档文化节目新春"火热"，《广电时评》2021 年 2 月 20 日.

[11] 郑长华："杂技＋"为传统艺术注入新生力量　《技惊四座》多视角展现杂技魅力，《广电时评》2020 年 12 月 21 日.

[12] 王永利：演绎当代经典《故事里的中国》讲述扣人心弦的时代故事，《广电时评》2020 年 12 月 13 日.

[13] 张颐武：追寻中华"最经典"的精神：说《典籍里的中国》，《北青艺评》.

[14] 迟迟：诗词节目大幅减少　文化节目却"大胆"起来了!，《传媒内参》2021 年 1 月 15 日.

[15] 朝明：数读 2020 电视综艺：66 档节目收视超 0.5％，《传媒内参》2021 年 1 月 19 日.

[16] 朝明："文化＋"模式让文化类节目迎来又一春，《传媒内参》2021 年 2 月 23 日.

作者简介：
倪清，上海市广播电视监测中心广电节目科科长。

从 2021 年河南春晚看电视晚会的融合创新

姜　书

提　要： 自 1983 年的除夕中央电视台推出了首届春节联欢晚会以来，中国电视荧屏增添了一颗闪亮的明珠。但随着经济的不断发展，人民有了更高的物质和精神需求，对于晚会的质量也有了更高的要求，尤其在碎片化的网络时代，传统的电视晚会受到了更多的冲击。在农历牛年伊始，一家地方卫视春晚凭借着具有深厚文化底蕴的节目内容以及与现代科技相结合的编排构思，异军突起，强势"出圈"。而从 2021 年河南春晚"当潮不让你好牛"的成功案例中，或许可以一窥电视晚会的未来发展之路。

关键词： 电视晚会　传统文化　科技融合

在娱乐业尚未蓬勃发展的 20 世纪，在没有网络认知的普通百姓心中，央视及各地方春节联欢晚会是一年一度的娱乐大餐，也是百姓翘首以盼的代表最高人民艺术和大众文化的殿堂。春晚作为一种百姓喜闻乐见的艺术形式，深深根植于每一个中国人心中。在"人人都是媒体"的当今社会，春晚如何选题，节目如何构思，后期如何制作，视频如何宣发早已不仅是电视相关工作者的考题，每位观众和潜在观众都在或多或少地参与制作和视频的流转。

谁也没有想到，2021 年地方卫视春晚最大的黑马来自河南电视台，这里既没有流量明星也没有顶级赞助，区区百万却将深厚文化积淀与现代 AR、5G 技术精妙融合。在此以前，中国的电视荧屏上并不缺少所谓"中国风"的文艺作品，或为国风歌舞，或着国风衣裳，或吟国风词曲，诸多尝试或流于表面或只在小范围内引起讨论，2021 年河南春晚虽然不是所有节目都与传统相关，却将接地气、文化自信等关键词融入其中。剖析这台短小精悍的春晚,相信对于今后的电视晚会制作有所裨益。

一、出圈基础:料实情真的节目与高超技术的加持

俗话说"打铁还需自身硬"。虽然在当今纷纷扰扰的娱乐圈中,常受到资本的裹挟,真正的良心之作少之又少,但 2021 年河南春晚的爆火依然坚定地向大众宣告:能够满足大众精神需要的不仅仅是帅哥靓女的"糖衣炮弹",更是一场富有人情和文化底蕴的"满汉全席"。

1. "爱"之母题

母题是故事学的重要术语,古今中外对母题的定义及其流变有着深刻的研究,在此不妨以其最基本的定义进行探究,即"母题"一词的来源"Motif","Motif"在英语中有三种意义:1. 主题。通常为反复出现的(文艺作品等中的)突出的题目要素或特点;特指占支配地位的思想或中心题目。2. 基调。简单或重复的式样或颜色。3. 刺激力。一种激励行动的刺激力量。

所谓爱之基调,是流淌于整台晚会的任何角落之中的。爱有多种表达方式,但都给人带来满足和幸福。爱也有不同的表达对象,小到亲人之爱、爱人之爱,大到信仰之爱、祖国之爱。《白衣执甲》是 2021 年河南春晚的戏曲节目,它不是简单的戏曲选段串联,而是结合时事,展现普通人的爱的表达。第一部分和第三部分主打地方戏——豫剧,《穆桂英挂帅》《谁说女子不如男》由在抗击疫情第一线的援鄂医护唱响。还是当时的白衣,女性医护工作者们坚定大气掷地有声的唱出每一个字,就好像她们曾经义无反顾地走向最危险的抗疫前线,展现了中国女性力量的崛起也展现了她们对于职业信仰的尊崇,对于祖国和人民的满腔热忱。第二部分则是稍显缱绻的黄梅戏《天仙配》,由两对携手抗疫的夫妇演绎,从平凡相伴到走上抗疫战场,他们的"夫妻双双把家还"则可见由小情到大爱的升华,是那么的暖心和自然。而那些幕后的电视制作者们,循着对职业的爱与职责,激励着他们创作走心,温暖人心。

2. 传统文化加深节目内涵

河南地处黄河中下游,是中国古代文明的发祥地之一。从夏商到唐宋,悠悠千年,河南长期是中国的经济文化中心,在此诞生了绚烂的文明和艺术。2021年河南春晚的强势出圈,与其晚会节目深厚的历史底蕴密不可分。

如果说方言和地方戏是最接地气的艺术形式,是流转的口中历史;河南春晚

的器乐节目便是声音中的历史。《新春国乐畅想曲》由国乐大师方锦龙领衔,河南博物院华夏古乐团和 0371 乐队共同演绎。方锦龙老师使用了二胡、板胡、柳琴、箫、琵琶、骨笛、簧等 10 余种民族乐器,华夏古乐团则穿着传统服饰将编钟编磬等古乐复活,同时西洋乐队的加入使得中西古今的旋律融合交响。节目选曲兼有地域元素又古风古韵的《牧羊曲》《少林少林》,也有新曲老弹诙谐幽默的《斗地主》《达拉崩吧》,更有八千年历史世界最早吹奏乐器"贾湖骨笛"。节目中没有流量"小鲜肉",只有一件件古乐器,一个个演奏者。这一件件乐器不是"宫商角徵羽"的简单堆砌,也不是传统乐器的阳春白雪曲高和寡,新曲老弹,老曲新奏,体现的是对古老的传统文化的尊重,也是对西方、对现代文化的包容共生。

3. 紧贴时事民生,赋予节目现实意义

无论是央视还是地方省级卫视的春节联欢晚会,甚至是各网络平台主办的各类晚会,都应该是主流文化的宣传窗口,而主流文化是国家精神、意识形态的承载者,更是兼容并包、贴近生活贴近大众的强大动力。2021 年河南春晚的诸多节目便体现了创作者在传播主流文化的别具匠心。

戏曲和武术节目是往年春晚中较难呈现的节目类型,主要原因还是戏曲和武术在一定程度上脱离了当今大多数人的生活环境,没有受众没有市场,难免曲高和寡。但就如上文对戏曲节目《白衣执甲》的分析,三个选段依托"抗疫"大背景,贴合疫情时期"典型人物"的"典型事件",选取了脍炙人口的唱段。戏曲串烧终于不再是简单的唱段罗列,而是有血有肉的情感的表达。而武术节目《天地之中》更是一改打太极必穿太极服的传统,表演者化身宇航员,探究宇宙的奥秘。《天地之中》短短两分半钟的节目,不仅表演了太极拳,延伸了其哲学含义,还暗合当前国家的航天事业与飞天梦想,加之科技感十足的舞美,给观众带来了极大的惊喜。

4. 技术装点舞台,传统焕发新生

技术与艺术,长久以来被认为是两个对立面,艺术是心灵的创造,而技术是低层次的产出,反对技术介入艺术。然而现实早已表明,信息技术和网络技术等高新技术的普及,人类生存的方式由传统的现实世界拓展到现实世界与虚拟世界并存所带来的深刻变革,给文化和艺术提供了新的感觉和思维方式。

2021 年河南春晚最为人津津乐道的节目,便是古典舞《唐宫夜宴》。舞蹈原为第十二届中国舞蹈"荷花奖"古典舞终评作品《唐俑》,秀逸韵致却又活泼俏皮的舞姿将大唐盛世的传统文化形象地呈现在舞台上。《唐宫夜宴》相较于《唐俑》改变的不仅是演出地点和时长,电子技术的加持使得舞蹈参赛作品摇身转变为

更符合大众审美也更易传播的晚会作品。

《唐宫夜宴》讲述的是 14 名大唐少女赴宫宴演奏的故事,由舞台实景演出和绿布抠像两部分交叉剪辑完成。演出开始便由追光引导观众视线,分组完成所有人物亮相。紧接转场剪辑,抠像、VR 技术构建了一幅古代生活图景。画面主体为《捣练图》和《千里江山图》融合而来,舞蹈演员仿佛徜徉于画里,行进于历史中。而旁边罩着玻璃的出土文物——唐三彩、青铜器、骨笛,则又好像在向观众言明,只是人在画中游罢了。不到 6 分钟的节目先后有 7 次实景舞台和虚拟抠像的交叉剪辑。虚拟现实的 VR 技术和增强现实的 AR 技术,使演员自由穿梭于历史与现实;而舞台上的 LED 技术又在配合着演出,对观众进行一种感受的唤醒和启发,强化了现实空间的历史虚拟感。由此可见,技术的发展极大地提高了艺术的呈现,尤见于需要大量后期制作的舞台节目。

二、出圈解构:基于传播学"5W"理论的分析

1948 年,传播学四大奠基人之一的拉斯韦尔提出了传播的五大要素,谁(who)、说了什么(what)、通过什么渠道(in which channel)、对谁说(to whom)、获得了什么效果(with what effect),即"5W 理论"。下文将基于该原理对 2021 春晚出圈的传播过程进行分析。

1. Who。纵观现阶段的多媒体传播,传播源大体分为 UGC(用户创作)PGC(职业创作)PUGC(专业用户创作)。而一台大型的综合晚会,必然不是 UGC 的能力所及。职业创作者们在这一环起到了决定的作用,他们构思结构,创作节目,奉献精彩演出,再通过专业后期制作完成成片。在前期的所有流程中,均为PGC 的创作模式。一旦完成了传播,一部分受传者又会转变身份,成为二次创作的传播者,演变成 UGC 或 PUGC 模式,扩大了传播范围。

2. What。无论是整体的晚会,还是拆分的一个个节目,都是创作者向外界的信息传递。从上文的分析可以看出,2021 年河南春晚的火爆,最重要的原因就是节目质量过硬,通过多种手段传递了积极向上又易于所有年龄层接受的主流文化理念。

3. In which channel。在 20 世纪,限于技术的发展程度,传统媒体的传播渠道相对单一,电视节目往往只能通过电信号或无线电信号传输至千家万户。随着网络技术、4G 技术的发展以及国家基础设施的进一步完善,网络成为沟通分享和传递的平台。根据 CNNIC 在 2021 年 2 月发布的第 47 次《中国互联网络发展状况统计报告》的数据显示,截至 2020 年 12 月,中国网民数量已达到 9.89亿,互联网普及率达 70.4%,手机网民规模达 9.86 亿,网民使用手机上网的比例

达99.7％，这使得国民的生活和休闲方式产生了极大的变化。在网络媒体的冲击下，传统媒体开始拥抱网络，积极寻找传统节目与各平台的契合点。河南春晚便是这样被多渠道地推送到受众面前：电视首播，面对准时守在电视机旁的第一波受众；晚会完整上传，满足时间充裕或闻声而来的爱好者；节目拆分，免去了调整进度条的繁琐；剪辑高潮，填补了受众的碎片化时间，更符合短视频平台的调性也更利于节目的二次传播和造势；微博、头条等社交媒体的热门词条和推广文章，则吸引了更多受众的关注。

4. To whom。对于电视节目而言，传播的受众无疑是观看节目的人。2021年春节的特殊之处在于，疫情的持续导致很多在外务工上学的人无法返回家乡团聚过年，也无法进行人数较多的集体活动，春晚便成了很多人在除夕夜和春节假期的重要娱乐项目。信息技术的普及，使得关注节目的受众越来越多，他们其中的一部分转而成为内容生产者，反哺晚会节目。

5. With what effect。20世纪六七十年代，以美国传播学者格伯纳为首的研究者们进行了对电视暴力的研究，并最终得出了"培养理论"。培养理论学派认为多样的价值观，因接触电视而变得与电视所呈现的意见主流相似。电视作为大众传播媒介，代表并引导社会主流舆论。通过上文的分析可以看出，春晚是主流媒体对主流文化所做的最佳解释。但它已走下神坛，不再用强硬的意识形态去逼迫受众接受，主流文化也在努力地吸收和包容先进的非主流文化，潜移默化地影响受众。2021年河南春晚之所以受到大众的推崇，也可以看作是对培养理论的温柔注解。

三、出圈本质：民族自信心的建立

科教兴国、文化强国是我党和政府推动社会主义文化大发展大繁荣，开创中国特色社会主义事业新局面的重要举措。而当代中华民族伟大复兴需要重建民族自信心。中国的经济在近十年内飞速发展，成为世界第二大经济体，但文化的发展和民族自信心的建立却要晚于经济基础的腾飞。鸦片战争以来，战火纷飞的中国难以支撑起民族的骄傲，先烈们在迷茫中探索西方文化，从西学东渐到全面西化再到对传统文化的取其精华去其糟粕，源远流长的传统文化在当代得到了更好的发展。经济的快速发展是重拾民族自信心的底气，体育强国、科技强国、文化强国助力民族自信心的重构，而民族自信心不仅体现在对传统文化的自爱，也体现在对外来文化的包容，近年来汉服复兴和洛丽塔茶会相行不悖便是最好的证明。说回2021年河南春晚，国乐演奏搭档西洋乐队、传统戏曲被赋予新的含义、古典武术也穿上了新衣，创作者收到了正向的反馈，中华民族正经历着伟大的"文艺复兴"。

结　语

　　春节联欢晚会自诞生以来,便受到境外华人群体的极大关注,从切实的娱乐需要转变到如今的观看习惯过年新民俗,如何创作出一台色香味俱全的电视大餐是困扰着诸多电视人的难题。2021年河南春晚以爱为母题,融合传统文化与实事民生,利用新兴科技打造绝美舞台,传达新思想与正能量,为解答春晚难题提供了新的解题思路。

　　任谁也没有想到一台五百万预算的省级晚会,会掀起全民讨论的热潮。没有流量明星,没有主持人口中烫嘴的赞助商名单,凭借着走心的设计编排与负责的表演制作赢得了一片赞美之词。这似乎在告诉所有的电视工作者,好节目永远不会没有市场,流量明星不会是永远的制胜法宝。当一切归于平静,能够被大众所牢记的,不是哪个明星动辄千万的通告费,而是一幕幕经典永流传。

参考文献:

[1] 王同亿主编译.英汉辞海[Z].北京:国防工业出版社,1988.

[2] 贾明.现代技术与艺术嬗变——兼论"艺术终结"[J].社会科学辑刊,2012(01)1期:209.

[3] 杨莉、朱文婕.浅析LED技术在电视晚会中的舞台实践[J].中国电视,2012(07):80.

作者简介:

姜书,上海小荧星集团有限公司教研中心助理。

做有人文温度的综艺节目

——兼谈真人秀综艺节目"星素结合"的新方法

曲　清

提　要：本文通过素人与明星真人秀历史回顾和对各大卫视及网络平台一系列"星素结合"真人秀综艺节目的创意和制作的分析作为理论支持，结合笔者作为总导演制作的两档"星素结合"的节目：《亲爱的，来吃饭》和《完美的夏天》作为实践深度剖析，总结出一种"星素结合"类节目可以借鉴的新方法方向——"素主星客"，并阐释其进一步发展方向，希望带来一些思想启发。

关键词："星素结合"　综艺节目　创作方法

引　言

2017 年，国家新闻出版广电总局公布了《关于把电视上星综合频道办成讲导向、有文化的传播平台的通知》，其中明确表示要限制全明星参与类综艺节目的播放数量和播放时段，并提出鼓励"星素结合"型综艺节目的创作。之后，"星素结合"成为各大综艺节目制作机构首要研究的内容。这将是未来综艺节目的一大必然趋势。本文从梳理真人秀综艺节目的形式发展到纵览各大平台"星素结合"类型节目，再剖析两个实践综艺案例，提出"素主星客"的理念。

一、真人秀综艺节目的形式发展

（一）曾经，素人是真人秀综艺的绝对主角

回顾内地综艺节目的发展，素人节目曾经是综艺节目的绝对王牌，像央视曾经风靡一时的《幸运 52》和《开心辞典》，素人即参加节目的普通老百姓是绝对主角，在播出的时候引起了收视热潮。当然，提到素人节目，就不得不提到中国电视上的一个现象级节目——《超级女声》。2004 年，湖南卫视推出了全民偶像选秀节目《超级女声》。其中，第二届《超级女声》由于李宇春、周笔畅、张靓颖等一批爆款歌手的表现而成为经典。造星，成为当时电视综艺节目最炙热的词汇。

（二）后来，明星真人秀几乎占据了全部版面

电视综艺节目早期，主持人是主要的明星主角，火爆的电视综艺节目与主持人是绑定性质的，王小丫主持的《开心辞典》，崔永元主持的《实话实说》，何炅李湘开启了《快乐大本营的》黄金时代，节目成就了主持人，同时主持人也成就了节目。

明星真人秀节目的出现更是让人眼前一亮，包括娱乐、亲子、家庭、竞技类的。湖南卫视《爸爸去哪儿》《花儿与少年》；浙江卫视《奔跑吧兄弟》《24 小时》；东方卫视《极限挑战》《花样姐姐》等节目吸引着电视观众的眼球。从这个阶段开始，明星占据了电视综艺节目的主要版面，不仅户外综艺需要明星，歌唱节目、棚内节目，甚至舞蹈、跳水节目都要全明星阵容来打造，而且这样的趋势一直延续到现在。往往一档新节目宣布以后，大家最先关心的不是题材，而是明星阵容。

（三）如今，"星素结合"是要求也是必然

全素人真人秀和全明星真人秀综艺节目都有着自己的辉煌和不足，因此，"星素结合"是电视真人秀综艺节目发展到这个阶段的一个必然趋向。每一个电视人应该在"星素结合"上有着自己的思考。近年来，"星素结合"也在不仅限于电视台的各大平台上有着非常良好的发展，各位节目制作者都在"星素结合"上做出了积极的尝试，积攒了不少宝贵的经验。

二、当前各大平台星素节目形式一览

（一）明星导师素人选秀类

明星评委导师的配置，要从《中国好声音》《中国达人秀》这些节目开始。在这些节目里，评委导师已经不仅仅是素人选手的陪衬，很多时候反而成为节目主角，节目的主要看点有时候是导师之间的互动。那英、刘欢、庾澄庆这些人的身份已经从明星歌手慢慢转变成为明星导师。

在网络平台上播出的网络综艺，对于明星导师的运用更是炉火纯青，吴亦凡在《中国有嘻哈》的一句"你有 free style（即兴说唱）吗"，让整个节目的传播度上升了一个档次。练习生出道模式的《偶像训练生》《创造 101》里，音乐、舞蹈的导师大都是流量明星构成，连发起人（主持人）都一定是当红流量明星。

（二）明星素人送惊喜互动类

这类节目在欧美是长盛不衰的一种模式，即明星的社区领袖属性。在适当的时期，由明星向大众送出意外惊喜，解决百姓的实际问题等。从早年间的《奥普拉秀》到近年来的《艾伦秀》，从英国的《安和戴克的周六夜晚秀》到美国流行的《粉雄救兵》，这些节目都曾经在播出时风靡一时。在日韩，明星为粉丝送惊喜也是娱乐公司和电视台常用的手段，当你一直喜欢的明星突然出现在你面前，满足你的一切幻想，谁能抵抗这种魅力呢？

（三）素人故事明星观察类

观察类节目成为近年来真人秀节目的新突围者，这类将语言辩论类节目和综艺类节目结合的模式会着其独特魅力。而伴随着"星素结合"的逐渐发展，观察类节目也逐渐从明星真人秀观察：即明星出演明星观察讲述，慢慢变为素人故事明星观察类：即素人出演明星棚内观察讲述。这种类型例如网络平台上播出的《心动的信号》和《令人心动的 offer》，关注的都是青年群体，一个关注素人青年的恋爱问题，一个关注素人青年的就业问题，都取得了不俗的播出效果。

三、如何理解并在节目中体现"素主星客"的理念

"星素结合"不仅为各大综艺节目提供了新思路,一定程度上代表了综艺节目发展趋势。如何更好地进行星素结合呢?在笔者多年对电视节目"星素结合"的观察和自身实践以后,得出"素主星客"的理念,其中可以包括多个层面的解读,在下文我会从自己总导演的两档节目做具体案例分析。

(一)素主星客的具体内涵

1. 从环境上,素人是主场,明星是客场

素人没有经历过长期的专业训练,不可能像明星艺人一样从容优雅,面对摄像机淡定自然。从根本上分析一下素人为什么容易怯场?答案显而易见,因为他们离开了自己熟悉的主场。

我们每个人,在自己的主场,在自己的专业领域,都存在着自己的自信。素人容易紧张反常是因为他们觉得自己在电视这个范围是业余的。所以规避素人问题的一个可行性方法就是:把拍摄场地变成素人的主场,甚至是他们自己的家乡、家庭环境。在自己的主场里,他们会把在镜头前的不适感降到最低。素人是主场作战,明星来到他们的地盘,变成客场发挥,就能让"星素结合"更紧密、更自然。

2. 从内容上,素人是主体,明星是配角

在内容策划立意开始,就把素人作为主角,明星作为配角。因为星素天然的差异性表现,如果明星为主体,可能会造成在节目中素人完全不出彩的局面,只有将素人作为内容主体,星素才能达到较好的平衡。

正如德国哲学家莱布尼茨提出的"世界上没有两片叶子是相同的",每个素人虽然都有着普通人的共性,但他们的生命空间也具有独特的一角,往往这样的题材与内容只有在素人作为主角时才能够被不断放大,拓展综艺内容的边界。[1]

3. 受众视角下的使用与满足

根据使用与满足理论,个体基于不同层次的,从"认知"层面到"心理"层面的需求,希望通过媒介使用,得到相应的"益处",受众根据需求主动选择内容,能够达到受众"期望值"的内容方容易得到他们的青睐。[2]

根据马斯洛需求理论,从最底层的生理需求、安全需要,到最顶层的自我实现,"素主星客"更多地给人们提供归属感,这也一定程度上成为受众选择该模式的动机。"素主星客"的制作模式下,让素人摆脱怯场,回归自己的生活之中,能在自己专业领域中,从容面对明星。素人同身边的明星一样闪烁着不一样的光芒,二者之间的距离感在不断拉近。这样的文本叙事下,同样作为普通人的受众,也能感受到自己在生活中存在感的提升。在平时的社交过程中,也更容易通过这类节目,找到与平时生活更贴近的话题进行分享。[3]

(二)"素主星客"在节目中的体现

笔者作为总导演近两年主持制作了东方卫视两档综艺节目,《亲爱的,来吃饭》和《完美的夏天》。这两档节目都是东方卫视的尝鲜之作,在制作之初,就奔着"星素结合"的大方向,节目播出以后,"星素结合"也是这两个项目的最大亮点。下面我将根据实践,阐述"素主星客"的理念在节目中的体现。

《亲爱的,来吃饭》:明星来我家做客

先从《亲爱的,来吃饭》说起,这档节目有一个非常明确的方向:做中国首档接地气的社区综艺。从拍摄场所来看,我们穿梭在全国的各大居民社区里,让明星敲响普通百姓的家门,通过"蹭饭"这种形式,用美食来观察人生,这档节目贯穿着"素主星客"的理念。

首先拍摄区域是素人的家里。厨房客厅,这是他们最熟悉的一个场景,在自己的家里,他们能够获得最自然舒适的体验。从拍摄结果来看,确实这些素人在家里的表现要远远比一些外拍场景更加自然放松,我们在节目后期甚至有意增加了家里拍摄的比重,缩减了外拍的比例。

从内容来说,从节目策划之初,就确定了让明星去素人家"蹭饭",素人给他们做饭招待他们的方向。俗话说民以食为天,中国老百姓每家每户对于吃都有自己独特的理解,在整个过程中,明星都是以做客去观察的心态,让素人去发挥,去引导。

整个节目里,虽然每个人家、每个故事对于导演组来说都是一份难得的回忆,但胖子面馆一家的故事让我印象最为深刻。上海是一座摩登的城市,有众多高楼大厦,也有满满怀旧风情的弄堂老城厢。就在文庙附近仍保留着上海老城厢的风景,在一间间"蜗居"的老房子,邻里关系亲密和睦,一家家亲民小店,年久但保留着老上海的味道。众多素人家庭之中,我们选择了这里的一家"胖子面馆":老板小郑,外号胖子,为爱辞职,为爱搬家,为爱创业。他十年前为了追求女友,把五星级酒店大厨的工作辞了,在女友家门口 5 步路的距离,开了一家只有 10 个平方米的小面馆。十年来,因为价格实惠味道好,人气很旺,每天光面就能卖到 400 多碗。

与他多次聊天沟通后,我们挖掘到了这家素人的故事点:"一分为三"的家。胖子夫妇、女儿,胖子岳父岳母,一家五口居住在上海老式房子里,老房子一眼就能看到客厅、厨房、卫生间,头顶有阁楼,有木头扶梯。阁楼岳父岳母睡觉使用。丈母娘家(平时起居、用餐地方)、工作室(面馆)、小夫妻卧室(面馆对面),三个空间都是以"步"计算。15 步回家,5 步可以走到 2 楼的卧室楼下,站在卧室窗口就能看到面馆门口,这样的生活格局如今已经比较少见,又有着独特性。胖子家的翁婿理念:家务全包,收入全交,要让心爱的女人轻松开心。胖子和岳父是家里家务的负责人,经济大权都归老婆。翁婿两代人各有藏私房钱的有趣故事。讲述故事时夫妻双方都在,气氛都很欢乐,这些是平民百姓生活中的小乐趣,也是小情趣。胖子一家有着自己的生活格言:家不一定要大,只要一家人在一起;吃什么也不重要,重要的是和谁一起吃。

在和胖子及其家人的聊天沟通中,我们觉得这家素人的表达能力清晰明确,讲述故事的能力较好,更重要的是,这一家人乐观踏实的精神打动到我们,他们不会因为房屋格局的局促而表现得为难,他们非常感恩满足和享受当下所拥有的一切,这也是我们节目想要展现的老百姓的真实精神面貌。不用"导",也不是"演",没有剧本,只有真实表达和真情流露。最终我们选定胖子一家作为节目的备用素人家庭。

2019 年 12 月 25 日节目录制当天,下着冬雨,明星王祖蓝一行来到了文庙,找到了这家素人。"蹭饭"成功,品尝到了老上海地道的家常美食,认识了热情乐观的胖子一家,同时也感受到了老城厢弄堂里的邻里之情。从点到面,展现出了可爱的上海一家人的日常生活。那一晚,下着寒冷的冬雨,我们穿着单薄的雨衣挤在窄小的老房屋檐下,听着家长里短的采访实况,看着屋内的人们热气腾腾地烹煮着各类家常菜。这,就是真正的带着烟火气的百姓生活。《亲爱的,来吃饭》在餐桌上,解开寻常人家的情感密码。

《完美的夏天》:明星亲海探索综艺

2020 年春天,笔者接到了一个导演任务。当时,每个人都被疫情挡住了出门远行的脚步,但大家在居家的时候又向往着能够面朝大海,春暖花开的生活。就是在这样的背景之下,笔者开始了这档节目的策划:能不能做出一档让观众在电视上云旅游,满足对旅行美好愿景的节目呢?

所有参与策划的人第一时间都想到了大海,进而发展成为几个关键字:阳光,少年,沙滩,大海。刚过去的冬天里,疫情让整个季节的寒冷又增添了几分萧索,似乎也冷了人们的心。没有什么能比耀眼的阳光、美好的沙滩、广阔的大海更能够激起人们内心的美好了。没有任何异议,我们坚定了做一档夏天类型的节目。而这档节目的核心,一定要美,就这样,《完美的夏天》定档了。

在策划的伊始,导演组并没有把"星素结合"作为《完美的夏天》的主要方向,但在一次勘景过后,我们改变了想法。一开始在海南的勘景效果并不理想,因为大家并不想做成一档风光片或者户外游戏节目,还是希望能挖掘更多人文的内容。就在我们准备失望而归的时候,一个宝藏小岛——西岛吸引了我们。这个小岛最大的一个特点:它是海南所有旅游小岛里难得还保留原住民渔村的小岛,这就为"星素结合"提供了天然的土壤。西岛的勘景,感受了当地人的热情,不但《完美的夏天》节目在我心里成型了,节目的内容方向也从明星独家旅游节目变成了"星素结合"的明星"岛化"节目:让明星入驻小岛,在那里生活,与岛民深刻互动,在很多时候成为岛上生活的参与者。所以在节目播出以后,观众惊喜地发现这些流量明星在大汗淋漓地参与岛上生活,去菜市场买菜,到码头买海鲜,出海打鱼,给岛上的小学生代课,给岛民送快递,和阿姨一起晒鱼干,和阿公一道唱军歌,和女民兵一起军训等等。

《完美的夏天》也在主观和客观上达到了"素主星客"的局面。首先,节目里是五位明星入驻西岛,来到素人岛民的主场。明星为了表达客随主便的态度,甚至给自己起了"西岛浪五花"的组合名字。因为全部故事基本都发生在西岛上,岛民们对西岛的每一个地方都熟悉无比,所以他们展现出来的状态也自然无比。没有任何地方比大海让一个渔民更加自信,也没有任何地方比学校让孩子更加放松,同样没有什么地方比训练场让女民兵更加英姿飒爽。熟悉的场地带来了亲切的感觉,岛民们把自己当成主人,把明星们当作客人,就激发了他们最天然的待客热情,所以渔民阿隆为黄新淳潜入海中捞手机,快递员陈十娘自然地吐槽阿云嘎和金子涵的快递名字都那么可爱。

其次,在节目内容上,尽量保证单集内容里岛民能够成为主体。在几位明星来到西岛小学做代课老师的这一集里,孩子们不仅从明星身上学习到不一样的一面,还在明星的启发下点燃了对岛外世界的憧憬、对家乡的热爱。是明星的真诚打动了孩子们,才在一天辛苦的授课后收到了孩子们最简单纯粹的祝福。正是因为在拍摄环境、拍摄内容上都保证了"素主星客"的局面,才能在后期的节目里调动出岛民的积极性,他们能够在"西岛之星"的选拔里展现出自己最优秀的一面,不管是唱歌还是跳舞,面对明星和镜头已经能做到毫不怯场,成为节目的亮点。明星亲自到乡亲家里请来的歌神阿炳能够把艺人金子涵唱哭,这让"星素结合"成为节目本质内容。节目中还精心策划了"海岛微电影节""海岛运动会""为岛童圆梦"等主题,搭建明星与岛民的友谊桥梁,传递积极向上的生活态度,同时也向外界展示淳朴热情的西岛民风。

结　语

综上所述,综艺节目中"星素结合""素主星客"的理念与做法,是符合受众心理学与传播学中的"使用与满足理论"的,因而在笔者的综艺节目的策划与创作实践中获得很好的效果。

诚然,一档良好的综艺节目,"素主星客"这样理念并不足够。通过对国内"星素结合"节目的研究与自身的多次实践,坚定了笔者对"素主星客"这样内容局面节目的信心。笔者愿用"素主星客"的理念去体验感受,传递积极向上的正能量,做出更多优秀、有人文温度的综艺节目!

参考文献:
[1] 王政挺.传播:文化与理解[M].新华出版社 2018 年版。
[2] [荷兰]麦奎尔.大众传播理论(第五版)[M].清华大学出版社 2019 年版。
[3] [美]理查德·格里格、[美]菲利普·津巴多.心理学与生活[M].人民邮电出版社 2015 年版。

作者简介:
曲清,上海广播电视台东方卫视中心独立制作人。

试论新媒体时代下电视真人秀节目的营销元素

——以《乘风破浪的姐姐》为例

沈佳怡

提　要：真人秀节目已经成为我国主流的电视节目形态之一，随着融媒体时代的快速到来，真人秀节目要想取得营销方面的成功，就要牢牢抓住市场的需求，不断创新寻求差异化、优质化，合理满足公众"窥探"欲望。以湖南卫视真人秀节目《乘风破浪的姐姐》为例，深入分析节目在设置与运营方面取得成功的关键因素。营销手段的与时俱进，整合营销能够将节目的商业价值发挥到最大。

关键词：真人秀　创新营销　乘风破浪的姐姐

引　言

近几年，我国电视真人秀节目的市场火爆，越来越多电视台推出真人秀节目。然而真人秀节目的发展也处于无序竞争导致盲目跟风的状态。节目是否能够获得市场的肯定，水平的高低既事关我国文化产业的发展，也关系到普通大众的娱乐、休闲生活水平，也影响到整个社会的文明程度。

本文就以湖南卫视推出的真人秀节目《乘风破浪的姐姐》为例，分析电视真人秀节目的营销元素，希望在为办观众喜爱的、能够成功赢得市场的真人秀节目提供一些参考。

一、我国电视真人秀节目的发展

"真人秀节目",亦称"真实节目",译自英语 trueman show。由制作者制定规则、普通人与明星一起参与而录制、播出的电视竞赛游戏娱乐类节目。另有游戏秀、真实秀、真实肥皂剧、创构式纪录片等多种称法。"真人秀节目"起源于1991年荷兰制作的真人肥皂剧《28号》,至2000年前后开始在全球普及,著名作品有荷兰的《老大哥》、美国的《生存者》等。

电视真人秀节目,顾名思义就是通过组织现实生活中的普通个人或者明星参加一系列活动或比赛,参加者的行为在活动进行过程中同时被真实记录下来并制作成节目进行直播或转播。

在当今这个崇尚"以人为本"的社会,"人"除了个体的言行表现,更具有独特个人感受、情感体会的个体。电视真人秀节目将目光聚焦到每个人的个体上,聚焦到参与者和观众的个性化差异、情感体会上,它的产生和发展是有着深刻的社会背景的。观众在观看电视真人秀时会有一种真切而丰富的体验,真人秀节目除了带给人们精神上的轻松和快乐之外,节目尊重普通民众的权利,有利于提高人们的民主平等意识,有利于发扬受到冷落的传统文化的光彩,带动文化产业的进一步发展。

在全球消费文化兴起、娱乐至上的浪潮下,中国社会也倾向于消费文化、娱乐生活。中国的真人秀节目,以引进和模仿外国成熟的节目形态居多,但是,中国有中国的具体国情,中国人的精神状态、审美情趣、内心需求不能完全等同于国外,我国各大电视台在引进国外运作成熟的真人秀节目模式时,都注重了结合中国元素和中国消费者的独特需求,通过对内容制作、包装等方面再创造、再发挥,对节目进行本土化运营和营销,打造出了一批受到国人喜爱的真人秀节目。

目前,电视真人秀节正在我国蓬勃发展,也有越来越多的人喜爱观看。从最早《超级女声》的一枝独秀,到现在的各卫视群雄逐鹿,中国真人秀节目的类型繁多,主要存在表演选秀类、生存挑战型、职场真人秀、装修真人秀、异性约会型、益智闯关型等,在收视率和影响力方面,婚恋交友类、工作求职类和表演选秀类真人秀节目表现抢眼,最受观众们的喜爱。其中像《中国好声音》《我是歌手》《乘风破浪的姐姐》等此类表演选秀类真人秀节目一直能引发全民的热议和追星热潮。因此,这类真人秀节目也成为各大电视台重金打造、主推的栏目。

二、影响电视真人秀节目发展的因素分析

进入21世纪,随着我国改革开放深入与经济生活繁荣、商业模式的成熟以

及国人对文化娱乐需求的增长,我国电视真人秀节目市场日益扩大,真人秀节目取得一定的发展。但在发展的过程中也存在自相矛盾的几个方面。

一是真实与设计的矛盾。作为一档节目,是由主办方、节目主创人员,进行人力、物力和财力的配置,设计节目活动的流程与规则,调控节目活动的过程,完成节目录制和播放的一个过程。而电视真人秀节目则更加需要有创意的设计和合理的安排,但是,这无疑会影响参与节目人员身份背景的真实性、参与活动表现的真实程度,这在一定程度上限制了真人秀节目的真实表达。

二是参与体验与设计的矛盾。真人秀节目当中,观众的体验可以得到最大化的满足,观众通过观看、投票、抉择某个人去留的深度参与节目,不仅影响着节目参加者的表现成绩,甚至影响节目的走向。理论上,节目中参与者的真实表现是节目难以预设和控制的,所以在一场场的对决或者比拼当中,谁胜谁负都是未知之数,节目处处有悬念,跌宕起伏,营造极致的观众体验。但是,正因为现场真实表现难以被预设,节目为了制造耸动的效果或者其他方面的考虑(如推新人、新作品等),而牢牢掌控判定参加者成绩的最终决定性权力,甚至进行暗箱操作,制造了虚假的参与体验,有的节目花钱雇人扮演观众,要求观念即时通过丰富的面部表情、手部动作、言语等"表演"出或感人、或激动、或激愤的体验,观众的参与体验已经无从可言。

就电视真人秀节目对社会产生的影响而言,电视真人秀节目是社会需要的产物,但是,真人秀节目对社会的影响是多方面的,真人秀节目不加控制的过度营销会走向阻碍社会发展的方向,真人秀节目也将会失去赖以存在和发展的依据。

一是过度窥私引发不良社会影响,动摇电视真人秀节目的存在价值。不少电视真人秀节目设计的是家庭矛盾、婚姻矛盾等活动,节目过程就是揭发引发矛盾的情人关系、暴力行为等等,这种真人秀节目品位低下、趣味低级,引发了不良的社会影响。一些交友、求职、家庭生活类节目对参加者的家庭背景、个人的悲惨遭遇和经历过分的关注,并过分引导观众挖掘参加者背后的故事,一些节目过于追求新、奇、怪,在选择参加者时过分刻意挑选能够引起争议、满足观众窥私欲望的选手。这些都是真人秀节目在过度窥私理念下的表现,给整个社会带来不良影响。

二是过度煽情引发不良观感体验。真人秀节目为了吸引观众眼球,煽情过度而创新不足。参加者往往都宣称自己身世可怜、遭遇悲惨,赚取观众同情的眼泪,而参加者无不充满信心,坚持梦想,势要完成梦想,在整个节目当中,参加者的表演也极其夸张煽情,连带参加者的家属或者朋友,评委团更是煽情高手,有时候更是处处引导选手秀眼泪,这些都是为了牵动观众的心,打动观众,但是一味过度煽情,有时候效果适得其反,会引发观众不良的观感体验,电视真人秀节目还是要聚焦到真实的言行、感受、情感体会上。

三、《乘风破浪的姐姐》节目取得成功的关键因素

(一)节目定位准确

《乘风破浪的姐姐》是湖南卫视在 2020 年夏天推出的一档女团成长真人秀节目,节目的口号为:三十而骊,青春归位。不同于《偶像练习生》《青春有你》等以年轻艺人为主的节目,参加《乘风破浪的姐姐》节目的都是年龄超过 30 岁的中国女艺人,包括影视演员、歌手、主持人等,节目展现了 30 位不同女性的追梦过程,最后由观众投票,选出 7 位姐姐成团出道。

这档节目正是瞄准了国内女性力量崛起的浪潮,通过对这 30 位女艺人晋级、淘汰、舞台竞演和宿舍生活的录制和播出,向观众展现了当代独立女性的自信,她们无惧年龄、勇于挑战自己,敢于追梦的精神一次次感染着观众,观众在观看的过程中反观自己的选择与梦想,从中找到实现自身的梦想,发现实现自身价值的最佳选择,尤其得到了很多女性观众的共鸣。

(二)品牌塑造方面的成功

毫无疑问,《乘风破浪的姐姐》已经成为全国人民津津乐道的节目,其影响力和高品质的节目制作已经成为收视率、点击量的保证。《乘风破浪的姐姐》为确保节目的品质,捕捉到每个姐姐、成团见证人和经理人等参与者的表情和动作细节,符合了现代人与生俱来的"窥视欲"和对明星私下生活的"好奇心",给了观众沉浸式的观感,无处不在的摄像头让节目的素材来源极其丰富,节目中增加了对姐姐们的前采、备采和后采,让观众更直观地了解了姐姐们最真实的态度,也更好地塑造了姐姐们的个人形象,使得节目的自身品牌更加鲜明,更好地传播了节目的品牌价值。节目的火爆,也带动了背后企业芒果超媒股价大幅的上涨。2020 年的夏天,"姐姐"这个词更是成为当时的流行语。

(三)表演形式和内容的创新

《乘风破浪的姐姐》更注重姐姐们舞台上的表演形式和个人魅力的展现,节目中每首歌曲的表现形式和内容一直让观众有眼前一亮的感觉。从最早风靡全

网的主题曲《无价之姐》,到燃炸舞台的《大碗宽面》和逆风翻盘的《玫瑰少年》等等。姐姐们不断地突破自我,挑战不同的风格,每次都给观众带来视觉的狂欢和惊喜。除了对这些歌曲精心的改编和舞蹈精美的编排,每次姐姐们出场的服饰和精心设计的舞台,对观众来说都是一场试听的盛宴。

(四)全平台传播的媒介

在如今这个全媒体的时代,节目的传播、推广有了更多平台,在《乘风破浪的姐姐》播出后,节目组在微博、抖音、小红书等平台开设热搜、热门话题等,从品牌营销、娱乐节目、音乐、情感、舞台设计等不同角度进行立体化、多层次地制造节目热度,让更多的人参与到互动中,观众也能够打破时间与空间的局限,随时随地观看该节目。通过这些新媒体的传播形式将节目精彩片段、花絮和线下推广都串联起来,不仅扩大了节目的影响力,也收获了大批粉丝和流量。

四、电视真人秀节目的营销元素分析

(一)重视公众市场的需求

在双向选择的市场当中,公众的眼球在哪里,市场就在哪里,电视真人秀节目一定要重视公众市场的需求,为老百姓的文化生活服务。

电视节目说到底还是寄托观众的精神追求、满足观众情感需要的产物。电视真人秀节目营销一定要是真实的、符合大众追求的。不管是精英人士还是广大普通老百姓,生活当中都有追求、有梦想、有挫折,真人秀节目通过梦想能够号召最广泛的人员、也能够深深触碰到每个人的内心。梦想永不过时,对每个人都有极大的鼓舞力量。参演者对梦想的不懈追求与执着,极具故事情节,梦想能够连同选手与观众的感应,观众可以将自己的追求和诉求投射到某个参演者身上,与参演者一同体验角逐的喜悦与压力。

(二)合理满足公众"窥探"欲望

当今社会越来越多人有一种"窥探"的欲望,真人秀节目正是通过引导参与者真实地参与活动,鼓励他们展现真实的情感与交流,观众通过旁观"窥探"到真实的人性,这是真人秀节目兴盛的重要原因。当然,正如前文所述,真人秀节目应该把握满足公众"窥探"欲望的尺度,过度窥私引发不良社会影响,动摇电视真人秀节目的存在价值。合理把握满足公众"窥探"欲望的尺度,杜绝散播低级的、私密的、病态的言论或者个人生活细节,不侵犯个体的隐私权利,不过度渲染个人的身份、背景以及亲朋,将公众"窥探"尺度维持在个人的人性、人格维度。如果一个节目里面的人、人性、人格没有突现出来,没有被观众记住,没有对我们产生感染力,这种真人秀的成功是有限的。

(三)追寻差异化与优质化

在越来越多形式与内容相似的真人秀节目出现在观众面前时,观众会寻找更有创意、更有品质的节目观看。在电视节目市场化的今天,节目制作也要采取差异化的策略,不断创新寻求差异化、优质化。实施差异化策略的关键是要找准市场定位,通过对电视节目市场已有节目的总体分析,结合对消费者需求的细分,判断未来市场发展的方向,分析自身在人力、物力、财力和关系网络等方面所具有的优势和存在的不足,瞄准特定消费群体,来确定节目的定位,节目定位之后,要将创意进行设计,要想打造一场视觉、文化体验的盛宴,就要在坚持质量为上的理念,对整个节目的资源、流程进行最优化的配置,为观众提供高品质的观赏服务。

(四)发挥明星效应

明星具有较高的社会知名度和比较出众的形象,能够吸引大众的眼球和关注,明星对自我隐私的刻意保护也令观众对明星充满了"兴趣",明星在表演、歌唱艺术、音乐等方面具有专业化水平,可以对大众文化传播产生好的影响。真人秀节目要切合主题,选择具有良好正面形象、与节目定位相匹配的明星,让明星与节目相得益彰,而不应该哗众取宠、肆意消费某些因为争议话题或行为而爆红的所谓的明星,只图一时的出名度,这样的节目是没有生命力的,这样的明星效应也很有限。

(五)与时俱进的营销方式

在节目竞争日趋激烈的今天,真人秀节目要想赢得市场就一定要博取市场关注,营销方式要与时俱进。

真人秀节目要利用如今的融媒体时代开展整合营销,获取最大的营销效果,加强立体化传播,实施"跨媒体传播",要找好节目的定位,重视"分众化"传播,在细分市场中赢得市场。利用品牌延伸进行跨媒体、跨行业运作,从而打造出节目的产业链,更好地树立节目的品牌效应。

结　语

在社会不断发展下的电视真人秀节目要致力于健康积极、趣味盎然又没有视觉污染的"绿色娱乐",在坚守"品质、品位与品格"中,不断提高真人秀节目的文化内涵。在符合中国娱乐伦理的前提下,提高节目的创意能力和制作水平,使真人秀的制作和营销专业化、整合性、国际化。在娱乐的同时,让个人的欲望被融入主流的社会价值取向中,与主流政治相结合。那么,真人秀节目必将成为一种重要的娱乐形式,既为广大观众提供精神产品,也为电视产业提供了新的经济增长点,同时也推动电视观念在新媒体时代下的深刻变革。

参考文献:

[1] 赵军.真人秀电视节目的真实性研究[J].新闻记者,2010,(3)。

[2] 施育华.国内真人秀节目整合营销模式研究[D].北京交通大学.2011。

[3] 黄生晖.电视真人秀研究综述[J].新闻大学.2010.(3)。

[4] 张忠仁.当前电视真人秀的传播困境与解决之道[J].现代传播(中国传媒大学学报).2010.(10)。

[5] 王佳琳.基于5W模式的选秀节目传播策略分析——以《乘风破浪的姐姐》为例[J].记者观察.2020.(35)。

[6] 王倩楠.新媒体视频平台运营的内容创造与价值引领——以芒果TV《乘风破浪的姐姐》为例[J].传媒.2020.(23)。

作者简介:

沈佳怡,上海市闵行区融媒体中心专题编播部编辑。

论少儿电视节目制作的发展方向

沈 莹

提 要: 我国电视少儿节目可溯源至上世纪 50 年代,随着电视机的普及和电视技术的不断发展,无论是数量上还是质量上都取得了显著的进步。现代少儿电视节目以央视少儿频道(CCTV14)为龙头,金鹰卡通、北京卡酷动画、上海哈哈炫动卫视等卫视节目也逐步加入少儿电视节目的制作,少儿电视节目和少儿电视频道的数量不断增加,节目内容和形式也更加多元,但仍存在一些突出的问题。本文将分析中国少儿电视节目的现状和问题,并探索我国少儿节目制作的方向,提出关于优化我国少儿电视节目制作的发展建议。

关键词: 少儿电视节目 少儿频道 节目制作 发展建议

引 言

现代少年儿童接触电视节目的机会越来越多,除了传统的电视频道还有许多网络电视、直播等多媒体渠道,但是许多家长对于孩子看电视的问题大多还是采取保守态度,面对孩子要看电视的要求总是以拒绝为主。实际上,适当地鼓励儿童去看一些儿童电视节目,对他们的成长也是有很大帮助的,教育学家认为,适当观看电视对发展孩子的感知能力、提高记忆效果、增进知识等都是有益的。首先,电视的特色即影像和声音同时刺激感官能吸引儿童的注意力,这些节目能够充分调动儿童的听觉和视觉感官,训练儿童的注意力。其次,好的少儿电视节目是传播美好艺术的一个平台,在吸收内容的同时,又能给少年儿童带来美的感受,其中的语言艺术、视觉艺术都能够提高少年儿童审美情趣、培养审美素质,对少年儿童未来一生的发展都起着积极的作用。更重要的是,少儿电视节目能够帮助孩子在观看电视的时候从侧面获得一些经验,从第三者的视角更全面地认识世界,形成初步的世界观,搭建基础的思想架构。因此,少儿电视节目在满足儿童娱乐化的同时还负担着寓教于乐的教育价值,正确优化少儿电视节目的制作导向对于帮助少年儿童树立正确的价值观、培养成为我国社会主义现代化的可靠接班人都具有重要意义。

一、我国少儿电视节目的历史和现状

我国少儿电视节目从我国电视台诞生起就应运而生,经历了近 70 年的发展,各类少儿节目已经遍及全国各级各地电视频道,成为电视节目重要的分类之一,并逐步发展出有针对性的专业少儿频道,在满足电视市场需求的同时也负担着寓教于乐的教育责任。

从我国少儿电视节目的发展历程看,先后经历了少儿节目零散播出、少儿电视栏目化播出、少儿电视栏目集中播出、少儿电视频道专业化的四大阶段。

我国少儿电视节目的诞生起源于 1958 年,5 月 29 日在北京电视台(原中央电视台的前身)开播的《两只笨狗熊》被视为新中国首个少儿电视节目。

随着 1985 年鞠萍姐姐主持的《七巧板》的推出,少儿电视节目栏目化初步呈现,1995 年大型杂志型儿童栏目《大风车》的出现,则意味着少儿节目栏目化在央视正式形成。除了央视推出的一系列知名儿童节目,20 世纪 90 年代,随着中国家庭电视的普及,我国地方台的少儿节目也蓬勃发展,如上海台的《开心娃娃》、北京台的《七色光》等,都曾享誉全国。少儿节目数量的增长以及境外动画片引入政策的开放为少儿频道的产生储备了条件。

直到 2002 年,南方电视台少儿频道开播,作为我国第一家以青少年和儿童为收视群体的专业频道,预示着我国少儿电视节目的发展步入下一个发展阶段。

随着电视机的普及、电视技术及网络技术的不断进步,在越来越多、越来越便捷地接触媒体的社会环境下,电视节目已成为少年儿童生活中不可或缺的伙伴,电视节目的质量也与少年儿童的健康成长有着密切的关系。根据中国统计年鉴数据库《中国电视收视年鉴 2019》数据显示,中国 4～14 岁少年儿童,平均每天观看电视时间 105 分钟,从幼儿园到初中毕业的 12 年中,儿童要观看长达 7 665 个小时的电视节目,观看电视节目的时间远远超过了他们学过的任何一门课程的时间。

目前,我国已有 38 个专业少儿频道,少儿电视节目在地市级电视频道已实现全面覆盖,少儿频道和少儿节目的数量都占据世界首位。随着电视市场的全面繁荣,加之"一对夫妇生二孩"政策的全面放开,有业内人士认为,现在正是"少儿电视发展的春天"。但是,目前我国电视少儿节目还存在一些显著的问题,例如受众目标不清晰、节目质量参差不齐、节目形式成人化、娱乐化与教育化两极分化等问题,导致家长对于孩子"看电视"不够放心,一定程度上限制了少儿电视节目的快速发展。

二、现阶段我国少儿电视节目存在的主要问题

1. 受众目标不清晰,使家长选择合适的少儿电视节目造成困难

许多少儿电视节目的内容和形式缺乏针对性,少儿电视节目的制作过程中未对不同阶段的儿童进行心理调查,深入了解儿童在实际成长过程中的规律,和每个阶段所表现出来的基本特征。实际上儿童的心智和认知的发展是有着明显的阶段性差异的,有时相差几岁的孩子,在面对同样的节目和内容时,理解和接受程度将完全不同。因此少儿电视节目的受众是非常精细化的,根据儿童心智和认知的发展程度应当细分成完全不同的受众群体,并制作有针对性的少儿节目。

2. 节目质量参差不齐、内容和形式偏向综艺节目、儿童参与度不高

现阶段我国少儿电视节目的数量已经跃升世界第一,但是公认优秀的电视节目却屈指可数,除了早年的《大风车》《七色光》等节目成为一代青少年的童年记忆,近年来许多节目则打着少儿电视节目的幌子,实际上并不适合少儿观看。以湖南卫视的儿童真人秀节目《爸爸去哪儿》为例,根据相关统计,其受众群体中25—34岁的成人占比达到34%,而4—14岁的少儿观众只占总量的5%。更多的观众只是冲着其中熟悉的明星艺人去看节目,但对于少年儿童缺乏真正的吸引力。当少儿电视节目一味满足成人的娱乐需求时,孩子便成了节目中的一个"道具",仅仅是一个可以给节目添彩的"元素",不能称之为真正的少儿电视节目。

3. 娱乐化与教育化两极分化严重

少儿电视节目首先是为了满足少年儿童身心放松的需求,同时作为大众媒体还承担着寓教于乐的媒体责任,优秀的少儿电视节目就是要将教育性融入娱乐性,让孩子在愉快地看电视的过程中潜移默化地接受正确的知识和价值观。

但是反观国内一些少儿节目,要么过于看重节目内容的教育性,忽略了儿童的观看体验,缺乏趣味性,生硬地灌输成人社会对孩子的说教,违背了少儿节目制作的初衷;要么过于强调节目形式的娱乐性,内容简单低俗,重视感官刺激而忽视文化导向,两极分化严重。

4. 节目设计缺乏新意,内容和形式上雷同,没有足够的吸引力

随着电视技术和网络技术的不断更新换代,现代少年儿童接触各类媒体的方式越来越多样、越来越便捷,孩子在面对节目时拥有了更多的自主性和选择权。这就对少儿电视节目的制作提出了更高的要求,而各大地方卫视之间高度相似的节目类型只会让孩子产生厌烦和疲倦,如何打造创新的、有吸引力的节目才是突出重围最重要的方向。

三、优化我国少儿电视节目的几个建议

1. 明确节目受众定位,根据不同年龄阶段量体裁衣

现代心理学家认为,儿童的心智和认知发展分为四个阶段:0—2岁的感知运算阶段,这个阶段的孩子主要通过经验和五官感觉来发展智力;2—7岁为前运思阶段,这时的孩子处于符号功能和直觉思维阶段,想象力和感知力得到发展,开始喜欢通过角色扮演游戏体验新的事物;7—11岁为具体运思阶段,这个阶段的孩子开始发展逻辑,学会归纳推理的能力,对于新鲜事物倍感兴趣;12—14岁进入形式运思阶段,认知能力更加先进,可以理解抽象的概念,对于身份和道德形成更深刻的理解。不同年龄阶段的孩子,在认知和心理满足上有着截然不同的需求和关注点,要制作出真正面向孩子,对孩子有吸引力的少儿电视节目,必须根据这些特点精细化分定位。

参考哈哈炫动卫视,在上海及长三角地区具有良好的收视基础,它在日常节目编排中将收视群体分为几个阶段,并划分在不同时段,形成一定的收视规律:每天上午11点前以及下午12:30—17:00,主要针对4—6岁学龄前儿童播放各类动画片,由于幼儿的专注力较弱,每个节目的播放时间不宜过长,因此每个系列的动画片一般连续时间不超过一个半小时,每一集动画片被划分成15—30分钟,便于儿童观看期间适当休息或转移注意力。每天中午11:00—12:30以及17:00—18:30,适应7—12岁的小学生午餐和晚餐时间,根据中国家庭的收视习惯,这个时间段孩子和家长经常边吃饭边看电视,更适合播放一些亲子体验类、教育益智类节目,例如《小鬼当家》《宝贝学院》《炫动酷地带》等。19点以后则会

播放一些人物更复杂、剧情更多元的动画片以及少儿综艺和竞技类节目《全能脑力王》等,更适合 12 岁以上的青少年在完成了一天的学业后作为休闲娱乐的一种方式。根据不同年龄的儿童喜欢的节目特点和孩子的作息习惯科学划分节目时段,每个节目定点播出,有助于培养儿童的收看习惯以及对节目的忠诚度。

2. 少儿电视节目应当从儿童视角出发,讲儿童的话语,并把新闻触角伸向儿童世界

少儿电视节目的制作要"以儿童为本",应当符合少年儿童的认知和心理状态,从儿童的角度去思考和看待问题,迎合儿童的兴趣所在,不能过分"成人化"或者"幼稚化"。要尽量避免成人主宰、支配的情况,要充分发挥儿童的聪明才智和自主权,真正让儿童自己做自己的节目。少儿节目并不是只讲儿童的事情,而是用儿童的视角来分析社会方方面面的现象和问题,用儿童的话语讲述他们的见解和看法。人民教育家陶行知先生曾在《小孩不小歌》中说道:"人人都说小孩小,谁知人小心不小,你若小看小孩子,便比小孩还要小。"

以 1995 年 10 月 1 日上海有线电视台开播的《"小小"看新闻》为例,节目问世不久就收到媒体和大众的观众和支持,宣传部领导也称赞有远见的新闻工作者应该把新闻触角伸向儿童世界。少年儿童是祖国的花朵,更是未来的主人,少儿电视节目应当挖掘内容的深度和广度。在创作过程中避免创作理念成人化和表现形式幼稚化,要学会引导儿童关心社会生活,向他们提供正确的社会信息,帮助儿童建立正确的价值观,这是电视从业者不可推卸的责任。谈话类、新闻类少儿节目,有助于为少年儿童搭建起专属的传递信息的媒体平台,有助于少年儿童获得群体归属感,使他们的呼声能被社会注意,他们的思维方式和认知特点被媒体尊重和认可,有利于实现儿童的心理平衡。

3. 寓教于乐,提高审美,实现儿童快乐放松的同时传输正确的价值观念

少儿节目制作一定要贴近儿童,暨看到儿童成长发展过程中的一些共性特点,如平等意识、求知欲、天马行空的想象力、对自由快乐的渴望等,也要帮助他们克服自卑感、恐惧、焦虑、成长中的困惑等不良的心理状态,助力儿童自然天性的舒展和斧正,而不是生硬地强加成人社会的教化、教育。要提升少儿节目的审美要求,结合语言艺术与视觉艺术。在主持风格上要贴近少年儿童,体现自然亲和,不能太过生硬教条,也不要过于矫揉造作,避免"成人化"或"幼稚化"。

少儿电视节目应当尊重儿童的心理变化和需求,让儿童成为节目的主题。

拿深受广大小朋友们喜爱的《小鬼当家》节目来说,《小鬼当家》不看小鬼的学习成绩,也不看重小鬼的表演天分,最看重的是家长和老师不在场后时,小鬼们如何"独自"面对生活的挑战。而《小鬼当家》最忠实的观众就是"小鬼们",他们看电视时,总觉得自己肯定比荧屏上的小鬼更强。可轮到自己上场,却同样洋相百出,急得跳脚,甚至号啕大哭。可是哭过以后,能参加《小鬼当家》拍摄,还是让小鬼们觉得自己就像初次登上月球的英雄一样了不起。在满足体验性、娱乐性的同时,也让孩子们在收视的过程中学会一些生活小技巧、小知识,潜移默化中形成完整的世界观和正确的价值观。

4. 创新精品节目,打造品牌价值

目前我国少儿电视节目的制作质量普遍不高,创新力缺乏,很多时候为了快速创造收益和收视率,常常采取"拿来主义",大量引进国外的动画片和儿童片,《猫和老鼠》《天线宝宝》等节目在各大少儿频道反复播出,却很少看到国内原创的精品少儿节目。实际上,早年中央电视台推出的《大风车》节目一度代表了几代少年儿童的成长记忆,开播至今仍占有极高的市场认可,看着《大风车》长大的新一代家长们也首选让自己的孩子继续收看这一节目,形成了极强的品牌效应,就算节目形式随着时代不断变化、主持人一代又一代更迭,还拥有大量忠实拥趸,这就是一个优秀的少儿电视节目的魅力。

近年来在其他地方卫视少儿频道中也有不少优秀的案例,2005 年起开播的《画神闲》节目,"画神闲"既是节目名称,又是主持人的名字,"画神闲"蕴含三层含义:"画"即重复绘画,是节目的核心;"神"即重复神奇,用令孩子意想不到的方法来绘画,来想象,来创作;"闲"即重复寓教于乐,无拘无束自由自在带领着孩子在艺术的海洋里遨游。节目注重参与型和互动性,由主持人和几个孩子现场作画,屏幕前的孩子也可以跟着一起学,还拓展了"创意情报站""闲游画世界""闲画剧场""来信点评"等环节,拉近了电视和观众的距离。《画神闲》节目开办多年以来,在上海小朋友心目中树立起了良好的形象,如今,《画神闲》不仅是一档广受 7—14 岁儿童喜爱的电视节目,更延伸到了线下,开办了少儿绘画课堂,并滋生出一系列教育衍生品,一个受欢迎的少儿节目,不仅可以赢得观众的掌声,还可以获得不错的经济效益,从而获得口碑和经济的双丰收。

结　语

电视是孩子认识世界的一个窗口。少年儿童通过电视节目既可以获取丰富的学习资料,也可以获取了解未知世界的间接经验,不仅开拓了少年儿童的眼

界,并且使儿童在观赏节目,欣赏优秀作品的同时,陶冶美好的情操,在潜移默化中提升少年儿童的审美能力。电视作为陪伴少儿成长的大众化媒介,需要提供有益且符合少儿特点的观察、模仿对象,而这些对象的重要来源便是少儿节目。面对全新的社会环境和媒介环境,少儿节目如何肩负起引导认知、寓教于乐的使命值得思考。优秀的少儿电视节目要始终坚持有正确导向、有文化内涵、敢于社会担当,积极做党和政府声音的传播者、社会主流价值观的弘扬者、正向趣味能量的引导者、社会效益和经济效益相统一的践行者。在节目制作和策划中要重视"以儿童为本",根据不同年龄阶段的儿童精细划分,做到精准有效传播,有意识地深挖中华传统文化内涵和社会主义核心价值观的传承,更好地发挥少儿电视节目的积极作用和指导意义。

参考文献:

[1] 杨静.论电视对儿童的涵化作用[D].湖南师范大学.2006.

[2] 王昱.少儿电视频道的发展历程概述.新媒体研究.2006-07.

[3] 胡玲.我国少儿电视新闻节目发展现状研究[D].华中科技大学.2005.

[4] 陈曦.浅析中国少儿节目的发展.魅力中国.2010-06.

[5] 郭晶星.如何提高我国儿童电视节目的吸引力.南昌大学学报.2004-06.

作者简介:

沈莹,上海炫动传播有限公司副总经理,上海小荧星教育培训有限公司党支部书记、总经理,上海上视小荧星文化艺术培训学校校长。

浅谈电视舞美视觉呈现融合一体化

倪　军

提　要： 如今电视舞美将艺术想象与技术变革的融合力量发挥到了一个新高度。舞台美术自身是一个综合系统，与相关的要素关系紧密，特别是在科技、产业方面的跨界合作就更加直接。新时期的舞台美术设计逐步向表现美学多样化拓展、深化，不断探索多样化的表现形式和方法。设计能力、构成要素、技术手段有效的融合，展现的是既有时间、空间性，又有听觉、视觉性的艺术效果，带给观众的是全方位、立体感官盛宴。笔者所在上海广电影视制作有限公司作为 SMG 旗下专业的舞美灯光设计制作公司正与时俱进，在项目实践、市场拓展中推动舞美设计结合新技术朝视觉融合方向发展。

关键词： 电视舞美　舞美设计　视觉呈现融合一体化视觉导演　数字媒体多因素融合

近年来，国内各类大型综艺节目、晚会、节庆活动、文娱演出百花齐放层出不穷，极大丰富了群众的文化生活。节目形态的创新需求和电视技术的新发展，推动了灯光、舞美(本文所称舞美仅为一般电视制作中对布景、装置、道具等专业的惯称，不同于剧场舞台美术的概念)等节目制作手段的不断转变升级。舞台美术设计是一项综合性很高的美学艺术，是在有限的舞台空间(包括传统舞台概念和以实景自然环境为表演空间的更大舞台概念)表现无限的艺术空间，对舞台演出的整体风格和效果起着决定性作用。新时期的舞台美术设计逐步向表现美学拓展、深化、不断探索多样化的表现形式和方法。开放的思维模式、多元的知识结构、高端的科技手段的有效融合，展现的是既有时间、空间性，又有听觉、视觉性的艺术效果，带给观众的是全方位、全立体融合一体化的感官盛宴。笔者通过近年的工作探索、学习交流、与外来团队的合作,对于舞美视觉呈现与灯光、舞美工作的制作理念、制作方式都有了一些新的认识。

一、设计师素养诸要素间的融合互促

表现舞台立体空间和时间的视觉空间艺术,我们把它统称为舞台美术。一般情况下,艺术的种类分为两大类,第一种类型如油画、版画、雕塑等,我们一般把它归纳为空间的艺术形式,另一种则是指文学、音乐等方面的艺术,我们称之为时间艺术,而针对舞台演出、戏剧表演等就是在这两个艺术形式的基础上所产生的一种综合性艺术。舞台美术是舞台艺术的重要组成部分,舞美设计师是舞台艺术和舞台美术完美融合的缔造者和实践者,创造出的艺术空间和艺术环境是在现实生活基础上的艺术再现。电视舞美则是电视节目演出的一部分,它与纯粹的舞台表演略有不同,小到一场几十位观众的小型演出,大到央视的春晚及奥运会开幕式的演出,他们的演出都必须建立在一个空间(场地)上,舞美就是要把灯光、大屏、道具等和舞台做一个合理化设计,在视觉上能达到一种美的效果的场景布置,并与电视节目相融合。舞美主要考虑视觉呈现的效果,所以舞美设计工作者主要还是要通过学习提高自身的美术修养、审美和表现的能力来提升自身的艺术高度。目前,中国舞台美术已经进入快速发展期,舞美创作被庞大的市场和文化需求激活,电视舞美更是对设计师自身素养提出了很高的要求,只有始终走在时代的前列,才能不断向观众展现现代与时尚的理念与成果。面对市场化、技术化、国际化的大环境要求,舞美设计师自身设计能力的提高显得迫在眉睫。一名舞美设计师美学修养和创新能力的综合体现为设计师素养,包括以下要素:出色的设计理念与思维,这是设计师的指导思想和精神原动力;细致入微的理解力,这保证了设计师对艺术作品妥帖、独到的见解与品读;文化底蕴和艺术修养,是设计师经过长期锻炼和培养在各自艺术专业领域里展现出的艺术水平高低与完善,是文化艺术相关知识和鉴赏力的总和;艺术创造力,这是产生新异、高质量和适恰的工作的能力,是对设计灵感的捕捉、升华,是艺术的生命与灵魂,是舞美设计风格特点确立的基础;最后,还包括职业道德素养,包括认真负责的敬业精神、追求完美的工匠精神和社会责任感。这些要素又是相互促成、密不可分的。

同时,电视舞美还涉及设计师和导演演员的相互合作、融合互促、相互成就,演员是电视节目的主角,要跟随演员的表演进行相适合的舞美设计,设计要能体现电视节目思想,并与电视节目的类型、形式相融合,让观众产生共鸣,增强电视节目的表现力。

二、电视舞美设计构成诸要素的融合一体

舞美设计融视觉艺术与听觉艺术为一体。电视舞台美术主要由布景、服装、化妆、道具、音乐、音响效果、灯光等元素构成。这些看似独立的要素之间其实是密切相关的。舞美设计就是根据表演剧本中的内容和演出的要求,将现实性的戏剧情境、人物形象与不拘泥于写实的、空灵的、意象化的舞台构成要素进行有机融合,创造出充满想象、富有诗意的舞台艺术形象,以适应多样化的电视镜头语言的要求,展示出新颖多样的舞台艺术和舞台气氛。

在电视舞美视觉呈现过程中,导播、摄像、灯光、舞美、服装、化妆、视频、特效、包装等部门,均与最终舞台呈现效果有直接联系:灯光、舞美、服装、化妆等提供了演出空间内的拍摄素材;视频、特效等可以优化或弱化素材;摄像及导播拥有取舍素材的权力;包装影响了最终呈现画面的整体风格。在实际工作中,以上诸工种之间互相影响也互相制约。它们之间遵循了"木桶原则",即任一工种成为短板,都会成为制约其他工种发挥的瓶颈,进而影响整体画面呈现效果。其中,灯光与舞美占有很大权重。视觉呈现最终成果包含的所有演出空间,均是灯光、舞美的创作空间。舞美设施、设备与灯光设备的联系尤其紧密,如:很多没有自发光功能的舞美设备需通过灯光来表现,而光线的阻隔和阴影的产生也与景物有关。因此,通常在进行灯光设计与舞美设计时,灯光师与舞美师会密切沟通,在设计上相互配合并适当做出妥协。

各种新型视觉表现载体已成为电视舞美视觉的表现核心,但在舞美的创作上,习惯以美术设计先行、灯光设计跟于其后、视频内容独立制作、最终现场搭建调试后所形成的整体舞美视觉,暴露出工种割裂和艺术缺乏交融的问题。由于美术、灯光和视觉内容的创作者在缺乏整体创作上的艺术交融,往往最后只得靠导演对整体结果进行重新调整,导致在整体艺术的把握上和效果的体现上留下诸多遗憾。

部分国外团队在节目制作中设置了"视觉导演"一职,其作用在于对整体画面效果进行把控。这在国内已有先例,但没有常态化、标准化。目前,大型晚会或综艺节目视觉把控的一般形式是:总导演或制片人从宏观上对画面效果进行把握,再由舞美设计、灯光设计、视频统筹、导播分别与总负责人对接,并分头施行。此方式的缺点在于:总导演或制片人往往不是专业灯光、舞美人员出身,提出的意见偏于概念化,同时他们兼顾的工作很杂,对视觉的把控难免分心;而在分头施行时,各工种间的协调只能通过对等协商而非自上而下。视觉呈现融合一体化的工作方式意义在于改变当下影视节目制作,各类演出过程中存在的舞

台各工种之间独立割裂的操作模式。视觉导演却能够以其绝对的专业性和权威性节制所有与画面呈现相关的工种,可以兼顾舞美视觉呈现的各项要素,全面把控画面质量。

现代舞美的视觉创意团队,应以视觉导演为核心,辅以美术设计师、灯光设计师、视频内容设计师、多媒体技术团队,这样可有效实现细分工种之间的衔接问题,从总体上呈现精良的舞台视觉。将平行的工种协调,变成团队内部视觉导演负责制的整体把控,需要在运作机制上搭建整合平台,在工作方式上运用具有整合表现能力的设计软件来实现,以帮助视觉导演将美术、灯光、视频内容等方面的创意作品加以融合,以所见即所得的方式,与节目总导演进行提案和论证。

创意设计除了要遵守舞台艺术的基本原则外,还要灵活地解决实际演出中的问题。数字媒体软件系统可以有效帮助舞美设计师灵活运用演出空间,并能在开始设计阶段就把比例、位置、空间等环节设计好,并且可以随时进行调整,甚至可以使用软件编辑系统地对演出过程进行预演,方便节目导演和视觉导演对总体效果的把控。

以笔者所在公司在 2019 年喀山世界技能大赛项目的设计为例,为取得良好的电视画面视觉呈现效果,设计师采用不同于以往现场在线灯光设计编程,该次灯光设计师采用了"离线编辑"的方式,在到达喀山现场前,就根据俄方提供的现场灯位图,利用 Vectorworks 建模挂灯,再利用 Light Converse 导入模型,使用 MA2 控台将灯光设计理念输入生成虚拟灯光视频。技术预支时间,这种数字视觉呈现融合一体化的方式不仅大大提高了现场的灯光编程效率、节省了前期彩排的人力物力,还能够让俄方灯光制作人员直观地了解我们所需要呈现的效果,减少了语言障碍所造成的沟通成本。

又如,《舞者》项目是东方卫视 2020 年疫情期间推出的重要栏目之一,为更好地呈现舞美灯、光设计效果的完整性,灯光设计团队利用 Light Converse"离线编辑"云端功能,将舞美效果导入系统,结合灯光设计的动态点位编辑,形成美轮美奂的虚拟舞台场景。往常的灯光设计局限于图纸之上,而"离线编辑"的数字化视觉呈现融合一体化的工作方式则能将现场灯位图、挂灯效果通过虚拟灯光编程,变成立体、动态的模拟落地实际视频效果,将灯光对舞台的渲染直观地提供给客户,减少繁复的图纸沟通、节约现场灯光编辑时间,大大提高了工作效率。

要想在探索和实践中获得更加广阔的创意空间,舞美设计师就要在设计理论的指导下把多种因素有效地融合在一起,组成一个有机整体。无论是用传统的美学设计概念去理解,还是用现代的美学设计理念去认识,舞美设计多因素的融合对新时期电视舞美设计都具有一定的借鉴意义。打破和重建已有的设计模式,挖掘和更新现有的设计思路、才能满足人们对时代发展变化的新需求,才能通过极富感染和冲击力的艺术形式带给观众完美的视听感受。

三、舞台技术的融合一体化

舞台美术作为一种艺术性的设计与呈现,必须要技术作为支撑。在演出中使用新技术不仅能给观众提供绚丽多彩的影像,还能与表演者以及内容之间形成一种虚实相间、浑然一体的感觉,使演出空间维度限制得以突破。多功能舞台、数字化的舞台灯光、LED 屏幕、数字媒体的音响装置通过流媒体技术整合体现,让原有的舞台设备性能可以充分发挥,也可以让导演充分展示其才华。因此,现阶段我国的创意产业对此极为重视,发展非常迅速。

人类文化艺术的发展从来就是与科技发展同步向前的,人类发展史的每一次技术进步,都带来艺术上的变革。文化艺术与科技深度融合,不仅带来了艺术理念和艺术创作模式、方式、手段的革命,而且会促进文化艺术产业形态的重大转型。科技与艺术的融合,共同打造出现代化的舞台艺术。艺术手段的科技化使舞美设计师实现了自己力所不及的艺术梦想,通过舞台空间的营造,将复杂生动的生活内容展现出来,更具观赏性与感染力。目前舞美行业的发展趋势是,将与之相关的舞台灯光、机械装置、数字媒体系统、视频内容等各类技术予以整合,形成以舞美艺术为灵魂,多种技术协作的跨界应用体系,实现对舞美呈现效果的统筹。文化创意与科学技术之间的融合一体化,是舞美艺术可持续发展的动力源泉,舞美视觉呈现融合一体化是舞台美术的未来发展的方向,是信息时代的产物,是舞台表现演化的必经之路,有很高的使用价值和艺术价值。目前,国内外许多大型文艺表演和晚会都使用数字媒体技术作支撑,现代舞美设计不仅仅是把表演数字化,还需要把数字媒体技术和表演相结合的生产服务流程数字化。舞美呈现融合一体化整合了整个演播过程的视频、灯光、音乐、舞美,甚至是动态的表演艺术,使得整个流程以数字化、模型化、智能化和系统化的展现方式展现。当前,业界所面临的在文化产业链中的创意思维、媒介技术、艺术内容、创作机制、演艺作品、观众群体等诸多问题,它包括了所有付诸视觉呈现的元素,迫切需要跨领域的技术支撑与艺术创意相结合的视觉融合一体化思维和创作运行机制。

例如,2015 年笔者所在公司承接的大型实景演出《烽烟三国》项目的舞美灯光设计及制作。该项目总投资超过 6 亿元,演出选址重庆市忠县东溪镇,整个演出以万里长江为背景,三峡库区东溪湖面为舞台,在长江三峡乃至全国都绝无仅有。演出融合了大量最新的演艺科技和变幻莫测的水火特效,采用大体量舞台机械、180度环形移动观众席和3D全息投影,将气势恢宏的史诗画卷和精美绝伦的艺术效果呈现在观众面前,整体烘托打造《烽烟三国》的宏大演出场景。这是目前国内唯一一个以战争为题材的山水实景演出项目,也是长江三峡上首个承载厚重历史文化的实景大戏。项目共包含最先进舞台机械、舞美道具、威亚、水火特效、灯光、音响、视频投影等七大硬体搭建系统工程。整场演出,以展示三国忠义名将关羽生平为主线,通过大量声光电特效和国际前沿演艺科技的结合,在万里长江边,营造出三国时代波澜壮阔的史诗画卷。夜晚重庆忠县长江边,巨大的五虎将石像柱前,喷出了巨型水幕、三国时代影像,投射到四面水幕墙上,色彩光影不断变幻,拉开了《烽烟三国》的序幕。关羽、张飞、马超、赵云等三国名将,脚蹬骏马,身披金色铠甲,从历史大幕走向台前。索道威亚悬挂的桃林,从天而降,刘关张入桃园三结义。在特效科技的烘托下,一幕幕熟悉的三国情景,再现观众眼前。随着曹营之梦、过关斩将、火烧赤壁等场景交替,主舞台对面的观众席,开始缓缓推进至舞台中央,沿水面进行180度环形旋转。包括意大利团队参与的投影秀、灯光、水火特技,穿插在表演过程中,营造出美轮美奂的三国世界。全剧以"忠义"为主题,再现武圣关羽,跌宕起伏的一生。

笔者所在公司在现场布置了上千盏专业灯光设备,在所有的观众席,包括阙楼,所有角落都布置了一定数量的LED灯,来营造整个《烽烟三国》的整体演出效果。从多媒体的角度来说,该项目采用了九台国际最先进的投影机,通过这些投影机和灯光系统进行紧密的结合,营造出一种在长江边上的,如史诗般如梦如幻的效果。也结合了很多在这个领域里面最具实力的合作伙伴,共同打造这么一场山水实景秀,这也是舞美呈现一体化理念从上海走向全国、甚至走向全世界的标志性项目。

2017年,笔者所在公司以全新的视觉呈现一体化的理念为指导,通过计算机控制、全新程序的开发,实现以灯光控制为核心,集合灯光艺术效果、视频、音效、特效、机械装置为一体的集成控制系统——基于演出灯光艺术效果的数字化控制系统集成设计,有效解决了演出过程中各工种之间的技术操作同步协调问题,为演出艺术效果的精准实现提供解决方案。该系统由人机交互系统、视频系统、音频系统、特效和舞台机械系统和灯光系统等组成。Alcorn公司的V16 Pro作为系统的逻辑控制单元,演出控制器通过以太网对视频系统、人机交互系统发送控制指令和数据的反馈。灯光系统通过midi信号对于演出控制器发送控制指令。演出控制器通过串口的对音频系统发送控制指令和数据反馈。演出控制器自带的16路IO口对舞台机械系统进行控制。根据需求将视频、音频的触发结束时间编程到人机交互系统上。由此实现针对不同视频、音频、灯光,可进行多元化的演出,将系统中灯光与机械、灯光与视频的同步性问题逐一解决。先期在《出彩中国人》《诗书中华》两场大型综艺电视节目录制过程中的试验,分段、分步骤完成了灯光集成控制系统对舞台机械部分,视频播出部分的联动测试。后期完成"蒙面唱将猜猜猜""青春宝45周年庆典晚会""2017年summer sonic音乐节""喝彩中华"等综合演出项目,确定了系统的架构及使用规范。灯光师借系统控台对灯光、舞美景片和大屏幕进行了一体化控制,针对每个节目环节进行整体风格上的统一设计,取得了很好的效果。在以上提到的多个节目的录制过程中,针对该系统的使用功能及系统架构的完善度和可用度,基本保证每两次录制与节目组相关人员(如导演、灯光师、装置负责人等)进行现场切磋与研讨,并整理出需提高与改进的问题,不断完善系统架构设计,以求达到各种节目录制的不同需求。

结　语

当今舞台美术行业,各视觉呈现工种的融合和一体化设计是大势所趋,制作团队应当加快自我调整,在与外来团队的不断合作与竞争中提升自己,具备更强的设计能力和技术实力,应用跨领域的技术支撑与艺术创意相结合的视觉融合一体化思维和创作运行机制,更好地参与市场竞争。

参考文献:

[1] 方剑.空间的意识——电视舞台美术设计的整体思维[J].现代电视技术,2016(04):51-54.

[2] 袁广福,靳琳.浅析电视舞台美术设计的一些新特点[J].演艺科技,2015(12):54-57.

[3] 郑希武.刍议电视舞美的内涵及其融合[J].新闻研究导刊,2015(08):63.

作者简介:

倪军,上海广电影视制作有限公司总经理。

探讨电视广告经营的振兴之路

张 怡

提　要：电视广告经营总体遇冷，创收业绩不断下滑，是电视亦将步纸媒后尘进入夕阳产业之列吗？在 5G 技术革新下引发的收看方式的改变，电视是否可以凭借节目的创新、营收方式的创新，走上一条自我革新之路？在 2020 年疫情影响下，人们生活方式和价值观的改变，对于电视是机会还是雪上加霜？本文以笔者所在单位东方卫视的广告经营为例，着重探讨电视经营面临的困境，以及这两年的破圈尝试中的成功案例，与大家共同探讨电视广告经营的振兴之路，也是自我重生之路。

关键词：传统媒体　新媒体　广告经营　振兴之路

　　2020 年，相信你问任何一个电视媒体人，他们都会告诉你广告太难做了。电视广告的下滑是瞬间的、断崖式的。从人声鼎沸的广告竞标拍卖到节目空载，赞助裸奔也就是三年之内的事情。那么电视广告真的没人看了吗？电视广告还能卖吗？在经历了 2020 年那场突如其来的疫情之后，我们又应该如何打起精神来应对改变？笔者作为在电视台工作 20 余年，从事广告经营管理 15 余年的业内人士，邀您一起来思考一下这个问题。

一、电视收视的变化趋势

　　从专业的数据调查来看，电视收视下滑是不争的事实，但是说电视没人看了，日落西山了，也确是一个妖魔化的论断。事实胜于雄辩，我们来看下数据。

1. 电视受众仍是目前最大规模的受众群体,但收视率确有下滑趋势

《中国互联网络发展状况统计报告》CSM 媒介研究全国测量仪数据,基于 2012 年至 2019 年上半年的调查结果显示:2019 年 6 月,中国内地年龄 4 岁及以上的电视观众规模为 12.7 亿人,电视触达率年平均为 98.2%。同期比较,网民规模达 8.54 亿,互联网普及率 61.2%。从规模上说,目前电视仍然是最大、最有影响力的媒体。当然,随着技术的革新,人们收看习惯的改变,电视收视的下滑也是不争的事实。其日触达率已经从 2012 年的 83%,下滑到 2019 年的 63.5%。

2. 电视收视从实时收视到时移收视的转变

自 2019 年 6 月 6 日工业和信息化部正式颁发 5G 商用牌照以来,5G 技术融合云计算、大数据、人工智能和物联网等新一代信息技术,向着实现万物互联的目标迈进,并终将全面赋能数字经济发展。5G 速度推动整个产业发生质的变化,电视的数字化发展和电视大屏智能化,使得电视开始成为直播和点播收视行为的混合载体。5G 智能电视大屏进一步促进电视成为直播收视和点播收视的混合载体。智能电视大屏的观众收视将被赋予新的含义,IPTV 互动平台收视将包括观众在 IPTV 端使用回看、点播、数字频道及其他应用产生的收视。OTT 互动平台收视包括观众使用智能电视或 OTT 盒子端提供的点播、应用等产生的收视。在传统电视这块,优质内容和收视分布集中化的趋势逐步呈现。随着 5G 智能大屏化的趋势,电视大屏的非直播收视已经在快速增长。

客观地说,实时的收看方式在现今的生活节奏下确实是不怎么便利的。电视实时收视率逐年下滑,有一部分转化为 IPTV 点播、OTT 点播以及在视频网站上的收看。大家不是不看电视节目了,而是看电视直播的观众少了。举一个例子,据央视索福瑞统计,大型季播真人秀节目《极限挑战》2019 年 55 城的平均收视率是 1.75%,但加上时移收视后的数据是 2.57%(时移数据指七天内索福瑞可测量的通过回放收看该节目的收视统计)。这个数字和前两年的收视率还是差不多一致的。电视的数字化发展和电视大屏智能化,使得电视逐步成为直播和点播收视行为的混合载体。

所有的改变都是源于技术革新带来的人们生活方式的改变以及媒体接触习惯的改变。电视人不用自哀自怜,我们需要正视现实,要看清自己的优劣势,在新旧媒体的融合中找到自身的价值所在。

二、传统电视广告的变化趋势

在受众接触媒体的方式越来越多元化的现今,也需要我们广告从业人员,从电视广告销售,向"一专多能"转型,做足一个 IP 在电视、OTV、OTT、手机、社交媒体、电商平台上的连贯曝光。简单地说所有有屏的地方,所有消费者可能促达的环境我们都要帮客户把 IP 和广告延伸到位。我们需要走到客户中去,走到他们的销售链中,与客户一起思考如何建立品牌形象及达成销售目标,并以此为目标配备或电视、或网络、或电影、或楼宇的所有广告触达。下面,从笔者所在电视台这几年的尝试,思考和总结出以下几点供大家参考。

1. 传统电视广告进入存量竞争时代

根据 CTR 公司的统计,1997 至 2016 年,传统电视的广告规模(刊例价统计)由 130 亿上升十余倍至 1 547 亿是真正的黄金十年。到 2017 年底约为 1 519 亿,传统电视广告规模首次出现下跌。随着网络媒体对受众的不断蚕食,传统媒体的广告不断下滑,至 2020 年上半年已经比 2016 同期下滑 19.7%。线性播出的硬广告已经因为段位时间长,表达方式硬,促达效果差而逐渐被抛弃。取而代之的是综艺节目与广告植入深度结,明星嘉宾与产品的使用绑定,实现品牌浸入式体验、场景化营销和 IP 赋能。截至 2020 年底,东方卫视的广告营销中,由节目赞助带来的创收已经占全年收入的 75% 左右。

2. 疫情对受众媒介选择分化的催化作用

2020 年,那场突如其来的疫情,使得居家娱乐成为主要的生活模式,这也确实给电视收视带来短暂利好。但停工停产却带来一系列的连锁负面反应,不稳定的经济环境下,大部分广告主的销售急剧下滑,投放意愿和需求明显下降,导致电视端的广告花费进一步下滑。从供给端看,卫视取消春节期间原定综艺排播计划、暂停娱乐性节目录制,也造成了随之而来的节目库存告急、新综艺延档以及第四季度排播拥挤等诸多现实问题。东京奥运会和欧洲杯两大顶级体育赛事双双推迟,也导致相关招商计划受到影响。在疫情最严重的时候,全民居家使得媒体流量出现了一个前所未有的高峰。电视、OTT、OTV、社交媒体、游戏及健身 APP 的表现尤为明显。生鲜电商、在线教育和在线医疗,也实现了较大增长。随着社会生活逐步回归正常,部分疫情期间养成的习惯得以沉淀和保留,消费者的媒介使用习惯总体也上趋于恢复理性。

这场漫长的疫情,使得消费者更为谨慎和实际,加速了其线上消费习惯的养成和巩固,头部集中度继续加强,直播卖货成为新风口。信息平权下,消费者更追求自我。对于已经实现了千人千面的电商和资讯平台,用户接收信息从被动到主动,对内容的自主选择权加强了。传统电视媒体和平面媒体我播什么你看什么,我写什么你读什么,千人一面的传播定式已经被颠覆。随着消费者自我意识的提升,渠道对内容分发的逻辑也进行了优化和升级。短视频和社交媒体的兴起又进一步降低了内容制作和分发的门槛;轻量级程序和应用加速信息传播效率、贴合应用场景。同样的,在购买选择上,消费者也有更多渠道去了解和比较目标商品的性能和价值。

三、电视广告经营规则和思路的重塑

可以说,从第一条电视广告起,电视台这 50 年已经建立起了一套完善的广告经营的财务和管理体系,服务并适应于从品牌到代理公司到电视台的运作系统。概括来说,广告合作沟通流程长,审核严苛,从制作到播出的周期都是以播出质量高、符合广告法审核,符合人民大众普遍的认知和审美习惯为标准。要说弱点,则是在经营中过于重视大众化需求,没有凸显个性,导致在广告营销中千人一面,难以真正满足当今品牌细分市场的实际需要。因此,传统媒体应借鉴新广告媒体的发展思路,在大众化与快速、小众化、分众化这两者之间找到融合点。

1. 舆论重塑,收视点燃——给广告客户投放电视的理由和信心

其实不断有数据表明爆款并不来自网络,而是来自电视或者电视和网络的联合播出。电视也一直是个更带货的媒体。这也是为什么会有投入过亿浙江和东方卫视联播的天猫双十一晚会;每年在年中,就被快手、拼多多等 APP 抢先预订的电视迎新跨年晚会,以及在 2020 年疫情催生网课,而带来猿辅导、作业帮、高途等网课 APP 在电视各大综艺中的大幅投放。新媒体比谁都清楚传统媒体能为他们带来的新客户引流。受众的媒体接触习惯从来都是多元多样化的。

2. 为广告营收布局节目版面

近年来,东方卫视收视最好的是电视剧时段,软肋是没有中插广告,能带来的广告收益有限,只能通过更多的产品设计实现溢出销售。对于创收王牌的综艺季播,只能通过更多爆款和数量实现创收的累进。在季播节目的设计上除了大综艺外,也需考虑垂直类节目的刚需。这也是装修类节目《梦想改造家》,精准扶贫节目《我们在行动》这类垂直类节目可以在东方长期受到观众和广告客户青睐的原因。而在 2021 年的版面安排中我们也看到了更多的美食、时尚、纪实类

细分节目,以达到广告精准促达的目标。

四、传统电视与新媒体融合的电视广告经营振兴之路

1. 媒体融合的节目创新尝试

电视广告的振兴之路,归根到底还是电视节目的振兴之路。2019 年 7 月,东方卫视推出一档网络文化代际互动节目《花样新世界》。这是全国首档广告品牌与卫视平台(东方卫视)以及短视频平台(抖音)三方联动,共同研发创造的节目,旨在打破横屏与竖屏的壁垒。节目中,倪萍等三位老艺术家在青年唱作人朱星杰的带领下,打破次元壁,体验网络时代的热门潮流和全新生活方式,并用短视频的方式记录自己闯荡新世界的全新体验。这档节目获得了乐事薯片的青睐,在将近五年没有电视广告投放后,重新回到电视,最后的节目效果也是电视台与客户共同创意的结果。让我们来剖析一下,广告客户是怎么融合电视和网络平台打通营销之路的。

首先,客户之前遇到了品牌突破和销售上的瓶颈。从其核心消费者的角度来说,其目标人群是 16—25 岁的年轻人,有属于自己的年轻文化,但这种年轻文化不被大众理解,而被称为亚文化。这也让年轻人和大众之间竖起了一道壁垒,让品牌很难找到一种有效的方式,两全其美地与他们沟通。而从中国零食快消大环境而言,有超过 200 多个品牌不仅激烈争夺着货架空间,更是在各大媒体平台试图与年轻人进行互动,抢占他们的注意力。

其次,在《花样新世界》有了初步的模型后,客户与节目组进行了深入沟通,提出将年轻文化引入大众视野,从大屏内容再创小屏热点。电视、短视频、视频网站全屏联动,全域整合覆盖全民媒介触点。在电视节目播出前,先以抖音为前期选推渠道,引爆 KOL 自发使用乐事薯片为道具参与海选,赢得上电视的机会。在节目开播后,在广告深植片段融入抖音热门话题和元素,打造爆款视频和搞怪趣味贴纸,引发年轻人的二次传播创作,衍生更多版本的网络梗。电视与网络相互触动,共同推动节目进展和收视浪潮。最后,以东方卫视作为大屏覆盖主体实现全年龄层的覆盖,以抖音作为网络梗的孵化器。以网络梗作为年轻文化的代表,将其投射到大众平台,帮助年轻文化受到大众理解和认可。

这是广告品牌与卫视及短视频平台三方联动,共创内容,实现了平台、内容和文化的三破壁。这样一个环环相扣的节目播出后的平均收视率达到 0.65%,创下同时段收视第一,节目话题突破 6.2 亿阅读量。抖音活动曝光量 55 亿,观看人次高达 45 亿,高于行业基准 448%,互动量也超过 9 200 万。从传播效果来

说,客户才是最大的赢家。活动期间,当整个品类销量下滑时,乐事销量逆势上涨 9％,环比增长率翻倍。品牌无提示知名度提升 3％,食用频次提高 5％,品牌偏好度提高 1％。同时乐事抖音账号粉丝增长率超过 90％,高出行业基准321％。这是在客户的纽带作用下,大屏与小屏的一次完美体验。

2. 媒体融合的广告创新尝试,电视广告与销售实现直接转换

美国百货之父约翰·沃纳梅克曾说过一句著名的话:"我知道在广告上的投资有一半是无用的,但问题是我不知道是哪一半。"2020 年,有个绕不开的词是"疫情",这也带来了另一种经济方式的勃起——"电商经济"。直播带货已经不是一个商业名词,而是每一个普通百姓都耳熟能详深入生活的消费方式。这也使得"我不知道浪费的是哪一半"变成我要知道我的所有销售转换,因为销量和收看直接挂钩了。

以 2020 年中的电商盛宴 618 为例,东方卫视携手苏宁易购尝试了一次"电视＋电商＋直播带货"的商业模式,从策划到 6 月 17 日播出,前后也就不到一个月的时间。节目一共分为三个会场。第一会场是东方卫视大屏的主舞台。通过精彩节目先将亿万级的电视观众锁定,主要的售卖商品会以植入的方式融入节目中。然后以抢红包、抢折扣福利等方式邀请观众下载苏宁易购 APP,实现第一步互动导流。以往,电商与电视晚会的结合也就到此为止。这次的创新点在于,进入了第二会场——手机小屏的带货直播,包括了番茄超级秀等三个直播间。艺人在结束第一场的电视表演后会进入第二场的直播带货环节,进行网上带货直播。第三会场则是将真人秀延展到了线下空间。由杨迪、贾冰两位苏宁品牌代言人作为"探店者"进入苏宁线下门店进行现场游戏比拼,贯通苏宁的线下场景、线下体验、线下生态,由此建构观众对苏宁更加全空间、全场景、全维度的认知。根据 CSM 统计:这场直播晚会 59 城收视率为 1.66％,列同时段第 2,30 个省市有线、IPTV 以及互联网电视开机推广触达人口约 3 亿,抖音、腾讯视频等总观看人数破 1.2 亿,微博热搜话题达 50 多个。直播 4 小时总成交额超过50 亿元,演员贾乃亮作为苏宁直播主理人 75 分钟带货销售额破 8 900 万元。尝到甜头的苏宁易购也很快与东方卫视签订了 818 的另一场直播盛宴,再次复制电视与电商合作共融的合作模式。

结　语

5G 技术的发展带来了社会技术和经济的革新。传统媒体经过漫长的发展,自有其公信力和完善的人才储备和运营管理制度。电视媒体具有无可替代的广

覆盖价值,在影响力、全民性、企业战略及品牌好感度等方面具有传播优势。新媒体和传统媒体,不是一个简单的谁取代谁的过程,而是相互借力补充,在各自优势资源的基础上拓展受众,发展长线和共同经营合作的过程。

而电视广告的振兴之路,归根到底还是电视节目的振兴之路。媒体融合的广告创新尝试又告诉我们:电视广告与商品销售可以直接转换,可以借助新媒体的互动功能、即时传播,产生商品品牌传播与商品网上销售的高效率与巨大经济效果。可见,电视广告的振兴之路得借助 5G 技术的发展与融媒体的深度发展。改革创新永无止境,电视广告的振兴之路刚开个头,还在探索中、努力前行中!

参考文献:

[1] 周鸿铎.传媒产业资本运营[M].经济管理出版社,2003 年 8 月第一版。

[2] 黄升民等著.数字广播电视产业经营与商业模式[M].中国物价出版社,2002 年第一版。

[3] 范以锦.多元经营要拓宽主业基础应夯实[N].《传媒》2013 年第 6 期。

作者简介:

张怡,任职于上海广播电视台东方卫视广告部。

综 合 篇

从"节目模式"破题：iFORMATS 的全媒体创新实践

陈雨人

提　要： 2021 年是 SMG 全媒体战略突破年，如何实现突破是各业务板块着力思考的问题。互联网节目中心的 iFORMATS 项目在"自主创新"的大背景下应运而生，经过三年多运营，形成了创意服务、活动会展、版权保护、教育培训四个业务矩阵。如今，iFORMATS 积极将自身融入 SMG 全媒体发展战略，旨在更好地履行主流媒体责任使命，立足上海，放眼全国，激发产业活力，打造一个可持续、可拓展、可循环的产业生态，辅助中国优秀原创节目模式涌出来、走出去，成为国际传播的有生力量。

关键词： 节目模式　iFORMATS　全媒体战略　国际传播

2021 年 MIPTV 戛纳春季电视节落下帷幕，中国多档优质原创节目模式《我们的歌》《追光吧哥哥》《神奇公司在哪里》《演员请就位》《脱口秀大会》《一键倾心》在官网进行线上展播。这也是上海广播电视台互联网节目中心、上海好有文化传媒有限公司旗下 iFORMATS 中国节目模式库团队第四次在戛纳电视节期间举办 Wisdomin China 中国原创节目模式推介会。虽然由于疫情影响，全球各地的参与者们不能去到现场，但仍有来自美国、英国、德国、土耳其、乌拉圭、泰国、日本、韩国等不同国家的二十多位海外买家与 iFORMATS 团队进行线上会议，针对推介的中国原创节目模式，以及 iFORMATS 中国节目模式库所提供的各项创意数据服务进行深入沟通。值得一提的是，在每一次的 Wisdomin China 活动前后，iFORMATS 都要仔细甄选上一年度的全国优秀原创节目，然后与节目的出品方确定参与意向，帮助完成节目模式化文本，制作推介短片，组织现场呈现,并最终跟进模式销售。这是 iFORMATS 在每年戛纳电视节期间的固定动作,也是 iFORMATS 项目团队的主打品牌之一。

一、镌刻在基因中的国际化

iFORMATS 中国节目模式库项目于 2017 年创立,同名官方网站(www.iformats.cn)在同年上海电视节期间正式上线。其在成立之初就携带着国际化的基因,是一个跨地域、跨平台、跨国界的全媒体产品,致力于以国际通用的模式语言,讲好中国故事,传播中华文化,并携手中国优质内容创作机构与优秀节目制作人一同走向世界。因此,自成立那一天起,它就受到广电总局领导及国内同行的关注,并成为中国首家围绕"节目模式"相关产业,聚焦中国电视及互联网平台节目内容,为海内外市场提供模式数据信息的专业服务平台。

随着收看渠道的丰富以及观众欣赏水平的提升,市场对于优质原创节目的需求越来越多,而基于传播中华文化、促进良性循环的实际需求,中国优秀原创节目模式亟须进入国际市场,与先进的节目研发理念、领先的制作技术互动,而实现这一互动的前提是节目需要明确的确权,节目制作人需要提高版权意识,节目版权需要被有效保护。因此,iFORMATS 把目标确定为"从无到有,自内而外",从研发到销售形成系列"一条龙"服务,打造融贯节目生产的全产业链。

在筹备的一年多时间里,平台的定位功能、呈现方式、业务范畴都在不断进行修正和迭代,但是"节目模式"是 iFORMATS 始终坚持的核心。为何如此?因为节目模式是将一档节目凝结成为标准范本的有效手段,是让成功可以被复制的参照物。作为国际市场通用语言,节目模式始终是文化输出的有力武器。

二、iFORMATS 成立的原因

iFORMATS 的成立,是在 2016 年广电总局大力提倡"广播电视节目自主创新"的大背景下,在设计之初就是以服务国家文化战略为目标,以研发生产拥有自主知识产权、体现中华文化特色的优质节目为切入点。此外,通过参与戛纳电视节,团队成员受益于全球最大范围、最具专业性的电视节目模式展会,切身体会到国际市场长期以规范、高效、市场化的形式进行着版权内容交易,因此,萌发了在中国宣贯节目模式理念,推进节目模式产业化的创意构想。

该项目最初隶属于上海广播电视台总编室,自 2019 年开始正式纳入上海广播电视台互联网节目中心、上海好有文化传媒有限公司,正是鉴于它不仅具有社会效益,还有产生经济效益的潜力。社会效益方面,它是践行中华文化走出去、传播中国故事的渠道,能够在一定程度上提升国家软实力。经济效益方面,通过一系列举措,它能够帮助提升行业水准,形成规范的行业标准,使中国节目与国际接轨,促成交流交易,促进产业发展。

项目正式上线以来,得到了国家广电总局的支持。自 2016 年开始,iFORMATS 积累了丰富的国际办会经验和稳定的合作伙伴,官方网站拥有注册会员近 600 家。经过多年磨合,团队具有研究、创意、制作、商务以及国际传播的能力。

在三年多的运营过程中,平台致力于打造良性、有机的节目模式生态循环系统,把控创意源头,落实模式生产,疏通销售渠道,塑造 IP 品牌,让每个环节可以自由进行组合、嫁接,达成"1+1＞2"的效果。目标是成为中国节目人了解海外模式、海外节目人了解中国市场的权威窗口和渠道,成为汇聚多方创制实力的开放式互动分享平台。讲好中国故事,把印刻着"中国智造"的文化产品销往海外,让中华文化真正走出去。通过创意服务、版权保护、教育培训和活动会展,打造一个可持续、可拓展、可循环的产业生态。

三、iFORMATS 的业务矩阵

为了实现更好地为节目模式创新研发服务的目标,iFORMATS 搭建了四个方面的业务矩阵:1. 创意服务,通过国内外节目信息分析、网站和微信公众号运营等,提供节目研发、招商推广、模式代理等定制化咨询服务;2. 活动会展,参加上海电视节、戛纳电视节、欧广联、亚广联活动等节展,承办节目模式推介的海外活动,团结兄弟台和机构,组织各类国内外节目模式推广会、论坛等;3. 版权保护,宣贯版权理念,帮助制作模式标准化文本,提供中国原创节目模式版权保护的专业服务;4. 教育培训,开展专业人才的学习培训,助力传统电视产业的人才转型。项目以一个国际化双语平台作为载体,由互联网节目中心自有技术团队运营,实现 PC 端和移动端多渠道分发。作为台集团自主创新的重要抓手和重点项目,这也是 SMG 全媒体发展战略的一个实践。

具体而言,有以下举措:

1. 搭建中国第一个节目模式在线数据库。建设中国节目模式研究与创新服务的在线模式数据库。从节目架构、收视数据、人员配置、节目亮点设计、推广手段等方面多点深入分析海内外优秀原创节目模式。

iFORMATS 网站是目前国内唯一一个完整记录整理并从节目模式的角度进行研究分析的中国新节目模式数据库。自上线以来,实时关注中国电视和互联网平台上的模式节目,并加以梳理分析,以图文、视频的形式呈现在网站上,并开放评论功能,为会员提供社交平台。用户注册成为网站的会员,登录iFORMATS 平台数据库,就可以获取全国最新节目信息动态和最热海外节目模式推荐。在平台上可根据不同标签,检索到中国电视及互联网节目的模式研究基础信息。所有对电视节目模式感兴趣的人,可以提出需求,获得相应的定制化模式服务。截至 2021 年 4 月,通过后台数据统计,网站共汇聚中国电视和互联网平台的模式节目 900 余个,海内外平台注册会员(公司)近 600 人(家)。

2. 提供多维度的中国节目模式研究报告。定期推出中国节目模式研究的年报、月报和周报,以及其他类型的专题报告和定制报告,供中外节目同行参考研究。

目前完成 2016 年、2017 年、2018 年、2019 年、2020 年《中国节目模式发展年度报告》,总字数逾 20 万字,并有中英文两个版本在市场上推荐、出售。年报已成功出售给英国模式研究公司 K7 Media、法国知名制作公司 Hubert Production、日本 Mitsubishi 媒体研究机构、瑞士 The Wit 等多家节目数据及模式公司。月度报告每月一篇,亦有中英文两个版本;中文周报每周一篇(除法定节假日)。

3. 助推"中国文化走出去"的海内外活动。承办"中国原创节目模式推介会、中国模式日创意论坛"等活动,带领企业、中国节目人走向海外,集体发声于全球国际性大舞台。

基于戛纳电视节的国际平台优势,也基于国家广播电视总局的一系列"自主创新"政策的具体指导要求,iFORMATS 整合经验及人脉,积极与戛纳电视节组委会展开合作洽谈,于 2018 年戛纳春季电视节期间首次举办"Wisdom in China"系列活动。这是中国原创节目模式的新突破,作为第一艘"中国原创模式联合战舰"启航试水国际市场,探索中国制作人究竟应该如何让海外友人明白中国原创模式的特色,以及让他们理解"中国文化节目"与他们脑海里的"文化类节目"的定位差异,如何说清楚、道明白、引深意。

2018 年至 2021 年,iFORMATS 连续四年在戛纳春季电视节期间承办"Wisdom in China"系列活动,包括"中国原创节目模式推介会""互利共赢论坛""中国原创节目模式联合展映"等。来自中央广播电视总台、央视纪录国际传媒、央视创造传媒、上海广播电视台、湖南卫视、北京卫视、腾讯视频、恒顿传媒、唯众传媒等内容制作、播出平台的 30 余档中国原创节目模式亮相国际舞台,并相继促成了多个节目模式的海外授权签约,包括《朗读者》《国家宝藏》《我们的歌》《声临其境》《声入人心》《这就是灌篮》《演员的诞生》等。

与此同时,iFORMATS 又推出另一个子品牌"Focus on China",并先后在德国柏林、乌克兰基辅、瑞士洛桑等地举办诸多行业交流活动。连续两年组织自已研创的节目方案参与全球原创节目模式大赛，2018 年的提案"Remember Me"更是入围最后 5 强决赛，进一步助力中国原创节目模式拓展出全新的价值，积极推动原创节目模式的全球发行。

4. 举办专业人才培养学习的深造计划。通过与国家广电总局合作，举办专业人才培养的"模式大师精品班"等培训活动，开展各类节目模式学习深造计划，引导传统电视产业的人才转型。在培养模式人才的同时，聚焦国内的"创新创优"节目，并助其模式化、国际化，进一步向海外输出中国原创的 IP 模式。

2018 年 6 月，iFORMATS 联合国家广电总局人才中心在上海电视节举办"模式大师班"，聚焦"如何让一个原创 IP 保持旺盛的生命力"，邀请 The Wit 和 Endemol Shine Group、ITV、国内各大播出平台创新研发负责人等机构专家以及新近爆款节目总导演等十位顶尖模式创新专家担任导师，为来自全国各大省级卫视、制作公司的 60 名节目研发制作人员进行专业培训。承办"文化自信初心不变中国原创综艺论坛"，请到来自全国电视机构及网络平台的嘉宾们出席论坛，共同为中国原创节目模式的"自主创新"出谋划策。2019 年 6 月，协办以"守正创新攀高峰"为主题的"中国智造"专业论坛，请到知名行业专家及节目制作人、平台操盘手共同探讨综艺节目的现状及未来趋势。

在培养模式人才的同时，项目聚焦国内的"创新创优"节目，并助其模式化、国际化，进一步向海外输出中国原创的 IP 模式。每月一次举办节目创新模式的交流沙龙，密切关注国际、国内最新最热节目模式，采用线上推荐线下观摩会结合的方式，为国内节目人搭建优质专业的交流平台，为有需求的节目团队提供模式辅导和研发支持。

iFORMATS 积极拓展培训的对象和范畴，课程不光针对行业内从业人员，也尝试把视听相关专业的师生以及对视听行业有兴趣的普通人群纳入潜在用户，探索职业技能培训的课程体系搭建。

5. 提供节目模式的定向创新研发服务。以"创新实验室"为概念，为海内外不同需求的节目公司牵线搭桥，提供嫁接广播电视机构、节目制作公司、发行商、顾问、广告商、投资商等各类国际强势资源，提供节目模式的定向创新研发等全流程服务。聘请国际资深模式专家，通过各种方式借助外脑，学习借鉴国际先进节目模式经验，为中国原创节目提供定向创新研发服务。

具体而言，当客户提出研发需求时，iFORMATS 帮助其匹配合适的研发人员和研发工具，为客户提供节目创意及模式方案；当客户提供制作需求时，iFORMATS 在沟通节目创意的前提下，匹配合适的制作力量；当客户提出渠道需求时，iFORMATS 帮助客户沟通播出平台。

6. 提供节目模式版权保护的专业服务。

针对目前我国节目制作人员版权保护意识薄弱,在节目创意、制作、传播过程中的版权不够规范的现状,iFORMATS 与中广联电视版权委员会、版权专家、法律界人士进行深入研究与设计,希望通过权威规范的各种手段,制定行业规则,制定适合中国节目模式的版权保护等服务,保护创作人权益,为中外节目模式产业的交流交易建构起平等、和谐、可持续的生态。在进行国际推介以及国际代理之前,由国际资深节目模式研究人员对节目主创团队进行全方位的关于节目模式及版权的专业服务,帮助他们厘清节目的核心模式价值,并提升版权意识。

四、全媒体化的融合转型

随着在线节目模式数据库信息的日益增多,平台注册用户和专属会员对节目模式的服务需求也逐步递增,自 2019 年起,iFORMATS 一直努力提升数据库移动端功能开发运用。现已经完成网站的改版以及平台移动端的初步开发,能够实现移动端的浏览和评论,为用户提供更方便检索和浏览。功能更为强大和人性化的手机网页版,在开展相应的线上线下服务时更方便,满足不同用户的个性化需求。

目前,SMG 正处在全媒体融合转型的关键时期,iFORMATS 也在其中不断寻找自己的定位,将继续以"小兵立大功"为宗旨,聚焦深耕媒体融合目标,力争将业务全面转型,为全媒体战略服务。

(一) 搭建创新桥梁

继续发挥 iFORMATS 平台的功能,在台集团重点项目的研发初期开始深度介入,助力项目团队开阔视野,提供包括但不限于数据分析、受众画像、节目创意、节目制作、招商宣传、模式咨询、版权保护等服务,对接产业链上的各个节点,从前端创新到后端制作,充分发挥出全流程创新的核心作用。

(二) 自主融合创新

根据台集团融合发展的需求,自主研创适应市场、匹配用户需求的全媒体项目,运用多元创新方法,打造"小而美"的内容运营项目。与中心自有制作、技术、运营、宣推等资源的有效整合,在市场浪潮中搏击,总结出内容运营的创新规律,做媒体融合的先行军。

（三）开拓国际视野

无论是全媒体还是流媒体，目前都是国内外媒体行业发展的关注焦点，是互联网时代发展的趋势与特点，而且由于地域、文化、受众的差异，不同国家的全媒体形态构建也就各具特色，因此，相互间的交流借鉴变得尤为重要。iFORMATS 这一国际化服务平台经过三年多的运营，在国际市场已渐成规模及品牌，足以发挥自身优势，及时总结媒体融合方面的国际经验，分享流媒体行业动向，组织系统内的 MCN、全媒体项目等内容业务的运营与培训，成为台集团的全媒体智库。

（四）助力国际传播

中华文化走出去一直是国家的重要政策，也是提升国家软实力、建立文化自信的必要路径。以戛纳电视节为代表的各种全球节展，成为中国原创电视节目在国际市场上亮相的舞台，而中国节目参与国际交流和交易，也成为国际传播和构建国家形象的重要组成部分。iFORMATS 将继续在这一领域深耕，创新传播方式和技巧，在推广中国原创节目的同时，也扩大自身品牌影响力，成为台集团旗下的优质业务。

附录：iFORMATS 大事记

2017　iFORMATS 正式上线

2017.6　举办"iFORMATSSession 中外模式创新时间"活动

2017.11　举办"iFORMATS 模式大师班暨中国节目模式产业深造计划"

2018.4　策划创办的"WISDOM in CHINA"系列主题活动登陆戛纳春季电视节

2018.6　举办"2018 年度 iFORMATS 模式大师精品班（春季班）暨中国节目模式产业深造计划（第二期）"

2018.9　"Focus on CHINA 聚焦中国"系列活动亮相乌克兰基辅媒体周及欧洲广播电视联盟创意论坛

2018.9　在德国柏林承办"Focus on CHINA 聚焦中国·中国模式日"活动

2019.4　"WISDOM in CHINA"（第二季）系列主题活动登陆戛纳春季电

视节

2019.5　　承制"亚洲文明对话大会"分论坛的开幕演出

2019.6　　承办第 25 届上海电视节"守正创新攀高峰"综艺论坛

2019.6　　受邀参与瑞士洛桑举行的"世界科学记者大会"

2020.6　　应邀参与亚洲—太平洋广播联盟 ABU Webinar 线上推介活动

2020.10　WISDOMinCHINA(第三季)在戛纳电视节线上平台亮相

2021.4　　WISDOMinCHINA(第四季)在戛纳电视节线上平台亮相

作者简介：

陈雨人,上海文化广播影视集团有限公司副总裁。

从文化角度看模式引进节目在中国的传播

阳欣哲

提　要： 本文梳理了自 2010 年至 2020 年中国的海外引进综艺节目模式，以收视表现、广告招商、观众口碑、网络热度维度选出了 12 个标杆节目，提炼其蕴含在节目中的核心价值观，从文化的角度对其在中国取得成功的原因进行分析，根据跨文化传播原理对韩国节目、欧美节目进行比对，寻找文化与节目在非本土传播效果的关系，归纳总结中华传统文化对节目的影响。

关键词： 模式引进节目　文化　中华传统文化　传播效果

2010 年东方卫视引进英国《达人秀》获得巨大成功，开启了节目模式引进的"元年"。经过统计，从 2010 年到 2020 年这十年间，中国从海外引进的节目模式共计 76 档。在国际模式交易市场上，占比较大的模式类型是综艺节目，包括户外真人秀和棚内综艺节目，而这两个节目也是受众群最大且最能够反映社会流行文化的节目。电视可以重现真实生活中的一切，通过声音和画面，感受真实和情感。大多数的观众对于电视节目内容的期待大抵不会太脱离现实生活，因此电视节目不会也不能距离现实太过遥远。

笔者综合收视表现、广告招商、观众口碑、网络热度，选出了《中国达人秀》《中国好声音》《爸爸去哪儿》《我是歌手》《蒙面歌王》《奔跑吧兄弟》《花样爷爷》《最强大脑》《两天一夜》《百变大咖秀》《花样姐姐》《真正男子汉》等个 12 个版权引进节目作为标杆节目进行分析。

在这 12 个节目中，棚内综艺节目和户外真人秀节目平分秋色，均为 6 个。令人惊讶的是，所有的户外真人秀节目模式引进方都是韩国，棚内综艺节目均为才艺、智力比拼节目,除《蒙面歌王》《我是歌手》来自韩国外,其余都来自欧美国家。这是什么原因造成的?

由于韩国与中国同属东亚地区,且有着深远的历史渊源,受到儒家文化的熏陶,传统文化价值观比较接近,因此韩国的节目模式在中国传播时碰到的"文化折扣"比较小,传播起来也比较顺畅。而欧美国家由于地理环境、历史、种族等的差异,文化与中国有一定的距离,通过节目中的语言、非语言符号表征出来,就不那么能被中国的观众接受,会产生传播折扣。

一、韩国文化与节目

韩国和中国文化一样,都非常重视"孝",甚至可以说儒家文化的基础就是"孝",所有的人际关系都是家庭血缘之情的推广。在中国文化系统内,孝道被视为是一切道德规范的核心和母体,忠君、敬长、尊上等等,都是孝道的延伸。儒家文化中认为,"夫孝,始于事亲,中于事君,终于离身",如果一个人在家能够孝敬父母,那么对上就能忠于皇帝,在社会上就能尊重别人。这种思想在《爸爸去哪儿》节目里也能够展现出来,不管节目中父子的相处有多少矛盾、闹出多少笑话,但是节目的最终一定是父慈子孝的大团圆催泪结局。节目模式的内核依然是"孝",这在有着同样文化的基础的中国就毫无障碍了。

强烈的家族意识和集团意识。在中国和韩国,家庭是社会的最小基层单位。"家国同构"是儒家文化与欧美国家最大的区别,由于宗教和宗法关系的长期存在,导致形成了"忠孝相通""忠孝同义"的文化格局,形成了民族的整体观念,具有整体主义的精神,集体利益高于个人利益,个人服从并服务于整体。重视学缘和地缘的关系,学缘就是毕业于哪个学校,同一个学校毕业的同学,不论毕业早晚,都很有亲近感。地缘也是一样,就是家乡是哪里,同一个家乡的人就被称为"老乡",也会拉近心理距离。所以节目中经常会出现问对方"你是哪个学校的""老家在哪"这种问题。基于此,对于"团队"的意识也会比较强烈,也就是霍夫斯泰德提出的"集体主义"。强烈的集团意识就会自然引发一种自我牺牲的精神,所以那种传递团结友爱、放弃个人利益成就集体的价值观就很容易打动中国的观众。最典型的节目就是《真正男子汉》,这个节目可以跨越性别,让女性观众热泪盈眶,让男性观众热血沸腾。

跨文化传播是文化概念和符号系统完全不同的人们之间的互动。尽管中国与韩国的文化相近,但依然存在着不少的差异性。比如韩国的电视观众能适应较慢的节奏,这从很多慢节奏的韩剧中可以得到印证,而这种"慢"却并不一定能得到中国观众的认同,因此加强戏剧冲突和加快剪辑节奏就成为中国版中需要完成的改造。韩国是一个非常注重长幼尊卑秩序的国家,认为长者一定是对的,哪怕年少者受了委屈也得全盘接受。因此在《花样爷爷》中四位爷爷间的互动非常有意思,哪怕相差一岁,"弟弟"被"哥哥"骂也是一声不敢吭的。中国的长幼秩序并不像韩国那么严格,而且韩国相互打趣吐槽的文化与中国讲究互相尊重的文化也略有差异。此外,在韩国单独行动是令人觉得很奇怪的行为,但中国观众可以接受每个人需要时间独处。文化的差异导致节目的核心变了或者说削弱了。

农耕社会季风气候的影响,如果不赶快播种、收割可能就会受到飓风、海啸这些自然灾害的祸害,韩国人性格有点急躁,这种性格在生活当中通常表现为喜欢发牢骚,经常大呼小叫,但情绪来得快去得也快,这些特质在真人秀节目里非常具有喜感。而中国人相对比较内敛,崇尚"忍",因此在节目中大多数时间是以行动来代替表达。

二、欧美文化与节目

欧美国家在棚内综艺节目的制作、创意,以及节目工业化流程的制作方面还是领先的,因此在国际模式市场上,欧美棚内综艺节目还是买家的宠儿。而且棚内综艺节目在操作的过程中,去本土化能够比较彻底且巧妙地实现。棚内综艺节目比较多的是技艺方面的比拼,这是在世界范围内都能够通行的,技艺好与不好,是无论哪国的观众都能理解并且判断的。比如《蒙面歌王》《我是歌手》《最强大脑》,只要舞美设计一变,明星一变,就很难分辨是哪个国家的节目。

Got Talent 这类节目,在歌唱技艺比拼的同时,还传递了"小人物可以变成耀眼巨星"的理念,这个带着浓厚个人主义色彩的理念在当时符合了社会需要。同样,*The Voice* 节目中无论哪个国家的版本里,评委都会问到选手"你的梦想是什么",因此节目传递的就是普通人完全靠着自己的声音来获取关注、获得成功、实现梦想。节目中的"转椅盲选"也是一种亮眼的形式,是具有原创性和开创性的,是对公平平等的追求。尤其是创造了"反选"的模式,是非常符合当时社会的心理需求,表达的是对权威的逆转。这两个节目就是属于才艺和故事的一种结合,才艺和故事同等重要。

在深层次文化对节目的影响里,欧美国家和中国存在着明显的鸿沟。如果把西方文化视为"智性文化",那么中国文化则可以称之为"德性文化"。中国从孔子时期至今,农耕经济的多元成分结构,让中国文化积累了"兼收并蓄"的包容性格。正因如此,在中国人看来,欧美国家所遵循的争论与讽刺传统就会显得很粗鲁无礼。即使有一些提倡思维碰撞的辩论节目,最终也是会回归到一个和谐的状态。

三、中国传统文化对节目的影响

儒家精神的基本观点是"仁"。"仁"是人之所以成为人的根本,是天、地、人、物、我之间的普遍联系和相互滋养润泽。因为人都有仁性,因此也就能够为别人的痛苦和欢乐产生共鸣。这也是一切节目成立的基础。"己所不欲勿施于人"是儒家思想最经典的代表,这也是中国人在处理矛盾和冲突时秉承的原则。在人与人的关系中,中国人通常提倡"将心比心""以德服人",设身处地为他人着想,在互动中达到人伦的和谐与人格的实现。欧美节目中人物的矛盾冲突是叙事文本的重点,节目制作方乐于展现冲突与竞争中白热化的矛盾。在欧美电视节目中,对手之间的竞争关系简单明晰,参与者可以在摄像机镜头前通过采访攻击对手、甚至是对合作者的好恶和猜忌;参与者之间的"竞争/合作"关系也在环节的设计中随意变换,展现了竞争残酷、适者生存的冲突情境。而中国节目中"和谐"的场面表现为节目中对竞争对手遭到淘汰后的依依不舍。在这里,中国传统社会观念中"人情"的重要性和"情理合一"的社会行为方式彰显出来。

在一定程度上,比起与他人的竞争,中国文化会更加倾向于对自身的突破和完善,倾向于自身内心得到的精神满足,"胜负不重要,重要的是我突破了自我"这样的表述在许多中国的节目中也经常能够看到。与此同时,中国人崇尚的谦和好礼也使得他们在荣誉、利益面前通常选择谦让不争的方式,追求人际关系的和谐。那些节目中通过舍弃"诚和信"获得的成功,是受到批判的,是不能被接受的。

而在对于成功的追求方面,中国的佛教哲学提倡的是空掉外在的一切追逐和偏执,而向内回归本心,认识到自身能力的有限,从而消除自己的"紧张""不安",产生出自己的创造性。同时,道家从接受既成境遇的角度,提出"安命"的观念。在一定范围内,主体自身努力,能够达到预期的目标;超出这一范围,主体无法决定行为的结果,一切只能归于天命。《极限挑战》中的口号"这就是命"提倡摆脱外在的束缚与限制,逍遥于世的道家理念。

中国尊师重道的文化使得学生对老师是非常尊重的,会遵循老师的教导,对老师提出质疑或是提出与老师对立的看法是比较少的,哪怕直呼老师的姓名都被认为是不尊敬不不礼貌的。因此,欧美节目中一些学生挑战老师,年轻人挑战资历深的人这种内容就容易让中国观众感到不适。上文有介绍,孝是中国一切文化的基础和发源。因此,中国人对父母讲究的孝和顺,因此,挑战父母在中国人的生活里也是比较少的,或者说程度比较轻。同时,这种情感也表现为对先人的崇拜、对鬼神的敬畏,因此恶搞先人、恶搞历史的节目在中国也是没有什么市场的。

在思维方式上,中外也是有着差异的。中国多为广袤肥沃的平原,河流也较为温和,遇到的自然挑战较少,以农耕为主要生产方式,需要互相协助,因此会更在意人与人、群与群之间的关系。同时也形成了全面、看整体的思维习惯。表现在电视节目中,中国人考虑别人的看法,习惯合作,骨子里不喜欢竞争。遇到事情也习惯考虑周边因素,而不是聚焦在事情本身。西方人不是这样,因为他们的生态环境导致他们是注重细节的思维方式,聚焦在事物的本身,具有追求精确和注重规则的特征。或者说中国文化中的不确定性更大,因此,在节目,尤其是游戏节目或者是真人秀的节目中,节目的规则明确与否或者是明确的程度,中国和欧美国家是有差异的。

虽然中国哲学各家各派都有着不尽相同的思维方式,但是总而言之,中国文化的思维方式主要是重视整体,综合辩证,推崇体悟,追求动态平衡。在研究具体事物时,总是把它放到一个更加宏观的体系中去研究。这与欧美国家重视分析,在研究一个具体事物或事物的某一局部时,总试图把它从错综复杂的联系中分离出来,独立地思考它的实体和属性截然不同。帕登认为,在许多西方人看来,推理是"人类的最高能力和成就"。因此推理节目或者是含有推理元素的节目能够受到西方观众的喜爱。而东方人认为,直觉比数据更有意义,通过操纵心灵来寻求真相比推理更为有效。这种差异在设计节目任务环节时就值得注意,会在一定程度上影响节目效果和观众的接受度。尤其是科技类的节目,这种思维方式的差异往往会导致两种文化的观众完全不适应或者不理解节目想表达的内容。

在高语境文化里(中国、日本、韩国、阿拉伯、拉丁美洲等国家和地区),人们之间的交集和传播所传递的诸多意义是不需要借助于话语的。原因之一是这种文化的人们具有很高的同质性。他们信奉的是"一切尽在不言中"。而低语境文化的人们,每次交际都需要知道对方详细的背景知识,更信赖说出来的话语,认为"说出来"和"说心里话很重要"。高语境文化认为,冲突对交流基本上有害无益。因此那些出现剧烈冲突、比拼、竞争的节目在中国就很难有广大的受众群。

作为期望距离理论的表现,沉默被认为是最具特点的中国和欧美国家的差异。以美国为代表的文化是不能接受在交流中出现沉默的,因此他们会一直一直地说话,填补交流中的空白时间;而以中国为代表的文化则非常能够接受沉默,认为交流中的"留白"非常能传到感情,并且具有美感。

在人与自然的关系上,中国文化非常注重二者之间的和谐与统一,认为人可以和天地相同,而欧美文化则注重人与自然的对立,旨在改造自然为我所用。在欧美国家,人们关注的多是大自然的奥秘,以"求真"为目标,而在中国,自然也被人伦化,形成天人合一,以"求善"为宗旨。这通过荒野探险逃生节目在欧美的风靡可以看出来,但中国的此类节目经常会伴随着"破坏环境""破坏珍稀植被动物"的争议。

结 论

文化产生和发展的历史环境包括自然地理环境和人文地理环境,因此具有相似或相近的历史环境和人文地理环境的社会容易产生相似或相近的文化。中国占主导地位的传统文化,无论是物质的,还是精神的,都是建立在农业生产的基础上的。农耕民族发展出向内的重农、安土重迁的文化。

文化交流绝不是一个单向的流动过程,而是综合创新的过程。主体文化和客体文化通过接合的过程都发生改变,向对方靠近,从而产生出具备双方文化要素的文化组合。中国的节目制作人,应当有意识透过最能在不同层次受众中普及推广的方式,发挥电视节目在跨文化传播中的重要作用,在娱乐中传递中国文化的精神内核,让海外更加了解中国,喜爱中国文化,让文化自信得到更为具象而有影响力的表达。

作者简介:
阳欣哲,上海广播电视台互联网节目中心模式总监。

如何在百姓故事报道中寻找新闻传播的价值

蒋 化 张 昱

提 要：民生新闻的报道，在我国有其独特的历史背景和国家背景，随着全媒体平台的深度融合，民生新闻赖以生存的条件也随着时代的发展而改变。媒介融合环境给民生新闻的发展带来优势，包括新闻信源的丰富化和新闻传播方式的多样化，与此同时，随着媒介受众对于自身需求的愈发关注，民生新闻在新闻内容吸引力和传播时效性上也面临着挑战。本文以 2020 年度上海广播电视奖媒体融合奖获奖作品《结棍！闵行 70 岁健身奶奶三个月减脂 28 斤，越战越勇登上央视舞台》为例，从时代背景的契合、制作手段的多元、情感需求的关照、媒体融合的发酵等四个方面，论述如何在百姓故事的新闻报道中，通过日常生活细微点的视角切入，以受众喜闻乐见的形式体现百姓的幸福获得感，以小见大地传递国家政策的民生温度。

关键词：百姓故事 情感需求 民生新闻 传播价值

引 言

新闻传播价值是新闻被受众重视、满足受众需要的若干因素的总和，是受众裁决新闻适用度的标准。新闻传播价值大的新闻，在广阔的社会范围内必然引起强烈的反响，因此，传播价值的大小是决定新闻社会效果的主要因素。新闻价值所包含的时间性、重要性、显著性、接近性、趣味性等要素，其实反映的是记者对新闻事实的价值判断。[1]只有在客观而全面的基础上予以把握，才能更完整地反映新闻本身在社会中的传播效果。

《结棍！闵行 70 岁健身奶奶三个月减脂 28 斤，越战越勇登上央视舞台》是 2020 年 8 月 30 日发表于"今日闵行"微信公众号头条的一条微信短视频报道，在 8 月 8 日全民健身日的当月推出，既贴近了全球新冠疫情暴发、百姓在足不出户的情况下对自身健康状况的关注，也契合了"推动全民健身助力全面小康"的活动主题。在国家提出"没有全民健康，就没有全面小康"的大背景下，从一位 70 岁健身奶奶的人生经历出发，延展到她带动身边更多热爱运动的人参与到健身活动中来，既实现了美丽健康的自我价值，又弘扬了积极向上的社会价值，具有深远的现实意义，取得了良好的宣传效果。

一、宣传时机的选择与把握，决定着百姓故事报道的关注度

所谓民生新闻，就是"在党的新闻政策指导下，以民众的日常生活为主要内容，以民众的人生诉求为基本出发点，以民众的生存状况为关注焦点，以民众的视角表现民主价值和人文关怀的理念，从民众的生存空间开拓资源的新概念新闻。"[2]民生新闻是我国特有的新闻类型。百姓故事报道是民生新闻的主要内容之一，它的报道成功与否，决定于它是否贴合了受众的人生诉求、价值需求、人文追求，而最根本的落脚点，是否符合了受众当前的关注热点，也就是通常所说的"接地气"。

第二十六届中国新闻奖获奖作品《629 户人的藏乡走出 359 名大学生》，就是以四川藏乡走出的大学生这篇新闻故事为例，在国家脱贫攻坚政策的大背景下，展现了党中央和社会各界对贫困地区的扶持与关怀，有数据、有案例，展现了"摆脱贫困奔小康的路上，一个都不能少"的雄心和决心，既是个人命运的关照，也是一个群体命运的改变，揭示了其中蕴含的新闻价值观，并说明舆论导向和新闻价值观合一的重要性和影响力。

健身奶奶的故事，就是发生在国家大力提倡全民健身大背景下的典型案例。从 2009 年开始，国家把每年的 8 月 8 日设立为全民健身日，是为了适应人民群众对体育锻炼的需求，促进全民健身运动开展的需要，是进一步发挥体育的综合功能和社会效应，丰富社会体育文化生活，促进人的全面发展的需要，是促进中国从体育大国向体育强国目标迈进的需要。国家有政策指导，群众有行动呼应。近年来，全民体育运动蓬勃发展，市民百姓对运动健身的需求也呈现出多样化的趋势，而不同的年龄阶段，也需要相对应的运动指导。当下，我国已经快速步入老龄社会，如何养老的话题，更是牵动所有人的神经。在基本生活需求已经基本得到满足的现阶段，如何保持身心的健康，如何拥有充满朝气的体魄，是每一个

老年人梦寐以求的。这篇报道中健身奶奶的出现,让人们似乎看到了在广场舞之外,还有另外一种适合老年人保持身体状态的运动方式。

以小见大、管中窥豹,历来是百姓故事报道中采用最多的形式。健身奶奶的人生经历、健身故事,只是她个人成功经验的缩影,如果放在一个全民健身的大背景下,就具有了带动和引领的普世价值。"一枝独放不是春,百花齐放春满园。"当很多人,尤其是老年人,还在为如何健身、如何保持身体健康而苦恼的时候,把健身奶奶的故事挖掘出来并且广而告之,在全民健身月这个运动热潮期间播下希望的种子,让更多的人知道如何挑选饮食营养、如何在适合自己身体状况的情况下选择运动方式、如何持之以恒地健身,那么生命之花将在不久的将来开得繁密而茂盛,这篇报道的社会价值和现实意义就实现了最大化。

二、制作手段的多元化,是百姓故事报道具有吸引力的关键

在融媒体环境下,媒介传播呈现出广域化、交互性、灵活性及选择多样性的趋势,人们获取信息的方式变得越来越多元,为满足用户个性化需求而产出的媒介产品层出不穷。这颠覆了以往传统媒体单向发布、受众被动接收的单一传播格局,给民生新闻报道带来了很大的挑战。[3]一篇可看性高、吸引力强的百姓故事报道,除了宣传节点的选择、表现形式的多元化则是能否吸引受众眼球的决定性因素。挖掘了一个颇具看点的故事内核,一篇报道仅仅具备了一个好的起点,如何把这个故事以精彩的形式呈现出来,尤其在媒体融合、多平台冲击面前,考验的是记者、编导十八般武艺的展现功力。

1. 典型事实的文字表述是完成百姓故事讲述的基本要素

无论什么形式的新闻报道,组织典型事实的文字表述能力是媒体从业者的基本功,文字是表达方式的核心元素。在这篇以文字内容为主的微信报道中,如何从健身奶奶多年来的健身经历中挖掘出最有说服力的内容,提炼和汇总的功力显得相当重要。在与采访人物的沟通中,她是把大小事情都一股脑儿地讲述出来,需要记者去伪存真,敏锐地捕捉那些故事中的闪光点。在健身圈,如何评价一个人的瘦身效果,体重是一个重要的指标,以"三个月减脂 28 斤"这样可以量化的数据指标作为标题,准确地抓住了健身奶奶的高光成果,吊足了受众往下阅读的胃口。

健身奶奶的表达能力非常强,语速也很快,在与我们的交流中金句不断,我们抓住她的这个特质,通过几个特定时间节点发生的重要时间,把最有代表性的几句话串联起来,成为报道的主线。因为秉承客观是故事报道的生命线,用采访

人物的原话,既能够反映出她的语言风格,又能够形象生动地凸显她干练爽直的个性,更能快速明了地展现人物的面貌,抓住受众的眼球。同时,我们又把与健身奶奶相关的周边人物的采访内容穿插其中,起到间接印证、丰满人物的作用。

文字是手段,不是目的。在快餐文化流行的当下,受众不可能花费大量的时间来阅读小人物的故事,需要记者在大量的原始素材里面做出审慎抉择、精挑细选。当一篇微信报道的阅读时间被控制在 10 分钟以内时,文字量自然被大大压缩,不但要精练,还要出彩,只有熟练地驾驭了文字,才能够起到事半功倍的效果。

2. 图片的使用是对故事完美呈现的有效补充

图片是凝固的艺术,将所有美好的瞬间定格,与优美的文字互相配合,相辅相成,相得益彰,才能使故事得以完美呈现。

在原始素材的搜集阶段,一般都会积累大量的图片资料,但是如何选择、如何与文字搭配,却是非常讲究的。健身奶奶的几段话语表达已经串起故事发生的基本脉络,随着故事的层层推进,她的大致形象在受众的脑海中有了一个初步的模样,但是"闻其声不如见其人",受众对人物的期望也是循序渐进的,此时要准确把握受众心理,选择几张健身奶奶的锻炼图片,让她的形象自然而然地跃然纸上,满足了受众的心理需求,补充了文字所无法达到的真实效果。

图片的运用,同时可以使用多图合成的特效,把前后对比的效果呈现出来,这是文字的苍白所无法比拟的。在谈到健身奶奶三个月的瘦身效果时,从每个月的照片资料中选取一张,合成到一张图片里,前后的对比一目了然,既丰富了故事的形象表达,也增强了文字说服力。另外,火爆网络的 GIF 动画图片格式给报道增添了动感和可看性。健身是一项全民皆可参与的运动项目,更受年轻群体的喜爱,虽然这篇报道说的是老年人健身的话题,但是如何做到也吸引年轻受众的关注,报道形式的活泼多样同样重要。健身是力与美的结合,动图的使用,弥补了静图天然的缺陷,更能展现这项运动的青春与活力。吸引了年轻受众的关注,就可以通过他们去带动自己的父母也参与进来,增加了受众面,让百姓故事的报道"飞入寻常百姓家"。

3. 短视频画面成为全媒体制作手段融合的重要手段

随着风投的涌入和 5G 应用场景的丰富,近年来以"两微一抖"为播发平台的短视频站上了全民娱乐的风口浪尖。在新闻生产领域,短视频的应用模式被重新定义和激活,颠覆了以往新闻制作的内容逻辑,也丰富了内容播发的语境表达。当发现文字和图片在一个百姓故事的报道中显得捉襟见肘的时候,这种曾经在电视新闻领域和纪录片拍摄制作中应用广泛的制作模式,似乎就应该粉墨登场了。同时,在全媒体深度融合的背景下,多样化制作手段的联合作战,让故事报道的深度和广度都得到了前所未有的扩展,让内容报道的本身更加丰满,更加符合各种新技术融合发展的需要,更大程度上满足了受众的感官需求。

在一篇百姓故事报道中是否采用短视频的形式,关键要看故事本身的画面展现程度和采访人物的镜头表达能力,同时,也需要记者本身具备深厚的现场捕捉能力。健身奶奶除了本身所具备的丰富的语言表达能力外,还有很适合画面捕捉的多元化的形体动作,在镜头面前丝毫不怯场,在充分安排拍摄场景和采访空间的情况下,取得了非常好的画面效果。当然,除了现场能够拍摄的内容,有些画面需要对过去式故事的重现,对这部分内容的构思,到底是艺术加工,还是情景再现,需要根据现场的各种复杂情况进行综合考量,一切都以增强故事的可看性为目标。

前期拍摄完成之后,后期的制作包装就要考虑声、画搭配的形式了。要在短短3分钟以内把传播价值最大化,必须充分压缩画面素材的使用量,在人生经历、锻炼效果、如何膳食、抖音直播、今后追求等几个方面各选取一句话进行串场,中间以现场捕捉的实况画面声进行无缝连接,同时搭配配合情绪表达的或动感、或抒情的音乐,把一个情绪饱满、对生活充满期望的老年健身达人的形象充分地视频化。

三、情感需求的关照能够最大限度地引起受众的精神共鸣

百姓视角是承继民生新闻的民本立场。习近平总书记在中央政治局常委会会议研究应对新型冠状肺炎疫情工作中指出,"当前疫情防控形势严峻复杂,一些群众存在焦虑、恐惧心理,宣传舆论工作要加大力度,统筹网上网下、国内国际、大事小事,更好强信心、暖人心、聚民心,更好维护社会大局稳定"。[4] "贴近实际,贴近生活,贴近群众"是宣传思想战线的重要指导原则,平民化就是对"三贴近"原则的贯彻。不管在内容还是形式上,百姓故事报道都是通过对普通的个体生活轨迹,完成对某一群体生活的写照,从小切口呈现普通百姓日常生活,使报道更生动、更具有人情味,与受众达到心灵上的碰撞和情感上的共鸣。而这种情感共振,必须融于故事的意义传递。情感共振是基于对他人情绪的换位思考形成的,是一种理解别人的思想和感受的过程,有助于形成集体情感,使主流价值的传递能够"润物细无声"。[5]

有关健身奶奶的本篇报道从选题的策划开始,就紧密贴合时代发展的脉络、近期热点的关注、本地特色的挖掘。我们之所以会关注陈奶奶健身这个内容,一

个是离不开 8 月是全民健身月这个热点,第二个也是所谓的"厚积薄发",我们一直在小视角的报道形式中积蓄能量,虽然很早就与陈奶奶认识,但是在持续的沟通、交流中迅速捕捉到适合当前报道的契机,并且精准发力,推出了这篇超越地域、紧跟时事、能够抓住受众眼球的短视频报道。

同时,我们对现阶段国家所倡导的健康生活理念也融入了媒体的关照。为什么一个"健身奶奶在三个月减脂 28 斤"这样的内容会引起这么大的社会反响?一方面,离不开媒体的集聚传播效应,另外一方面,在新冠疫情肆虐的当下,也离不开百姓对健康生活的向往和追寻。我们把陈奶奶的故事报道出来,贴合了受众对普通人通过自身努力也可以追求幸福生活这种朴素真理的现实追求,并通过媒体平台成为持续不断的热门话题,也是对社会主义核心价值观所倡导的主流生活理念的一种弘扬。新华社推出了日文版、上海日报 SHINE 推出了英文版,也是向国外的受众展示了新时期中国百姓一种积极向上、追求幸福的健康生活理念,我们也期望通过这样的报道,能够吸引更多的市民投入到健身运动中来,不仅仅是为了保持自身的一种健康状态,也是为了整个社会文明、和谐的发展。

四、多平台播发、媒体融合推广成为新闻传播价值最大化的利器

随着新媒体技术的迅速发展,三网融合的全面深化,媒介融合已成为大势所趋,各种新闻节目类型层出不穷。与此同时,媒介融合的大环境也给传统民生报道在新闻来源获取以及传播方式选择上提供了新的发展思路。一方面,"两微一端"平台的壮大,移动短视频客户端的异军突起,使得民生报道的信息来源不再局限于 QQ 聊天、E-mail 邮件、门户网站信息和论坛帖文这类传统意义上的网络获取方式。通过大数据算法等新媒体技术,发掘新闻线索,预测社会动向,挖掘用户的信息需求,为民生报道记者的采访环节推波助澜,降低了民生报道在新闻生产过程中耗费的时间成本。另外一方面,线上线下多渠道、多平台同步播报,线上借助"微"社交平台与受众进行实时互动。微博、微信、抖音、快手等一众网络客户端的普及,也为传统民生新闻播报和分发提供了新渠道。通过开放转发、评论、匿名投票、问卷调查等线上互动功能实时接收反馈信息,以便充分践行民生新闻报道"贴近老百姓,服务人民群众"的特性,从而继续发挥民生新闻报道的作用并扩大民生新闻节目的影响力。

有关健身奶奶的本篇报道经"今日闵行"微信、APP 和抖音发表后引起了媒体的广泛传播。新民晚报、澎湃新闻等市级媒体,以及人民日报、央视新闻、新浪、小康杂志社、中国青年报等中央媒体在新媒体客户端、抖音等视频平台都进

行了转发,新华社推出了日文版、上海日报 SHINE 推出了英文版,健身奶奶的故事走向了国际舞台。

随着无线网络和移动设备普及,网络空间信息碎片化呈现,海量的新闻信息,娱乐咨询丰富了网民的"掌上"时间,形式多样且内容轻快的娱乐新闻甚至是综艺节目更能带给人们绝佳的视听享受,相比较而言,大多数民生故事报道表现出的播报形式程式化和新闻信息枯燥乏味,在很大程度上削减了用户的感官体验,从而导致大量民生新闻受众的流失。所以,无论是传统媒体时代,还是融媒体时代,无论媒介技术如何推陈出新式的发展,"内容为王"始终是核心要义。所以,媒介融合环境下的百姓故事报道还需继续强化新闻内容的广度和深度,"从经济情况,报道有关老百姓的日常生活;从社会价值观念中,分析教育、住房以及就业和医疗等;从社会、城市发展的背景下,报道有关环境卫生整治等。通过这些贴近百姓生活的新闻报道,使民生新闻更具民生化,从小领域发展到大领域,更好地改善人们生活"。[6]

唯有强化百姓故事报道的内容质量和包装品质,使其得以呈现品牌化走势,才能保证融媒体环境下的新闻报道保持一定的速率平稳发展。通过各大融媒体平台的个性化推送功能,提高民生新闻报道的出现频率,把握忠实受众,通过点赞、评论、转发等互动形式激发受众参与热情,挖掘潜在受众,增强用户黏性,提高故事报道的受众关注度,以便更好地进行社会监督工作。

另外,如何把传统的报道形式与现在流行的传播方式,尤其是年轻人关注的一些新媒体平台进行结合,是一个值得研究和探讨的课题。这篇报道在"今日闵行"的微博上也发起了"话题"讨论,但是似乎"人微言轻",关注的人群并不多,甚至在第二次发起之后,也收效甚微,但是一上澎湃新闻大 V 的平台,这条新闻报道的阅读量达到 1.9 亿,百姓的关注度得到极大的提升,传播效果大不一样。毕竟受我们区县融媒体自己的传播平台所限,要想一款好的内容在更广阔的范围传播,必须要依靠更大的媒体平台,是单单依赖大 V 的话题发起,还是进行联合发起,这也需要进一步的探讨。

结 语

在媒介融合环境下,不同形式新媒体和传统媒体之间的深度融合使得各种类型和风格的百姓故事报道层出不穷,网络用户不再是被动的单向信息接收者,他们自主"挑选"想要读取的内容,自由参与网络围观。与此同时,处在这样一个动态变化的媒介环境中,百姓故事报道作为我国独具特色的一类民生新闻,也应在保留自身特性即"走进民生,服务民生"的情况下,采取相应的调整措施,或者是升级策略,以顺应时代的变迁。坚持以民为本,要看到"民"所指向的两种身份,一种是线下现实世界中的百姓,另一种是线上网络世界中的用户。百姓故事报道的叙事既要从小切口入手,关照百姓的现实生活,强化人文关怀意识,又要善于利用媒介技术,为用户提供参与的权力与互动的空间,让用户在彼此交流中构建价值认同。

总的来说,创作的过程,有时候和故事本身一样,或许也是跌宕起伏、惊心动魄的。要讲好一个故事,既要有宏观的表达,也要有入微的体察,更要有价值伦理的关照,如果能够做到与采访人物"同呼吸、共命运",既能够理解片中人物的立场,也有记者自己的个性主张,这样的故事呈现,才能够客观、公正,实现传播价值最大化的同时,也更有吸引力。

参考文献:

[1] 刘建明,王泰玄等.宣传舆论学大辞典[M].经济日报出版社,1993。

[2] 朱寿桐.民生新闻概论[M].中国社会科学出版社,2006。

[3] 齐欣宇.探讨融媒体时代电视民生新闻的"微表达"[J].西部广播电视,2020(6)。

[4] 习近平.在中央政治局常委会会议研究应对新型冠状病毒肺炎疫情工作时的讲话[J].求是杂志 2020(4)。

[5] 吴飞.共情传播的理论基础与实践路径探索[J].新闻与传播研究 2019(5)。

[6] 李炎生,张俊.融媒体时代电视民生新闻栏目困境与突围研究[J].传媒论坛,2020(1)。

作者简介:

蒋化,上海市闵行区融媒体中心全媒体新闻采编部编导、记者。

张昱,上海市闵行区融媒体中心全媒体新闻采编部编导、记者。

县级融媒体中心"媒体＋政务"功能特点问题及路径探索

郭易楠

提　要：加强县级融媒体中心建设，是当前全国各县（直辖市为区）面临的共同目标和任务。按照中央要求，整合区域媒体资源，打造"新闻＋政务＋服务"的区域新型主流媒体。县级融媒体中心是由区域性报纸、电视等传统媒体整合转型而来，向"媒体＋政务"领域拓展是挑战更是机遇，是时代赋予融媒体中心新的意义与功能。本文重点聚焦这一新功能，分析当前融媒体中心政务服务的意义特点，剖析在拓展"媒体＋政务"功能中存在的问题，并围绕这些问题提出解决路径及对策。

关键词：融媒体中心　媒体＋政务　特点及问题　解决路径

一、融媒时代"媒体＋政务"的特点

"媒体＋政务"是中央赋予县（区）级融媒体中心建设的新任务、新功能和新职责。它既不同于传统报纸、电视所承载的政务方面的宣传功能，也不完全等同于原有政府门户网站及政务新媒体"互联网＋政务服务"功能，而是在多元媒体进行聚合时产生的"叠加"和"裂变"，笔者认为这一新功能的特点主要有以下几方面。

1. 传播平台更加多元化。对于县（区）级融媒体中心建设，要求实现区域媒体资源的整合，并且赋予"新闻＋政务＋服务"的新功能。此举打破原有区域报纸、广播、电视侧重于"新闻"，政府门户网站、微信微博等政务新媒体侧重于"政务"的割裂，通过行政手段重新对区域媒介格局进行"洗牌"。组建后的融媒体中心,将利用这些平台,对原有功能进行重新整合,通过融合使"媒体＋政务"功能通过不同平台特点进行发挥,而不再仅仅局限于某个特定平台。平台选择主要根据个人喜好、所处条件等决定。比如经常外出奔波的商务人士在办理时,更加侧重于选择 APP 等移动端;常坐办公室的人员,则感到 PC 端更加方便清晰;喜欢使用微信的受众,会偏向于选择微信入口。不管选择哪个平台进行办理,最主要的决定因素在方便快捷、操作简单、易于上手。

2. 传播对象更加复杂化。 在传统媒体,我们习惯于用"受众"来定义传播对象,它含有自上而下、"单向"传播的烙印。而县(区)级融媒体中心是一种基于信息技术应用的新型主流媒体,以"用户"来取代"受众",则能更好表达此语境下的传播对象特点特质。"在智能媒介语境下,'用户'主体性具有与以往不同的主动性、互动性和游戏性三大特征。"[1]"用户思维"更加强调受用结合、双向传播,趣味性强等特点,这些转变同样贯穿于"媒体＋政务"功能之中。此外,"媒体＋政务"功能用户主要是对政务服务有需求的企业或者居民,它与接受新闻信息的用户群体相比更加复杂,不单有个体用户,而且有组织用户;并且组织用户所占比例,相对单一需要获得新闻的用户比例更高。

3. 传播内容更加互动化。 "媒体＋政务"用户特点使他们不再仅仅是信息接收者,同时也是信息传播者,具有强烈的传播愿望、传播能力和互动需求。他们对于政务服务的互动性具有很强意愿,比如当使用称心方便的政务服务、政务小程序后,通过"评论""留言""评价""转发"等方式进行"舆论表达"。这种互动还着重体现在"问政咨询"上,比如疫情期间,上海 16 各区融媒体中心通过客户端、网站、微信、热线电话等方式,开设问政咨询及建议渠道,用户通过这种方式反映诸如最新防疫政策、口罩预约等身边问题,并及时得到权威答复。

4. 传播需求更加"刚性化"。 在目前媒体环境下,由于新媒体层出、自媒体泛滥以及缺乏对"首发新闻"版权保护,使得新闻信息来源渠道缺乏"唯一性",阅读新闻不再关心这条新闻来自哪家新闻机构。因此,受众哪怕对新闻信息是"刚需",但对新闻媒体则很难形成"刚需"。而政务服务有着明确的办事主体、办事对象、办事规则和办事要求,进入壁垒相对较高,很难有非政府背景及资源的其他媒体或自媒体介入,这就使得"媒体＋政府"功能具有一定"排他性",从而成为有该需求的受众或企业的"刚需"。从某种意义上来说,政府为"媒体＋政务"功能做了权威性和品牌度的背书。

二、存在主要问题

"媒体＋政务"是县级融媒体中心建设中遇到的崭新课题,没有成熟的经验可以借鉴,在体制机制、智能服务、新技术应用等方面尚存亟须突破的壁垒和需要破解的难题。

1. 工作机制尚待理顺。根据中宣部、国家广电总局等部委下发的文件精神,县级融媒体中心归口县委宣传部领导(直辖市区级融媒体中心归口区委宣传部领导),对接政府部门技术平台,按照"媒体＋"的要求,实现政务服务功能,为智慧政务提供新闻发布、政务公开、政务办理、建言资政、服务评价等;而根据国务院《关于加快推进"互联网＋政务服务"工作的指导意见》,各省(区、市)人民政府要依托政府门户网站,整合本地区本部门政务服务资源与数据,加快构建权威、便捷的一体化互联网政务服务平台。

虽然两个文件精神都是瞄准"政务",目的也一致,但在具体实施中未免会出现"模糊地带",比如对于政府门户网站和政务新媒体的归属问题,各个地方就不尽相同。以上海为例,在市级层面:市政府门户网站归口市府办下属大数据中心;在区级层面:一些区的政府门户网站并入区融媒体中心,另一些则归口区府办或其他部门。从县级融媒体中心建设角度看,政务传播资源越聚集,"媒体＋政务"功能发挥得越充分,但无论哪种选择,都面临工作机制上的理顺问题。

2. 用户思维尚待树立。县级融媒体中心是由传统报纸、广播电视和网站等媒介资源整合而来,有着比较深刻的"传统烙印",特别在"传播受众"问题上,原报纸对应受众是读者、广播电视对应受众是观众和听众、网站对应受众是网友。而县(区)级融媒体中心定位是基于信息技术基础上的新型媒体,在融合过程中,需要有全新的流程架构取代原有流程规则,需要有全新思维模式取代传统思维方式。

对于"媒体＋政务"而言,当前较为欠缺的是"用户思维"尚未较好确立。**其一,用户思维认识狭隘。**有些融媒体中心还在走原来"老路",一些依赖财政全额拨款、无需进行营运的县级融媒体中心,面对用户、服务用户的内生动力较弱,用户需求敏锐性不强,一般是文件怎么说,就照着做。同时,上级部门对这一新型媒体事务也缺乏有效指导。**其二,用户服务体验较差。**有些融媒体中心政务服务及信息的用户数据分析、智能推送等都是刚刚起步,政务新媒体产品较为单一、缺乏创新,绝大部分没有构成全方位、以用户为中心的服务体验。比如存在检索不够智能,数据整合能力弱,无法为用户提供"搜索即服务"操作体验。**其三,用户需求未及时掌握。**部分中心缺乏对用户行为的量化分析,用户关注什么内容、喜欢什么内容、需要什么内容,缺乏有数据支撑的明确判断。虽然地方政府将"用户空间""智能推送"等列为门户网站测评的加分项,但由于缺乏硬约束,使该项工作推进进展较为缓慢。

3. 信息孤岛尚待打破。通过信息技术的使用,使得微信、微博、网站、APP以及商业类平台,都可以成为"媒体＋政务"功能实现的载体。要实现这一目标,就需要建立统一的"中央厨房"系统,打通各平台之间的内容链接,但目前还存在一定的信息孤岛现象,一是中心外部的信息孤岛现象,即分散在各部门之间的政务服务资源,还没有统一的全部整合,有些数据资源应予以开放以及纳入统一的数据库。二是中心内部的信息孤岛现象,即基于广播电视应用的非编系统与基于"两微一端"应用的信息化系统之间,存在一定的技术壁垒。以上海地区为例,各区融媒体中心电视非编系统主要由新奥特、索贝公司提供,而信息化系统则主要依托东方网构建的市级平台。由于缺乏技术接口和数据接口,短时期内只能在局部做调整,很难完全打破技术壁垒合二为一,需要通过系统迭代更新来予以完成。

三、解决路径策略研究

针对融媒体中心建设中"媒体＋政务"存在的问题,提出如下解决方案:

1. 依托政务资源丰富性,在提高用户黏性上下功夫

一般而言,用户对政务服务信息的黏性大于对新闻的黏性,利用大数据技术对用户进行画像,来判断用户的偏好,进行有针对性的智能推送、智能索引等服务功能,不断增强用户黏性。用户黏性的评估计算指标主要有: DAU 日活跃用户数和 MAU 月平均活跃人数。DAU/MAU 是社交游戏类和在线类应用常用的一项评估指标,用于分析用户黏度。当比值越趋近于 1 表明用户活跃度越高,在比值低于 0.2 时,说明应用传播性和互动性较弱。提高用户黏性可以通过以下路径来实现:

(1)提高政务信息的实用性。要提高"媒体＋政务"的功能定位,就要有效鉴别把握用户对于政务信息的需求,特别要重视政务信息的实用性和可读性。"政务信息的民生化指的是通过编辑、整合等手段,将政务信息做到平易近人、接地气,将硬性的政务信息做得贴近民生、走进民心,能让普通百姓听得懂、听得进并且愿意听。"[2]在内容上,关注教育、医疗、健康、交通等民生类政务信息;在语言上,多使用鲜活、生动的表现风格,可以适当使用网言网语,拉近与年轻受众的距离感。同时要注重权威、准确,这也是政务信息发布的灵魂所在。

(2)提高政务服务的针对性。政务服务要紧贴个体用户和组织用户的切实需求,切莫自娱自乐。比如今年上海樱花节,宝山融媒携手顾村公园引入"随申

码"智慧生活服务场景应用,打通随申码与网上预约码关联对应,实现预约码和随申码"两码合一",一次扫码即可同步核验健康信息与核销预约记录,在严格落实疫情防控措施前提下,简便入园流程,避免长时间人员集聚,这也是上海全市首家区融媒体中心依托"随申码"打造的生活数字化大型应用场景。

（3）提高咨询回复的及时性。政务咨询是政府密切联系群众,听取意见,了解社情民意,为民排忧解难,接受群众监督的重要渠道。比如去年疫情期间,上海的 16 个区融媒体中心通过客户端、网站、微信、热线电话等方式,开设问政咨询及建议渠道。宝山融媒着力做好社情民意收集,与区网格化中心和 12345 平台加强业务协同,建立百姓诉求的处理机制,畅通互动渠道,及时回复百姓诉求。

2. 依托信息技术智能化,在用户服务上下功夫

"融合时代,只有用户,没有受众,受众观念将全面被用户观念取代。传播将不再是广电媒体唯一任务,服务将是其多元化平台上的新增使命。"[3]首先是要树立用户思维模式,具体而言就是以用户需求为导向,来及时提供政务信息、政务服务;以用户体验为原则,来建设"智慧融媒"优化各类功能模块;以用户驱动为抓手,实现大数据共享互联。

可通过智能信息采集系统、统一身份认证系统、用户行为分析系统、智能检索系统、智能推送系统等,服务用户需求,增强用户体验度和便捷度。智能信息采集系统主要包括数据采集、数据库梳理加工等;统一身份认证系统,为用户提供一个高度集成统一的认证平台,实现 PC 版、手机版和移动 APP 等多渠道的跨屏合一,同步账号信息、行为信息、资源信息等;用户行为分析系统可以包括用户属性分析、用户行为轨迹统计分析、搜索引擎分析、热力图统计分析、数据挖掘分析等,特别是基于用户行为进行量化分析,可以为后续的栏目设置、政务信息、政务服务等,提供数据支撑;智能检索系统,可以改变传统按照时间、相关度堆叠显示搜索结果的模式,智能分析用户搜索目的,优先显示用户可能需要的内容,如办事服务、咨询答复等,同时,还可以识别口语化描述,将其与政府对应的服务资源相关联,提升用户搜索体验;智能推送系统,可以通过分析用户需求,研究搜索规则,设置信息资源的多维标签库,通过多维度的关联,与用户行为分析相结合,实现信息资源的智能推送,形成"千人千网""千人千 APP"个性化定制服务。同时,还可以打通数据接口,与区域内相关部门以及市级集约化建设平台进行对接,实现政府资源优化融合、平台安全整合、数据互认共享。

3. 依托体制机制优化,畅通"媒体＋政务"功能路径

随着融媒体中心的成立,部分县（区）政府门户网站由原来政府办直属,划归

融媒体中心管理,其中的关系需要进一步梳理和理顺。

一是政府办与融媒体中心对于门户网站的管辖关系。笔者认为,根据国办相关文件规定,地方性政府门户网站的主办方一般为地方的政府办,因此政府办应当作为门户网站的主办方;县(区)级融媒体中心则是以"委托管理"方式,代政府办负责网站运维工作,其中也行使部分监督管理责任。这样的责任划分,有利于归口融媒体中心管理的门户网站,依据国办、市政府办公厅的相关文件精神和工作指令,来开展日常工作;有利于基于"一区一网"总平台构架下,继续整合政府序列的各类政务服务主体部门,开展相应内容支撑和资源供给,比如街镇委办栏目更新、政务公开、政务咨询等等;有利于开展政务服务考核、政务公开考核以及对各街镇委办的监督管理,推进政府网站信息发布、政策解读、办事服务、互动交流等重点指标达标。政府办和融媒体中心要建立定期沟通联络机制,协同推进上述相关事宜。

二是融媒体中心与各街镇委办的关系。在"一区一网"大构架下,门户网站作为一个区域政务总平台,在发挥着"各类服务总窗口、各类信息汇聚总枢纽"功能同时,也对网络内容、网络安全等负有重大责任。一是强化技术防范,确保网络安全。在重要保障期间,对网站系统进行安全漏洞扫描和检测,外防病毒黑客非法攻击,内防违规操作和接入,定期进行漏洞安全扫描、渗透性测试、数据备份加强应急演练,提升技术队伍应急处置能力。二是强化监督管理,确保内容安全。针对网站的平台属性,要加大对街镇、委办信息发布的事中事后监管制度。事中,在审核稿件的过程中,可采用校对软件植入到编发系统,提升校对功能、提高审核效率;事后,针对各街镇、相关委办局进行定期全面普查,要求各相关单位及时整改;加强网站内容保障平台管理,建立完善应急预案,确保信息发布的权威性。

结　语

县级融媒体中心建设是一个新生事物,"媒体+政务"是一个新的功能定位。随着智慧城市建设以及"一网通办""一网统管"等城市治理领域的改革不断深化,融媒体中心运用大数据、人工智能等先进技术构建起来的政务智慧服务平台,将成为"媒体+政务"功能实现的着力点,也是从"融媒体"到"智媒体"变迁的重要引擎。

参考文献:
[1] 关峥、柳亚兰著:《从"受众"到"用户":社会化传播下的"主体性"研究》,《记者摇篮》,

2019 年第一期。

［2］吴小权著：《新媒体环境中政务信息如何做到民生化》，《应用研究》，2016 年第 17 期。

［3］栾轶玫著：《中国广电媒体的融合化生存》，2010 中国数字电视与网络发展高峰论坛。

作者简介：

郭易楠，上海市宝山区融媒体中心副主任。

外宣需"破圈"

陆薇薇

提　要： 外宣，或者说对外传播已经成为一个热词。除了对于打造中国形象、讲好中国故事的内容的讨论之外，笔者认为还有个重要的话题是如何让海外受众能够接受我们所展现的中国形象，并且能够理解中国故事和中国讲述。传播已经不仅仅是发出端的编码（encode），无论一篇文章还是一个视频或音频，更需要在接收端的解码（decode）才能完成。新媒体时代的外宣，从 encode 到 decode 的过程中，社交媒体缩短了传播途径，但也因为信息的海量，让触达变得更困难。我们需要努力让目标受众检索到相应的内容，在碎片化的时间里阅读/观看内容，并能在解码的过程中尽可能产生没有太大偏差的理解。本文从实操层面对外宣的传播平台进行分析，从议题设置、传播方式以及打破圈层三个维度对外宣经由社交媒体的传播路径和方法进行探索。

关键词： 外宣　对外传播　社交媒体　突破圈层

外宣，国际传播或者说对外传播已经成为一个热词。如何打造中国形象，讲好中国故事俨然成为一个热门的话题。但是外宣的历史非常悠久。日本学者伊藤优一在为《全球传播》（*Global Communication*）一书所作的序中指出："国际传播和文化交流的历史就如悠久的人类文明史那样久远。外宣是有史以来任何一个国家和民族对外交流重要的管理和信息传播方略，并非中国独有。"[1]

英国文化研究学者斯图亚特·霍尔（StuartHall）则提出，传播并不是一个简单的"发送—信息—接受"的单向线性模式，他认为传播是一个由"生产—流通—分配与消费—再生产"四个阶段构成的一个"主导的复杂结构"[2]。在现代传播中，我们运用画面、语言、文字等符号生产的内容，由接受者对这些符号进行解码。这一过程中,不仅传播途径的选择可能会影响到传播这一行为是否发生,同时内容会不断因为接受者个体的差异而产生变形、失真或扭曲。在外宣这一特殊的传播领域,由于存在着文化、语言、制度以及传播途径和方式的种种不同,从传播者到接受者,对同一内容的理解可能存在巨大的差异。

一、外部环境变化督促外宣主力军进入主战场

早在 1991 年召开的全国对外宣传工作会议上,党中央就明确了外宣工作的性质、任务和对象。中央外宣办、国新办原主任王晨在总结我国外宣工作时指出:从改革发展稳定的大局出发,着眼于营造于我有利、客观友善的国际舆论环境,着眼于在国际上树立我国的良好形象。从中我们可以了解到,外宣工作的目的是消除外界对中国的误解,增进国外受众对中国真实情况的了解。不仅要增进中国和国际社会的文化互信,同时一个现代、丰满、鲜活的中国形象,也有助于中国作为国家主体和中国人作为整体族群,在国际社会展现正面形象,赢得支持并发挥更大的影响力。

现实中我们看到的是,外部国际舆论环境持续转恶。

2018 年 3 月 22 日,美国总统特朗普签署备忘录,宣称中国"窃取美国知识产权和商业机密",中国被突然拖入了一场世界级的争端。随着事态发展,世界上几乎所有的国家都卷入其中。在贸易摩擦日益加剧的同时,2020 年一场突如其来的疫情从中国的武汉突然暴发,在未明原因的同时,多个西方国家和政客以"武汉病毒"或者"中国病毒"污名中国。

全球化遭遇巨大危机,全球最大的两个经济体关系持续恶化,西方部分国家的普通民众对中国和中国人的好感度直线下跌,国际舆论环境发生巨大变化。

2020 年 10 月,民调机构皮尤研究中心(Pew Research Center)[3]一份覆盖英国、德国、荷兰、瑞典、美国等 14 个欧美与亚洲发达国家的调查显示,这些国家对中国的负面评价升至 10 年来的最高点。其中,对华恶感度最高的是日本,达86%;与中国建交的第一个西方国家瑞典对中国的负评排名第二,意大利排名最低但也超过半数。

如何应对国际舆论环境变化,持续发声讲好并让世界能接受理解"中国故事"是摆在中国外宣媒体面前急需解决的重大课题。

在同样的这份调查中值得关注的一点是,年轻群体对中国的恶感相对较低,只有韩国有过半数年轻人对中国有负评。虽然这项调查当然不能被认为全面客观反映了国际社会对中国的观感,但受新媒体影响更大的年轻受众群体对中国持有负面评价的比例明显低于年长群体从一个侧面揭示了媒体环境变化后,新

媒体对外宣效果会产生的可能影响,这也许是中国外宣工作新的新契机。

习近平总书记高度重视党的舆论工作,不断在国家战略和全局的高度强调媒体融合,"人在哪里,主战场就在哪里"。对于外宣来说,这一要求也指明方向并切中要害。"外宣"团队必须跑步进入新战场。海外传播平台就是外宣团队需要进入并占领的新战场。

二、传统外宣形象无法满足国际传播新需求

长期以来,外宣工作被视为"特殊"宣传手段,其选题内容很大程度上塑造了境外人士对中国的认知。长久以来,五千年文明古国的解读和宣传一直都是对外传播的主体内容。从现在的结果来看,文明古国已经成为一个根深蒂固的中国标签,这一符号系统包括世界各国熟知并喜爱的大熊猫、京剧脸谱、太极拳、筷子等等。

但是随着中国的崛起,中国在国际社会中的形象也日渐丰满,在多变的同时,世界对中国的印象也变得逐步模糊。现代的、政治经济、社会发展类内容很少被目标受众正面关注,甚至经常被负面解读。于是,外宣选题中容易被接受的内容依旧集中在传统的自然风光、美食、民俗、传统文化等方面,而现代中国的经济建设成就和经验、中国社会文化新变迁、中国政府社会治理的经验和新发展,这些更具时代感的内容,并没有很好地得到有效传播,成为外宣内容传播的相对"盲区"。2018 年年底 Dolce & Gabbana 的广告被中国民众视为"辱华"。香港中文大学广告学副教授李赖俊卿在接受 BBC 中文采访时对这则引起轩然大波的广告评论:"他们(Dolce & Gabbana)可能想在广告中使用幽默感,但并没有很好地体现出来。我认为他们低估了中国人的生活质量和文化自豪感。"[4]

虽然西方的主流媒体对来源于中国官方的媒体消息普遍采取了一种"主动性失聪"的态度,但是另外一方,国际社会对于来自中国的信息需求日益增长。我们看到中国外宣媒体一方面在传播内容的数量上大幅增加,另一方面也积极投身全渠道媒体进行覆盖和投放。海外社交媒体上关于中国的讨论也在逐步升温。"中国效率"或"中国速度"有机会成为海外民众对中国新的认识"标签";中国的高楼、高铁、桥梁建设等正在加入中国印象的"符号群"。中国便捷的互联网生活(外卖、无现金支付、物流等等)、中国商品、中国富豪、中国大妈等也在海外媒体的报道和来过中国的外国人在境外社交媒体的讨论中,走进境外受众视野。

笔者所在的 SMG 融媒体中心和来自德国的以主要服务欧洲地区为主的新闻交互平台 ENEX 于 2017 建立了合作伙伴关系。一方面,SMG 可以通过ENEX 接触到欧洲各国尤其是地方电视台更具当地特色的内容,另一个更主要

的方面是通过 ENEX 将内容输出到欧洲各国家和城市电视台。2020 年 1 月,中国武汉因疫情封城。国外对中国的信息需求与日激增,该平台点击数上升了近10 倍。从数据中我们也可以看到 2020 年最多被 ENEX 采用的 10 条新闻内容,8 条都集中在 1—3 月,都与疫情相关。这些内容的发布和传播是中国媒体主动回复国际关切,主动发布中国声音,展现中国担当。

除了日常的主流媒体之间进行内容交换有利于借船出海,输出中国内容之外,各家外宣媒体还积极拥抱媒体融合,跑步进入外宣新战场。

三、国际社交媒体成为外宣主战场外宣需要新战术

近年来,无论国内还是国际上,新媒体已经成为主流。从海外社交媒体来看,油管上最受人欢迎的中文频道并没有任何的中国官方背景。2020 年 12 月,吉尼斯世界纪录将"Youtube 上最多人订阅的中文频道"这一世界纪录授予李子柒[5]。当时,李子柒在 Youtube 上的订阅人数达到 1 480 万,她发布的 122 个视频总共获得超过 22 亿人次的观看,最高的一条获得 7 800 万观看数。李子柒获得成功的关键,是内容运营的一致性,和现实中国发生的真实生活魅力的体现。

社交媒体的勃兴,受众的信息接收渠道一方面因为兴趣而分化、一方面因流量而集中,形成数个超级媒体平台,垄断了传播渠道。传统媒体逐渐失去了传播渠道的垄断地位,日渐成为超级媒体平台上众多的内容提供者(Content Provider)之一。传统媒体在社交平台上遭遇的挑战和困境,也需要媒体工作者在困境中调整工作方式和方法,寻找新的起飞点和新机会。

笔者建议可以从新的议题设置(New Agenda)、新的沟通方式(New Broadcasting)、新的媒介圈层(New Circle)三个方面,在新媒体上寻求外宣工作的新突破。

1. 以社交聆听设立议题

在传统媒体兴盛的黄金时刻,议题设置在总编办公室或编前会上就可以确定并确保执行有效。新媒体时代,议题设置的控制权转移到了受众手中。"热门话题"的标签是来自社交媒体使用者的一次次点击,舆论风向随时变化。在这种情况下,新议题设置,往往需要建立在社交聆听(Social Listening)的基础上。

从聆听中设立议程,通过观察商业品牌在新媒体上的实践,也许可以给外宣找一些新的思路。外宣,不就是对"中国形象"或"上海形象"的营销吗?

商业品牌很早就开始推进这一方式方法了。早在 2012 年伦敦奥运会,NIKE 为了在中国的超级媒体平台——微博上建立有效的沟通传播,斥巨资设

立了专门的社交聆听技术中心,实时抓取和分析在微博平台上关于奥运会的所有特点讨论关键词,经筛选后从最具讨论性和关联性上的话题入手,生产传播内容,并在微博上实时发布,其传播效果和在广大受众心目中建立的品牌和奥运的关联认知,远远大于奥运会的官方赞助商、其主要竞争对手阿迪达斯。

♯活出伟大♯这个话题,是当时 NIKE 的一个品牌 Campaign 主题,在新浪微博上已经有 468 032 条讨论,而官方微博发布(包括转发)的含有此关键词的话题内容仅仅 84 条。"468 032∶84"的比例,引爆与品牌直接相关的用户产生内容(UGC),用专业文案和品牌语言,说出消费者心里的话,尤其是他们心有所感,想说但又不知该如何表达的话。[6]

基于社交聆听,在外宣工作的策略层面,我们有机会针对不同媒介平台的特点,建立和培养强化社交媒体账号属性,包括进行内容输出和实时沟通的画面和语言风格(tone & manner),包括对议题进行判断,什么样的话题是需要外宣媒体积极参与的,什么样的话题是需要谨慎对待的(do & don't)。

对于议题的参与,并不是一场没有准备的随波逐流,是可以在大背景和时间线上进行前期预判和准备的,并积极准备可调用的内容。第一,根据内容策略制定每一阶段的内容日历。具体节目或内容上,决定 PGC、UGC、BGC 的分布构成和执行(自创、合作或购买),结合外宣目标,做好内容预案,并将所有的内容标签化,利于检索和后续的二次利用。除了自创外,利用好 PGC 和 UGC,可以进行事半功倍的内容输出。有意识地在社交媒体上建立话题标签,完成内容集纳并且吸引 UGC、PGC 参与话题。

长线内容库的建立和分类,用不同的标签把存量内容拆解、盘活,以便充分使用和复用内容,其实是拥有丰富的存量内容资源的传统媒体的一个优势。拿上海文广传媒集团(SMG)来说,坐拥超过 150 万小时的节目版权库,且内容全品类覆盖:旗下东方明珠累积了 4 万部以上的电影版权;拥有超过 800 部、5 000 余小时的精品纪录片版权。[7]这项工作的成果,有可能成为传统媒体在新媒体平台注意力竞争中的优势。然而不得不强调,这些只是新内容生产的"素材",呈现出的产品依旧需要结合媒介平台的特点和实时视角。

特别要指出的是,即使根据社交聆听系统实时进行内容运营,还是需要融入、共情、平等讨论,和受众建立真正的"对话"。"实时营销"一直是社交媒体最本质的特性之一。这和现代受众注意力转移时间缩短有关,也与去中心化的社交媒体特点契合。传统媒体本来最拿手就是"话题议程设置",但在社交媒体的信息海洋中,不论是总统、明星,还是巨无霸公司、顶级商业品牌……任何机构和个人,都难以随心所欲进行话题议程设置。这种情况下,就需要我们更多去了解和追随社交媒体平台上的话题浪潮,在逐浪的过程中进行专业化的信息"微操"、有效包装和信息传递。

2. 外宣需要新语态

当传播从"单向"变为"双向"甚至"多向",媒体需要放低姿态,以平等的方式在社交媒体上与受众进行互动式的双向沟通。双向沟通成立的基础,在于提供"信息密度"或"情感密度"。传统媒体的信息传达,有"零度情感"的传统,但在新媒体的信息传达上,需要提供情感密度。情感密度并不代表对事实本身进行歪曲或矫饰,而是在于对社交媒体情绪的把握,和站在受众角度的同理心。从"我说给你听",到"我们一起聊一下"。交互是社交媒体的最大特点,但也是传统媒体最不擅长的功能。

交互中语言很重要,但是更需要是讲对方能听懂能理解的语言。在外宣工作中,仅仅用"信达雅"的翻译能力来考量是不够的。对内容的理解往往建立在接受者对传播者生产内容的解读之上[2],而这一解读也因接受者个人的文化、语言、阶层、教育背景不同而产生巨大的差异。所以在互动的过程中,要特别注意避免产生鸡同鸭讲,甚至可能导致误解的产生。

超级社交媒体平台引发强大的"流量马太效应",这促使外宣媒体必须直接进入海外社交平台,同时也需要学习在这些社交平台上"的说话"和"表达"方式。在这些平台上,很难看出有内外之分,只有根据兴趣、价值观分化产生的无数亚群体,唯有优质内容,才有可能冲破圈层,掀起社交媒体的浪潮。

3. 外宣需要新"朋友圈"

最后,需要在以社交媒体为代表的新媒体上,建立外宣媒体的"朋友圈"。这个"朋友圈"的建立,是基于对现实中国的公正看待、对事实的追寻和尊重,以及对受众的善意和专业。

2021 年 3 月的新疆棉花 BCI 事件中,我们看到如 Daniel Dumbrill 这样,在Youtube 上有影响力的众多外国博主、特别是在中国居住的外国博主,本着求实的态度,纷纷发声,对自身所处的中国现况进行解说,对西方机构的动机发声质疑。Daniel 在 Youtube 上 的 "American/Canadian Propaganda — a Xinjian 'Genocide' Panel"video[7]获得很多理性国外受众的点赞。之后,我们看到英国博主 Jason 关于"How Wesern media outlets lie about Xinjiang"[8]的 Vlog 也迅速获得了近 7 万次的观看和以及 1 000 以上的留言,拥有各类社交媒体账号近8 000万粉丝的以色列博主 Raz Galor 来到新疆实地拍摄了解棉花生产的短视频"和新疆老乡一起种棉花,我遭遇了什么? What I saw in Xinjiang working as a cotton farmer"在油管上仅用 3 天时间就获得了 25 万以上的观看和近万条留言[9]。这些信息，比简单的发布和强调更容易让国外受众接受。在 Twitter 的热门话题♯XinjiangCotton(新疆棉花)项下，我们能够发现很多普通 Twitter 用户，不人云亦云，用独立思考和试试判断来评论时事。这些方面都启示我们可以用友好的互动和信息传达，拓展我们的朋友圈，并用朋友圈的力量来联通世界澄清谬误。

在国内媒体日益融合的背景下，中国的媒体环境和社交媒体发达程度，已经远高于境外主流媒体平台。以及当全球化在教育以及经济方面不断深入的情况下，内宣和外宣也在不断融合，墙内开花，墙外也香的情况将越来越多。内外宣的融合之路，意味着理念融合、团队融合和技术融合。我们需要认识到，我们面对的国内国外受众并无本质不同——他们都在社交平台上根据兴趣聚集和讨论相关话题，他们都期待有趣的好内容，他们享受类似的现代生活、面临同样的时代挑战……上海、东京、伦敦、纽约的年轻人之间，情绪和生活方式已经相当多的相同点。

习近平总书记在 2016 年就对"党的新闻舆论工作的职责和使命"提出了 48个字的要求。其中"澄清谬误，明辨是非，连接中外，沟通世界"16 个字，尤其是对外宣战线的新闻工作者提出了在新的时代条件下的职责和使命。我们必须在世界环境以及媒体环境不断发展和更新的同时，不断调整自己的工作方式和方法，在内容和传播两个战场突围发声，讲好中国故事，并让世界理解中国故事的内核。

参考文献：

[1]《"外宣"宣何"外宣翻译"译何》(吕和发邹彦群著《上海翻译》2014 年)

[2] Hall. S. (1980)"Encoding and decoding"《编码/解码》(斯图尔特霍尔)

[3] Pew Research Center：《Unfavorable Views of China Reach Historic Highs in Many Countries》(https：//www. pewresearch. org/global/2020/10/06/unfavorable-views-of-china-reach-historic-highs-in-many-countries/)

[4]《D&G 陷"辱华"风波章子怡等中国明星集体抵制》(BBC 中文网：https：//www.bbc. com/zhongwen/simp/chinese-news-46293409)

[5] Li Ziqi (vlogger)(Wikipedia 词条 https：//en. wikipedia. org/wiki/Li_Ziqi_(vlogger))

[6]《从安利和变形金刚说起——移动营销视角下的社交媒体传播》(https：//www. digitaling.com/articles/41448.html)

[7] 经济观察报：《东方明珠推出 BesTV＋流媒体平台东方明珠董事长王建军：不让爆款内容躺在库房》(https：//baijiahao. baidu. com/s? id＝16770576564700017739&wfr＝spider&for=pc)

[8] The Xinjiang Genocide — an excerpt from the "Genocide" panel (https：//www.

youtube.com/watch? v=mH-0l_zToN4)

[9] How Western media outlets lie about Xinjiang(https://www.youtube.com/watch? v=dYtKNTrTsAo)

[10] What I saw in Xinjiang working as a cotton farmer (https://www.youtube.com/watch? v=67pU0Ybovnc)

作者简介：
陆薇薇,上海广播电视台融媒体中心主任助理。

公共外交中的媒体实践

——以"外交官看中国 Diplomatic Insight"系列专访为例

爱新觉罗·贝

提　要： 主流媒体是公共外交的重要主体，在国际舆论环境纷繁复杂的当下，自觉主动开展公共外交活动是主流媒体应有的责任与担当。本文以"外交官看中国 Diplomatic Insight"系列节目为例，尝试从时机选择、对象锚定、内容呈现与传播三个方面，剖析上海广播电视台如何借鉴公共外交理念开展对外传播活动，分析其取得的传播效果，以期为推动主流媒体的公共外交实践、提升主流媒体的对外传播能力提供借鉴。

关键词： 公共外交　主流媒体　外交官　对外传播

2018 年全国两会期间，上海外语频道（*The International Channel Shanghai*，简称 ICS）新闻栏目《直播上海》与东方卫视《东方夜新闻》共同推出系列节目"外交官看中国 Diplomatic Insight"。节目以驻华外交官这一特殊人群为切入口，借助他们的视角和话语，充分展现了中国与各国家在政治互信、经济合作、文化交流等方面的成果，深入阐释了新时代中国的外交政策和外交关系。此档节目取得了良好的传播效果，也得到了上海市广播电视局的表扬和业内专家学者的关注。

策划推出"外交官看中国 Diplomatic Insight"系列节目，是上海广播电视台自觉树立公共外交理念、培养公共外交意识、践行公共外交使命的有益尝试。具体而言，这一尝试包含时机选择、对象锚定、内容呈现与传播三个方面。

一、以重大事件为契机,践行公共外交理念

作为与政府外交(governmental diplomacy)互补的重要外交形式,近年来,公共外交(public diplomacy)正日渐成为我国外交的一抹亮色[1]。公共外交通常面向外国公众,行为主体多样,既包括政府外交部门,更涵盖民间团体、研究机构、媒体以及普通公众。文化性而非强迫性是公共外交的关键特征,这也使得其形式灵活多样,文化交往、日常交往等都是多元主体向外国公众展示中国政策国情和风土人文的有效渠道。

主流媒体是公共外交活动的重要行为主体。某种程度上,主流媒体的对外传播活动就是一种典型的公共外交[2]。由于在信息传播、文化表达等方面具备天然优势,因此,借助丰富多彩的对外传播活动,主流媒体能够"主动出击",直接面向外国公众,从而削弱西方媒体有关中国的片面甚至歪曲报道所造成的影响。而在这一过程中,倘若能够灵活运用公共外交领域的专业知识,将对外传播升格为公共外交实践,不仅能够拔高主流媒体的立意水平,丰富传播内容,提高传播实效;更有助于主流媒体明确自身责任,履行更高标准,为讲好中国故事、裨益中国外交关系贡献一分力量。

两会是中国政治生活中的大事,也是外界观察中国未来发展的重要窗口。两会会场传出的"声音",对于驻华外交官及其所属国家开展对华关系极具参考意义,因此在这段时间中,其更加乐于发表自己对中国的观察以及对本国与中国关系的见解,而这就为媒体开展公共外交提供了良好的契机。正是出于这样一种考虑,在2018年两会期间,上海广播电视台较具创新性地推出"外交官看中国Diplomatic Insight"系列节目,对丹麦驻华大使、新西兰驻华大使、土耳其驻华大使、意大利驻华大使、欧盟驻华大使、土耳其驻沪总领事、英国驻沪总领事、瑞士驻沪总领事、以色列驻沪总领事共九位驻华外交官进行了一对一专访,就其如何看待飞速发展的中国、对于和新时代中国共享发展机遇有怎样的期待等话题进行了交流。在访谈结束后,节目组对访谈内容进行提炼和剪辑,并以视频的形式,尽可能地将外交官们对中国的印象和评价"零损耗"地客观呈现在外国观众面前。

二、选择不一般的访谈对象,影响有影响力的人

改革开放以来,随着中国综合国力的不断提升,国际社会中有关中国的警惕、误解声音也甚嚣尘上。对绝大多数外国公众而言,其并不具备与中国进行长

时间、近距离接触的机会,媒体就成为其获取有关中国的信息的主要来源。而由于中国媒体是党和人民的喉舌,这一特殊身份难免会影响其在外国公众中的信赖度,信源的选择由此显得至关重要。借鉴公共外交的理念,"外交官看中国 Diplomatic Insight"节目组经过多次讨论,最终锚定驻华外交官这一特殊群体,而之所以如此,主要有两点原因。

首先,外交官本质上是对驻在国较为了解的外国人。驻华外交官长期从事外交工作且常驻中国,对中国政治经济情况和社会文化环境较为了解,能够发挥桥梁和中介作用,为外国公众认识中国提供一个窗口。而不同于中国主流媒体,驻华外交官在身份上具有"非中国性",因此,通过外交官之眼观察中国、借用外交官之口阐述中国,就显得更为客观中立,更容易令外国公众信服。而倘若收看节目的外国公众与节目中的外交官同属于一个国家,相对熟悉的语言、表达方式以及相似的文化背景则更能够引起观众的共情,提高对外传播的效果。

其次,外交官是国际关系的重要参与者,是联系本国与他国的纽带,是"有影响力的人"。对于大多数国外公众而言,外交官是典型的精英阶层,拥有高水平知识储备和丰富的政治阅历。例如,早在1978年,新西兰驻华大使麦康年(John McKinnon)就曾派驻中国,先后多次在新西兰驻华使馆工作;以色列驻沪总领事普若璞(Eyal Propper)拥有二十余年的中国工作经历;土耳其驻华大使约南(EminOnen)有着丰富的外交经历,不仅是土耳其总统埃尔多安(Recep Tayyip Erdoğan)的首席顾问,还曾担任土耳其大国民议会土中友好小组主席一职。也正是因为如此,驻华外交官在国际社会上具备一定的权威性、影响力和公信力,在谈及有关中国的议题时能够发挥"意见领袖"(opinion leader)的作用,产生较为广泛的国际影响。

而为了能够获取关键信息,提高访谈效果,"外交官看中国 Diplomatic Insight"节目组充分借鉴公共外交理念,在访谈前精心调研,力图详尽掌握每位外交官的文化背景、工作经历、处事风格以及其所属国家与中国的合作领域、双边关系等等。在此基础上,有针对性地设计不同的访谈提纲,引导驻华外交官分享自己的见解。不仅如此,上海广播电视台平日所积累的公共外交成果也在此次节目制作中发挥了巨大的作用。例如,在日常工作和生活中,上海广播电视台就注重与各驻沪总领馆保持联系,迄今为止,上海外语频道已与40多个国家驻沪总领事馆及相关外交人员建立了良好的关系,这无疑为此次访谈的开展打下了坚实的基础。

三、事实与情感多方呈现,国内与国外多渠道传播

除了选定访谈对象、维系良好关系等前期工作,"外交官看中国 Diplomatic

Insight"系列节目在访谈内容呈现和传播等方面也下意识地秉承树立公共外交意识,秉承公共外交理念。

首先是实事求是,以两面提示提高可信度。美国著名实验心理学家霍夫兰(Carl Hovland)的研究显示,在对原来持抵制态度的人进行传播时,"两面提示"(two-sided messages)一定程度上能够产生较好的说服效果。在西方媒体的长期影响下,外国公众对中国存在诸多偏见,而中国主流媒体又是国家的喉舌,因此,一味地呈现对中国有利的观点,可能并不能赢得外国公众的信服。相反,实事求是地展现有关中国的评价,包括一些不利于中国的材料,反而能够凸显主流媒体的客观和中立品质。在对访谈内容进行编辑时,节目组一方面列举了诸多有利于中国的观点,如以色列驻沪总领事普若璞提出,西方人可能很难理解到底什么是中国特色社会主义,但在深入了解和学习之后,就会明白中国的发展离不开中国特色社会主义。另一方面,对于外交官们所提到的中国存在的问题和面临的挑战,节目组也毫无保留地给予呈现。如丹麦驻华大使戴世阁(Anders Carsten Damsgaard)坦言北京共享单车数量的增加带来了一些乱象,认为丹麦在打造宜居城市方面或可为中国提供帮助和借鉴。

其次是诉诸情感,凸显驻华外交官的"中国情"。在事实之外,设计、选择并凸显一些带有感情的访谈片段,不仅能够展现驻华外交官及其所属国家与中国的深厚友谊,也有助于调动外国公众的心理感受,引起共情。较具代表性的例子如,在对新西兰驻华大使麦康年进行专访时,节目组设计了"如果我可以请您用一句中文来总结形容中国与新西兰两国的双边关系,您会选择哪一句?"这样的问题。麦康年是当之无愧的"中国通",他于1978年首次出任新西兰驻华大使,并于2015年再次出任。面对记者的提问,麦康年用中文笑着回答道:"我们的双方关系在各方面一切都好。"此外,对于以色列驻沪总领事普若璞将以色列称作"中国亲密的合作伙伴",土耳其驻华大使约南提出"你们有'中国梦',我们也有'土耳其梦',共同的利益追求为中土关系的未来发展增添了无限可能性"等访谈片段,节目组也都尽数保留,向外国观众展现了一种极具感染力的友好气氛。

最后是国内外多端口融合传播,提高用户触达率。在用户极大细分的今天,不同端口都拥有自己的核心用户,而占领不同端口,能够尽可能地网罗用户。"外交官看中国 Diplomatic Insight"系列访谈除了在上海外语频道和东方卫视播出外,还在央视频移动网、看看新闻 Knews、腾讯视频等网络平台同步播出,节目组同时在微博、微信,脸书(Facebook)、推特(Twitter)等国内外社交平台进行推广。而对于访谈中涉及的与中国国际进口博览会(China International Import Expo,简称进博会)相关的内容,还提供给进博会官方网站和官方微信公众号进行二次推介。值得一提的是,各驻华使领馆官方网站、微博也纷纷对访谈内容进行转发推介，一些驻华外交官甚至主动发布朋友圈、推特等进行传播，这扩大了节目的传播范围，也显现出各国对节目的肯定。例如，波兰以及厄瓜多尔驻沪总领事馆看到节目后还主动与上海广播电视台联系，希望能对其驻华大使进行访谈。

结　语

在全球化、一体化的今天，单纯的政府外交已经不能满足中国外交实际，公共外交以其特有的文化性成为重要辅助。主流媒体作为公共外交的重要行为主体，自觉树立公共外交理念、培养公共外交意识并将其运用到日常媒体对外传播实践中去，不仅能够呼应我国政策需求，更有助于提升媒体自身的国际影响力。在这方面，诸多媒体已经作出了尝试，"外交官看中国 Diplomatic Insight"系列专访就是其中的代表。未来，除主动进行公共外交实践外，主流媒体更应该思考，如何充分发挥自身的影响力，号召更多中国社会组织乃至普通公民加入公共外交的队伍，共同为"讲好中国故事"添砖加瓦。

参考文献：

[1] 中国在线.公共外交成中国外交新亮色　与政府外交互补[EB/OL].
　　http://www.chinadaily.com.cn/dfpd/shizheng/2010-09/01/content_11242524.htm.
[2] 陈芳.媒体应有自觉的公共外交意识——访中国人民政治协商会议常委、外事委员会主任赵启正[J].中国记者,2011,07.

作者简介：
爱新觉罗·贝,上海广播电视台外语频道播音员、主持人。

浅议上海中心城区有线电视平台在新媒体时代的发展对策

顾　青

提　要：上海中心城区的有线电视平台在新媒体时代面临生存困境，传播渠道收窄，传播技术受限，传播效果日趋弱化。但中心城区有线电视平台有着自身独到的优势，在现阶段更有着存在的必要性。在融媒改革的过程中，必须抓住机会，积极作为，勇于创新，努力搭载新媒体平台，寻求逆境中的突围之道。

关键词：中心城区　有线电视　新媒体　融媒体中心

上海市区级有线电视台曾经不仅是引导群众、服务群众的主阵地，也是群众了解区情、反映社情民意的重要桥梁。但随着新媒体的迅猛发展，伴随多屏时代的到来，电视媒体的劣势和问题逐渐显露，而中心城区的有线电视平台受到的冲击更是明显。那么，在新媒体时代，上海市中心城区有线电视平台该如何定位？在区级融媒体中心建设中又该如何发展？都值得我们的深思与研究。

一、上海市中心城区有线电视平台的现状和存在问题

作为市政府实事项目，从 1992 年起，上海有线电视进入了快速发展阶段：当年 12 月底上海有线电视台成立，各区县有线电视台（中心）也陆续建立开播。到 1994 年底，有线电视用户达到了 116.3 万户，收视人口超 1 亿。但自 2006 年后，各地卫星电视和网络媒体的兴起，有线电视频道的收视率和关注度渐渐失去了优势，尤其是中心城区有线电视平台更是逐渐走向了低迷。

1. 传播渠道越来越窄

(1) 电视平台整合,播出载体受限。以长宁区为例:1992 年 6 月,长宁在全市各区县中率先成立有线电视中心,并通过独立频道开播。在各区县有线电视台或中心相继建成的过程中,"长宁新闻""健康 300 秒""七彩荧屏"等区域性电视节目一度成为长宁区域居民眼中的"明星"栏目,更是他们获取区域新闻和服务信息的重要渠道。但随着之后上海有线电视的两次频道整合,长宁等中心城区有线电视不再有独立的播出频道,而是先后被安排在上海有线电视台财经频道、戏剧频道中插播,播出时间也仅有 20:00—20:30 之间的半个小时。这样一来,播出空间越来越萎缩,栏目内容越来越单一,收视群体也越来越小众。

(2) 网络电视兴起,受众用户受限。互联网飞跃式的发展,"宽带电视"大屏的市场竞争,上海电信 IPTV、上海移动网络电视的加入,打破了东方有线电视网络"一枝独秀"的局面。更令人担忧的是,中心城区有线电视节目只能借助于东方有线网络内的"上海戏剧"频道播出,在其他运营商的宽带电视里是无法看到插播的。因此,宽带电视用户市场被分流的现状,使得中心城区有线电视平台的收视群体逐年流失,收视率更是陷入谷底。

2. 传播技术越来越弱

(1) 缺乏互动性。上海中心城区的有线电视平台每天仅在"戏剧频道"插播半小时,收视空间原本就小,加上没有频道技术开发的自主性,和受众的互动更是少之又少。如今,更多的人不再愿意定时定点面对电视机收看电视节目,而是更喜欢自由选取时间和节目,而东方有线、IPTV 及各类网络电视可以随时点播、手机电视 APP 可以随时收看则满足了他们的需求,但中心城区有线电视在技术上是无法做到的,这与网络电视的技术相比可谓是天壤之别,差距甚远。

(2) 缺乏时效性。电视节目原本就是生产较为复杂的产物,需要经过策划、采访、拍摄、编辑、审核、播出等过程。这个过程时间较长,对画面技术要求也较多。如今的新媒体时代,抖音、快手、美拍、视频号等短视频平台,能够做到信息和画面的快速发布甚至是同步直播,并能参与受众实时讨论和互动,这是电视媒体无法比拟的时效性技术,中心城区有线电视平台更是望尘莫及。

(3) 缺乏竞争力。随着有线电视用户的减少和收视率的降低,中心城区有线电视平台的受众趋于老龄化,同时逐渐失去了昔日合作单位、企业的青睐,一些栏目难以继续,节目内容相对单一,现基本以新闻资讯和公益片播出为主。相对于中青年受众喜欢的碎片化、随时化、娱乐化等需求,我们中心城区有线电视的技术和传播力量无法满足受众的需要,由此很难吸引收视群体的增加。

3. 传播力量越来越小

(1) 优秀人才不够。由于电视媒体影响力的下滑,许多优秀的编导、摄像专业人才投身于文化企业、自媒体的短视频领域,由此获取更高的收入和更广阔的发展空间。以长宁区融媒体中心为例,在融合人才招聘中,优秀的摄像、短视频编导等一直都是最紧缺的人才,为了弥补这一薄弱问题,中心也正尝试在现有传统型人才中挖掘转型人才、培养专业人才。

(2) 投入力量不够。从当时的有线电视中心到各区成立融媒体中心后,中心城区在有线电视传播上的场地、投入资金和人员编制都与郊区融媒体中心相差数倍,这在一定程度上也限制了中心城区电视技术水平的提升,待遇和机制也都不具备吸引人才的有利条件,长此以往也就形成了恶性循环,无法提高中心城区有线电视平台的传播力和影响力。

二、上海市中心城区有线电视平台今后的发展对策

2018 年 8 月 22 日,习近平总书记在全国宣传思想工作会议上明确要求扎实抓好县级融媒体中心建设,更好地"引导群众、服务群众"。而在大力推进区级融媒体中心的建设中,长宁区等中心城区把有线电视平台率先纳入了全媒体融合。那么,面对新媒体冲击的现实,没有独立播出平台,中心城区的有线电视平台是否还有必要存在? 在融媒改革中又该如何存在? 我们认为:有必要,需创新。

1. 上海中心城区有线电视平台存在的必要性

(1) 拥有接地气的内容。从起初的区有线电视中心到现在的区融媒体中心,一直有着得天独厚的优势,那就是与群众最接近,采访的触角最深入,有着许多市级媒体、自媒体无法得到的资源。而在区级全媒体报道中,电视报道因有声有画更具有冲击力,更能捕捉到最基层的声音、最贴近的身边事,深受区域观众欢迎,这也是至今还留住一部分固定收视人群的重要原因。1998 年以来,上海有线电视台、上海广播电视台就先后在各区有线电视中心设立《有线新闻》《新闻坊》记者站。尤其是 SMG《新闻坊》栏目,几乎所有稿源都来自中心城区和郊区中心采制的坊间故事和民生报道,如今这个栏目成为全国品牌电视栏目,多年来受到观众的高度肯定。由此可见,区级电视媒体不仅有着非常必要的存在,它所

潜在的传播力和影响力是不容小觑的。

（2）拥有权威的地域信息。作为走过29年发展历程的区级有线电视媒体，拥有区各委办局、街镇、企事业单位、社会人士组成的通讯员队伍。大到全区重点工作重大活动，小到社区里的新举措新政策，区级电视平台传递的是综合性的权威信息，可以让观众，尤其是只会从电视获取信息的老年观众，更加直观地了解区情区况和社区民生。而在重大事件中，更能体现电视新闻传递的重要性，如在抗击疫情期间，我们长宁区融媒体中心就充分发挥电视报道的特点，深入医院和隔离点抗击疫情一线，通过记者们的现场镜头，报道了长宁抗击疫情所采取的种种举措，消除了居民们的担忧，展现了一线医护人员、志愿者的无私无畏精神，起到了正面的舆论引导作用，而这样直观深入的宣传方式，也在一定程度上优于新媒体。因此，这样的舆论主阵地不能放弃。

（3）拥有珍贵的视频档案。在区级电视媒体的发展历程中，每一篇电视新闻报道见证了区域的发展，而常年积累下来的视频素材更是尤为珍贵的历史档案。如长宁区就在建设融媒体中心中，将媒资库作为重点项目之一，将电视新闻素材更好地整理归类到融媒库，助力区域全媒体传播。在"庆祝新中国成立70周年""庆祝建党百年""走向小康生活"等历年来的全媒体重点报道中，电视新闻的历史素材就发挥了不可或缺的作用，再现了区域各项建设和重大活动的历史画面。此外，电视新闻是新媒体和短视频素材的最佳来源之一，足以证明"大屏"依然存在优势，也是区融媒体中心不可放弃有线电视平台存在的理由。

2. 上海中心城区有线电视平台在新媒体时代的发展对策

（1）要充分搭载新媒体平台。在新媒体时代，传统媒体要发展要生存，必须和网络媒体联合创新形成"互联网＋媒体"，必须充分借助新媒体的平台和受众来提高自身影响力。早在2017年年初，长宁区在上海全市各区中率先进行媒体融合，建立"上海长宁"APP就是七大融合项目之一。在建成的"上海长宁"APP中，"宁"融媒板块汇聚了长宁区所有的官方媒体号，其中就包含了"长宁有线电视"。这样的一大改变，不仅突破了中心城区有线电视只能在"上海戏剧"频道定时插播的窘境，也满足了区域居民随时通过手机"小屏"观看长宁新闻的需求，从一定程度上提高了有线电视新闻的传播力和影响力。如今，上海各中心城区都相继建立了各自专属APP，有线电视平台均纳入其中，中心城区有线电视平台终于迎来了一丝曙光。

（2）要打造互动性的优质视频栏目。从目前中心城区有线电视平台现状来看，急需打造既适合传统电视媒体，又适合于新媒体平台的优质视频栏目，实现两者之间的互动和运营推广。自融媒体中心成立后,长宁区就在此方面进行尝试和探索:2020年2月,策划推出"沪鄂连线"视频栏目,邀请援鄂医疗队员与中心主持人连线访谈,该栏目在长宁有线电视平台、"上海长宁"微信公众号、移动客户端同步播出,通过新媒体的前期预告和全媒体的发布,该栏目引起观众、网友和区有关部门的关注,受到了好评;2020年11月起,长宁策划推出的"与宁有约"访谈,邀请了区相关职能部门和街道负责人做客直播间,通过新媒体直播栏目丰富了电视平台的内容,让更多的居民了解长宁的发展变迁和未来规划;2021年长宁区再次尝试把电视媒介与新媒体媒介相结合,推出了"主播和宁学党史""红色烙印 长宁记忆"等系列报道,在扩大有线电视平台宣传效应的同时,充分借助微信公众号、视频号、抖音、快手等新媒体平台,提升"上海长宁"的传播力和影响力。这种互惠互利的媒介模式,全市各区已陆续尝试展开,融合效应日渐展现。

(3)要借助新媒体传播效应反哺电视平台。无论是媒体形态如何更迭,"内容为王"依然是媒体发展的中心所在。在新媒体备受关注的当下,如何将受众的目光重新拉回来,是电视媒体需要深入探究的一个问题。从我们看来,区级媒体有着地域特色的潜质,有着最有生活气息的报道,要尝试将接地气的视频充实到新媒体平台中,同时又借助新媒体的传播效应反哺到电视平台。如抖音、西瓜视频、视频号等短视频平台的做法就值得我们借鉴:将最吸引眼球的视频内容发布于短视频平台,但只有部分事件,没有事件结果,由此让人欲罢不能,吸引受众前往电视新闻中寻找完整版内容。这样的内容创新来达成新媒体反哺的手法,值得中心城区融媒体中心在推进有线电视平台发展中借鉴。

(4)要积极加强新型人才队伍的建设。就目前中心城区融媒体中心而言,人才的缺乏是发展的薄弱环节。电视平台的专业人才不能仅局限在单一的摄像记者或文字记者,而是需要能写、能拍、能编、能直播的全能型"选手"。另外,随着新媒体与电视媒体的融合,直播技术、后期编辑、运营推广人才也亟待跟上。因此,中心城区融媒体中心一是要抓紧招贤纳士,二是要继续加强内部人才的培训和实践,创造不同层面的学习机会,这样才可顺利地推进有线电视平台的新发展道路。

(5)要呼吁实现宽带电视的统一整合。在融媒体的改革道路上,各中心城区都在全力创新,期待新媒体与传统媒体的有效融合。但我们认为,要彻底突破中心城区有线电视平台的瓶颈,各家运营商"宽带电视"的全网整合才是关键。在5G赋能智慧广电、全网整合蓄势待发的当下,呼吁有关部门将中心城区的有线网络统一纳入整合后的"宽带电视"系统内,以保障区域居民无论是哪家运营商宽带,均可收看到区有线电视新闻,让主流舆论阵地进入每家每户。

综上所述,中心城区有线电视平台要求在新媒体时代得以生存和发展,就必须充分发挥自身优势,勇于创新,积极搭载新媒体平台,谋求破局。同时,相关部门的扶持与关注也是破解难题的需求所在。

作者简介:
顾青,上海市长宁区融媒体中心主任。

上海移动电视的"智慧广电"之路

——以数据化转型赋能城市治理

陈荪炯

提　要：本文以上海移动电视的运营困境为切入点，站在传播学视角结合智能终端的发展现状，分析了智能升级后户外媒体的运作和营收方式，提出了 5G 时代上海移动电视"智慧广电"的总体线路图，即通过智能终端改造，带动应用场景开发，完成产业模式升级，从而使传统的电视媒体真正实现由"卖时段"到"卖数据"，"单一播出"到"城市治理"的彻底裂变。

关键词：5G　智慧广电　移动电视　城市治理

新与旧，媒体的更替无时无刻不在发生；破与立，模式的变奏随时随地都会上演；融合与裂变，才是万物互联的 5G 时代永恒的旋律。2020 年，饱受个人终端、移动互联网等后浪冲击的上海移动电视，正经历着前所未有的阵痛。不改变只有死！随着 2020 年 5 月 7 日《上海推进新基建行动方案》(2020—2022 年)的发布，5G、云计算、工业互联等数字产业化已纳入国家发展的"新基建"，未来谁掌握数据、算法算力、数据传输，谁就掌握了发展的主动权。5G 时代站在"新基建"的风口浪尖上，上海移动电视唯有以数据化转型赋能城市治理，走好从终端升级开始的裂变之路，方可浴火涅槃向死而生。

一、切肤之痛——移动电视现阶段的运营困境

在那个户外注意力经济还是蓝海的 2002 年，当时还是后浪的上海移动电视迅速填补移动人群在交通出行过程中的注意力空白，并以"关注民生，服务大众"

的内容迅速成长为户外主流媒体阵地。然而,随着个人终端、移动互联网兴起,户外注意力经济的蓝海迅速泛红,如今户外广告投播往传播双向、反馈直接的移动互联网渠道转移日趋明显。与此同时,在 2020 年这个档口受到疫情影响,政府基本公共服务支出增加,公益性质投播增长的内生动力愈发不足。可令人焦虑的是,长期以来作为政府喉舌和市场主体双重身份的上海移动电视,又以公益性投播和广告投播为主要营收,经营模式和市场手段相对单一。因此在多重压力之下,如今传统的移动电视举步维艰。

二、破局之法——数据化转型及其技术可行性

人类已经经历了五次信息技术革命,如今我们或许又将见证一场新的变革。纵观历史,每一次重大变革,无外乎是由新事物、新模式推动的,而在媒介信息的传播领域,"媒介即讯息"也告诉我们,每一种新媒介的产生都将开创社会行为的新方式。因此在"新基建"的浪潮下,正经历切肤之痛的移动电视要扭转现状,唯有将原来单一播出的电视屏幕,改造为融智能摄像头、定位模块、5G 传输模块于一体的智能显示屏,并真正实现从"卖时段"到"卖数据","单一播出"到"城市治理"的彻底裂变。简而言之,移动电视的"智慧广电"之路必须始于"落地"硬件的升级改造,即通过终端硬件的升级,带动软件(应用场景)的开发,最终实现产业模式的全面升级。

就移动电视"智慧广电"之路的技术层面而言,离不开 5G 时代的云平台技术、硬件设备研发以及应用场景研发。其中在云平台技术和应用场景研发,东方明珠新媒体集团无疑是行业的先行者。公开资料显示,东方明珠新媒体集团早在 2018 年就开始以"OPG 云"为基础,聚焦用户行为和消费行为,整合线上线下业务,而东方明珠参与"智慧城市"建设的控江街道,也已拥有 30 类传感器、119 万个终端和 45 个应用场景。在广电系统之外,腾讯云、阿里云也都已拥有比较完善的底层云平台服务,可以较为顺利实现数据的云计算、人脸识别、图像分析等操作,另外像深兰科技等企业已可通过"眼控识别""手脉识别"等智能算法,实现公交领域的精准广告推送、异常行为监测、智能逃生应急等。由此可见在融于城市治理过程中,上海移动电视的"智慧广电"之路已没有任何技术壁垒。

值得一提的是,相较于传统电视频道、IPTV 等其他"受众自控"的广电媒体,上海移动电视在城市公交、地铁、楼宇等公共交通领域已拥有"落地"的 6 万个"媒体自控"户外终端。万物互联的 5G 时代,再智能的设备需要的,无一例外都是实体的"落地"!所以,为落实好"新基建"行动方案积极投身城市治理,上海

移动电视无须跑马圈地,无须另起炉灶,改造升级现有终端即可。

三、纵横之术——智能终端的运作和营收方式

媒介即人的延伸,任何媒介都不外乎是人的感觉和感官的扩展或延伸。数据化转型后的上海移动电视更是将大大实现受众的感官延伸:智能摄像头、5G传输模块、智慧中台、屏幕、LBS推送分别好比眼睛、中枢神经、大脑、嘴巴和手脚,数据流可以在这些"感官"中自由流动,与受众结合后形成完整的数据流闭环。通过智能摄像头采集的受众生物信息,经云端智慧中台的计算后形成精准的用户画像,结合公共交通所处的具体位置信息适配应用场景,并在移动电视大屏播出具体特定内容的同时,通过LBS功能向受众的个人终端(小屏)精准推送,最终在个人终端实现信息的交互。由此,媒介组织也将从无直接信息反馈(传统电视和移动电视现有模式)或用户行为触发信息反馈(IPTV、Alpha TV模式,受制于用户是否开机或登录),彻底转变为实时主动采集获取状态,这毫无疑问将颠覆目前的媒体数据信息获取模式,也使媒体在万物互联的5G时代融入城市治理成为可能。

上海移动电视数据化转型后或可开发以下城市治理的场景应用产品。

服务对象	场景应用产品	说　　明
公交轨交	异常行为预警	根据捕捉司乘人员的行为、态势信息,对公交领域的异常行为预警或直接联动作用车辆运行状态(如直接减速、制动等)
公交轨交	客流监控管理	根据客流和周边道路拥堵情况,决策区域车辆调配或组织疏散方案
市公安局	构筑安防网络	根据人脸识别、姿态识别生成"目光游离指数",实现交通领域的追逃、打拐和防盗
市应急办	密接人员流调	根据人脸识别、位置信息绘制"外出路径图",决策处置疫情"流行病调查"等应急事件
中国电信	5G移动微基站	5G信号频率高、衰减快,需要更密的基站分布,车载微基站可填补空白服务乘客
百度地图	客流车流监测	根据车厢客流、路面车流情况生成交通"拥堵指数",大屏提示到站等出行信息
阿里巴巴	商圈热力感知	根据人脸识别出的性别、年龄等结合商圈位置信息,大小屏同步分类推送产品信息

续表

服务对象	场景应用产品	说　明
大众点评	餐厅优选推送	根据人脸识别出的性别、年龄等结合位置信息,大小屏同步分类推送邻近就餐地点
联合院线	影院热映推送	根据人脸识别出的性别、年龄等结合影院位置,大小屏同步分类推送邻近观影指南
粉丝应援	偶像点赞打卡	成为粉丝经济的流量入口,实现大小屏互动,为将来的会员制铺路
广告金主	广告精准推送	根据人脸识别出的性别、年龄等信息,大小屏同步分类精准推送广告或服务信息
广告金主	广告数据监测	根据人脸识别和眼控技术生成"目光关注指数",在广告投播后实现精准数据回传
百视通	文娱点播导流	大屏端实现窄众视频点播业务,实现上车看大屏下车看小屏,回家再看大屏的无缝连接
明珠塔	文娱优惠购票	耦合广电系统文娱资源,根据位置信息为邻近实体文娱场所引流
东方购物	电商购物导流	根据人脸识别出的性别、年龄等信息结合眼控技术,实现大屏商品展示小屏直接下单
移动电视	平台异常反馈	终端异常数据实时自动回传,节省传统终端"逐车巡检"的人工成本

除此以外,在移动电视实现以"智能摄像头+定位模块+5G传输模块"为标准配置的数据化转型基础上,车载智能设备还可通过叠加声频传感模块、温度传感模块、湿度传感模块、位移传感模块等不断拓展开发智慧城市的场景应用,进一步实现"人的延伸"。

伴随着终端的数据化转型,海量数据带来的必将是营收方式的重大变化。未来经智慧中台计算分析后输出的数据,将服务于城市生活的精细治理,服务于商业数据的精准抓取,服务于民生信息的精准推送。

To Government

1. 以大数据融入城市治理,谋求购买服务的增量

2. 联合政府、高校开发产学研一体的大数据应用

3. 进一步提升社会效益,以期获认可和政策倾斜

To Business

1. 广告分线、分区、分人精准触达的媒体曝光费

2. 导入头部电商或直播带货得到收入分成的营收

3. 受众性别、年龄、体态等宏观数据的推送营收

To Customer

1. 智慧大屏和个人终端交互产生的直接消费营收

2. 用户交友、点播、粉丝应援等会员制活动营收

对于上海移动电视自身来说,"智慧广电"之路带来的不仅是 G 端、B 端、C 端的"开源",而且对运营成本的"节流"也大有帮助。在 5G 传输技术的引领下,未来上海移动电视可实现终端异常数据实时回传,而这足以节约目前人工"逐车巡检"的运营成本,另外联合公交公司开发应用场景(如司乘异常行为预警等),也将为移动电视在高额平台费议价提供有效的话语权。

四、他山之石——法律政策数据安全风险评估

新事物不可战胜,但事物发展的前进性与曲折性也必然统一。"智慧广电"之路特别是智能摄像头的集成,不可避免地给上海移动电视既有的运作模式,带来法律政策边界、数据安全等方面的重新考量。笔者查阅了相关资料,发现目前除了相关工程技术标准(《住宅小区安全防范系统通用技术要求(GB/T21741 - 2008)》《城市轨道交通综合监控系统工程技术标准(GB/T50636 - 2018)》)之外,国家法律对于公共场所或媒体平台智能摄像头安装并无强制性文件,所以媒体平台智能摄像头的集成安装问题,主要转向考虑是否涉及公共场所肖像权、隐私权和个人信息保护等问题。根据明年开始实施的《中华人民共和国民法典》"第一千零一十八条肖像是通过影像、雕塑、绘画等方式在一定载体上所反映的特定自然人可以被识别的外部形象。第一千零三十二条自然人享有隐私权。隐私是自然人的私人生活安宁和不愿为他人知晓的私密空间、私密活动、私密信息。第一千零三十四条自然人的个人信息受法律保护。个人信息是以电子或者其他方式记录的能够单独或者与其他信息结合识别特定自然人的各种信息",鉴于移动电视数据化转型后智能摄像头安装在交通工具等公共空间,采集的数据主要又以性别、年龄、体态等不针对特定自然人的生物识别信息,且只对某些群体的类别进行甄别,故根据法条初步判断,不存在侵犯肖像权、隐私权和个人信息。但从以往的判例和司法解释层面而言,公共场所的智能摄像头安装还应遵循以下原则:

① 不安装在公共场所的隐蔽地方进行秘密采集;② 明确标识不使人在不自觉情况下被采集;③ 有效利用和管理信息,不得非法复制、传播等。

在法律政策问题初步破解后,转而关注数据安全方面的问题。就信息安全

角度来说,一些中小企业的私有云,无论从数据规模、智慧算法还是数据安全保障来说都还有待评估,但像拥有底层云平台技术和自有算法的腾讯云、阿里云、深兰科技等智慧云端应该还是相对可靠的。当然从长远来看,东方明珠新媒体集团早在几年前就推出的智慧运营平台"OPG 云",或许更有利于数据化转型后上海移动电视的数据自控。

他山之石,可以攻玉。在比公共交通领域更为私密的社区电梯场景中,倡导"让垂直出行更美好"的"云梯维小保"已被北上广深的各个社区广泛安装使用。"云梯维小保"通过智能摄像头采集电梯轿厢内人员及物品的图像,经后台算法实时分析,可有效识别人员受困、助动车进入轿厢等情况,并可同步实现"自主推送困人救援,智能监控不安全行为"。由此可见,智能摄像头的商业化、规模化运作,在实操层面已无实质性障碍。在笔者看来,移动电视的数据化转型看似面临一定的风险,但综合来看风险总体可控,而且如不抓住近两年"新基建"的风口及时转型成为城市治理的智能终端,未来媒体的经营压力和风险将更大!

结语:展望——移动电视的战略路线和愿景

合抱之木,生于毫末。从传统的媒体平台转型为城市治理终端,上海移动电视的"智慧广电"之路注定不可能一蹴而就。根据国家推进"新基建"行动方案的时间节点,笔者认为上海移动电视的数据化转型可分为"三步走",并力争用 3～5 年时间,彻底将移动电视转型成与 IPTV 互为室内外补充的互联网媒体运营企业。

第一步(2022 年以前)

依托东方明珠新媒体集团研发部门的技术和资源,或采用引入社会合作等方式,利用现有成熟硬件或集成模块,研发 2～3 种公共交通领域的基础应用场景(如"目光关注指数"、LBS 分类推送、平台异常信息回传等),初步实现户外媒体大数据积累。

第二步(2022～2023 年)

按照"由点到面""由中心到外围"的原则,从一条线路、一个场景着手,应用研发成功一个、商务谈判成功一个推广一个,在广播式发射模式不变的基础上,分层分类逐步数字化改造移动电视既有视频终端。

第三步(2024～2025 年)

把握中国户外移动电视尚无专门行业标准的窗口期,推出中国户外媒体平台的国家标准。从智能终端配置(硬件)+场景应用(软件)两方面着手,全国推广上海移动电视"城市治理终端"的解决方案,形成包含数据采集、硬件售卖、场景应用、品牌授权的媒体生态闭环。

值得畅想的是,待到"三步走"战略的实现,上海移动电视定将完全成为集硬件、服务、数据于一体的智慧城市治理终端,也将彻底从传统售卖播出时段的平台转变为售卖数据的平台。在"新基建"的风口下,伴随着中国传媒业的东方明珠品牌,移动电视"智慧广电"的星星之火,也定将从上海开始燎原全国。

万物互联的5G时代已经来到,生存还是毁灭,这是一个问题。2002年,承载着老一辈媒体人的梦想与希望,上海移动电视以全球第二、中国第一的身份横空出世。2010年,作为世博会官方应急发布平台,上海移动电视共享城市荣耀、汇聚全球目光。2020年,站在数据化转型的十字路口,上海移动电视期待迎着"新基建"的风口摆脱阵痛涅槃重生!

参考文献:

[1] 张欣平.东方明珠移动电视当选"中国新媒体年度十大品牌"[N].载《新民晚报》,2008 - 12 - 1。

[2] 郭庆光.传播学教程(第二版)[M].中国人民大学出版社,2011年版。

[3] 马歇尔·麦克卢汉.理解媒介:论人的延伸[M].译林出版社,2018年版。

[4] 中华人民共和国国家质量监督检验检疫总局　中国国家标准化管理委员会:住宅小区安全防范系统通用技术要求(GB/T21741 - 2008)[D].2008年5月20日。

[6] 中华人民共和国住房和城乡建设部:城市轨道交通综合监控系统工程技术标准(GB/T50636 - 2018)[D].2018年2月8日。

[7] 第十三届全国人民代表大会第三次会议通过:中华人民共和国民法典[D].2020年5月28日。

作者简介:

陈苏炯,上海移动电视编播部副经理。

探索非遗传播与宣传的创新模式

——用声韵之美传递非遗项目所蕴含的传统美学价值

吴慧楠

提　要：党的十八大以来，以习近平同志为核心的党中央高度重视中华优秀传统文化的传承发展，习近平总书记作出的一系列重要论述，为传承和创新发展中华优秀传统文化指引了方向。而上海广播在传统文化传播的探索上先行一步，借助上海广播的创新能力和媒体融合方面的优势，发挥触达听众人数百万量级的平台影响力，汇聚非遗主管部门、传承人、专家学者等方面的专业资源，探索非遗传播与宣传的创新模式，制播一系列内容丰富、形式活泼、制作精良的非遗公益宣传片，传播贴近年轻人的非遗新媒体内容，使上海广播在全国率先打造出具有持续性、影响力、示范性的传统文化品牌节目，这对传播传统文化，普及非遗知识，提升人们非遗保护意识都将起到积极的作用。

而作为这档文化价值，美学价值都非常丰富的栏目，如何最大限度地利用播音员的配音功力，声音（声效）素材，更好地传播传统文化、普及非遗知识、讲好非遗故事，提高人们非遗保护意识，打造具有持续性、创新性、影响力的品牌非遗宣传项目，成为这档节目能否更上层楼的重要发力点。

关键词：声音美学　非遗项目　叠加效应

引　言

习近平总书记在党的十九大报告中阐述了传统文化的重要意义和作用。

《党章》、李克强总理所作的《政府工作报告》也都有关于传统文化的重要表述。而目前,全国广播媒体都缺乏具有持续性、创新性、影响力的非遗节目,非遗的媒体融合内容也不多见。这两年上海广播已经作出了一些有益的尝试,并取得了比较好的效果。期间非常重要,并取得了非常好的业内外反响的内容便是制作播出的一系列非遗公益宣传片,并在 2019 年发展成为日播固定栏目《非遗知多少》,该栏目也收到广电总局和上海市文化广播影视管理局公共文化处(非遗处)的肯定和大力支持。

但如何让非遗项目通过声音形式走进大家的心里是该系列音频制作初期大家思考最多的问题。而随着栏目的发展,制作人员的"野心"也在一步步地扩张:不仅仅是希望制作出品质有保证的声音出品,更希望这档节目如一股深山中潺潺流淌的清泉,滋润人心。让它的声音特征仿佛如穿越门一般的存在,即无论你在怎样的快节奏中与她相遇,这样的声场会在一定程度上缓解现代人的焦虑,并起到调节心理节奏的作用。非遗项目经由岁月沉淀下来的沉静力量与声音美学的相辅相成,形成叠加效应,让两者在发掘美,呈现美,发扬美中发挥最大效应,并用美好的声音营造出属于现代人的精神桃花源——当温润如玉的声音遇上厚重精深的传统文化,诗和远方,在耳旁,亦在心底!

作为这档文化价值,美学价值都非常丰富的栏目《非遗知多少》,如何最大限度地利用播音员的配音功力,声音(声效)素材,更好地传播传统文化、普及非遗知识、讲好非遗故事,提高人们非遗保护意识,打造具有持续性、创新性、影响力的品牌非遗宣传项目,成为这档节目能否更上层楼的重要发力点。

一、"字正"与"腔圆"的播音表达承载非遗项目的传统美中的平衡与协调

在初涉播音主持专业学习的过程中,我们从前辈老师那里听到的最多的,也是最基本的一个播音发声要求就是"字正腔圆"。这一要求因其本身的规范性内涵和听觉上的美学价值一直是播音主持专业人员重视和强调的基本功。中国播音界泰斗张颂教授曾赞誉老一辈播音艺术家夏青老师是"字正腔圆"的艺术典范,因此夏青老师的吐字发声也成为播音主持从业者初期练习模仿的标杆。

但由于一些从业者在执行这一发声规范过程中缺乏从心而发,声随情动的心理基础,因此让很多人将"字正腔圆"错误地降维理解为脱离生活,居高临下的"播音腔"。而这恰恰是我们要摒弃的目中无人,心中无景,徒有其表的播音状态。因此这里我们论述的字正腔圆是以"真情"为前提,以"真诚"为基础,并在非遗系列音频中所体现的"音韵饱满"。

字正腔圆,在《现代汉语词典》里的解释是:吐字清楚正确,腔调圆润优美。最初更多的是在戏曲和声乐等领域的应用。而随着播音主持艺术领域的发展壮大,这样一个声腔的听觉标准和美感延伸到有声语言播讲和审美要求中,同时也产生了属于播讲语言的新含义。尤其是在"腔"的理解和体现上,更是有很大的区别。最初的腔呈现的是戏曲声乐的音乐性,而语言表达的第一要务是信息的有效传递。因此要清晰分辨"字正"与"腔圆"的比重与主次。

(一) 字正

字正:吐字清楚正确,这是一切内容传达的基础,是对播讲人最初级的标准。而将这一要求具体应用到非遗项目的播讲中,则有了更多需要播讲人认真对待的细节和专业考证的精神。比如,在非遗项目音频中所涉及的生僻字,多音字,甚至是古音,当地口音或词语的特定用法。这就要求我们拿出更多严谨的职业精神。例如,"六安"(lu an)"乐亭"(lao ting)或傩戏(nuo xi)这样的字音会考验播讲人狭义备稿工作的细致程度。但有些名词则会考验播讲人广义备稿的知识储备深度。如铅山(yan shan)(我在拼音输入是都没能用 yan shan 这个拼音输入自动匹配到"铅山"这个词)。铅山(yán shān)县位于江西省东北部,属上饶市辖县,著名的国家级非物质文化遗传代表性项目——铅山四连纸就出产于此。[1]其实这在很大程度上是对播音员知识储备、人文素养的考验,更是对传统文化的敬畏与传承。很多在地的文化与习俗都呈现在地名字音的延续上,因此在录制过程中短短一篇稿件可能要用到字典的地方要比日常一两个小时的新闻播音还要多。在此也总结一些工作经验:稿件中涉及的地名必须查字典,无论是否认识或见过。这是对"字正"第一个层面的理解和呈现。而"字正"在准确的基础上还有第二层理解呈现,即"清楚"。要在语流语顺中将规范正确的信息有效传递给受众,在实用功能上发挥最大效能,不单纯是听到了一段音响作品而是对非遗这一文明瑰宝有了进一步的认识。

(二) 腔圆

腔圆:腔调圆润优美。一直以来,播音员主持人既被看作是新闻工作者,又被看作是艺术工作者。一档节目中,我们追求"字正",寻求信息量的传输,追求到达效果的最大化;同时,我们又在"腔圆"上要求自己声腔上的恰当的艺术化呈现,因为这在很大程度上承载着听众生活娱乐,提升格调,陶冶情操的功能,因此我们也一直在这两点之间寻求平衡。而腔圆承载了更多艺术性的,审美领域的价值,既体现了播讲人用声状态,也是汉语普通话音节圆润饱满的程度的标准。这就要求播讲人,用声气息不虚不飘,喉头放松,发声位置适中,音色优美圆润。而随着我们对其他文明文化更多地接触和了解,我们也会进行对比认识,拿与我们文化同源性的日语为例:日语词语没有韵母,每个字母都要发音,因此听觉上的感受是,日本人说话快、密。而汉语普通话韵母上的发音规律是字音要保持"枣核型":即韵腹拉开立起;韵尾归音到位。[2] 做到这些,我们就将信息传递从最基础的"最大化",提升到信息传递的"最优化"实现效果的阶梯递进。让一个声音作品从"能听,可听"晋级为"爱听,耐听"从而增进节目与受众间的黏性。

　　而在非遗项目的介绍音频中,"腔圆"更应该被重视和呈现。首先,腔圆的播讲方式符合内容的定位和形式。非遗项目中有很大一部分涉及传统曲艺或世代相传的古老民歌艺术,如"苏州评弹""酉阳古歌""乐亭大鼓"等,或传统手工乐器,如"玉屏箫笛""太平鼓"等,都是在对"腔"(共鸣腔或共鸣体)的应用和艺术呈现,并在经历了岁月的沉淀与包浆后,所呈现出的最美的色彩,那么如何在当下,用我们的声音将这样的美感有声化是该系列声音作品所追求的目标。

　　而"腔圆"的发声状态能最大化地呈现出"典雅""大气"等最具中国古典主义审美的价值取向,并恰当地展现非遗项目的内在气质。另外,"腔圆"的状态也是在听觉效果上最贴近戏曲或传统乐器的共鸣音色。

二、非遗项目解说表达的把控感,体现传统文化的分寸美

　　非物质文化遗产等传统文化内容音频,通过播讲人的声音和语言处理,为听众呈现听觉美宴。因此,解说承载着,甚至会升华着中式美学古典深厚的内涵与美感。

(一)声音状态体现圆融之美

　　声音作为音频作品的传播载体,需要以一个最恰当、最熨帖的状态呈现它的文字信息。播讲人的声音要以一个"松弛,和缓,沉静,令人听感舒适"的面貌出现在听众的耳畔。声量不宜过大,音色清晰柔和,用声音为作品铺就一层圆融大气的和静底色。

　　中华文化的审美取向讲究天人合一,尤其是在美的创造和欣赏上,这一点渗透在中国所有的艺术创作上,因此声韵之美也不例外。非遗项目的解说更应遵循这一范式,在表达设计上,口腔与音色的配合相得益彰,进而形成声音塑造与语意氛围和谐共生的关系。

声音的圆融之美,是圆融和饱满的,是所播讲的非遗文化内容的内在属性使然。"君子温润如玉",投射到声音的审美上,就是要追求玉石般温润的质感,要追求浑圆一体的整体美感。

其实在播音实践中,很多优秀的播讲人已经在自觉或不自觉地践行着这样的声音美学。例如,任志宏老师在《国宝档案》《子午书简》等节目所呈现的播音作品,就是这样一种符合传统文化美学传播规律的创作,进而达到了"听觉上的享受"的境界。这样的创作实现了不仅美在声音,更美在意境的目的。鲁迅先生在《汉文学史纲要》一书中说:"中国文字有三美:意美以感心,一也;音美以感耳,二也;形美以感目,三也。"而这样的声韵圆融之美正是将文字语言美转化为有声语言美的艺术创作,是将"意美"转化为"音美"的审美实践。让声韵的美,美在朴实无华、美在宁静致远,更美在和谐自然。

另外,"虚实相生"也是中国传统美学的审美情趣之一。"虚实相生"的理念在声韵的圆融之美上也是重要的表现手段。"虚"与"实"可以分为两个层面:首先,从配音的用声技巧上来说,声音的控制"以实为主,虚实结合",使有声语言色彩丰富,变化自如,具有较强的感染力。其次,从意境上来说,"实"即有声语言与非遗内容的结合,而"虚"则可以理解为在播讲过程中所用心设计的停顿或留白,其目的是给听众留下更多的想象空间,体现空灵之美、含蓄之美。

而要达到这样的境界需要播讲人更多地学习和掌握传统艺术的创作规律,懂得欣赏传统美学的化境。触类旁通,从传统绘画、书法、诗歌等不同艺术门类汲取创作的能力,进而用共通的艺术美学指导创作实践。

(二)语流彰显舒展之美

再典雅的文本信息也需要在语流中彰显。因此,语流和语感,往往成就播讲人的声音辨识度。这就需要播讲人娴熟地运用表达技巧,轻重,停连,缓急甚至做出声音留白,以达到"言有尽而意无穷"的声音效果。播讲人可以在一些表达细节上做个性化的设计和处理,体现非遗的"手工性",很多非遗项目的最大亮点就在于它手工制作过程中所呈现的个性面貌,这样的特性完全可以延续到为它做呈现的声音作品中。

语速中速偏慢,语流曲线多抑少扬。但在个别自然活泼或乡土气息浓厚的内容上,可做一些跳脱的节奏处理,做到控中有纵;语言力度上,则稳而不拙,轻而不浮。结合不同的非遗项目内容(如传统农耕文化祭祀或中华武术"棉拳""船拳"等内容),做到快慢变化,轻重切换,繁而不乱,呈现非遗项目的丰富多样,同时也可改变现代人对非遗项目"沉闷"的刻板印象,展现它贴近生活,鲜活生动的一面。

（三）语意表达的精确感

在传统戏曲中，有一个词被频繁提及，它就是"程式化"。程式化是指戏曲演员在角色行当，表演动作和音乐唱腔等中都有一些特殊的固定规则（《荀子·致仕》有言："程者，物之准也。"程式体现在戏曲舞台艺术上的一举一动都要程式化，每个程式动作都有一定的内容和技术要求）。

在艺术的创作中，"程式化"一词虽然常常被视作一种不可取的创作态度，但在本文所探讨的"非遗传统项目介绍音频"作品中，不妨做一些程式化的处理，以达到语意表达"定点""定位"的精准之美。

"非遗"之所以成为非遗，大多因为"生产力"和"生产方式"的改变，使得它们无法适应当代生活节奏而渐渐淡出历史舞台。但它们却因其所承载的丰富文化内涵，及所传达出的精益求精的工匠精神而被现代人所关注和重视。因此，在介绍非遗内容时有些"规定动作"一定要做，而且要做得精准漂亮。如重音的把握："非遗项目的名称"是一项丰富庞杂的文化体系最精炼，最直接的概括，很可能也是这些历经岁月沉淀的古老技术与现代人的第一次相遇，因此非遗项目名称的处理一定要重点强调。

再比如非遗退出历史舞台的成因也需要被关照，因为这是非遗的内部逻辑，也是对当代人的提醒。

因此在这些内容上，作为播讲人要有意识、有义务地去强调和突出。

三、非遗项目解说的"韵味"美感表现

中式审美强调含蓄美，为了达到这样的意境效果，甚至多采取留白的表现手法。而"含而不露"的意境，在语言表达上往往落在"韵味"二字上。

"韵味"，按照它的提出者——唐末司空图所说："文之难而诗之难尤难。古今之喻多矣。而愚以为辨于味，而后可以言诗也。"他在文中提出了"韵外之致"和"味外之旨"的"韵味说"。[3] 司空图论诗主张"韵味"说，他认为诗要有韵味，不能只有表象的简单含义，而要有"韵外致""味外旨"，即在诗的表层之外还要有一种或者多种旨趣或韵味，使诗产生一个意蕴丰富而耐人寻味的复合意象，能够引起人们产生审美的愉悦。"韵味"指的就是"弦外之音"。文学艺术的韵味之产生，在于能够引起人们的回忆、回味，因为一切文学艺术作品的韵味的意蕴与欣赏者的人生阅历和生活感受，会自然地找到契合点。感到这种"弦外之音"已先

得我心,有知音之感,发生共鸣。特别是对音乐作品的欣赏会产生一种"余音绕梁,三日不绝"的美感陶醉。到了南宋,严羽的《沧浪诗话》提出了"神韵"之说。他说"诗者,吟咏情性也。盛唐诸公惟在兴趣,羚羊挂角,无迹可求,故其妙处透彻玲珑,不可凑泊,如空中之音,相中之色,水中之月,镜中之象,言有尽而意无穷。"袁枚《随园诗话》中说:"严沧浪借禅喻诗,所谓羚羊挂角,香象渡河,有神韵可味,无迹象可寻,此说甚是。"用司空图的话说,就是"近而不浮,远而不尽",进入一种"似是而非"又"似非而是"的艺术幻觉之中。

而这样的韵味在本文所论述的概念中可以通过多种声音元素,声音音色处理来呈现。对于传统戏曲,传统音律,民歌等核心内容一定要充分呈现,并配合恰当的声音意境完成非遗音频作品的"诗情画意"。虽然是白话现代的文字解读,但应该用诗歌的意境和诗歌的处理方式来呈现。尤其是尾音的处理,除了提颧肌的发音状态给出的积极动态,更可以放大这样的发音动程,让语音蕴含浓浓的笑意。承载非遗温暖而亲和的气质。

结　语

在以"非遗项目"为代表的传统文化音频项目中,一个准确,生动的声音载体是民族个性、民族审美习惯的"活"的显现。非物质文化遗产是民族精神、民族文化的一种积淀,用声音再现非遗文化就是对中华5 000年文明史的一种认同,并对于传承文明、建设先进文化有着重要的意义。声音工作者有义务用最美的声音形式呈现非遗文化,进而凝聚中华民族深层次的文化基因。唤起人类生命的听觉记忆,发掘人类创造力的精神源泉,将人类智慧的结晶附加更多的艺术价值。让永恒的精神家园在听觉的世界里焕发新生!

参考文献:

[1]《现代汉语词典》第七版　商务印书馆　P1508页,铅山,地名,在江西。

[2]《播音发声学》作者:徐恒　中国传媒大学出版社　2006 - 2 出版

[3]《司空图二十四诗品》(当代版)　作者:文爱艺　重庆大学出版社　2019 - 05 - 24 出版

作者简介:
吴慧楠,上海人民广播电台长三角之声播音员、主持人。

浅析网络微短剧精品化之路

王天云

提　要：鉴于网络微短剧的不断发展，国家监管部门也相继出台相关政策，用于规范当前微短剧的发展和成长。现有的网络微短剧还存在内容同质化严重且精细程度不高、弘扬正能量价值观的作品较少等问题，还需要更高品质的内容供应，加大制作成本，拉长制作周期，进一步探索更完整的商业化体系。

关键词：网络微短剧　微短剧　短视频　精品化

引　言

　　鉴于网络微短剧的不断发展，国家监管部门也相继出台相关政策，用于规范当前微短剧的发展和成长。2020 年 8 月广电总局重点网络影视剧备案后台在网络剧、网络电影、网络动画片三大类之外增加了"网络微短剧"类目。抖音快手等短视频网站相继入局，诸如爱优腾等长视频网站也在试水，一时间，网络微短剧成为新战场，但就目前品质而言，网络微短剧离精品化还有一定距离。

一、网络微短剧的成长良机

　　网络微短剧又称"迷你剧""火锅剧""剧情短视频"等，广电总局定义为"网络影视剧中单集时长不足 10 分钟的网络剧。"

1. 网络微短剧的发展背景

根据中国网络视听节目服务协会发布的《2021 中国网络视听发展研究报告》，截至 2020 年 12 月，我国网络视听用户规模达 9.44 亿，2020 年泛网络视听领域市场规模为 6 009.1 亿元，较 2019 年增长 32.3%，增长的主要来源是短视频和网络直播。短视频用户规模达 8.73 亿，人均单日短视频使用时长达 125 分钟，短视频市场不断发展壮大。网络微短剧作为其中一个新生代产品，其发展潜力不容忽视，由此也引来了各大网络平台以及影视企业相继争抢市场的局面。

网络微短剧的发展，事实上与视频平台的发展密不可分。"优爱腾"们刚刚崭露头角的时代，网络短剧以《屌丝男士》（单集时长 15 分钟）和《万万没想到》（单集时长 5 分钟）一类制作简单的轻喜剧为主。随着视频网站的发展，一部制作精良、投资巨大、明星云集，单集 40 分钟媲美电视台播出的影视剧俨然占领网络影视剧的大部分。当视频网站将网络影视剧逐渐精品化的现在，短视频网站的崛起却让几分钟的微短剧再次进入人们视野。这两年，网络微短剧的时长也越来越短，2018 年，爱奇艺联合网红明星出品了 3 分钟系列短剧《生活对我下手了》；2019 年，改编自腾讯动漫《通灵妃》的 1 分钟同名竖屏短剧上线。网友的关注度也逐渐上升，2020 年聚焦众多微短剧的快手小剧场迎来爆发，播放量破亿的剧集超过了 2 500 部。

2. 网络微短剧的发展特色

网络微短剧区别与其他网络剧、网络电影、网络动画片，其主要特征就是时长较短、其投入成本低、制作周期快、投资资金回笼快，由于其本身时长较短，因此播放也占用不了太多的用户时间，符合当代生活节奏较快的特征，方便用户利用起坐公交通勤、等地铁等等的"碎片化"时间。在短短的三五分钟内，让用户不仅收获了欢乐，也把时间空隙利用了起来，符合当代年轻人的生活习惯，因此广受用户追捧。"碎片化"习惯之下，微博热搜追剧、短视频追剧已经成为用户新的追剧习惯。这种情况下，看微短剧，感受到剧情的快速发展，高潮迭起，让用户在简短的时间内体验起伏多彩的剧情变更，也让网络微短剧得以快速发展。

二、在播网络微短剧的形态变革

近两年，国内短视频平台日新月异，网络微短剧随之迅猛发展。2019 年 4 月，快手短视频 App 上线了"快手小剧场"功能，内容分类上包含校园、都市、古风、魔幻等等。同时，快手也搭配推出"星芒计划"，从现金激励、推广方案定制、收益分账等方面构建生态,找达人、寻好剧。抖音官方已公开表示,抖音将在2021年开始大举进军微短剧行业,前期一直在为微短剧板块的发展和开放做充分的储备。并邀请真乐道影业、华谊兄弟,还有唐人影视等影视巨头参与,整合资源,合作一系列微短剧内容,《做梦吧,晶晶》《男翔花园》《别怕,恋爱吧》等首批五部微短剧已经在今年陆续上线。抖音的微短剧在题材方面主要偏向都市类,专业度较高,制作团队更为专业,并且抖音平台的商业运行模式更加注重推广和变现,其作品可以获得在字节体系内所有APP上播放推广的优势权益。腾讯微视也开通了"微剧"频道,聚拢了大量网络微短剧作品。同时,2021年将投入10亿元资金、百亿流量扶持微剧,推出主打制作精良的1—3分钟竖屏连续微剧品牌"火星小剧",并通过与腾讯动漫和阅文集团进行IP深度合作。

值得关注的是,除了快手、抖音、微视等短视频平台以外,优酷、爱奇艺等平台近两年来也开始布局网络微短剧,并且由横屏向竖屏探索。2018年10月,爱奇艺CEO、创始人龚宇就曾在公开演讲中表示,竖屏内容一定会变成未来的一个主流方向,并且从草根型的内容主导变成专业型的内容主导将是未来趋势。同年11月,爱奇艺就上线了竖屏短剧《生活对我下手了》。2019年3月,爱奇艺还发布了剧情短视频付费分账模式,要求短视频作品要求竖屏为主,单集时长4—10分钟,集数不少于30集。2019年4月,优酷也升级了网络剧合作白皮书,提出鼓励微短剧创新。在长剧集同设定下,策划短剧,单集时长大于5分钟,不少于12集。对于优质微短剧,将追加投资,把重点放在"人格化"+"系列化"上,对时长和集数不做过多限制,核心是看故事的节奏和奇思妙想用几分钟能讲完。

三、现存网络微短剧的精品化难点

现有的网络微短剧还存在内容同质化严重且精细程度不高、弘扬正能量价值观的作品较少等问题,网络微短剧快速消费内容的思路也越来越清晰可见。就像广电总局对网络电影的审查监管过程一样,网络微短剧行业也需要专业的监督和系统的审查体系,提高网络微短剧的专业水准。网络微短剧还需要更高品质的内容供应,加大制作成本,拉长制作周期,进一步探索更完整的商业化体系。

1. 高品质内容难觅

目前的网络微短剧分为两种,一是以"朱一旦的枯燥生活""青岛大姨张大霞""老四的快乐生活"等短视频账号,通过一人分饰几角的方式,夸张地演绎母子、男女朋友等人物关系在各种生活场景中发生的故事。还有一些并非头部 IP 的网文小说也选择通过微短剧的形式将小说内容视频化。并不是所有的网文小说都有机会成为 IP 产业链条的起点,其中大部分都是免费阅读的模式,变现能力较差。而微短剧的出现,可以有效拓宽这部分网文 IP 的传播途径与变现效率。题材上,目前的微短剧市场约等于女频市场,以女强、甜宠、穿越、仙侠等为主。悬疑等需要铺设太多支线,或好莱坞大片等强调视觉体验的作品,都不适合微短剧来表现。于是乎为了吸引流量,"霸道总裁隐姓埋名只为夺回家产,街边不起眼店铺竟可以帮人实现愿望,女孩穿越后成了侯府嫡女⋯⋯"这些网络小说中有点儿"狗血"的情节,正在以微短剧的形式,在各大视频平台涌现,去年风靡一时的"歪嘴龙王"就是最好的例子。内容不见深度,甚至"正能量"作品也难觅踪影。

某种程度上,微短剧是短视频制作能力的一种溢出,也是一种市场需求倒逼下的产物。现代人看剧用二倍速,在短视频平台上靠几个片段看完了一部剧等行为,都在呼唤一种节奏更快、主线更明确的电视剧形式的诞生。制作者们深知,今天影视作品如果还有什么东西,特意要求观众去寻找、探索,那么等待它的不是发现,很可能是凉掉。没有艰难曲折的过程、没有叶底藏花的机巧,有的是直给、投喂,而且一定要快、快、快。人们不再愿意花 2 个小时看一部电影,等待一个高潮,一个结局。每天花掉大量时间的短视频,已经到以秒计数的惊天反转。短短 10 秒的视频,就能塞进三四个反转剧情。刘擎教授曾经在《十三邀》上谈到过一个现象,即成年人的"童稚化",现在人不太能够延迟满足。看反转短视频、看爽剧撕逼,马上就可以感到满足,几十秒瞬间快乐,几分钟就能看完一部经典。同时,也不愿再去面对复杂、理解上有难度的东西。以至于影视剧能爽、能笑、能哭,就是好作品。一些网络微短剧的制作者表示,微短剧不需要人设、故事达到极致,而是要将观众的情绪推到极致。微短剧的情感高于节奏,节奏高于逻辑。于是目前的网络微短剧,高度简洁化的台词、跳跃的剧情、持续"高潮"式的轰炸、脸谱化的人物形象,网络微短剧正在成为大制作的"反义词"。

2. 制作成本低廉

网络微短剧的制作主体很复杂,除了专业化的影视制作公司、视频平台等以外,随着手机剪辑软件的普及,个人制作连续性的短视频分享到平台也不是难事。但相比传统网剧、网大,微短剧的制作节奏更快,低廉的成本也成为微短剧的标配。从生产链条来看,按照业内的惯例,一个完整微短剧项目的制作周期通常在 3—4 周,其中确立剧本方向和打磨剧本往往花费最多时间,实际拍摄通常需要四五天左右。一般来说,微短剧单集的制作成本普遍在 5 000 元甚至更低。

单集制作成本达到 1 万元或者 2 万元,已经是绝对的"大制作"。相应的,微短剧的制作团队也显得更加精简,编剧、导演、剪辑、后期等工作只需四个人就能完成。受到成本和专业化程度的限制,微短剧在内容制作上普遍存在粗制滥造等问题。绝大部分微短剧几乎没有任何大场面,甚至场景更换都比较少,多为室内,采用特写和中近景镜头拍摄,演员演技更是浮夸,处处透露着"贫穷"的气息。例如今年 3 月底,在上海松江胜强影视基地的一部微短剧的拍摄现场,剧组需要在前后的 40 天内,完成三部 8 分钟一集和两部 2 分钟一集的微短剧拍摄。这五部戏是 5 个相互独立的作品,一起打包拍摄,制作团队不变,男女主演不变,其他角色因剧本而变。如此创作环境,成片质量可想而知,难道因为微短剧的"短",制作上就必须"快",成本上必须"低"吗?

3. 商业化模式不成熟

随着短视频平台的加入,微短剧的盈利模式也在不断革新,抖音平台上,"爆笑三江锅"发布的内容主打农村生活类型的微短剧,目前有 1 315 万粉丝,除了做短视频,他还把微电影做成了商品,直接售卖给粉丝。以"三江锅"第二部微电影为例,这部作品共卖出了 21 万份,按照 3 块钱一份的定价标准,带来的营收有60 多万元。免费网络阅读平台和短视频平台相互合作,一个通过现有 IP 吸引流量,一个通过引导流量获得变现。2020 年 11 月,米读在快手上首播的原创短剧启动了付费点映服务,原创作品《冒牌娇妻》24 小时付费人次过万。除了付费,微短剧商业化还有包括冠名、广告植入、与平台分账等,这些都是长视频已经验证的变现路径,快手的"分账模式"按照千次有效播放单价计费,而千次有效播放单价则根据短剧质量决定。2020 年 10 月,在首推分账政策后的国庆假期,快手小剧场八天内分账破百万,商业化变现初步跑通。快手热门短剧作者"御儿(古风)",单日直播观看总人次可超 365 万,总成交额超 100 万元。优酷重点扶持的《东北风云》上线 5 天,分账就超过了百万元,创下行业新纪录。该片最终分账突破 500 万元。腾讯的"火锅剧"激励规则及合作方式则要求单集时长在 1—10 分钟左右,横屏竖屏皆可,独播有效播放每万次最高可奖励 500 元。

然而网络微短剧还没有"破圈"的作品,御儿、初九、王格格等人均收视破亿的女主角们也不在大众娱乐圈的范围内,没有主流媒体的宣传造势,网络微短剧的商业化探索还在继续。部分微短剧甚至可以搭配直播带货的配套资源形成独家带货的商业销售链路,结合品牌植入需求定制更有针对性的微短剧、微电影等,形成综合性的"短剧+品牌营销+达人带货"模式。随着直播电商陷入发展的瓶颈期,越来越多的商家、金主倾向于剧本化、强故事性的微短剧合作并进行宣传推广 抖音《做梦吧晶晶》吸引了百岁山等品牌的广告投放,在合适的剧情场景中进行了植入、贴片等。腾讯微视正式上线首部微短剧《上头姐妹》，并在剧情中尝试植入美妆、日化、零售、乳品等品牌，实现了微短剧带货、推广合作品牌。开心麻花与快手联合出品了蒙牛定制剧《今日菜单之真想在一起》就很好地发挥了剧作层面的优势，将品牌牛奶与爱情故事进行深度融合；B站宠物UP主"奶糕成精档案社"，在2020年10月推出的题为《控梦大师》的短剧，也悄然植入了戴森吸尘器的宣传。

四、网络微短剧的精品化发展之路

随着内容方、影视制作方、视频平台等不同公司与平台的不断加入，网络微短剧发展必从"铺量"走向"专精"，如何做出精品网络微短剧俨然成为各方一大课题。

1. 短：IP改编，内容简练，夺人眼球

相比短视频平台和影视制作公司，寻求短视频转化用户的网文平台将网络微短剧看作引流的强力载体。动辄数十万字、几百章节的网络小说通过网络微短剧，转化为每集几分钟的吸睛视频，微短剧播放的成功也带动了网文平台的发展。

米读从2020年2月便开始了探索网文IP的短剧孵化模式，并与快手就IP短剧开发达成战略合作，相继推出了《权宠刁妃》《我的契约男友》《国民男神是女生》等成功的改编短剧作品，为米读就网文的商业化探索做出了有效实践。中文在线推出了《霸婿崛起》《我不想陪仙二代渡劫了》《他熠熠生辉》《律政佳人》等多部微短剧，并获得了2020快手短剧最佳IP合作方。书旗推出的首部改编短剧《今夜星辰似你》，上线36小时便登顶优酷短剧热度榜，甚至还进入优酷V榜电视剧榜单第八名。番茄小说原创作者蓝手热门小说《快穿：病娇男主他又吃醋了》改编的短剧《这个男主有点冷》播放量破7亿，引起大众关注。随后，由番茄小说联合抖音、唐人影视、塔读文学联合出品的微短剧《星动的瞬间》官宣，体现了网文平台在进一步挖掘IP开发的更多可能性。掌阅科技战略入股微短剧制作公司等闲，为掌阅入局短视频领域打开了一个窗口。掌阅科技副总裁王良表示，"我们有内容优势，它有项目制作、策划能力，双方结合形成互补"。

当年2015年被称为"IP元年"，那么2021年或许可以称为"IP微短剧元年"。如此多平台在发力，资源投入增加，内容质量不断提升，制作也在逐步规范化，接下来有哪些精彩的IP改编短剧作品，让人不得不期待。

2. 快：制作快捷，投放及时，推荐到位

从生产创作的角度来看，微短剧作为新的内容载体，其创作规律、制作周期、预算等都与长剧集有显著差别。相比长剧集，"短平快"打法让微短剧营销、宣发的链条变得更短。对微短剧受制于拍摄周期短和作品的快速更迭，宣发周期只有预热期和播出期两个阶段，且预热时间短，无法像长剧集一样持续输出话题、累积宣传声量，因此也很难掀起较大波澜。面对这一难题，增加集数和走系列化路线成为行业当前的两个应对思路。微短剧时长越来越短的同时，也在不断增加集数，以推动剧集在较长的时间周期内积累市场热度和宣发能量。当前，集数在七八十集左右的微短剧比比皆是，腾讯微视的《如梦令》更由最初的 70 集加更到 132 集。此外，系列化也是微短剧放大影响力的一个途径。例如，兔狲文化出品的"不思异"系列已经发行了 5 部微短剧，爱奇艺出品的"生活对我下手了"系列已推出了 3 部微短剧。未来，微短剧有望进一步朝着季播、系列化的方向发展，更多"大部头"微短剧、系列微短剧以及微短剧 IP 矩阵或将出现。

与此同时，根据网络微短剧特点开辟新兴投放渠道，更具操作性。跨屏微短剧《做梦吧！晶晶》对应不同播出渠道有横屏和竖屏两个不同的版本，横屏版《做梦吧！晶晶》于 4 月 25 日在滴滴车载屏上播出，出品方粒粒橙传媒首创移动车载屏追剧模式，是在播出场景方面的一次创新。滴滴平台目前已覆盖国内 400＋城市，4.5 亿＋用户和 2 亿＋日出行里程。在移动终端接近饱和的状况下，车载场景是最后一个未被商业化渗透的智能化密闭空间，享有高沉浸的私享空间和潜在娱乐需求。

3. 精：贴近现实，主题鲜明，质量上乘

微短剧快速发展的同时，同质化的内容和套路也在快速消耗用户的观剧热情。同时，抄袭现象频发也对创作环境造成破坏，阻碍着微短剧的长期可持续发展。此外，微短剧中承载社会关怀、传递主流价值的故事内容较少，难以引发社会共情，也成为微短剧"破圈"困难的原因之一。在小范围内，一些微短剧已经开始寻求价值输出和价值共振。例如，2020 年优酷播出的《逼婚男女》是国内首部婚恋题材竖屏剧，呈现了时下年轻人的新婚恋观。腾讯微视 2021 年推出的《铁锅爱炖糖葫芦》聚焦当下青年人与农村环境碰撞所产生的热点话题，展现了东北地区新农村生活的风采。这些题材尝试正在缓慢打开微短剧的内容边界。

关注现实题材的同时，大导演大明星的加盟，也使得网络微短剧不再"廉价"。由高晓松担任总导演，乌日娜执导，黄磊、冷心清主演的微短剧《可不可以不》在优酷上线。该剧讲述了现代年轻人对于社交观念、竞争观念和婚恋观念的

全新认知，重新审视了约定俗成的"主流意见"，鼓励个性化的思辨和探讨，表达真诚、健康、自由的价值观。向观众表达人生总要面对无数可能，面对事情要独立思考，自主决定。在专业人士的助推下，该剧无论在关注和收视上都取得了较好的成绩。

作为年轻化的内容载体，未来微短剧有望承载更多年轻人关注的内容与主题。反过来看，微短剧要实现突破性的发展，就势必要在题材与内容上有所突破，打破内容同质化的问题，同时在内容品质与思想性上有所提升，避免"娱乐效果大于内容价值"的困境。

结　语

回溯微短剧风潮兴起的一两年时间，可以看到，这个领域已经快速经历了从粗放趋于专业、从混乱走向规范的进化过程，商业化层面的探索也在不断丰富。积极信号与不确定性并存的微短剧市场，当下有着充沛的发展活力，也存在各种疑问与不确定，目前微短剧发展如同早期网络大电影，题材单一、精品较少，泛娱乐化低俗化趋势明显。未来行业有望摸索出清晰的变现通路，在更多资本和优质IP的加入下，持续走向精品化与工业化，开启微短剧更广阔的表达空间。平台与制作方应加强网络微短剧的思想性艺术性上的把关，好内容传播正能量，好制作出精品爆款，提升网民观剧体验。

参考文献：
微短剧：属于谁的风口？
https://new.qq.com/omn/20210318/20210318A089R600.html
短小精悍又上头？快手微视相继发力，微短剧起风了
https://www.sohu.com/a/441497667_120869012
是时候聊聊微短剧了
https://new.qq.com/rain/a/20201219a02tau00
网络微短剧被纳入广电监管　创作者维权难仍待解
https://www.tvoao.com/a/204782.aspx
微短剧的"春天"是个假象吗？
https://36kr.com/p/1228376986833542

作者简介：
王天云，上海市广播电视监测中心从事网络视听监测分析研究工作。

历史影像采集的文化意义和实践方法

翁海勤

提　要：活动历史影像是记录人类历史文化的重要载体(本文所提及的"影像"均指纪实性活动历史影像)。广电媒体最初搜集和研究这些资料,是为电视节目内容生产服务,而随着资料的不断积累和丰富,它们为人们了解过去提供了更直观、更多元的角度,从而产生重要的文化意义。对于这一特定资料的搜集、研究、开发、利用有其值得总结的方法和经验,同时这一工作也面临一系列版权问题。对这些问题的思考和探索将有助于影像采集的顺利进行,最终实现传播文化和尊重版权的双赢。

关键词：历史影像采集　文化回归　版权问题

一、影像对于传承历史、促进文化回归的意义

1. 理论溯源

1898 年,电影诞生才三年,华沙的"活动电影机"技师波宙斯拉瓦·马绍斯基就在一本名为《历史的新资料》的小册子中预言了影像资料的历史价值。他提议为了"记录有趣的材料……普通人们的生活片段"设立"影片博物馆或影片库"。[1]

1988 年,美国历史学家海登·怀特(Hayden White)首次提出影像史学(Historiophoty)的概念,以区别于书写史学(Historiography),认为"影像史学"是以视觉的影像和影片的叙述传达历史以及我们对历史的见解。影像不只是一

种史料,而是和文字一样是一种书写历史的工具。[2]

联合国教科文组织"1970 年公约"[3]曾将"文化财产"定义为"具有重要考古、史前史、历史、文学、艺术或科学价值的财产",并在其具体类别中包含了"档案,包括有声、照相和电影档案"一项,可见影像作为一种文化财产早已是人类的共识。

2. 影像记录实践的先驱

活动影像在诞生之初就以记录人类历史文化为一大重要功能。

1895 年电影第一次放映后,卢米埃尔兄弟大张旗鼓地招募了上百名摄影师,派往世界各地,放映并拍摄电影,数十个国家从此有了电影,并留下了最早的影像。

法国银行家阿尔伯特·卡恩的"地球档案"计划则更明确地提出了用影像来记录人类各地历史文化的宗旨。他的摄影师团队足迹遍布世界各大洲,横跨 50多个国家,记录了各地不同的风俗人貌,在 1909 至 1931 年间,共拍摄收集了 7万多张照片和超过 100 小时的电影胶片。

3. 早期中国的影像记录活动

电影在 19 世纪末传入中国后,很快成为各国来华人士记录这一国家文化和生活的重要工具。1898 年,美国爱迪生电影公司的摄影师在香港、上海和广州拍过一些素材,后来被编入《香港码头》《上海街景》等 6 部短纪录片中,这也成为中国最早的活动影像记录。

早期在华的影像记录者包括摄影师、传教士、外交官、商人、旅行者、探险家、记者、纪录片导演等。几十年间,影像拍摄者从个人到机构,拍摄目的从业余记录到专业拍片,影片类型从旅行片段到新闻片、纪录片,影像记录活动日益成熟,不仅成为中国纪录电影的启蒙,也留下了大量珍贵历史资料。

4. 影像采集和研究的意义

影像作为一种档案资料,不仅能记录历史,还在辅助教育、传承文化方面有着重要作用。影像采集和研究工作的社会价值就在于用影像还原历史,实现文化的回归。通常博物馆所讨论的"文化回归"指的是文物实体回归其原始文化或国家,而音像资料馆所讨论的"知识或文化回归"则更多是指非物质类文化的回归。

因历史原因,早期在华拍摄影片的西方人士多来自欧美。而当时拍摄的这些影像记录内容因历史、技术、版权等多方面原因留存海外。目前这些影像分布在世界各地的专业机构、高校和个人手中。寻回这些遍布全球的珍贵影像,可以帮助我们拼凑出当年外国人眼中的都市百态,让当时的这种文化记录回归其最初诞生的地方,以完成对历史文化的传承。当尘封已久的影像从支离破碎的片段慢慢形成有条理、可连贯的影像历史,资料的采集和整理从不同角度构建起了影像历史的大格局,使后人能够更全面、客观地研究和解读历史。

而在采集的基础上对影像进行多元化的传播和开发,则能让更多人认识到影像作为历史档案的重要性,启发各行各业对影像在各种形态和范围上的广泛应用,发挥其社会价值和历史价值,反过来也促进影像记录和影像搜集活动的开展。

二、上海音像资料馆在历史影像采集方法上的探索

上海在中西方经济文化交流中占有独特的地位,上海城市发展的历史变迁一直以来都是相关领域专家学者研究的重点。上海音像资料馆从 20 世纪 90 年代就开始了上海历史影像资料的收集整理和研究利用工作,如今已初步形成了全球最完整的上海百年历史影像资料主题库。影像资料涉及的时间跨越了三个世纪,内容涵盖上海一百多年的重大事件、著名人物以及社会民情、风俗的演变等等。通过广泛采集、全面整理和深入研究,上海音像资料馆所收藏的上海历史影像资料已成为其核心的特色馆藏。

多年来,上海音像资料馆秉持用活动影像传承和传播历史的理念,以打造上海百年影像史志、努力书写中国影像历史为目标,开展了大范围的历史影像采集,积累了丰富的采集渠道、梳理出多样的采集主题以及研究方法。

1. 采集渠道的拓展

进入 21 世纪以来,互联网和数字化技术的发展为影像资料采集创造了有利条件,越来越多的机构加快了对馆藏资源进行数字化和商业化开发利用的步伐。上海音像资料馆的珍贵历史影像资料全球采集工作,自 2008 年以世博会历史影像资料采集为契机,采集渠道大为拓宽,经历了从国内机构向国际机构拓展,从官方采集向民间采集拓展的过程。这些机构包括国家性和地区性政府档案机构、文化遗产保护机构、媒体播出机构、高校和研究机构等。

从 2011 年起,上海音像资料馆还面向社会启动了"珍贵历史影像全球征集"活动,将目光转向更为多元的民间领域,打开视野,依靠丰富的社会资源发现不同类型的珍贵历史影像线索,主要通过各地民间收藏界与私家遗存采集到一批独一无二的珍贵历史影像。

2. 采集主题的多元化

历史影像往往因拍摄者的不同而具有不同的视角。源于新闻社或者著名电影人(摄影师)拍摄的专业影像视野宏大,关注面广泛而深刻,记录了一个时代的重大事件或重要人物,也反映出社会的世事百态。那些容易被选择和重点纪录的国家记忆,能勾勒出历史发展的基本脉络,通常是最易受到关注的内容。

同时,来源于民间非专业人士的影像记录也因传达出另一些活泼的历史信息,不容忽视。这些影像往往是对时代情境中普通人生活的真实记录,更具有人情味和市井气息。海内外的视听档案机构和个人收藏家都藏有 20 世纪三四十年代甚至更早的私人生活影像,这些影像都从个人化的视角参与了历史的记录,使历史有了更多温度。

3. 以研究推动采集

珍贵历史影像资料的采集工作是在了解现有资料的基础上,通过多种渠道对记录重要历史事件和人物或早期社会生活的活动影像进行搜集,并加以研究论证的过程。影像的珍贵性体现在拍摄时间早、资料的独家性以及和历史事件的相关度。影像资料的搜集和研究不仅需要采集人员沉下心来,掌握影像、历史、语言、新媒体技术等多学科背景知识,还必须有长期有效的规划、坚持不懈的探索精神和严谨求实的学术作风。

影像采集最主要解决两个问题:如何找到影像? 如何判断影像内容和价值?

如何寻找影像? 以采集发现特定主题影像为例,需要从多方面入手。包括查阅纪录电影史,列出重要相关片目;从分析历史背景和影片原始信息,追溯可能的收藏者,包括拍摄者、拍摄机构、发行机构等;求助互联网,检索影像档案机构的相关馆藏,向馆方咨询;也可求助专家学者提供线索。这一过程需要查找阅读大量相关的背景资料,凭借耐心不断探究才会有所收获。

如何考证影像内容、鉴别影像价值? 越是年代久远的影像,留下的信息越少,甚至是错误的信息,需要借助各种手段重新考证。以下信息可作为判断影片所摄时间、地点、人物、事件的线索和依据:

- 影片原始制片信息:包括标题、拍摄者、机构、年代等
- 影片旁白和字幕(若有):可能包含拍摄背景和内容的重要信息
- 影片本身的画面信息:环境、建筑、商铺、车辆、服饰、工具、画面文字等
- 影片中的人物:主要是能看清五官或身形的人物

在对影像信息做初步整理和判断后,还需要经过多角度的考证,证实自己的

结论。包括利用文献史料的查证、历史照片比对、邀请人物后代辨认、求助史学权威等多种方法,使考证过程严谨,考证结论可信。

三、影像采集过程中的版权问题及解决机制

1. 采集过程中遇到的版权问题

(1)不同国家法律对于活动影像版权的规定不尽相同,尤其是对于保护对象和保护期的定义存在差异,造成实际处理过程中的不确定性和复杂性。

(2)版权归属确认难度大。对于拍摄于不同年代、出自不同国家拍摄者的影像,其版权归属情况非常复杂。影像的多版本流传也为厘清版权增加了难度。通常影像资料年代越久远,其版权信息越难辨别。受到原始标引缺失或者标引错误的影响,版权归属需要和影片内容一起考证。有时原始摄制机构变迁也使版权归属发生变化,因此还需要了解拍摄机构的历史。

(3)授权方式因机构属性和资料用途的不同而复杂多样。

2. 探索解决之道

(1)研究不同国家法律的规定,具体情况具体分析处理。

不同国家和地区法规对活动影像领域的知识产权有着复杂的解释和认定。

在保护对象的认定方面,各国法律对于活动影像的版权保护规定不太一样,有些将其作为电影作品的一种加以保护,有些作为摄影或者活动影像加以保护,对纪录片和新闻片这类内容的保护规定也不同,法国的保护范围较宽泛,稍带原创性就加以保护,德、意则不认为纪录片和新闻片应该作为电影被保护,但可作为摄影的邻接权被保护。

伯尔尼公约为全球版权法规的许多方面设定了标准,但各国情况仍然存在不同之处。如,它并没有对版权期限做出一致性的规定,只是为电影作品的版权保护期规定了最短期限,即作品产生或发表后 50 年,但各国对视听作品保护期的规定各不相同。如,如德国 70 年、西班牙 60 年、美国 95 年……

因此,面对来源于不同国家的影像,我们需要在了解该国版权法规的前提下,在法律许可范围内进行搜集和利用。

(2)尽可能查询到原始版权拥有者。根据原始信息判断版权归属,在影像搜集过程中注意对来源不同但内容相同的资料进行比较(需要一定的经验和知识积累),求助于行业协会、发行方、研究人员等了解版权信息。明确资料在当下的代理方,了解其提供资料的具体政策和规则。

（3）研究不同类型机构的运作模式和版权授权方式，采用不同的合作模式。商业机构、研究机构、公益机构等各种机构因其不同的性质而有着不同的版权授权方式，需要在获取资料前认真研究和沟通。随着经验的积累，应不断加强对于各国各类机构具体处理机制的研究，以针对不同资料用途，选择最合适的合作模式。

回归本文开头提出的保护和传承历史文化的宗旨，目前学术性的影像搜集工作仍面临难以破解的版权壁垒。首先，虽然将馆藏资源数字化已是主要趋势，但各国进度不一，很多资料尚在数字化过程中，无法一窥全貌。其次，出于版权、商业开发或是政治原因等多重因素考虑，很多资料并不能实现在线观看。第三，海外收藏机构大多对非本国影像资料缺乏研究能力，无法挖掘其馆藏资料的价值。以上状况都在一定程度上阻碍了影像内容来源国家的人民了解这些散落的历史文化。此外，各国法规对活动影像领域知识产权的解释和认定各不相同，但目前都没有针对文化传承的学术研究活动提供相应保障的法规，因此很多机构并不提供只供学术研究用途的资料。

笔者建议出于文化回归的目的，各国资料馆、电影机构、研究机构等和版权问题相关的人士可以借助行业协会的力量寻求合作，针对学术研究建立起全球机构间的活动历史影像档案交换和共享机制，加强学术研究方面的交流与合作，以使各地区更好地传承当地的历史文化。

注释：

① ［美］埃里克·巴尔诺：《世界纪录电影史》，中国电影出版社，1993 年版，第 26 页。
② 肖同庆：《影像史记》，南方日报出版社，2005 年版，第 151 页。

参考文献：

［1］ Sheila Curran Bernard，Kenn Rabin：Archival Storytelling：a filmmaker's guide to finding，using，and licensing third-party visuals and music，Focal Press，2009.
［2］ Michael C. Donaldson，Lisa A. Callif：Clearance and Copyright：Everything You Need to Know for Film and Television，Silman-James Press，2014.
［3］［英］帕斯卡尔·卡米纳：欧盟电影版权，中国电影出版社，2006。(Pascal Kamina：Film Copyright in the European Union，the Press Syndicate of the University of Cambridge，2002)

作者简介：
翁海勤，上海广播电视台版权资产中心版权采集部主任。

广电行业持续性口述历史采集探索与实践

——以上海"老电视人口述"为例

王　颖

提　要：口述历史是一种记录历史的方法,它通过影像和声音结合的方式,记录当事人的口述或表演,最大限度地将历史记录下来。近年来,伴随影像记录手段的普及和低成本化,影像口述历史成为原生态记录历史的重要手段之一。各区域行业内兴起了广泛的口述历史活动,形成了大量的口述历史资料,成为行业历史回顾和发展探索的重要组成部分。2008 年起,上海广播电视台(以下简称 SMG)借助于本身专业的影视技术和资源优势,于 2008 年和 2018 年分别开展了二期跨度达十年的"老电视人"口述历史档案采集活动,在区域行业持续性口述历史采集进行不断的探索,走出了一条具有可借鉴性的实践之路。

关键词：口述历史　影像资料　上海广播电视　"老电视人"口述

引　言

　　笔者从 2006 年起一直参与 SMG 影像口述历史资料的采集、研发和管理工作,本文将结合 2008 年和 2018 年 SMG 分别开展的两期上海"老电视人口述"项目,简述上海广播电视台作为国内广电行业的代表,对广电区域行业口述影像资料的采集与研发。

　　口述历史是指通过对历史事件当事人或知情人进行口述访谈,以文字、音视频等方式记录历史资料的方法。口述历史的概念起源于 20 世纪 40 年代的美国,之后被口述历史学家、哥伦比亚大学教授阿兰·内文斯系统化的整理形成相关的基础理论。口述历史在近 80 年的发展历程,逐渐构建起点、线、面结合的体系,从早期的以"点"为代表的个别历史事件个别人物的口述采集,发展到以时间为主轴的纵向采集,再扩展到横向关联口述采集。

近年来,一些以口述历史项目以企业口述为突破口,逐渐扩展成为相对完善的行业性口述历史项目。国内的历史以及档案学者对这种现象做了一些有益的探讨,但主要还是理论上的研究,对于具体的实践操作,由于一般的行业性口述涉及不同的企业以及关联的机构,有些行业中的不同企业甚至还存在商业竞争关系,口述历史也会涉及部分商业机密。所以国内对于行业性的口述历史虽然有所倡导,但实践存在一定难度。

在这种的背景下,国内广电行业的特殊性质无疑可以较好地规避上述行业性口述历史存在的种种阻碍,开展起来有一定的优势。2008 年和 2018 年 SMG 分别开展的两期上海"老电视人口述"项目,该项目以影像方式重点口述采集了上海电视行业史上重大事件的亲历者,形成了一部跨度达 60 年的上海电视行业口述历史资料。本文主要以该口述历史项目采集活动为主线,通过经验总结与分析,试图为行业性开展口述历史采集工作提供一些借鉴和参考。

一、项目的起源和背景

"口述历史"作为公益性的项目,特别是行业口述历史并不是行业主业发展的必备环节,因此开展行业口述历史往往需要特定的契机背景,抓住这样的契机,才能在提案、预算与流程协调等方面获得事半功倍的效果。这种契机,主要体现在周年纪念项目、行业机构改革以及行业重要事项发生的时间节点等。

虽然上海电视台拥有丰富的从开播至今的各类电视节目馆藏资料,但其中关于上海电视发展历程的档案记录多为零星散落,缺乏系统性的行业发展历史记录。口述历史档案是广电历史档案的重要组成部分,是对馆藏档案结构的有益补充。自 1958 年上海电视台开始对外传播图像信号,到 2008 年上海电视已经走过整整五十年的历程。上海是中国是最早开设电视台的省级地区,上海的电视业是中国电视业中极为重要的一部分,也是全国传媒界的一个风向标。记录和研究上海电视的历史进程和发展轨迹具有重要和独特的意义。

口述历史资料注重细节,比一般的档案文献资料更加形象、直观,具有生动性与可读性强等鲜明的特征。特别是在当前技术环境下,音像采集更丰富了口述历史资料的多面性和完整性。在其他历史档案资料缺乏的情况下,对印证历史的真实性与全面性具有重要的参考价值。在上海电视发展的历程中,面对每一次的重大变革与开拓创新,决策者们经历的深思熟虑与探索实践;不同时期倾力推出的众多名牌栏目,如何以专业的追求和贴近的风格为人民群众所喜闻乐见;电视界的前辈们在风华正茂的时代,如何以吃苦耐劳的精神、特有的聪明才智和敢为天下先的气魄,创立起上海的电视事业。上海电视的发展之路,有很多历史印迹和精神财富需要留存和传承,而不能让其随着时间流逝而被淡忘和消失。借助于上海电视开播 50 和 60 周年纪念的两个时间契机上,在策划各式各样的庆祝纪念活动中,"老电视人"口述历史的方案逐渐构思成熟并欲与实施。

二、项目的目标和宗旨

广电历史档案侧重于节目制作播出等,而节目幕后英雄并没有很多的记录。所以加强对历代电视人口述历史的收集管理是广电历史档案工作的重要组成部分。电视是国家精神文明建设和宣传舆论的重要阵地,广电历史档案是国家记忆的重要组成部分,所以电视人口述历史是记录广电事业发展历程、研究广电历史、传承国家记忆的重要途径。

在背景契机的支撑下,明确目标和宗旨有益于后续项目的开展。未成立具体项目组之前,初步拟定以"纪念上海电视 50 和 60 周年老电视人口述历史"为题的项目工作方向。决定选请上海电视行业一批具有代表性的老前辈,回溯创业历史、成长轨迹的精彩片段。尤其是选取的首批上海电视创业期的代表人物,基本涵盖当时所有的专业工种。

通过口述历史的形式,项目策划初期就给出一个鲜明的目标定位,即不仅仅定位于进行"纪念上海电视周年"宣传活动,更要立足于建立一份全面、真实、生动的有关上海电视发展初期的历史档案,既体现对历史进程的回顾,同时又提出更高的目标要求,即要以"口述历史"为基础内容,结合多方位的资源,打造出对上海电视未来发展与企业文化建设可提供参考和借鉴的资料。

三、项目的策划和实施

上海电视人口述历史采集从 2008 年开始启动,得到了 SMG 上下多级部门的鼎力支持。作为具体实施该项目的 SMG 版权资产中心,从项目初始就以科学、严谨的历史观作为项目实施宗旨,精心策划、充分准备,制定出具体的实施方案,力求将这次口述历史内容打造成企业文化的精品以及行业历史发展的真实记录。综合已有的口述历史研究与实践来看,在实施电视人口述历史工作时应从项目组织具有引导性、行业发展梳理具象化、口述对象全面性进行建构。

1. 项目组搭建具有引导性

口述历史采集不同于一般的文字或资料采集工作,它兼具历史性与实践性,需要多方面的全力支持和统筹推进活动开展,做好安排部署和推进工作。因此,更重要的是要让项目组织在整个口述历史项目中具有明显的引导作用,建立沟通协调机制,抓好口述采集活动的组织、指导和协调工作,确保活动落地实施、有序进行。

项目组在前期调研中,首先,充分利用企业内部相关部门的资源,寻找有效合作。"口述历史"涉及的人物主要都是退休的老人,因此,与行业或机构的退管委相关的沟通特别重要。在上海电视口述项目开始前,项目负责人就开始与台集团退管会的负责人就项目的目的和宗旨与他们沟通,得到了退管会的大力支持,在其大力协助下,共同完成初步名单的制定。

其次,联系相关行业协会。比如:上海广播电视协会相关负责人,可以协助对名单作调整和修正;同时,积极与名单中的老电视人积极沟通,在他们的推荐和建议下增补名单成员。

最终,在台集团领导层的支持、集团内部退管委等职能部门的协助,以及项目牵头组织的多层次、多角度、多部门的共同努力下,搭建完成项目组的人员构成。项目组的大致可分为:领导小组、专家小组和工作小组。领导小组由 SMG 口述历史组织的领导组成,负责宏观上审批、把控和协调项目的推进;专家小组由行业内长期致力于上海电视史志研究的专家以及一些老同志组成;工作小组主要由具体参与项目实施的工作人员组成,有采访人、摄像、剪辑、会务等。

2. 行业发展节点梳理具象化

行业口述历史的构建应该秉承点、线、面结合的体系。一是以代表人物构建广电事业发展的"点";二是以时间、机构沿革构建广电事业发展的"线";三是以事项驱动构建广电事业发展的"面"。通过点、线、面的有机融合,全景展现广电行业历史全貌,以点穿线,以线带面,以面凸点,把人物、时间、机构、事项等体系化呈现,全面记录事业的发展历程。

在制定"上海老电视人"口述项目方案之前,必要的行业发展节点梳理,可为后续的具体项目实施找准入点和重点,有的放矢。口述采访的筹备中还有很重要的一个内容就是"口述采访大纲"的准备,以口述纲要为基础,细化梳理项目工作,将每一纲要具体到每个个人的采录提纲里,根据纲要梳理人物信息,通过相关途径确定口述人物目录,细化纲要内容,落实史实与实际相关的工作。在行业发展梳理过程中,侧重点是时间"线"以及事件驱动行业发展的"面",对于过程中设计的人物"点"也做相应的记录,供后面拟定具体的口述人做进一步的筛选。

(1) 首先是初创时期,大致在 20 世纪五六十年代,是上海电视事业第一阶段的创业期,重点以"第一"为主要的口述历史资料采集线索,比如"第一次话剧转播""第一次广告播出""第一次播音""第一位主持人""第一条新闻""第一部自制电视剧""第一个综艺节目"等等。这些属于史料性的采集,除了由当事人讲述当时的情景外,其他相关历史音视频的收集整理也是口述历史项目中重要的一个环节。

老局长邹凡扬在 1978 年被任命为上海电视台负责人。他在口述采访中回忆道,那时的上海电视台资金紧缺、管理模式老化,似乎一切都得从头开始。邹老说他当时主要做的就是把人们的思想扭转过来。电视台开办解放思想的讲座、转播话剧《于无声处》,是扭转人们思想的第一步。

1979 年 1 月 28 日,在邹老等人的努力下,上海电视台播放了第一条电视广告。这是上海电视之最、中国电视之最,也是当时社会主义国家的电视之最。当时,社会主义国家电视台还没有播放电视广告的先例。电视广告也从根本上改变了上海电视台的运营方式,并影响至今。

(2) 20 世纪 80 年代是上海广电业改革发展的爆发期,20 世纪末至 21 世纪的第一个十年是探索期。采集线索大致分为:

A. 改革发展时期,上海广电管理体制和转换运行机制的改革。20 世纪 80 年代随着改革开放的逐步深入,先后成立了具有独立法人资格的上海东方电台和上海东方电视台,接着又成立了上海有线电视台,也就是"五台三中心"形成五台竞争、相互促进的新格局。

全国人大常委会原委员、上海广播电视系统老领导龚学平同志在接受专访中,用"事业闯难区""宣传闯盲区""广告闯禁区"来总结老一辈电视人创业和创新的精神。他讲述了当年在上海家喻户晓的港剧《上海滩》在开播前三天差点因为政治因素被停播的幕后小插曲,以及《海外影视》《卡西欧家庭大奖赛》等许多名牌栏目是如何披荆斩棘被运作成功的;还有他是如何在东方明珠电视塔的建造过程中冲破重重阻力,进行了四次重大改革。正如他所说的"该敲掉就敲,如果不敲的话,留下了的是终身遗憾",最终事实证明了一切,如今的东方明珠塔已成为上海最具代表性的地标景点之一,经济效益和社会效益达到了双赢。

B. 外部交流与发展,改革开放政策给上海广播电视事业的国际交流合作带来勃勃生机,不仅人员交往日益频繁,而且向深层次的业务领域发展。从一般的电视节目交流,到双方合办节目,卫星传送实况转播;从单一的技术援外,到高新技术的合作交流;从双边合作到举办上海电视节、上海国际电影节等大范围的国际性交流。

C. 内部组织人事制度和内部分配制度改革。20 世纪 80 年代,台两次向社会公开招聘编辑、记者、主持人和财务人员,上海电视台在全台范围内实行人员流动和优化组合。随着大量创新栏目的兴起,也培养出一批高素养、有能力、德才兼备的优秀编播人员。

D. 以栏目创新为代表的内容创新发展历程。早期创办代表性的《新闻透视》《国际瞭望》《法律与道德》《大舞台》《大世界》等众多名牌栏目,节目对象已扩展到社会各界,节目内容不再局限于宣传教育,参与性、娱乐性获得极大的提升,以栏目创新带动了整体内容创新的长足发展。同时在形式上,突破了主持人与编辑记者的鸿沟,主持人开始由编辑记者兼任,内容创作走出演播室,更加贴近生活,在社会上引起强烈的反响。

(3) 当下,则是上海广电业面临的又一次改革的转型期。在这上海电视事业转型的重要时期,面对各种的重大调整与变革,决策者们经历的深思熟虑与论证推敲;以体制创新为基础的节目创新发展;这些不仅曾经是转型期重要的探索节点,也是未来发展不可或缺的关键参考因素,下一个十年的口述规划目前也已经在酝酿和设想中,结合 2008 年、2018 年的采集资料将融合为一个全面、系统的上海广播电视台"口述历史"文化馆藏。

3. 口述采集对象拟定兼具全面性与个性化

口述历史应该坚持广视域构建,将人物置于更加广阔的时间环境、空间环境和文化环境中,关注人物与周边环境的交互,口述历史呈现的不是"孤岛式"的历史,而是环境中活态化的历史,将有形与无形共融,见人见物见精神,把有形的人物、有状的事项与无形的文化融于一体,使得历史真正地活起来,全面、系统、生动地传承下去。

电视人"口述历史"人物的选择需要通盘考虑。对于口述人物的选择,由于上海电视经历了几十年的发展,相关人物成千上万,光是知名人物就上百位,因此口述人物如何选择是第一位的。两期口述项目的采集对象是选择 1958 年至 2010 年在上海电视领域工作的前辈、知名的主持人、记者、编辑、摄像以及技术人员,其中也包括老领导和名牌栏目的创办者。采访对象以退管会提供的名单为主,再结合上海电视行业发展的各个节点,对口述对象作初步筛选。筛选的原则:

(1) 全面性:决策者和实施者,领导和群众,能说的和不善言辞的,各个工种的代表等;(2) 客观性:口述者的个人经历调研和查阅,讲述内容的考证等;(3) 系统性:结合上海电视台发展中的各个时代特点和改革节点,有条理有目的地选取。(4) 个人意愿:充分尊重老人的自身意愿,因个人原因不愿意参加的,需要及时调整名单。遵循这几个原则,对口述人物进行进一步的筛选。

首先,参考权威的《上海广播电视志》拟定领导名录和知名广电人物,然后再联系相关人物,进一步挖掘潜在的口述人物,逐渐织布出一个大概的人物框架图。

其次,权衡人物的工作及所覆盖的业务范围,确保口述内容能全方面地覆盖上海电视发展以来从领导层面决策、业务发展以及后期保障工作的方方面面;由于口述历史属于问答式资料采集,内容易受到采访者与口述人双方的主观影响,因此要与口述人提前进行良好的沟通交流并建立信任。为确保采集活动顺利进行,积极走访受访者,了解受访者的性格、情绪、精神状态与语言习惯,与之建立良好的互信关系;并且提供人文关怀,邀请口述人参观旧时工作的地方,重温曾经的奋斗岁月,了解行业最新的发展情况,帮助口述人回忆,为正式采访做好充分的沟通与准备。

再次,在口述内容上,以挖掘情感记忆为重点。采访中不仅要注重对历史的探究,也要重视作为历史主体受访者的内心世界,唤醒他们深刻的情感记忆,兼顾重要事业发展叙述和人物的电视情结表述,激发了老同志心中一直拥有的"电视情结",通过一些细节内容让整个口述内容有血有肉,更加生动,把内容价值的深度挖掘尽可能地拓展。例如:上海电视台第一代摄像师朱盾老师,1961 年 5 月 1 日,他参与拍摄了《毛主席和上海人民同庆五一节》的专题片。在 20 世纪五六十年代用电影胶片拍摄新闻片的耗片比几乎是一比一。他在口述采访中回忆:"从毛主席进大礼堂以后,欢庆活动开始,劳动模范、先进生产者整个礼堂都是沸腾起来的,灯光开了,我尽量抓住最精彩的镜头,在台上毛主席的反应经常被我抓拍到,100 尺底片大概拍了 94 尺,还剩下 6 尺胶片,片子马上要送机场去北京给中央台。拍完这次场面后我的心情激动了很久,难以平静。"他感慨万千地说,"新闻有时只能给你一次机会"。到 20 世纪八九十年代,朱盾老师又在纪录片创作上大显身手,比如《大动迁》等上海许多重要的纪录片都有朱盾老师参与拍摄的身影。

四、实践意义

1. 弘扬企业精神,传承企业文化

多角度的上海主流电视业口述史料,建立有关上海电视发展的影像档案:通过对"老电视人"的访谈形成上海电视业发展人物群像志、发展改革事件影像志,系统化、专业化地建立上海电视事业发展"口述历史"档案,补充上海电视行业发展研究资料,为开展上海电视理论研究提供丰富史料。例如,口述采集的资料可以做成各种短视频或者是台集团入职培训的宣传片,成为每年的新进员工

做企业文化培训的一个学习内容。

2. 全面性的决策参考资料,完善企业档案库建设

为了让口述资料的完整性和全面性更加经得起考证和完备,在做老电视人口述一期的时候,还特地配套整理了《上海电视栏目志(1958—2008)》这本刊物,全面梳理了上海电视 50 年来播出的各类电视栏目,在此基础上确定并收录了 1958 年至 2008 年 6 月 30 日期间上海广电系统自制电视栏目 600 余个,分新闻类、社教类、文艺类、财经类、体育类、少儿类、服务类以及季播类排列。栏目志编写工作以上海文广新闻传媒集团各大版权片库节目带为基础数据,以各年度的《上海广播电视年鉴》《上海广播电视志》等专著资料以及《每周广播电视》等报节目表信息为参考依据。同时项目组广泛咨询了数百位业内专家、亲历者、资深电视人和栏目负责人等,对信息缺失或者不完整、不精确的栏目信息予以补充、修改和确认。当年这一跨度 50 年的《上海电视栏目志》的编撰完成,填补了电视栏目档案建设的空白。

以史为鉴,鉴古知今,通过口述历史方式记录上海主流电视业发展的重大改革历程,全面记录发展人物的个体到群像,发展事件的宏观战略到细节执行以及经验教训,为之后的上海电视行业发展改革提供有力的决策参考资料。

3. 系统化的资料整理,创新参考资源

口述不仅要成为体制创新的决策参考资料,同时也需要总结内容创新的成败,以上海电视内容创新进程为主线,通过主创人员口述资料,结合实际内容创新节目,为内容创新建立丰富的范本资源。这样跨度长达 10 年,甚至还要延续的口述题材采录,可以完整回顾和梳理上海电视 20 世纪 50 年至 60 年的风雨历程,不仅成为整个"上海电视 50—60 年"宣传活动的重要组成部分,而且就其内容的价值和用途而言,这部分电视人口述内容也有可成为《上海广播电视志》额外的内容补充,或者作为将来设想建立的上海广电博物馆的一份永久珍藏的音视频档案。

4. 史料存档与公益性开放

结合上海音像资料馆之前数字化的作品,经过"口述历史"的采访拍摄形成的数字化音、视频档案资料,最终成果将一式两份,一份给本人保管,一份纳入上海音像资料馆专业片库作永久收藏。此项工作为非营利性质,重点是珍贵资料的抢救和档案的留存,即便是面向专业人士提供研究、参考与借鉴,或是面向社会开放视听,也都将是公益性的服务。

结　语

　　行业"口述历史"是一项与时间赛跑的工作,每个行业之间都有相通性和独特性,体现在行业口述历史方面,相通的是口述历史项目的运作机制大抵相同,不同的是每个行业都有其特殊性,因此梳理行业发展的时间节点、相关人物资料成为是否能将行业口述历史做深做细的关键点。笔者在文章中以"上海电视人"口述为案例重点梳理了这方面的实践经验,希望能借此抛砖引玉,为本行业或其他行业的口述历史活动添砖加瓦,未来将行业口述历史做得更宽更广。

参考文献:
[1] [美] 唐纳德·里奇:《大家来做口述历史影像资料》[M].北京:当代中国出版社,2006
[2] 张亚敏,王颖主编《纪念上海电视 50 周年——老电视人口述历史》上海世纪出版股份有限公司　上海:学林出版社,2009 年 9 月
[3] 王俊义,丁东主编《口述历史影像资料》中国社会科学出版社　2003——口述自传丛书
[4] 徐立.口述历史的影像呈现——以纪录片《二十二》为例[J].当代电视. 2019(05)
[5] 钱茂伟. 公众史学视野下的口述史性质及意义[J].学习与探索. 2016(01)
[6] 杨祥银.美国现代口述史学研究[M].北京:中国社会科学出版社,2016

作者简介:
　　王　颖,上海广播电视台版权资产中心编研。

知识产权案件媒体报道的现状、困境以及应对

杨　丽

提　要： 知识产权保护近年来在我国得到空前的关注与重视，研究我国知识产权案件媒体报道的现状、困境以及应对，有利于从媒体视角，践行全社会鼓励创新、保护创新的共识。本文以法治天地频道《法治新闻》栏目和上海电视台《案件聚焦》栏目以及中共中央政法委员会机关报《法治日报》三个以"法治"为专业特色的媒体为研究对象，选取三个媒体近三年的报道样本，从报道总量、报道对象、报道体裁等多方面分析知识产权类案件报道的现状、困境，并提出应对措施。这三个媒体既有电视又有报纸，还有各自新媒体的传播渠道；既有地方性属性也有全国性属性；既有消息类、专题类又有综合类，基本囊括了目前媒体形态的各种要素，具有研究对象的普遍性、典型性。

关键词： 知识产权　媒体报道现状　困境　优化方法

一、知识产权案件媒体报道的现状分析

知识产权是人们基于自己的智力活动创造的成果和经营管理活动的成果而依法享有的权利。[1]知识产权属于民事权利，是基于创造性智力成果和工商业标记依法产生的权利的统称。本文的知识产权案件是指有关知识产权保护制度、事件，进入司法程序的知识产权案件等事例。媒体报道包括形式和内容两方面，形式包括报道数量、报道篇幅、新闻体裁等，内容则是指媒体所报道的有关知识

产权的实质性事物。两者结合,可以直观地反映出我国媒体对知识产权案件的报道现状。

1. 报道数量逐年上升,占发稿总量比例仍小

近三年来,《法治新闻》《案件聚焦》《法治日报》关于知识产权案件报道的数量如下图(来源:自制)

表 1 《法治新闻》2018 年至 2020 年对知识产权案件的报道数量

年份(年)	2018	2019	2020
数量(篇)	29	49	63

表 2 《案件聚焦》2018 年至 2020 年对知识产权类案件的报道数量

年份(年)	2018	2019	2020
数量(期)	3	4	3

表 3 《法治日报》2018 年至 2020 年对知识产权类案件的报道数量

年份(年)	2018	2019	2020
数量(篇)	65	137	368

由上述三个表格可以看出,三年来,《法治新闻》报道知识产权案件 141 篇,《案件聚焦》和《法治日报》报道知识产权案件分别为 10 期(一期就是对一个案件的专题报道)和 570 篇。总体趋势看,媒体对知识产权案件报道的数量呈现上升趋势,特别是 2020 年较同期更是有大幅增长。尽管媒体对知识产权案件报道数量逐年增加,但其占媒体总发稿量的比重较低。《法治新闻》《案件聚焦》和《法治日报》近三年平均年发稿量约为 6 500 条、100 期和 24 800 篇,知识产权案件报道比重分别为 0.7%、4% 和 0.8%,这一比重与一般民事或刑事案件报道动辄 30% 到 40% 的占比,显然逊色不少。

2. 报道体裁以消息为主,深度报道占比相对稳定

近三年来,《法治新闻》和《法治日报》关于知识产权案件的报道体裁如下图,《案件聚焦》由于其每期节目就是对一个特定选题的专题报道,故不再对其报道体裁做分析。

上图数据显示,《法治新闻》对知识产权案件报道消息类占约 70%,深度报

2018年度 2019年度 2020年度

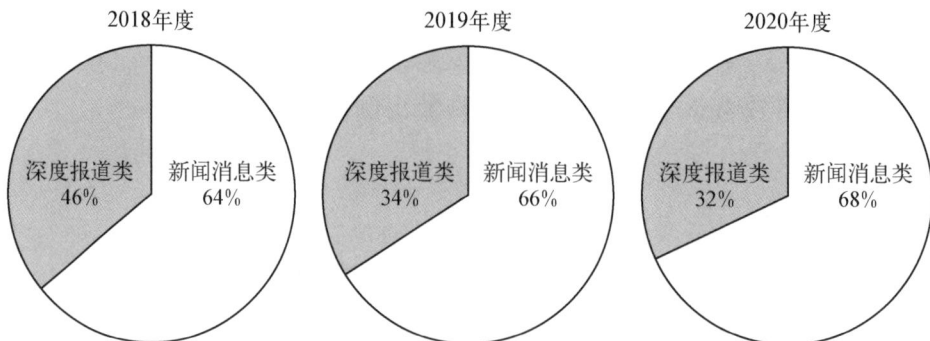

图1 《法治新闻》2018年至2020年知识产权案件报道体裁(来源:自制)

2018年度 2019年度 2020年度

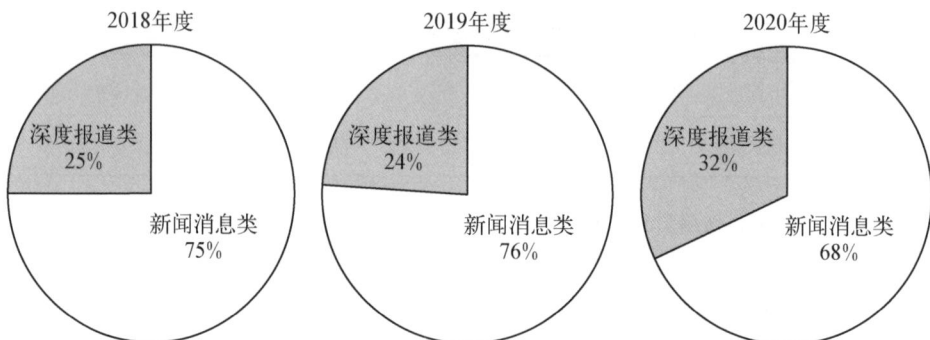

图2 《法治日报》2018年至2020年知识产权案件报道体裁(来源:自制)

道占约25%;《法治日报》对知识产权案件报道消息和深度报道占比约为6∶4。可以看出,样本媒体对知识产权案件报道主要以消息类为主,深度报道的比例在20%至40%之间。就某类特定选题而言,样本媒体对知识产权案件深度报道的占比属于中高位。消息,指对国内外新近发生的具有一定社会价值的人和事实的简要而迅速地报道。深度报道则指:运用解释、分析预测的方法,从历史渊源、因果关系、矛盾演变、影响作用、发展趋势等方面报道新闻的形式。[2]深度报道的比重往往反映媒体对某类选题的重视程度。由此可见,虽然知识产权案件的报道数量远不及一般民事案件、刑事案件或其他贴近民生的选题,但媒体对这类选题更偏爱从深度视角挖掘。

3. 重大报道不缺位,司法机关与媒体合力加大报道力度

近年来,中国政府和企业积极推动实施知识产权战略,知识产权保护的概念和制度日益深入人心。2019年7月24日,世界知识产权组织发布了2019

年全球创新指数（GII）。报告显示，中国的全球创新指数排名继续提升，从 2018 年的第 17 位上升至第 14 位。中国知识产权保护成效获广泛认可，据调查，知识产权保护社会满意度由 2012 年的 63.69 分提升至 2018 年的 76.88 分。[3]

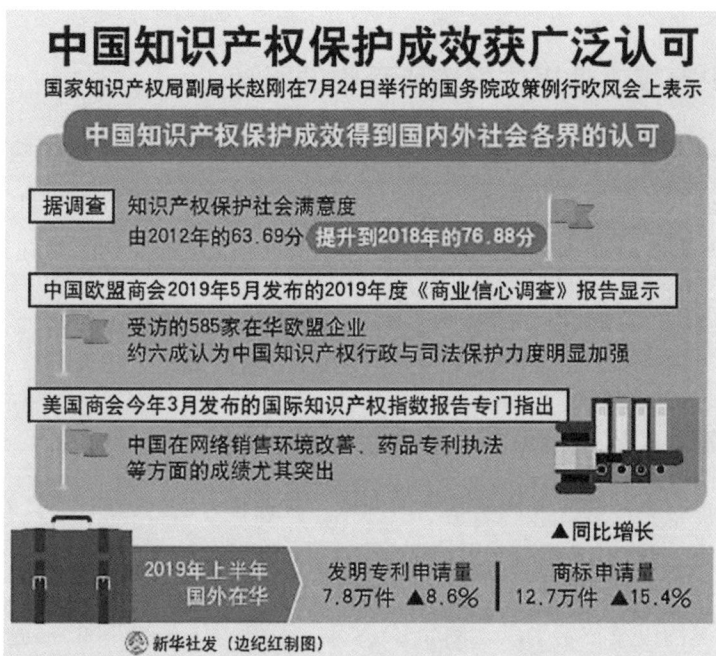

图 3　中国知识产权保护成效（来源：新华社）

　　媒体报道是依据客观事实的报道。我国在知识产权保护方面取得的巨大成果，对媒体而言，直接导致其对知识产权案件可报道的选题增多，而行业内的典型案件更是媒体竞相报道的重点。例如每年发布的知识产权十大典型案例在媒体报道中均可见一斑。对于"法治"专业类媒体，还会根据各自不同的定位，对典型案件在客观事实报道的基础上予以深入剖析。特别是遇到重大或典型案例时，司法机关也希望通过媒体的力量使重大或典型案例的宣传形成一定的规模，从而扩大影响力，达到宣传保护知识产权制度的目的，而媒体对于这种有极大新闻价值的选题天然有报道冲动，最终，在司法机关和媒体的叠加效应下，重大报道不但不会缺位，各家媒体还会提前策划，以求发布避免同质化、体现特色化的报道。2019 年 3 月 27 日，最高法知识产权法庭开庭审理一起侵害发明专利权纠纷上诉案。这是最高人民法院知识产权法庭于 2019 年 1 月 1 日在北京揭牌成立后敲响的"第一槌"。全国各媒体敏锐地察觉到这将是一次具有开山意义的庭审,纷纷予以大篇幅报道。最高法也充分彰显了高度的司法公开和司法自信,对该案庭审以"全媒体"方式全程直播。报道发出后,业内专家普遍认为,这次审判对统一知识产权裁判标准,严格保护知识产权,服务保障国家创新驱动发展战略实施迈出了重要一步。这也是各大媒体在知识产权案例报道方面可圈可点的报道之一。

二、知识产权案件媒体报道所面临的困境

主流媒体是党的喉舌,面临的受众是社会大众,起着"上情下传,下情上达"的作用。因而国家和政府一段时间的方针政策、宣传重点以及社会大众的关注点、兴趣点,都是媒体报道的重点内容。近年来,随着我国对知识产权制度的重视和完善,媒体在这方面的报道也日益加强。不过,受制于知识产权天然的专业性、技术性、枯燥性等多种因素,知识产权案件媒体报道依然面临着不少困境。

1. 媒体普及性和知产专业性之间的矛盾

知识产权本身是专业性非常强的领域。各种智力创造比如发明、外观设计、文学和艺术作品,以及在商业中使用的标志、名称、图像,都可被认为是某一个人或组织所拥有的知识产权[4]。那么,知识产权案件报道不可避免地会出现行业内的专有名词以及技术手段。例如 2018 年 4 月 26 日《法治新闻》报道的一篇题为"最高法判决工商总局复审迪奥'真我'香水商标申请"的知识产权案件报道。因为该案涉及著名奢侈品牌迪奥,所以引起社会广泛关注。但就是这样一则貌似和大众生活贴近、认知匹配的知识产权案件报道,里面依旧涉及不少超出大众专业理解范围的"立体商标三面视图"以及"三维立体商标"与"普通平面行商标"的应用区别等专业技术问题。知识产权案件报道里的数据、专业术语、理论分析难免让人感到枯燥和晦涩难懂;而新闻报道的特点要求真实、新鲜、及时、重要、趣味。新闻报道具有趣味性,受众人数就会增多,所以国内外许多研究者把是否引起受众兴趣作为判断新闻价值高低的标准。[5]可见,媒体普及性和知产专业性之间的矛盾天然存在。

2. 知识产权案件报道专业人才的缺位

虽然媒体普及性和知产专业性之间的矛盾较强,但也不是不可调和,媒体很大一部分功能是消解专业领域与大众领域之间的知识鸿沟,将晦涩难懂的事件用通俗易懂的语言传达出去。不过,做到这一点的前提条件是,记者在被

报道领域和新闻学方面都有着深厚的功底,唯有此才能在报道对象和报道受众之间架起沟通的桥梁。暂且不谈媒体对于具有知识产权专业知识的人才储备,就在知识产权专业领域本身,也存在着人才缺口。全国人大代表、二级编剧蒋胜男就在 2019 年全国"两会"上提交了一份《关于推进知识产权应用型人才培养的建议》。蒋胜男曾在接受知识产权报记者采访时说道,"当前我国高校中已建立了 40 所知识产权学院与上百个知识产权教学研究机构,78 所高校经教育部批准开设了知识产权法学本科专业,但大多'偏重法律轻运营,偏重学术轻应用,偏重理论轻实务,偏重一律轻特色',呈现出'学难致用,供需脱节'的瓶颈。"[6]知识产权领域的人才培养现状尚且如此,不难想象,在媒体领域的知识产权报道人才更是屈指可数。就《法治新闻》栏目而言,目前有 14 名记者和编辑,没有一名接受过知识产权专业知识的培训或学习。每当有知识产权方面的报道时,大多以信源提供的通稿为素材,加之对相关专业认识的采访,进而形成一篇报道。这样的新闻报道符合客观事实,可以顺利通过广电系统的三审并播出,但由于对知识产权核心知识的解构属于临时抱佛脚式,一般难以达到新闻"趣味性"的要求。

3. 知识产权案件披露程度有限

知识产权案件虽然外延广泛,但是相当一部分可能会引起公众关注度的案件属于涉密类,媒体没办法公开报道。例如,上海知识产权法院出台的《侵害商业秘密纠纷审理指引》第三条"确定案件审理规则"就明确指出,"询问当事人是否对案件进行不公开审理,如果当事人申请不公开审理,应当进行不公开审理"。对于不公开审判的案件,按照新闻报道原则,媒体自然无法报道该案件,这在一定程度上给媒体选择选题划定了禁区。与此同时,全国知识产权"三合一"审判工作模式的日益推进,也造成部分知识产权案例优秀选题的流失。以上海为例,2014 年 8 月 31 日,十二届全国人大常委会第十次会议表决通过了《关于在北京、上海、广州设立知识产权法院的决定》。上海知识产权法院于 2014 年 12 月 28 日揭牌成立,自 2015 年 1 月 1 日起履行法定职责。[7]此后,高级人民法院又指定与其合署办公的第三中级人民法院管辖一般的知识产权第二审刑事案件以及有重大影响的知识产权第一审刑事案件。由此,对于有划区集中审判的知识产权审判庭的基层法院而言,他们提供给媒体的选题多以民事和刑事案件为主,因为这类选题更好上版面。而上海知识产权法院以及与其合署办公的第三中级人民法院受理的案件多为二审案件或技术上有难点的案件。那么,一些可能会引起社会反响的知识产权案件选题"滞留"在了一审法院,而二审法院报给媒体的选题又因为过于"专业"而受到"冷落"。

三、知识产权案件媒体报道的优化

知识产权保护逐渐从国家顶层设计层面深入人心,大到企业保护创新申请专利,小到下载一首歌曲版权付费。媒体作为社会的守望者和瞭望者,有权利更有义务加大知识产权案件报道,通过一个个鲜活的案例,起到推动普法的舆论作用。

1. 打通信源,增强知识产权报道"趣味性"

前文提到,趣味性是新闻报道的显著特点之一,这一特点也往往决定着报道的收视率或阅读量。趣味性的强弱很大程度上取决于选题的"好看"与否,而知识产权案件由于其专业领域属性特点本身,符合"趣味性"特点的选题较少。较少不代表没有。如何加大知识产权案件报道的权重,首先就要打通信源,挖掘知识产权案件这一素材库。数据显示,中国法院知识产权诉讼案件的数量从2010年到2020年逐年增长,直到2017年以后,更是以百万件的数量递增。这百万级案件里,哪怕只有百分之一甚至千分之一的案件能够引起受众兴趣,也足以让知识产权案件报道交出一份漂亮的成绩单。那么,如何筛选案件就成为一项庞杂而重要的工作,掌握一手信息的通讯员格外重要。这时,条线记者要与公安、检察院、法院条线上的通讯员建立密切联系,从源头上捕捉到有关知识产权案件优秀选题的新闻价值,按照司法程序掌握跟进案件进展,为一条新闻线索建立"立体式"框架,从而让采写做到全面、生动、有趣。此外,媒体界要适应知识产权"三合一"审判模式改革,理清获得线索、采写要点的对应环节。例如,对于关系审判核心的技术问题,法院通常会邀请技术专家参与。那么,对于专家的采访必不可少,既权威又能够快速解决稿件痛点。

2. 互相借力,消解媒体知识产权人才"赤字"

前文提到,媒体普遍缺乏知识产权专业知识的人才,而让媒体专门招录一定数量这方面的人才又在人力成本、经济效益方面面临着诸多问题,显得不切实际。那么,与司法机关深度合作,从而消解媒体知识产权人才赤字,可以使双方达到资源共享,宣传共赢的效果。首先,双方可以形成联席制度,定期排摸重要典型选题;其次,司法机关有关知识产权方面的短期培训,可以邀请媒体记者一起参加,以弥补他们知识产权知识的短板;再次,媒体采访具体案件遇到知识盲区时,司法机关可指定一名业内人士予以单项协调指导。《法治新闻》曾有这方面的实践经验,取得不错效果。日本株式会社万代旗下的"机动战士高达"系列拼装玩具被复制,带来巨大损失,后该案被成功侦破。上海市版权局对此高度重视,联系到《法治新闻》希望予以报道。随后,双方就此召开了策划会,会上邀请到警方、检察院、法院等各方,全方面介绍案件,并就涉及的审判焦点和专业知识进行了详细介绍。最终,《法治新闻》推出"版权保护:复制高达玩具牟利 司法机关准确把握复制行为本质"系列报道,取得了较好的社会反响。随后,上海电视台等多家媒体跟进报道,《案件聚焦》推出"公安局里的限量高达"专题,收视率达到 1.6。

3. 依靠数据,精准分发知识产权案件报道

在网络技术快速发展的今天,越来越多的媒体通过建立新闻客户端进行信息分发,其中以"今日头条"的"精准"信息投放最为突出,这种利用算法进行信息分发的技术可以为用户提供更准确的服务,在扩大用户群体、优化传播效果上有绝对的优势。知识产权案件报道要进行准确分发,首先要明确知识产权报道的目的所在。一方面是大众普法。让大众通过知识产权案例众多个案报道,对知识产权有个整体的概念、认知。"在中国,新闻媒介可以发挥、承担的宣传功能是多方面的,而且可以对现代社会产生巨大的影响力。"另一方面是专业探讨。目前,知识产权案件的审理在我国司法实践中也有许多待探索之处。这时最高人民法院的判例、司法解释往往在业内具有指导性作用,也受到业内人士的高度重视。那么,各媒体客户端可依靠自己或第三方的大数据支撑,进行精准投放,从而提高知识产权案件的有效收视率或阅读量。

结 论

当前,知识产权保护正重新定义品牌价值、重塑价值链,日益成为各国发展的重要软实力。作为媒体,有责任有义务也有担当,从打通信源、增强趣味;互助借力、聚焦人才;依靠数据、精准分发等多维度,对知识产权案件做好报道工作,从而提高知识产权案件报道的关注度,进一步普及和深化受众对知识产权的保护意识。

注释:

[1] 裴圣慧:《知识产权的特征新论》第 45 页,湖南医科大学学报(社会科学版)2003 年 9 月第 5 卷第 3 期。

[2] 甘惜分:《新闻学大辞典》,河南人民出版社出版。

[3] http://baijiahao.baidu.com/s? id=1640521103760327134&wfr=spider&for=pc。

［4］https：//baike.baidu.com/item/知识产权/85044。

［5］常松：《略论新闻报道中的趣味性》，载《世界新闻》2001 年 8 月。

［6］蒋胜男：《交叉培养，消解知识产权人才"赤字"》http：//www.sipo.gov.cn/mtsd/1136409.htm 国家知识产权局网站.2019 年 3 月 8 日。

［7］全国人民代表大会常务委员会关于在北京、上海、广州设立知识产权法院的决定.中国人大网.2014 年 8 月 31 日。

作者简介：

杨丽，上海文广互动电视有限公司《法治天地》频道副总监。

媒体融合背景下媒资管理转型升级初探

贺　僖

提　要：本文以上海文广集团（SMG）旗下传统广播电视节目的媒资管理为研究对象，分析数字化驱动下媒资管理现状及困境。以观察法、经验总结法、文献研究法等作为基本研究方法，探索媒资管理升级变革路径。在研究过程中，归纳总结出目前存在着管理范围受局限、管理方式较主观、回调使用效能低等媒资管理困境，针对上述问题，笔者在数字化转型升级与智能化管理方面开展探讨研究，最终对高质量存储要求、智能化管理、媒资编研职能三方面提出转变建议。

关键词：媒体融合　媒资管理　数字化　智能化管理

引　言

　　细数媒介发展历程：报纸（杂志）、广播、电视、第四媒体（新媒体），均是由技术驱动下促成的传播载体的变革。近几年，层出不穷的新技术——大数据、云计算、虚拟现实（VR）、增强现实（AR）、人工智能（AI）、5G 等大量运用于现实工作生活场景，由此促成产业之间大连接大融合，媒体行业也不例外。随着各类终端、应用场景的出现，媒体机构已不是纯粹的内容传播组织，而是与信息科技有着超强关联性的内容生产组织。媒体机构对内容生产的变革，同时也影响到了媒体内容资产（以下简称"媒资"）的存储与管理模式。国内广电媒体在过去十多年里纷纷尝试广播电视节目资料的数字化管理，这是融入媒体融合大环境的前提。在完成数字化转型基础上，需继续探索媒体融合发展大环境下的媒资管理模式。本文以上海文广集团（SMG）旗下传统广播电视节目的媒资管理为研究对象，分析数字化驱动下媒资管理现状及困境，探索媒体融合背景下媒资管理转型升级路径。

一、数字化驱动下媒资管理现状

1. 数字技术改变馆藏实体

在数字技术驱动下，广电节目资料馆藏地点从实体空间向虚拟的互联网络转变，数字化转型也是免去物理载体的过程，馆藏实体以虚拟平台形式出现——媒体内容资产网站（简称"媒资网"），并利用数字技术搭建完善这个平台。

媒资网，指将广播、电视等媒体的节目、拍摄素材、影像、图片、音乐、文字等视听内容资源经数字化存储于后台系统，前端则以网页形式呈现，通过输入关键词进行检索浏览、回调下载。对于媒资网的特征可以用以下三个方面来概括：

（1）可视听化

通过数字技术将原本以实体带为载体的广电节目资料呈现于电脑端网页之上。原本必须使用笨重的播放设备对广电节目资料进行查看，如今通过数字化技术将广电节目资料转化为视音频，能够在网站上检索浏览。可视听化是媒资网的重要特征，如同其他视音频网站。

数字化是推动广电节目资料存储载体变革的关键技术要素，实现数字化转型后，广电节目资料开始朝纵深发展，主要在于对影像与声音的修复与优化。尤其在影像方面，经历着画面品质的迭代更新：标清、高清（720p、1080i）、全高清（1080p）、超高清（4K、8K）……因此广电节目资料实现数字化后，数字储存品质是之后所追求的新方向、新领域、新技术。

（2）信息化

信息化即对广电节目资料中可概括出的文本信息进行编目，将视音频所包含的内容信息化，便于网站用户通过检索功能，输入关键信息再将视频或音频检索出。一般是对人物、事件、时间、地点、主题词等重要信息进行著录保存，也针对不同分类的广电节目资料进行差异化编目，设置个性化著录项。而基于媒资网以保存广播电视资源、历史影像资源为主，因此著录项更具有针对性，以提高检索效率为导向进行规划设定。

目前各大媒体机构的媒资编目基本依据国家广电总局颁布的《广播电视音像资料编目规范》，编目信息包括格式类的信息，如图像类型、分辨率、声道、时长、音质、画质等；版权类的信息，如所属部门、版权归属、责任者等；描述类信息，如内容提要、主要人物、关键词等。其中,格式类和版权类属于客观信息,可通过继承和提取获得;描述类属于主观信息,此为日常人工编目工作的重点。

（3）无带化

2016 年末,上海文广集团(SMG)实现了无带化管理模式,将原本以实体带为载体输送与播出的形式,转变为以电子文件形式进行传送与播出,去除了拷贝实体带的环节,由此对于播出节目也是以文件形式进行保存。无带化管理是数字化转型的必要阶段,在日常编播中逐渐省去物理载体,实现虚拟化空间传送与保存,最终收录于媒资网内,有助于减少空间成本、经济成本、人力成本等。

无带化管理是数字化转型的必经管理模式,但不是最终管理模式,关于存储管理的探索仍在进行,以云计算技术为依托的云管理概念是当前热论和设想方向之一,也是实现媒资网进入移动端的路径之一。

由此可见,无带化是今后节目编播输出的常态,其优势显而易见,但并不代表物理载体毫无可取之处。虽然广电节目资料的保存与管理进入了无带化时代,但是对于一些珍贵稀有的影像资料,媒资管理除了对其进行数字化以外,还坚持以实体带,甚至以胶片形式备份,实现异质存储,安全系数更高。

广电节目资料一般由三种路径进入生产媒资系统:

第一种由实体带转存为数字化形式上载进入生产媒资系统;

第二种通过制播系统推送至生产媒资系统;

第三种节目制作人员所提供的暂存于硬盘内的电子化视音频资料或节目导入生产媒资系统。

其中,第一种适用于未启动数字化项目之前以实体带为载体的节目资料;第二种适用于每日更新维护媒资平台的节目资料数据;第三种根据节目制作者需求进行媒资保存。

广电节目资料资源又可按内容板块划分生产媒资系统,则有新闻媒资、娱乐媒资、财经媒资、体育媒资等,节目内容通过上述生产系统进入媒资网。

2. 网络技术赋能内容聚合

媒资网的主要功能是采集、存储、整合、发布、检索、回调节目资料。在容量巨大的媒资网中,对节目资料进行有效整合这一功能显得格外重要,可以说是对资源的梳理和增值过程。网络技术对广电节目资料的梳理聚合提供了技术支持。

（1）创建聚合产品

在媒资网站基础之上,将已数字化广电节目资料进行梳理,创建聚合产品——"词条",将所有与某一人物、事件、话题等相关资料与扩展资料以文字、图片和视音频链接的组合形式呈现在网页上。这里所提到的"视音频链接"几乎都来自媒资网中已数字化的视听内容。制作的初衷是为了提供资料创意,激发节目创作灵感。词条的生产制作已具一定规模,目前共 28 974 个(数据截至 2021 年 4 月 28 日)。对于分类方面,包括新闻、社会、经济、体育、文娱、曲艺、时尚、历史、空镜等若干大类,受垂直细分概念的影响,根据实际应用又将大类细分出若干小类。故词条体系呈树状,今后还将在实际运用过程中进行优化。

(2)搭建主题库

从广电节目资料数字化,到重新整合并输出聚合产品,对于词条的制作要求不是对视音频的简单罗列、枯燥盘点、无意义堆砌,而是要创造更大的价值,将词条中的视音频链接与文字、图片更有机地结合起来,成为一个有逻辑、有结构、有整体、有创意、有亮点、有市场的聚合产品。

借助词条的形式,以知识管理为出发点,以文化传播为目的,创建戏曲、古典音乐、民乐等主题的词条。一个词条拥有一个主题,将与主题相关视频、音频、图片、文字等内容聚合起来呈现于网页。再将词条分门别类整合,创建"主题库",如同百科全书一般,具有海量的知识。而由词条产品汇集而成的是鲜活的视听百科。

以"戏曲主题库"为例,以中国戏曲作为主题,不同戏曲种类作为数据库内的分类,将之前所制作词条进行汇总,如京剧、昆曲、越剧、沪剧、地方戏等。每一个分类之下按照字母顺序对词条进行排列,其中包含了对应剧种的表演艺术家、经典剧目的词条。

作为聚合产品,其设计初衷包含对内提供服务与对外经营拓展两个方面。一是对内提供服务,词条以资料包的方式供应给广播电视节目制作的编辑和导演。媒资管理部门在此过程中则是作为一个内容提供者的角色出现,协助节目的制作。二是对外经营拓展,为其他视听产品的开发与制作搭建视听资料的基础。

3. 媒体融合中的媒资管理困境

以媒资管理涉及的主体业务如节目入库归档、编目、回调三大功能为调查研究对象,媒体融合进程中媒资管理存在的困境有:管理范围受局限、管理方式较主观、回调使用效能低等。

管理范围受局限,主要受限于广电系统,这是目前服务对象主体所决定的,并且媒资管理模式仍自成封闭体系,缺少移动端。对于后续拓展服务对象至全媒体平台,则无法全力满足需求。

管理方式较主观,基于人工编目的元数据生产模式生产效率低、成本高、主观性强,无法满足全媒体资讯的大规模快速生产需要。

回调使用效能低,回调涉及审批、结算等环节,各环节间目前以人工操作为主,无法以系统全流程化完成各环节衔接,影响回调进度从而对于新媒体时代的节目内容快速生产模式缺乏有效响应。

因此,媒体融合大背景之下,亟待探索出一条解决若干问题的发展路径,媒资管理升级势在必行。

二、媒体融合中媒资管理升级初探

针对媒体融合纵深发展大环境,媒资管理方面将会结合数字化转型工作中所积累的经验,探索与制定媒体融合大发展的管理变革路径,笔者认为,主要体现在数字化转型升级与智能化管理方面。

1. 高质量存储要求

随着新技术不断涌现,视音频质量迭代升级,4k、8k 超高视频内容生产出现,促使数字化转型也须朝纵深发展,涉及传输效能、存储空间、存储模式(如云存储)等方面。

超高清视频业务规模化运用于内容生产。在高清视频业务领域"信息视频化、视频超高清化"成为全球信息产业发展的一大趋势。随着消费者对多媒体显示技术的需求增加,显示技术的快速发展带来高清视频内容的需求急剧增长。尤其是 5G 技术已进入高速发展阶段,超高清视频对传输网络大流量、高速率、低时延的需求与 5G 网络的建设高度吻合,成为 5G 商用部署的重要场景和驱动力,展现出旺盛的成长潜力,为人们带来内容交互的新模式和场景,提供给人们新的体验。

按照产业主流标准,4K、8K 视频传输速率为 12 至 40 Mbps、48 至 160 Mbps,4G 网络已无法完全满足其网络流量、存储空间和回传时延等技术指标要求,5G 网络良好的承载力成为解决该场景需求的有效手段。预计到 2022 年,我国超高清视频产业总体规模将超过 4 万亿元,4K 产业生态体系基本完善,8K 关键技术产品研发和产业化取得突破。

对于媒体行业领域,最显著的场景应用便是直播领域。中央电视台在 2018 年底开通首个 4K 超高清频道,并利用 5G 对央视春晚进行了超高清视频直播;2020 年两会期间,中央广播电视总台成功进行了国内首次 5G+8K 实时传输和快速剪辑集成制作;北京 2022 年冬奥会将采用 8K 直播……5G 将进一步提升视频业务的画质及流畅度体验,并解决随时随地进行高清直播的问题。

无论是广播电视等传统媒体,还是互联网社交应用平台等新媒体,都将迎来 4K、8K 超高清视频和直播业务的爆发。因此,媒资管理方面势必将迎来海量超高清内容的存储与调用需求,超高清内容产品的高质量存储改革将是数字化升级趋势。

2. 智能化管理

细数媒资网与媒资内容生产系统的所有功能和业务流程,近几年逐步走向成熟,下阶段也逐步朝着智能化转变。尤其是在智能化编目方面,实现智能化自动切分、智能化语音识别、智能化提取字幕信息、智能化抽取关键帧。国内传媒领域也有实行智能化管理的实践与研究案例,如:

2018年底发布的"中国广电融媒云"是中国广播电视网络有限公司和天脉聚源公司共同打造,为各级融媒体中心在业务集成、内容、工具、运营增值、云服务等方面全面赋能的国家级技术平台。中国广电融媒云融合了国内外三百余个频道,囊括6000多个栏目,每天实时新增3万多条资讯数据,通过栏目识别、字幕识别、语音识别、语义识别、场景帧识别等技术进行智能拆条编目。

又如:

上海广播电视台"基于AI技术的广播电视媒资生产管理平台"运用了语音识别、OCR识别(Optical Character Recognition)等智能化技术辅助日常编目,后续还计划引入人物识别技术,对人物进行标识。针对不同类型节目(资讯类、体育类、访谈类、综艺类)的特点设计相匹配的AI视频结构化技术路线,并阐述了智能化编目关键技术的具体实现,尤其对传统广播电视媒体机构如何将AI编目与现有编目融合进行探讨。利用深度学习技术找到媒资词条间的关系,以图形化方式呈现词条图谱,并自动匹配时事热点,将相关词条推荐给编辑记者。

由此可见,基于AI技术的智能化管理,媒资管理将从传统档案管理型媒资向生产服务型媒资转变,大规模实现半自动化生产。AI修复影像,取代传统手工修复;智能抓取编目与审核,取代编目著录人员较主观的人工编目现状;智能聚合、智能检索、智能推荐等,取代传统人工资料服务;外加自动水印管理、维权检测、生产统计等取代了大部分人工辅助功能。媒资管理所涉及业务与AI技术相结合,提高内容生产效率同时实现降本增效。

3. 媒资编研职能转变

如上文所述AI所能取代的均为流程化、规范化的业务,原本以人工为主的业务操作由智能化管理模式取代,倒逼媒资编研走出固有的业务流程,需加深对归档内容的认识,提升研究能力和创新能力。

首先,编目工作将从传统的人工编目升级为"系统自动编目+人工审核修正"的编目模式,所适配的生产流程也需进行相应升级,侧重点则到了编检、质检和总审。

其次,资料服务面向全媒体平台,服务意识需有融媒体理念、大局观念、整体思维,不能局限于眼前手头工作。

第三,资料服务还需侧重于更为复杂的内容制作项目,深度参与以及处理难度较高的资料查找、考证等体现研究能力的任务。

最后,开拓资料研究成果展示渠道,从原本的内容生产末端(即入库归档)走到内容生产中端、前端,孵化更多珍贵资料展现形式,吸引服务对象。

结　语

本文从媒资管理发展现状出发,阐述在数字化驱动下媒资实现了可视听化、信息化、无带化的发展,也在此基础上拓展开发资料价值,创建聚合产品、搭建主题库等知识型内容产品。在技术迭代更新的大环境中,媒体融合朝着纵深发展,媒体内容生产面临着挑战,同时对媒资管理也有了新的要求,媒资管理涉及的主体业务为节目入库归档、编目、回调三大功能,目前存在着管理范围受局限、管理方式较主观、回调使用效能低等问题。亟待探索与制定媒体融合大发展的媒资管理变革路径,笔者认为,主要体现在数字化转型升级与智能化管理方面,于是有了对高质量存储要求、智能化管理、媒资编研职能转变三方面的探讨研究。对于广电媒体机构来说,媒资管理在媒体内容生产中扮演着重要角色,在日常管理方面要紧跟全媒体内容生产需求,在媒体融合朝纵深发展的环境中,顺势而为,因时而动,做好媒资管理数字化转型升级与智能化管理。

参考文献:

[1] 樊华,媒体融合背景下编目生产管理智能化升级分析[J].西部广播电视,2020,41(20)。

[2] 梁晓雯.基于不同节目类型的媒资 AI 编目探索[J].广播与电视技术,2020,Vol.47(12)。

[3] 倪明昊,单文火.人工智能时代新型媒资管理系统的构建思路及技术实现[J].广播与电视技术,2019,vol.46(3)。

[4] 芮浩.人工智能技术在电视台内容管理中的应用场景研究[J].人工智能,2020(2): 97-104。

[5] 赵磊,朱立松,张勇.面向新媒体业务的视频智能标签探索实践[J].现代电视技术,2020 (7):68-73。

作者简介:
贺僖,上海广播电视台版权资产中心编研。

图书在版编目(CIP)数据

探究真谛:上海广播电视论文选.第九辑 / 上海市广播电视协会编.—上海:文汇出版社,2021.8
ISBN 978 - 7 - 5496 - 3636 - 5

Ⅰ.①探⋯ Ⅱ.①上⋯ Ⅲ.①广播工作—中国—文集②电视工作—中国—文集 Ⅳ.①G229.2 - 53

中国版本图书馆 CIP 数据核字(2021)第 161505 号

探究真谛
——上海广播电视论文选·第九辑

上海市广播电视协会编

责任编辑 / 熊　勇
封面装帧 / 张　晋

出版发行 / **文汇**出版社
　　　　　上海市威海路 755 号
　　　　　(邮政编码 200041)
经　　销 / 全国新华书店
排　　版 / 南京展望文化发展有限公司
印刷装订 / 上海颛辉印刷厂有限公司
版　　次 / 2021 年 8 月第 1 版
印　　次 / 2021 年 8 月第 1 次印刷
开　　本 / 720×1000　1/16
字　　数 / 570 千字
印　　张 / 31.25

ISBN 978 - 7 - 5496 - 3636 - 5
定　　价 / 98.00 元